Zając o bursztynowych oc

Edmund de Waal

Zając o bursztynowych oczach

Historia wielkiej rodziny zamknięta w małym przedmiocie

Przełożyła Elżbieta Jasińska

wydawnictwo czarne

Wołowiec 2018

Tytuł oryginału angielskiego *The Hare with Amber Eyes: A Family's Century of Art and Loss*

Projekt okładki Agnieszka Pasierska / Pracownia Papierówka
Projekt typograficzny Robert Oleś / d2d.pl
Fotografia na okładce pochodzi z archiwum Autora

Wydawca dziękuje następującym instytucjom za udostępnienie ilustracji: Gustave Caillebotte, *Le Pont de l'Europe* © Musée du Petit Palais, Geneva; Édouard Manet, *Pęczek szparagów* © Rheinisches Bildarchiv, Cologne; *Schottentor*, Wiedeń 1885 © Österreichische Nationalbibliothek; *Pałac Ephrussich*, widok frontu, projekt opublikowany w „Allgemeine Bauzeitung" © Österreichische Nationalbibliothek; *Wiedeń, 14 marca 1938 roku* © Österreichische Nationalbibliothek

Redakcja Anastazja Oleśkiewicz
Korekty Agata Czerwińska / d2d.pl, Barbara Pawlikowska / d2d.pl
Redakcja techniczna i skład pismem Minion Pro Robert Oleś / d2d.pl

Książkę wydrukowano na papierze Ecco-Book Cream 80 g/m², vol. 1,6 dystrybuowanym przez firmę Antalis Sp. z o.o.

ISBN 978-83-8049-751-1

Dla Bena, Matthew i Anny
oraz dla mojego Ojca

Nawet kiedy człowiekowi nie zależy na tych rzeczach, nie jest całkiem obojętne, że mu kiedyś na nich zależało; bo to było zawsze z przyczyn, które umykały się innym. [...] Teraz, kiedy jestem nadto zmęczony, aby żyć z drugimi, te moje dawne uczucia, tak osobiście moje, wydają mi się – ot, mania wszystkich kolekcjonerów! – bardzo cenne. Otwieram dla samego siebie własne serce niby witrynę; oglądam kolejno tyle miłości, których inni nie mogli znać. I o tej kolekcji, do której jestem teraz bardziej jeszcze przywiązany niż do innych, powiadam sobie – trochę jak Mazarin o swoich książkach, ale zresztą bez żadnego lęku – że bardzo głupio będzie opuścić to wszystko.

Charles Swann

Marcel Proust, *Sodoma i Gomora*

Spis treści

Karol Joachim Ephrussi
* 1793 Berdyczów
† 1864 Wiedeń

\+ 1. Bella Levensohn
† 1841

\+ 2. Henrietta Halperson
* 1822 Lwów
† 1888 Wiedeń

Léon Ephrussi + Mina Lindau
* 1826 Berdyczów — * 1824 Brody
† 1871 Paryż — † 1888 Paryż

Jules + Fanny Pfeiffer
* 1846 Odessa
† 1915 Paryż

Ignace
* 1848 Odessa
† 1908 Paryż

Charles
* 1849 Odessa
† 1905 Paryż

Betty + Max Hirsch Kann
* 1851 Odessa
† 1871 Paryż

Fanny Kann + Théodore Reinach
* 1870 Anvers
† 1917 Paryż
czterech synów

\+ 2. Henrietta Halperson
* 1822 Lwów
† 1888 Wiedeń

Michel + Liliane Beer
* 1845 Odessa
† 1914 Paryż
trzy córki

Maurice + Charlotte Beatrice de Rothschild
* 1849 Odessa
† 1916 Paryż

Thérèse „Bacha" + Léon Fould
* 1851 Odessa
† 1911 Paryż
syn, córka

Marie „Masza" + Guy de Percin
* 1853 Odessa
† 1924 Paryż
córka

Drzewo genealogiczne rodziny Ephrussi

Ignaz von Ephrussi + Emilie Porges
* 1829 Berdyczów — * 1836 Wiedeń
† 1899 Wiedeń — † 1900 Vichy

Stefan + Estiha
* 1856 Odessa
† 1911

Anna + Herz von Hertenried
* 1859 Odessa
† 1938 Wiedeń
syn, córka

Viktor + Emmy Schey von Koromla
* 1860 Odessa
† 1945 Tunbridge Wells

lisabeth + Hendrik de Waal
1899 Wiedeń
1991 Monmouth

Gisela + Alfredo Bauer
* 1904 Wiedeń
† 1985 Meksyk
trzech synów

Ignace
* 1906 Wiedeń
† 1994 Tokio

Rudolf + Mary Raley
* 1918 Wiedeń
† 1971 Nowy Jork
dwóch synów, trzy córki

Victor + Esther Moir
* 1929 Amsterdam

Constant Hendrik + Julia Jessel
* 1931 Wiedeń
dwóch synów

Jirō Sugiyama
* 1926 Shizuoka

John
* 1962 Cambridge
syn, córka

Alexander
* 1963 Cambridge
dwóch synów, córka

Edmund + Susan Chandler
* 1964 Nottingham

Thomas
* 1966 Nottingham
córka

Benjamin
* 1998 Londyn

Matthew
* 1999 Londyn

Anna
* 2002 Londyn

Wstęp

W roku 1991 jako jeden z siedmiu młodych Brytyjczyków wyjechałem do Japonii na stypendium finansowane przez pewną japońską fundację. Reprezentowaliśmy najróżniejsze branże i zawody – od inżynierii i dziennikarstwa po przemysł i ceramikę. Dwuletnie stypendium zapewniało roczny pobyt w Tokio, poprzedzony rocznym intensywnym kursem języka japońskiego na jednym z angielskich uniwersytetów. Nasze obycie z tym językiem miało otworzyć nową epokę w stosunkach między naszymi krajami. Byliśmy pierwszą grupą stypendystów i wiele od nas oczekiwano.

Podczas pobytu w Japonii każdego ranka spotykaliśmy się na zajęciach językowych w Shibuyi. Nasza szkoła znajdowała się na wzgórzach, z dala od zgiełku fast foodów i dyskontowych sklepów z elektroniką. Tokio przeżywało wtedy największy boom od czasów wojny. Ludzie, którzy szeroką rzeką wylewali się z dworca kolejowego i zmierzali ku największemu na świecie przejściu dla pieszych, zatrzymywali się, by na wielkich świetlnych tablicach sprawdzić pnące się wciąż wyżej i wyżej notowania indeksu Nikkei.

Aby uniknąć ścisku w metrze, wychodziłem z domu wcześniej, niż było to konieczne, i po drodze na zajęcia spotykałem się na poranną kawę i cynamonowe bułeczki ze starszym kolegą – archeologiem. Po raz pierwszy od czasów szkoły musiałem odrabiać lekcje. W ciągu tygodnia trzeba było przyswoić sto pięćdziesiąt znaków *kanji*, a także dokładnie przerobić całą szpaltę popularnej popołudniówki, i – jakby tego było mało – każdego dnia powtórzyć kilkadziesiąt nowych zwrotów. Byłem tym prawdziwie udręczony, a moje fatalne samopoczucie pogłębiał dodatkowo widok kolegów, którzy bez żadnego wysiłku paplali z nauczycielami o tym, co obejrzeli poprzedniego dnia w telewizji albo o ostatnich skandalach politycznych. Moja frustracja była tak wielka, że któregoś dnia w bezsilnej złości kopnąłem z całej siły zieloną, metalową bramę prowadzącą do naszej szkoły. Dopiero ten rozpaczliwy gest zmusił mnie do refleksji, skąd u dorosłego przecież faceta taka desperacja.

Na szczęście czas po obiedzie należał wyłącznie do mnie. Dwa razy w tygodniu popołudniowe godziny spędzałem w pracowni ceramicznej. Uczęszczali do niej emerytowani biznesmeni, którzy lepili czarki do herbaty, i studenci, dla których chropowata czerwona glina i siatka były tworzywem do wyrażenia awangardowych pomysłów. Po opłaceniu wstępu i zajęciu ławy lub koła garncarskiego każdy mógł robić, co mu się żywnie podoba. W pracowni panował przyjemny gwar. Pierwszy raz miałem do czynienia z porcelaną; uczyłem się, jak po zdjęciu z koła delikatnie rozchylać brzegi misek i czarek.

Lepienie z gliny absorbowało mnie od dziecka; zamęczałem ojca, by pozwolił mi się zapisać na popołudniowe zajęcia. Pierwszym naczyniem, które samodzielnie wykonałem, była utoczona na kole miska. Pokryłem ją opalizującym białym szkliwem i ozdobiłem kobaltowymi kleksami. Jako uczeń cały wolny czas spędzałem w pracowni ceramicznej. Gdy w wieku siedemnastu lat ukończyłem szkołę, postanowiłem odbyć praktykę. Moim nauczycielem został surowy starzec, kontynuator dzieła słynnego brytyjskiego ceramika Bernarda Leacha. Nauczył mnie szacunku dla materiału oraz cierpliwości: w jego pracowni wytoczyłem z szarej gliny niezliczone czarki i pojemniki na miód, zamiatałem podłogę, pomagałem przygotowywać szkliwo i łączyć pigmenty na sposób orientalny. Mój nauczyciel nigdy nie był w Japonii, ale regały w jego pracowni uginały się od książek o japońskiej ceramice. Spędzaliśmy długie godziny na dyskusjach o wyższości japońskich czarek do herbaty nad ordynarnymi angielskimi kubkami, z których piliśmy lurowatą kawę z mlekiem. „Strzeż się – powiadał – zbędnych ruchów: im oszczędniej, tym lepiej". Pracowaliśmy w całkowitej ciszy, z rzadka tylko przy akompaniamencie muzyki klasycznej.

Jako nastolatek pojechałem na kilka letnich miesięcy do Japonii, by doskonalić swe umiejętności. W Mashiko, Bizen i Tambie, miasteczkach słynnych ze swych wyrobów ceramicznych, trafiłem do równie poważnych nauczycieli. Miałem wrażenie, że jestem w raju: upajał mnie szelest opadającej papierowej rolety i szmer wody spływającej po kamiennych płytach. Jedyną rzeczą, która zakłócała mój podniosły nastrój, był widok takich przybytków jak Dunkin' Donuts. Po powrocie z Japonii spróbowałem opisać moje przeżycia w artykule *Japan and the Potter's Ethic. Cultivating a Reverence for Your Materials and the Marks of Age* [Japonia i etyka garncarstwa. Szacunek dla tworzywa i znaków czasu].

Gdy już opanowałem rzemiosło, zdecydowałem się studiować literaturę angielską i dopiero po ukończeniu uniwersytetu zaszyłem się na siedem lat w cichej, niemal sterylnej pracowni – najpierw na granicy Walii, potem w ponurym wielkomiejskim centrum. W tym czasie skoncentrowałem się wyłącznie na pracy – moje naczynia były tego wyrazem.

I oto znów jestem w Japonii. W pracowni, do której uczęszczam, panuje nieopisany rwetes. Mojemu sąsiadowi nie zamykają się usta; międląc swe porcelanowe naczynia, snuje niekończące się monologi na temat baseballu. O dziwo, sprawia mi to przyjemność. Wszystko zdaje posuwać się swoim torem.

Dwa kolejne wolne popołudnia poświęcałem na zbieranie materiałów do książki o Leachu.

Spędzałem je w archiwum Nihon Mingeikan – Japońskiego Muzeum Sztuki Ludowej – zrekonstruowanym wiejskim domu mieszczącym założoną przez Yanagiego Sōetsu kolekcję sztuki japońskiej i koreańskiej. Yanagi – filozof, historyk sztuki i poeta, oczarowany urodą zwykłych przedmiotów codziennego użytku wykonanych przez prostych, anonimowych rzemieślników: naczyń, koszyków czy tkanin – postawił sobie za cel dotarcie do źródeł owej doskonałości. Było to piękno wyzute ze świadomości. Przedmioty te wyrabiano w tak wielkich ilościach, że wytwarzający je rzemieślnicy nie próbowali nawet wyrazić w nich swego ja.

W pierwszych latach XX wieku Leach i Yanagi – wówczas jeszcze młodzi – stali się niemal nierozłączni. Gdy już musieli się rozstać, prowadzili ożywioną korespondencję. Wymieniali uwagi na temat czytanych właśnie lektur, pisali o Blake'u, Whitmanie i Ruskinie. W pewnym momencie narodziła się myśl, by w niewielkiej wiosce położonej nieopodal Tokio założyć kolonię artystów. Leach, korzystając z pomocy miejscowych chłopców, lepił tam swoje naczynia; Yanagi, otoczony gronem artystycznych przyjaciół, rozprawiał o Rodinie i idei piękna.

Za drzwiami prowadzącymi do archiwum, na końcu korytarza, gdzie kamienne płyty ustępowały zwykłemu linoleum, znajdował się niewielki pokoik, trzy i pół na dwa i pół metra, zastawiony po sam sufit regałami pełnymi książek i kartonowych pudeł zawierających notatki i korespondencję. Jedynym meblem w tym pomieszczeniu było biurko, nad którym wisiała goła żarówka – nic więcej. Lubię archiwa. W archiwum Yanagiego panowała absolutna cisza i było wyjątkowo ponuro.

Czytałem, robiłem notatki i szkicowałem biografię Leacha, której założeniem było przedstawienie tego artysty w zupełnie nowym świetle. Przede wszystkim jednak zamierzałem rozprawić się z japonizmem, liczącą ponad sto lat europejską fascynacją kulturą Japonii, która wyrastała z całkowitego niezrozumienia tego kraju. To, co u zachodnich artystów wywoływało namiętność i entuzjazm, u uczonych tropiących fałszywe interpretacje rodziło irytację i złość. Chciałem o tym napisać. Liczyłem, że książka ta również mnie pozwoli się wyzwolić z opartego na stereotypach zauroczenia tym krajem.

Kolejne popołudnie było przeznaczone na wizytę u wuja Iggiego.

Po wyjściu ze stacji metra zostawiałem za sobą lśniące automaty z piwem i zaczynałem piąć się w górę. Mijałem świątynię Sengakuji z grobami czterdziestu siedmiu samurajów, dziwny, bogato zdobiony budynek – miejsce spotkań sekty shintō, oraz prowadzony przez rubasznego pana x bar sushi; doszedłszy do wysokiego muru otaczającego pełen wspaniałych sosen ogród księcia Takamatsu, skręcałem w prawo. Własnym kluczem otwierałem drzwi i wjeżdżałem na szóste piętro. Wuja zazwyczaj zastawałem siedzącego przy oknie, pogrążonego w lekturze – najczęściej Johna Le Carré, Elmora Leonarda lub jakichś francuskich pamiętników.

– Pomyśl, jakie to interesujące – powiadał – niektóre języki mają w sobie więcej żaru niż inne.

Pochylałem się ku niemu, by mógł mnie pocałować. Na biurku leżały zawsze czysty arkusz bibuły, opatrzony nagłówkiem blok papieru listowego i pióro, którym już wówczas posługiwał się coraz rzadziej. Z okna, przy którym siedział, rozciągał się widok na las dźwigów. Rosnące czterdziestokondygnacyjne budynki zasłoniły widok na Zatokę Tokijską.

Zjadaliśmy obiad przygotowany przez gospodynię panią Nakano albo Jirō, przyjaciela zajmującego sąsiednie mieszkanie. Omlet z sałatą, a do tego grzanki z wyśmienitego pieczywa kupowanego w jednej z francuskich piekarni w Ginzie i schłodzone białe wino – Sancerre albo Pouilly-Fumé. I brzoskwinie. I jeszcze ser, a potem aromatyczna czarna kawa.

Iggie miał wówczas osiemdziesiąt cztery lata. Był lekko zgarbiony, zawsze nienagannie ubrany i czarujący – w jasnej koszuli, krawacie i tweedowej marynarce w jodełkę z wystającą z kieszonki chusteczką. Twarz zdobił mu siwy wąsik. Po obiedzie sięgał do przeszklonej gabloty zajmującej niemal całą ścianę salonu i sztuka po sztuce wyjmował z niej kolejne *netsuke*: zająca o oczach z bursztynu, chłopca w hełmie samuraja i z mieczem, tygrysa z obnażonymi kłami – plątaninę łap wyrastających z naprężonego cielska. Gdy nacieszyliśmy się już figurkami, odkładałem je na miejsce pośród tuzinów innych i uzupełniałem wodę w małych czareczkach, które stawia się w gablocie, by zapobiec wysychaniu i pękaniu kości słoniowej.

– Czy mówiłem ci już – pytał – że w dzieciństwie były to nasze ulubione zabawki? Rodzice dostali je od paryskiego kuzyna. A czy opowiedziałem ci historię Anny i jej kieszeni?

Iggie i jego kolekcja *netsuke*, Tokio, 1960

Tok naszych rozmów bywał nieprzewidywalny. Iggie powracał do wiedeńskich czasów. Wspominał urodziny ojca. Na śniadanie kucharz podawał *Kaiserschmarrn*, smakołyk sporządzony ze smażonych placków posypanych cukrem pudrem. Kamerdyner Josef wkraczał do jadalnego z ogromnym półmiskiem, po czym specjalnym długim nożem z namaszczeniem dzielił *Kaiserschmarrn* na porcje, a Papa nieodmiennie powtarzał, że nawet cesarz nie zaczyna lepiej dnia swoich urodzin. Po chwili jednak Iggie przerzucał się na inny temat i zaczynał opowiadać o drugim mężu Lilli. Ale kim, na Boga, była Lilli?

Pocieszałem się, że choć nie mam pojęcia, kim była Lilli, potrafię umiejscowić większość opowiadanych przez niego historii: Bad Ischl, Kövecses, Wiedeń. Gdy o zmierzchu na dźwigach zapalały się światła pozycyjne, które zdawały się sięgać hen w głąb zatoki, uporczywie powracała myśl, że może powinienem utrwalić opowieści o Wiedniu sprzed wielkiej wojny. Nigdy jednak do tego nie doszło. Wydawało mi się, że byłoby to zbyt oficjalne i nie na miejscu. Bałem się własnej pazerności: wymuszania wspomnień tylko po to, by móc je zapisać. Zresztą słuchanie tych historii, które przywodziły mi na myśl obracane przez wodę rzeczne kamienie, sprawiało mi wystarczającą przyjemność.

Przez okrągły rok raz w tygodniu Iggie opowiadał mi o swoim ojcu – dumnym z kariery akademickiej najstarszej córki Elisabeth, i o matce – strofującej ją za zbyt wyrafinowany sposób wysławiania się. „Dziecko, mówże bardziej do rzeczy", powtarzała. Od czasu do czasu z pewnym zażenowaniem przywoływał zabawę, którą wymyślili z siostrą Giselą. Chodziło o to, by wykraść z salonu jakiś drobiazg, zbiec z nim po schodach, sprytnie wyminąwszy stangretów, przemknąć przez dziedziniec, dostać się do podziemi i tam ukryć wyniesiony przedmiot. Następnie trzeba było skłonić drugiego uczestnika zabawy, by zakradł się do piwnicy, odnalazł go i odniósł na miejsce. Kiedyś w trakcie takiej zabawy Iggie zgubił się w ciemnościach… nigdy jednak tej historii nie dokończył. Był to tylko strzęp wyrwany zawodzącej pamięci.

Wiele opowieści dotyczyło Kövecses, rodzinnego majątku położonego w węgierskiej części monarchii (obecnie to Štrkovec na Słowacji). Na przykład pierwsze samodzielne polowanie: matka budzi Iggiego tuż przed świtem. Potem marsz do lasu jedynie w towarzystwie gajowego. Po raz pierwszy sam na sam ze strzelbą, a gdy wreszcie w chłodnym powietrzu zobaczył na ściernisku parę drżących słuchów, nie był w stanie nacisnąć spustu. Kiedy indziej podczas spaceru natknęli się z Giselą na koczujących nieopodal Cyganów prowadzących na łańcuchu niedźwiedzia. Pamiętał paniczną ucieczkę z rozbitego na skraju majątku obozowiska. Inne wspomnienie, tym razem ze stacji. Babcia, cała w bieli, podtrzymywana przez zawiadowcę, wysiada z Orient Expressu; Iggie i Gisela pędzą wzdłuż peronu, by się z nią przywitać i odebrać z jej rąk owiniętą w zielony papier paczkę ciastek od Demela. Albo: podczas śniadania matka prowadzi go do okna, by pokazać mu jesienne drzewo pełne siedzących na nim szczygłów. Iggie stuka w szybę i ptaki z łopotem wzbijają się w niebo, porzucając płonące złotem drzewo.

Po obiedzie Iggie ucinał sobie drzemkę, a ja zmywałem i zmagałem się z pracą domową, mozolnie zaczerniając arkusze kratkowanego papieru koślawymi znakami. Czekałem na powrót Jirō, który zjawiał się obładowany japońskimi i angielskimi gazetami i croissantami na jutrzejsze śniadanie. Jirō nastawiał Schuberta albo jakiś jazz, wypijaliśmy drinka, po czym wracałem do siebie.

Mieszkałem w Mejiro w uroczym pokoju z widokiem na obsadzony azaliami miniaturowy ogródek. Miałem do dyspozycji płytkę elektryczną i czajnik. Choć robiłem, co mogłem, by ożywić samotne wieczory, moje wysiłki kończyły się nieodmiennie gotowaniem klusek. Dwa razy w miesiącu Iggie i Jirō zabierali mnie na koncert. Najpierw jednak szliśmy do Imperialu, żeby coś wypić i zjeść: cudowne sushi albo befsztyk tatarski, albo – w hołdzie naszym przodkom bankierom – *boeuf à la financière*. Nigdy nie dałem się jednak skusić na *foie gras*, które było przysmakiem Iggiego.

W lecie Ambasada Brytyjska wydała na cześć stypendystów przyjęcie. Podczas tej uroczystości każdy z nas miał po japońsku zdać relację ze swojej dwunastomiesięcznej pracy i zaproponować działania w sferze kultury, które mogłyby zbliżyć nasze dwa wyspiarskie narody. Szlifowałem moje wystąpienie długo i z mozołem. Wśród zaproszonych znaleźli się też Iggie i Jirō; widziałem, jak znad kieliszków z szampanem słali mi życzliwe spojrzenia. Gdy było już po wszystkim, Jirō klepnął mnie w plecy, a Iggie serdecznie uściskał i obaj zgodnie zapewnili, że mój japoński jest absolutnie perfekt – *jōzu desu ne.*

Jirō i Iggie ułożyli swe życie najlepiej, jak można to sobie wyobrazić. W mieszkaniu Jirō jeden pokój został na modłę japońską wyłożony matami tatami, a na małym ołtarzu stały fotografie matki Jirō oraz Emmy, matki Iggiego. Było to miejsce modlitwy, gdzie uderzało się w gong. Tuż obok, w sąsiednim mieszkaniu, na biurku Iggiego stała ich wspólna fotografia zrobiona podczas rejsu po Morzu Wewnętrznym – w tle na wysokim brzegu piętrzą się sosny, a wszystko skąpane jest w odbitej od wody słonecznej poświacie. Jest czerwiec 1960 roku. Jirō, zabójczo przystojny z zaczesanymi do tyłu włosami, obejmuje Iggiego. A oto późniejsze zdjęcie z podróży morskiej na Hawaje: znów obok siebie, tym razem w smokingach.

– Niedobrze jest tak długo żyć, mówi Iggie ledwie słyszalnym szeptem, po czym głośniej dodaje: – Ale dobrze jest starzeć się w Japonii. Spędziłem tu więcej niż pół życia.

– Nie brak ci Wiednia? (Dlaczego nie spytać wprost: Czego ci brak na starość w tym obcym kraju?)

– Nie. Do Wiednia wróciłem dopiero w 1973. Nie było to miasto, w którym dałoby się żyć. Można się tam było udusić. Wchodziłeś do księgarni na Kärntner Strasse, żeby kupić książkę, a oni pytali, czy mamie już minął katar. Nie było dokąd uciec. Z kolei w domu: całe to złoto, te marmury. I mrok. Widziałeś nasz dom na Ringu? Czy wiesz – nagle zmienia temat – że japońskie pączki ze śliwką są lepsze od wiedeńskich? – Po chwili kontynuuje: – Papa obiecywał, że jak dorosnę, zapisze mnie do swojego klubu. Spotykali się tam co czwartek, gdzieś w okolicach opery, najbliżsi przyjaciele, sami Żydzi. W te czwartki zawsze wracał do domu rozpromieniony. Wiener Klub. Chciałem, żeby wziął mnie ze sobą, ale nigdy do tego nie doszło. W końcu wyjechałem do Paryża. Potem do Nowego Jorku. A jeszcze później wybuchła wojna… Tak, tego mi brak. Tego mi tu brakuje.

Iggie umarł w 1994 roku, wkrótce po moim powrocie do Anglii. Odebrałem telefon od Jirō: tylko trzy dni w szpitalu. Dobre i to. Wracam więc do Tokio na pogrzeb. Zebrało się nas kilkanaście osób: starzy przyjaciele, krewni Jirō, zapłakana pani Nakano i jej córka.

Najpierw odbyła się kremacja. Następnie, gdy przyniesiono popioły, żałobnicy długimi pałeczkami przełożyli kawałki niedopalonych kości do urny. Potem pojechaliśmy do świątyni, przy której Iggie i Jirō mieli wykupioną kwaterę. Grób został zaprojektowany dwadzieścia lat wcześniej. Cmentarz rozciągał się na niewielkim wzniesieniu za świątynią, każda kwatera odgrodzona była niewielkim kamiennym murkiem. Na szarej płycie z kamienia widniały dawno już wyryte nazwiska, obok miejsce na kwiaty, wiaderka z wodą, szczotki i długie drewniane tyczki z wymalowanymi znakami. Odwiedzający grób trzy razy klaszcze w dłonie – wita swoich bliskich i przeprasza za długą nieobecność; potem sprząta, usuwa zwiędłe chryzantemy i wkłada do wody świeże.

W świątyni urna została ustawiona na niewielkim podwyższeniu, przed nią fotografia – zdjęcie w smokingu zrobione podczas morskiej podróży. Mnich odśpiewał sutrę, a my ofiarowaliśmy kadzidło. Iggie otrzymał nowe buddyjskie imię, swoje *kaimyō*, które pomoże mu w nowym życiu. Potem każdy zwracał się bezpośrednio do zmarłego. Próbowałem wyartykułować coś po japońsku. Chciałem powiedzieć, jak wiele dla mnie znaczył, ale nie dałem rady. Z trudem powstrzymywałem łzy. Okazało się, że pomimo dwóch lat kosztownej nauki w chwili próby język mnie zawodzi. Aby przełamać tę słabość, w buddyjskiej świątyni na tokijskim przedmieściu odmówiłem kadysz: za Ignaza von Ephrussiego, którego losy rzuciły tak daleko od Wiednia, za jego ojca i matkę, za brata i siostry żyjące w diasporze.

Po pogrzebie Jirō poprosił mnie, bym pomógł mu przejrzeć rzeczy Iggiego. Gdy otworzyłem szafę, moim oczom ukazał się rząd koszul ułożonych według kolorów. Pakując do torby krawaty, stwierdziłem, że wytyczają one trasy zagranicznych podróży Iggiego i Jirō: Londyn, Paryż, Nowy Jork, Honolulu. Gdy mieliśmy to za sobą, Jirō nalał nam wina, wyjął pędzel i atrament i skreślił kilka znaków na arkuszu, który następnie włożył do koperty. Wyjaśnił, że jest to zapis powierzający mi kolekcję *netsuke*.

W ten sposób zająłem moje miejsce w szeregu.

Kolekcja *netsuke* składa się z dwustu sześćdziesięciu czterech figurek i jest dużym zbiorem niewielkich przedmiotów. Biorę do ręki miniaturowe cacko, obracam w palcach, kładę na dłoni i zastanawiam się, ile może ważyć. Drewniane – wykonane z drewna kasztanowca lub wiązu – są lżejsze od figurek wyrzeźbionych z kości słoniowej. Na drewnie bardziej odznacza się patyna. Grzbiet burego wilka jest lekko wyświecony, podobnie jak para zamkniętych w uścisku koziołkujących akrobatów. *Netsuke* wykonane z kości słoniowej są kremowe, mienią się wszystkimi kolorami tej barwy, nigdy jednak nie wpadają w biel. Niektóre figurki mają oczy z bursztynu lub rogu. Tylko na najstarszych widać ślady zużycia: pośladek wylegującego się na listowiu fauna jest całkowicie wytarty. Cykada ma na grzbiecie rysę, ledwie widoczne pęknięcie. Czyżby ktoś ją upuścił? Ciekawe kto i kiedy?

Większość figurek jest sygnowana – podpis pojawiał się wtedy, gdy ukończony przedmiot ruszał w świat. Jedno *netsuke* przedstawia mężczyznę pochylonego nad ściśniętą między nogami tykwą. W obu dłoniach trzyma nóż, którym próbuje przekroić tykwę. Widać, jak bardzo się trudzi: ramiona, plecy i ręce są napięte, wysiłek wszystkich mięśni koncentruje się na ostrzu. Inna figurka przedstawia bednarza, który toporkiem obrabia na wpół gotową beczkę. Siedząc, napiera na nią całym ciałem, wpisując się niemal w jej kształt. Skupiony na swoim zajęciu, marszczy brwi. Jest to miniaturowa rzeźba z kości słoniowej ukazująca istotę rzeźbienia w drewnie. Obie figurki obrazują kończenie czegoś, co jeszcze nieukończone. „Patrzcie, ile już zrobiłem – zdaje się mówić każdy z rzemieślników – ja już kończę, a tamten dopiero bierze się do rzeczy".

Gdy zaczynamy obracać *netsuke* w palcach, ku naszej radości odkrywamy ukryte sygnatury: na podeszwie sandała, na czubku gałęzi, na tułowiu szerszenia. Pozwalamy sobie na przyjemność poszukiwania ukrytych sygnatur, ale też odgadywania ruchu dłoni. Próbuję odtworzyć ruch pędzla przy składaniu podpisu: zanurzenie czubka w atramencie, następnie, po przeniesieniu go na papier, wykonanie zamaszystego ruchu i powrót do kamienia do rozcierania tuszu. Próbuję sobie wyobrazić, jak ten zamaszysty ruch pędzla przełożyć na ruch delikatnego metalowego narzędzia.

Niektóre *netsuke* w ogóle nie są sygnowane, do innych przyklejone są maleńkie karteczki ze starannie wykaligrafowanymi czerwonym atramentem miniaturowymi cyferkami.

Najwięcej jest szczurów. Być może z powodu ich długich i giętkich ogonów, które można było okręcić wokół ciała zwierzęcia lub też owinąć wokół wiadra z wodą, zdechłej ryby, okrycia żebraka, albo zgrabnie podwinąwszy szczurze łapy, schować tak, by znalazł się na brzuchu figurki. Nie brak też szczurołapów.

Niektóre *netsuke* to studium ruchu – palce przesuwają się po rozwijającej się linie albo muszą nadążyć za rozlewającą się wodą.

W innych ruch jest ograniczony, skierowany do wewnątrz jak w figurce dziewczyny kąpiącej się w wannie czy też splątanych małży. Niektóre miniaturki łączą obie te tendencje. Przemyślnie powyginany smok opiera się o gładką skałę. Palce odgadujące w kości słoniowej zwartość i gładkość kamienia nieoczekiwanie natrafiają na bogatą fakturę smoczego cielska.

Z przyjemnością odnotowuję całkowity brak symetrii. Podobnie jak z moimi ukochanymi japońskimi czarkami do herbaty – jeden egzemplarz nie pozwala wyrobić sobie zdania o innych.

Gdy wróciłem do Londynu, wsunąłem jedno *netsuke* do kieszeni i tak nosiłem je ze sobą przez cały dzień. „Nosiłem" to za dużo powiedziane. Słowo to zakłada jakąś celowość i nie oddaje samej tylko obecności *netsuke* w kieszeni. *Netsuke* jest lekkie i tak maleńkie, że nieustannie znika, gubi się wśród bilonu i kluczy. Zapomina się o jego obecności. To, które trafiło do mojej kieszeni, zostało wykonane pod koniec XVIII wieku w Edo – starym Tokio – z drewna kasztanowca i przedstawiało szczególnie dojrzały owoc nieszpułki. Jesienią w Japonii często widuje się nieszpułki, nawet na ulicach pełnych automatów; gałąź zwisająca znad muru świątyni albo z prywatnego ogrodu szczególnie cieszy oko. Moja nieszpułka jest dojrzała, niemal przejrzała, miąższ zdaje się wypływać spod skórki. Trzy listki u nasady owocu wyglądają tak, jakby pod wpływem dotyku miały się rozpłynąć. Owoc rozwinął się nierównomiernie – z jednej strony jest bardziej dojrzały niż z drugiej. Od spodu wyczuwa się dwa otwory, jeden większy od drugiego – po przewleczeniu przez nie jedwabnego sznura *netsuke* służyło jako zapinka przy niewielkiej sakiewce. Próbuję wyobrazić sobie, kto był właścicielem owocu. Został wykonany na wiele lat przed 1850 rokiem, gdy Japonia otworzyła się na handel z Zachodem, a zatem schlebiał wyłącznie japońskim gustom. Być może został wyrzeźbiony z myślą o kupcu lub uczonym. Ten dyskretny, oszczędny w formie przedmiot przywołuje na moje usta uśmiech. Obróbka niezwykle twardego materiału, dająca w dotyku efekt miękkości, jest kalamburem w sferze zmysłów.

Noszę moją nieszpułkę w kieszeni marynarki, mam ją przy sobie, gdy idę do muzealnej biblioteki, do pracowni i do London Library. Bezustannie obracam ją w palcach.

W pewnym momencie zaczynam się zastanawiać, jak to możliwe, że ten łatwy do zgubienia, delikatny i miękki, a zarazem twardy przedmiot przetrwał do naszych czasów. Coraz bardziej mnie to wciąga. Czy dałoby się odtworzyć dzieje tej maleńkiej rzeźby? Wejść w posiadanie *netsuke* – odziedziczyć całą kolekcję – oznaczało wziąć za nie odpowiedzialność; również wobec poprzednich właścicieli. Na razie nie umiem powiedzieć, na czym miałoby to polegać.

Dzięki Iggiemu znam poszczególne etapy wędrówki kolekcji. Wiem, w jaki sposób trafiła ona w moje ręce. Wiem, że została kupiona w Paryżu w roku 1870 przez Charles'a Ephrussiego, kuzyna mojego pradziadka. Wiem też, że na przełomie wieków ofiarował on ją w prezencie ślubnym mojemu wiedeńskiemu pradziadkowi – Viktorowi von Ephrussiemu. Znam też historię Anny, służącej mojej prababki. Wiem również – rzecz jasna – że wraz z Iggiem *netsuke* ponownie trafiły do Japonii i stały się częścią jego wspólnego życia z Jirō.

Paryż, Wiedeń, Tokio, Londyn.

Historia nieszpułki zaczyna się tam, gdzie powstała: w Edo – dzielnicy starego Tokio, nim czarne okręty komandora Perry'ego zmusiły Japonię do otworzenia się na handel z resztą świata. Ale pierwszym prawdziwym domem tych cacek był Hôtel Ephrussi w Paryżu, a ściślej gabinet Charles'a, którego okna wychodziły na rue de Monceau.

Mam więc od czego się odbić. Z satysfakcją notuję, że jest też bezpośrednie ogniwo, które łączy mnie z Charles'em. Jest nim opowieść mojej babki Elisabeth, która jako pięcioletnie dziecko poznała Charles'a w rezydencji Ephrussich w Meggen nad

Jeziorem Czterech Kantonów. Chalet Ephrussi był sześciokondygnacyjnym budynkiem z rustykowanego kamienia, zwieńczonym wyjątkowo szpetnymi neobarokowymi wieżyczkami. Został zbudowany w roku 1880 przez Jules'a, kuzyna Charles'a, i jego żonę Fanny jako schronienie przed „udrękami Paryża". Była to imponująca budowla, mogąca jednocześnie pomieścić cały „klan Ephrussich" z Paryża i Wiednia, a nawet dalszych kuzynów z Berlina.

Niezliczone ścieżki wijące się wokół rezydencji obsadzono bukszpanem i wysypano drobnym, chrzęszczącym pod stopami żwirem; obok rozciągały się niewielkie klomby. Pieczę nad parkiem sprawował groźny ogrodnik, postrach dzieci. W tych sztywnych szwajcarskich ogrodach żwir nie miał prawa opuszczać ścieżek. Ogród schodził nad sam brzeg jeziora, aż do pomostu i hangaru na łódki. Było to kolejne miejsce, gdzie groziła reprymenda. Ponieważ Jules, Charles i ich środkowy brat Ignace byli obywatelami rosyjskimi, nad dachem hangaru powiewała rosyjska imperialna flaga. W Chalecie spędzano długie leniwe letnie miesiące. Fanny i Jules byli bezdzietni i spodziewano się, że dziedziczką ich bajecznej fortuny zostanie moja babka. Opowiadała mi ona o ogromnym malowidle w jadalni, które przedstawiało pochylone nad potokiem wierzby płaczące. Pamiętała też, że służba składała się wyłącznie z mężczyzn, nawet kucharz był mężczyzną. O ileż ciekawsze było to od porządków panujących w wiedeńskim domu, gdzie oprócz starego Josefa, kamerdynera, oraz portiera, który robił do niej oko, ilekroć otwierał bramę prowadzącą na Ring, i stangretów cała obsługa domu łącznie z kuchnią była żeńska. Tu uważano, że mężczyznom rzadziej zdarza się tłuc porcelanę. A porcelana – babcia pamiętała to dobrze – była w tym bezdzietnym domu dosłownie wszędzie.

Charles był mężczyzną w średnim wieku, ale przy swoich zabójczo przystojnych i czarujących braciach sprawiał wrażenie starszego. Elisabeth pamiętała tylko jego wspaniałą brodę i filigranowy zegarek, który wyjmował z kieszonki kamizelki.

Ale i to, że zwyczajem starszych krewnych podarował jej złotą monetę.

Pamiętała jeszcze – bardzo wyraźnie – jak Charles pochylił się kiedyś nad jej siostrą i zwichrzył jej włosy. Gisela, młodsza siostra Elisabeth – młodsza i o wiele, wiele ładniejsza, zawsze przyciągała uwagę innych. Charles nazywał ją swoją Cyganeczką, *la Bohémienne*.

Ta ustna relacja jest właśnie owym ogniwem łączącym mnie bezpośrednio z Charles'em. Niestety, przeniesiony na papier przekaz nie wydaje się zbyt treściwy.

Szczegóły – liczba służących i dość banalna historia o złotej monecie – zdają się tkwić w jakimś pełnym melancholii półmroku, choć muszę przyznać, że pewne ożywienie wnosi rosyjska flaga. Wiem oczywiście, że moi krewni byli Żydami, wiem też, że byli nieprawdopodobnie bogaci, ale nie jest moim zamiarem pisanie rodzinnej sagi, a tym bardziej utrzymanej w nostalgicznym tonie opowieści o Mitteleuropie. Nie chcę też, by Iggie został sprowadzony do siedzącego za biurkiem sędziwego wujecznego dziadka przypominającego Utza, tytułowego bohatera powieści Bruce'a Chatwina, który relacjonuje mi dzieje naszego rodu, a następnie mówi: „A teraz idź. I miej się na baczności".

Takie historie piszą się same – tak mi się przynajmniej wydaje. Kilka melancholijnych anegdotek – oczywiście coś o Orient Expressie, kilka słów o wędrówkach po Pradze lub jakimś innym, równie fotogenicznym mieście, jakieś wyszukane w Google'u wspominki o balach za czasów *belle époque*. Byłaby to opowieść nostalgiczna. I wyzuta z treści.

Nie mam żadnego tytułu, by rozpamiętywać utratę majątku czy splendorów sprzed wieku. Nie interesuje mnie to, co powierzchowne. Chciałbym poznać relacje, jakie zaszły między tym pochodzącym z Japonii drewnianym przedmiotem, który obracam w palcach – twardym i wyrafinowanym – a miejscami, w które rzucił go los. Chciałbym wyciągnąć rękę, dotknąć klamki, nacisnąć ją i trafić do miejsc, gdzie te przedmioty kiedyś żyły, znaleźć się w tamtej przestrzeni, zmierzyć ją wzrokiem, przyjrzeć się obrazom, które wisiały na ścianach, przekonać się, w jaki sposób padało na nie światło. Dowiedzieć się, czyje ręce dotykały tych maleńkich rzeźb i jakie były myśli ludzi, do których należały – jeśli w ogóle je mieli. Chcę wiedzieć, czego były świadkami.

Melancholia, wydaje mi się, sprzyja mętniactwu; jest ucieczką od konkretu, duszącym brakiem koncentracji. Tymczasem maleńkie *netsuke* to eksplozja precyzji. Należy im się taka sama precyzja.

Są to dla mnie sprawy ważne, ponieważ rzemiosło, które uprawiam, polega na wytwarzaniu przedmiotów. W jaki sposób ludzie obchodzą się z przedmiotami, jak się nimi posługują, jak przekazują je innym – jest dla mnie sprawą najwyższej wagi. Zrobiłem wiele, wiele tysięcy naczyń. Zarazem zdarza mi się nie pamiętać imion, mówić niezbyt wyraźnie i precyzyjnie. Na temat naczyń mogę rozprawiać bez końca. Pamiętam ich wagę i stabilność, relację między powierzchnią a rozmiarem. Rozumiem, w jaki sposób ich krawędzie tworzą napięcie lub je wytracają. Wiem, czy robiono je w pośpiechu, czy wolno, nie szczędząc trudu. Czy kumuluje się w nich ciepło. Widzę, czy naczynie wchodzi w relację z leżącymi obok przedmiotami. I w jaki sposób zmienia tę niewielką przestrzeń świata, w której się znalazło. Pamiętam, czy kusiło mnie, by je dotknąć całą dłonią czy tylko koniuszkami palców; czy też był to przedmiot, który od siebie odpychał. Nie chodzi o to, że kontakt fizyczny z przedmiotem jest czymś l e p s z y m od braku takiej relacji. Niektóre przedmioty zostały stworzone po to, by się im przyglądać, a nie międlić je w dłoniach. Jako garncarz dziwię się, gdy ludzie mówią o moich naczyniach tak, jakby były one żywymi istotami. Trudno mi się pogodzić z życiem po życiu czegoś, co własnoręcznie wykonałem. Niektóre przedmioty kumulują w sobie jednak emocje towarzyszące ich tworzeniu.

I właśnie to mnie intryguje. Jest taka chwila, chwila niepewności, która poprzedza dotyk lub wstrzymanie się od dotyku. Jeśli wezmę do ręki tę maleńką, białą filiżankę nieco obtłuczoną przy uszku, czy zmieni to coś w moim życiu? Banalny przedmiot: filiżanka – bardziej kremowa niż biała, za mała na poranną kawę, niezbyt stabilna. Może stanie się dla mnie przedmiotem znaczącym. Albo dołączy do grupy przedmiotów, których losy przedziwnie się ze sobą splatają. Ale równie dobrze mogę ją odstawić. Albo przekazać komuś innemu.

To, w jaki sposób przedmioty przechodzą z rąk do rąk, to już domena opowieści. Daję ci coś, bo jesteś mi bliski. Albo dlatego, że sam kiedyś otrzymałem ten przedmiot od kogoś bliskiego. Albo ponieważ kupiłem go w wyjątkowym miejscu. Ponieważ będziesz się o niego troszczył. Bo skomplikuje twoje życie. Albo wzbudzi czyjąś zazdrość. Przejęcie spuścizny tylko komplikuje te historie. Nie jest oczywiste, co się pamięta, a co puszcza w niepamięć. Czasami te niepamięci nakładają się na siebie, zapomina się o poprzednich właścicielach, dopowiada nowe historie. Co otrzymałem wraz z tymi maleńkimi japońskimi przedmiotami? Co mi one przyniosły?

Kolekcja *netsuke* jest od wielu lat częścią mojego życia. Mogłem przejść nad tym do porządku i do końca życia mnożyć anegdotki o niecodziennym spadku pozostawionym przez starego krewnego. Alternatywą było zastanowienie się, co jest istotą tego spadku i czym jest on dla mnie osobiście. Pewnego wieczoru, gdy podczas proszonej kolacji zabawiałem towarzystwo, składające się głównie z naukowców, anegdotami związanymi z kolekcją, z przykrością uzmysłowiłem sobie, że powtarzam je mechanicznie. Słyszę samego siebie, historia wraca do mnie poprzez reakcję słuchaczy. Moja opowieść zamiast rozwinąć się, staje się coraz bardziej pusta. Czuję, że jeśli nie chcę, by wymknęła mi się na zawsze, muszę się z nią zmierzyć.

Brak czasu nie jest wytłumaczeniem. Właśnie skończyłem

przygotowania do wystawy moich prac z porcelany. Jeżeli wszystko odpowiednio zaplanuję, mogę odsunąć w czasie realizację zamówienia dla ważnego kolekcjonera. Wszczynam więc negocjacje z żoną i przeglądam notes. Trzy albo cztery miesiące powinny wystarczyć. Będzie dość czasu, by pojechać do Tokio na spotkanie z Jirō, odwiedzić Paryż i Wiedeń.

Ponieważ moja babka i wujeczny dziadek Iggie już nie żyją, proszę o pomoc mojego osiemdziesięcioletniego ojca. Ojciec, chodząca dobroć, obiecuje sprawdzić rodzinne dokumenty. Jest zachwycony, że nareszcie któryś z jego czterech synów zainteresował się sprawami rodzinnymi. Uprzedza jednak, że materiału jest niewiele. Pewnego dnia zjawia się w mojej pracowni z niewielkim pakunkiem fotografii – jest ich może ze czterdzieści. Przynosi też dwie cienkie teczki z korespondencją, drzewo genealogiczne sporządzone przez moją babcię jeszcze w latach siedemdziesiątych, kartę członkowską Wiener Klubu z 1935 roku oraz reklamówkę wypchaną książkami Thomasa Manna, opatrzonymi osobistymi dedykacjami autora. Składamy to wszystko na długim stole w pomieszczeniu nad pracownią, gdzie wypalam swoje prace.

– Od dziś jesteś strażnikiem rodzinnego archiwum – mówi ojciec. Patrzę na stos przedmiotów i nie wiem, czy się roześmiać, czy lepiej nie.

Trochę desperacko pytam, czy nie znalazłoby się coś więcej. Wieczorem w swoim maleńkim mieszkanku w domu dla emerytowanych duchownych ojciec kolejny raz przegląda swoje rzeczy i dzwoni z wiadomością, że jest jeszcze jedna książka Manna. Widzę, że podróż będzie bardziej skomplikowana, niż sądziłem. Nie mogę jednak narzekać. Choć niewiele mi wiadomo o Charles'u, paryskim kolekcjonerze i pierwszym właścicielu *netsuke*, znam jego paryski adres. Wsuwam *netsuke* do kieszeni i ruszam w drogę.

CZĘŚĆ PIERWSZA

PARYŻ 1871–1899

1. West End

W słoneczny kwietniowy poranek wyruszam na spotkanie z Charles'em. Idę wzdłuż pnącej się nieznacznie w górę rue de Monceau, długiej paryskiej ulicy, która mniej więcej w połowie przecina zdążający ku bulwarowi Péreire bulwar Malesherbes. Po obu stronach ulicy ciągną się utrzymane w stylu neoklasycznym budynki wzniesione ze złotawego kamienia, z których każdy przypomina miniaturowy florencki pałac z rustykowanym parterem, zdobiony nieprzebranym bogactwem kariatyd, główek i kartuszy. Stojący pod numerem 81 Hôtel Ephrussi, gdzie rozpoczyna się nasza podróż, znajduje się niemal na szczycie niewielkiego wzniesienia. Minąwszy siedzibę domu mody Christiana Lacroix, zatrzymuję się przed siedzibą rodu Ephrussich. Jestem nieco zszokowany odkryciem, że obecnie mieści się tu oddział towarzystwa ubezpieczeń zdrowotnych.

Piękny budynek. Przez całe dzieciństwo z upodobaniem rysowałem takie właśnie budowle. Spędzałem nad arkuszem papieru długie popołudnia, dopracowując światłocień, by jak najlepiej oddać falowanie elewacji – uwypuklić głębię okien i pilastrów. Widok takiego budynku budzi we mnie zawsze skojarzenia muzyczne. Kilka klasycznych elementów łączy się w rytmiczną całość: cztery koryncki pilastry na całą wysokość fasady, cztery wielkie kamienne wazony wieńczące attykę, pięć kondygnacji, na każdej pięć okien. Na wysokości parteru elewacja wykończona jest wielkimi kamiennymi blokami obrobionymi w ten sposób, by wyglądały, jakby poddane zostały działaniu czasu i żywiołów. Przechadzam się po ulicy tam i z powrotem. Dopiero gdy mijam dom po raz trzeci, spostrzegam, że we wzór kraty wplecione są dwie wielkie, zwrócone ku sobie plecami litery „E", symbol rodu Ephrussich, swymi krągłościami dopasowane do owalnego kształtu okna. Na pierwszy rzut oka są niemal niewidoczne. Dziwi mnie ta dyskrecja, zastanawiam się, jaka jest jej wymowa. Nadmierna pewność siebie? Przez otwartą bramę daję nura na dziedziniec, a następnie przeszedłszy pod jeszcze jednym sklepionym łukiem, trafiam do części gospodarczej z budynkami z czerwonej cegły i stajniami, nad którymi mieściły się pokoje dla służby. Miłe dla oka zestawienie materiałów i faktur.

Zjawia się dostawca Speedy-Go Pizza. Drzwi do hallu stoją otworem. W środku widzę schody, które niczym dym wznoszą się spiralnie w górę przez całą wysokość budynku. Czerń żeliwnej balustrady przeplatana złoconymi ornamentami pnie się aż ku latarni na samym szczycie. W głębokiej wnęce marmurowy wazon, na podłodze szachownica marmurowych płyt. Słychać stukot obcasów – po marmurowych stopniach zbiegają jacyś ważni urzędnicy. Wycofuję się spłoszony. Nie umiałbym wytłumaczyć mojej tu obecności. Wracam na ulicę, rozglądam się, robię zdjęcia, schodzę z drogi próbującym mnie wyminąć paryżanom. Oglądanie budynków to swego rodzaju sztuka. Trzeba umieć ocenić, jak budynek współgra z otoczeniem – wiejskim lub miejskim, czy ów świat narusza. Numer 81, na przykład, niezauważalnie zlewa się z sąsiednimi budynkami: niektóre z nich są bardziej okazałe, inne skromniejsze; żaden nie jest równie dyskretny.

Spoglądam w górę ku oknom drugiego piętra, gdzie znajdował się apartament Charles'a. Kilka z nich wychodzi na utrzymany w bardziej klasycznym stylu dom po przeciwnej stronie ulicy, z innych – tych wychodzących na dziedziniec – rozpościera się widok na sąsiednie dachy z ich ornamentami, kominami i spadzistymi płaszczyznami mansard.

Mieszkanie Charles'a składało się z przedpokoju, dwóch salonów, z których jeden służył mu za gabinet, jadalni, dwóch sypialni i „*petite*". Próbuję to sobie wyobrazić. Charles i jego starszy brat Ignace prawdopodobnie zajmowali sąsiadujące mieszkania na tym samym piętrze. Najstarszy brat Jules wraz z Miną, ich owdowiałą matką, mieszkali niżej, na piętrze pierwszym – znacznie wyższym, o wspanialszych oknach i balkonach, które w ten kwietniowy poranek zdobią zwisające z plastikowych skrzynek pelargonie. Jeśli wierzyć dokumentom odnalezionym w miejskim archiwum, dziedziniec był niegdyś przeszklony. Dziś po owych szklanych taflach nie ma już śladu; zniknęły też konie i trzy powozy, a stajnie przerobiono na prześliczny dom – prawdziwy klejnocik. Zastanawiam się, czy piątka koni wystarczała na potrzeby tej dużej, prowadzącej bogate życie towarzyskie rodziny, która jak się domyślam, przykładała wagę do odpowiedniej prezencji.

Dom jest obszerny, ale bracia zapewne stale się na siebie natykali – choćby na pnącej się koliście w górę czarno-złotej klatce schodowej. A już na pewno słyszeli odbijający się od szklanego sufitu turkot wtaczających się na dziedziniec powozów. Zapewne spotykali też udających się z wizytą do sąsiednich apartamentów znajomych. Bracia musieli wypracować sobie sposób, by – gdy trzeba – widzieć i słyszeć mniej, niż było to konieczne. Moje osobiste doświadczenie i doświadczenia moich braci uczą, że mieszkanie z rodziną pod jednym dachem wymaga pewnego wysiłku. Sądzę jednak, że życie braci Ephrussi układało się harmonijnie, choć prawdę mówiąc, nie mieli wyboru – Paryż był miejscem ich pracy.

Hôtel Ephrussi był domem rodzinnym, a zarazem siedzibą rodu, który wciąż rozszerzał swoje wpływy. Jego wiedeńskim odpowiednikiem był stojący przy Ringu olbrzymi pałac Ephrussich. Oba budynki – paryski i wiedeński – były uczestnikami spektaklu, obliczem, które pokazywało się światu, aby je podziwiał. Nie było modniejszych adresów niż rue de Monceau i Ringstrasse. W 1871, roku wzniesienia obu rezydencji, ulice te były jeszcze placami budowy – rozkopanymi, pełnymi pyłu i hałasu, a nuworyszowskie przestrzenie, które rzuciły wyzwanie starym dzielnicom z ich wąskimi, ciasnymi uliczkami, próbowały się dopiero określić.

Domyślam się, że skoro budynek ten zdaje się nieco pretensjonalny, jest tak dlatego, iż efekt ów założony był od samego początku. Domy w Paryżu i Wiedniu realizowały rodzinny projekt: rodzina Ephrussich ruszyła w ślady Rothschildów. Tak jak na początku XIX wieku frankfurccy Rothschildowie rozesłali swych synów i córki w świat, by zdobyli przyczółki w europejskich stolicach, tak samo w latach pięćdziesiątych XIX wieku mieszkający w Odessie Karol Joachim Ephrussi, nasz rodzinny Abraham, zaplanował ekspansję swojej progenitury. Ten prawdziwy patriarcha miał z pierwszego małżeństwa dwóch synów: Ignaza i Léona. Gdy w wieku pięćdziesięciu lat ożenił się ponownie, narodziły się kolejne dzieci: dwaj synowie – Michel i Maurice oraz dwie córki – Thérèse i Marie. Cała szóstka miała opuścić dom, by zająć odpowiednią pozycję w świecie finansów lub przez starannie dobrane koligacje związać się z najważniejszymi rodami żydowskimi.

Odessa była miastem leżącym na zachodnich krańcach carskiej Rosji, w którym dopuszczone było osadnictwo żydowskie. Słynęła ze swoich szkół rabinackich i synagog, szczyciła się pisarzami i muzykami, była magnesem ściągającym ubogich Żydów z galicyjskich sztetli. Była też miastem, gdzie w każdej dekadzie podwajała się liczba zaludniających je Żydów, Greków i Rosjan; miastem poliglotów, spekulacji, handlu i nie zawsze czystych interesów, w którego portowych dzielnicach roiło się od szpiegów; miastem, które właśnie się tworzyło. Zmonopolizowawszy skup pszenicy, Karol Joachim Ephrussi przekształcił skromny rodzinny interes w ogromne przedsiębiorstwo. Zboże kupował u pośredników, którzy wyboistymi drogami wieźli je do odeskiego portu z głębi urodzajnej Ukrainy, słynącej ze swego czarnoziemu i gigantycznych majątków ziemskich – największego zagłębia pszenicznego na świecie. Nim zboże zostało wyekspediowane w świat – przez Morze Czarne w górę Dunaju lub na Morze Śródziemne – trafiało do spichlerzy Ephrussiego.

W roku 1860 rodzina stała się największym eksporterem zboża na świecie. James de Rothschild znany był w Paryżu jako *Le Roi des Juifs*. Rodzinę Ephrussich można było określić mianem *Les Rois du Blé* – Królów Pszenicy. Choć byli Żydami, szczycili się własnym herbem: pszenicznym kłosem i heraldycznym trójmasztowym okrętem pod pełnymi żaglami. Pod okrętem widniała rodzinna dewiza: *Quod honestum* [to, co szlachetne]. Jesteśmy poza wszelkim podejrzeniem. Możecie nam zaufać.

Zasadniczy plan polegał na tym, by korzystając z rodzinnej siatki kontaktów i powiązań, zbudować i sfinansować gigantyczne przedsięwzięcie gospodarcze: mosty na Dunaju, koleje żelazne w Rosji i we Francji, doki i kanały. Z dobrze rozwijającego się domu handlowego Ephrussi i Spółka miało się przekształcić w międzynarodową potęgę finansową. Stworzyć własny bank. Odtąd każda udana transakcja rządowa, każde przedsięwzięcie podjęte wespół ze zubożałym arcyksięciem, każdy klient wciągnięty poprzez swoje zobowiązania w krąg rodziny Ephrussich miały budować splendor tego rodu i stopniowo oddalać go od Ukrainy i kolebiących się po jej drogach skrzypiących wozów z pszenicą.

W roku 1857 dwaj najstarsi synowie wraz z rodzinami zostali wysłani do Wiednia, stolicy dynamicznie rozwijającego się imperium Habsburgów. Kupili okazały dom w centrum miasta, który na najbliższe dziesięć lat stał się przystanią dla niekończącego się korowodu dziadków, dzieci, wnuków krążących tam i z powrotem między Odessą a Wiedniem. Pilnowaniem interesów Ephrussich w Austro-Węgrzech obarczono mojego prapradziadka Ignaza. Następnym krokiem miało być zdobycie Paryża. Misję podbicia tego miasta powierzono najstarszemu z rodzeństwa, Léonowi – miał się tam osiedlić z rodziną i rozwijać interesy.

I tak oto trafiam do VIII dzielnicy Paryża, na wzgórze, gdzie dominuje barwa miodu, i zatrzymuję się przed domem, który stał się przyczółkiem Léona. Opieram się o mur budynku stojącego po drugiej stronie ulicy i próbuję wyobrazić sobie piekielnie upalne lato 1871 roku, gdy rodzina Ephrussich przybyła z Wiednia do tej świeżo wzniesionej rezydencji w kolorze miodu. Stolica Francji wciąż jeszcze nie otrząsnęła się z wojennej traumy. Minęło zaledwie kilka miesięcy od oblężenia miasta przez pruską armię, które zakończyło się klęską Francji i ogłoszeniem w Sali Lustrzanej w Wersalu wskrzeszenia Cesarstwa Niemieckiego. Nowo powstała Trzecia Republika była niewydolna, osłabiona przez rewoltę komunardów i wewnątrzrządową walkę fakcyjną.

Budowa domu była już niemal na ukończeniu, lecz wokół wciąż jeszcze rozciągał się plac budowy. Tynkarze zeszli z rusztowań, a prace przeniosły się do wnętrza. Złotnicy, leżąc w niewygodnych pozycjach na łagodnie wznoszących się schodach, kończyli polerować fragmenty balustrady, gdy jednocześnie tragarze ostrożnie wnosili meble, obrazy i skrzynie z zastawą. Wewnątrz i na zewnątrz panuje nieustanny hałas, okna wychodzące na ulicę wciąż są otwarte. To wszystko nie sprzyja dobremu samopoczuciu Léona, któremu dokucza serce. Pierwsze miesiące na tej pięknej ulicy naznaczone są tragedią, śmiercią najmłodszej córki Léona i Miny. Betty, dopiero co wydana za mąż za młodego, znakomicie rokującego żydowskiego bankiera, umiera zaledwie kilka tygodni po urodzeniu córeczki Fanny. W tym obcym mieście rodzina Ephrussich wystawia w żydowskiej części cmentarza na Montmartrze rodzinny grobowiec

Hôtel Ephrussi na rue de Monceau

w stylu gotyckim – ogromny, jakby chcieli podkreślić, że pozostaną tu bez względu na okoliczności. Długo nie mogę go odnaleźć. Brama gdzieś zniknęła, w środku pełno przywianych przez wiatr liści kasztanowców.

Trudno o lepsze miejsce na rodzinną rezydencję niż wzgórze, przez które przechodzi rue de Monceau. Podobnie jak wiedeński Ring, gdzie mieszka reszta rodziny, ironicznie nazywany

Zionstrasse, wspólnym mianownikiem życia na rue de Monceau był żydowski kapitał. Inicjatorami zbudowania tu nowej dzielnicy byli dwaj sefardyjczycy – bracia Isaac i Émile Péreire, którzy dorobili się fortuny na spekulacjach finansowych, budowie kolei żelaznych i obrocie nieruchomościami, a szczególnie budowie hoteli i wielkich domów towarowych. Bracia Péreire kupili Plaine-de-Monceau, duży obszar ziemi znajdujący się wówczas jeszcze poza granicami miasta, i zaczęli na nim stawiać domy dla szybko rozwijającej się elity finansowej i handlowej. Stworzyli idealne otoczenie dla przybyłych właśnie do Paryża żydowskich rodzin z Rosji i Lewantu. Ulice na wzgórzu stały się szybko prawdziwą kolonią, obszarem, gdzie wszyscy znakomicie się znali i rozumieli, gdzie wyznawano tę samą religię i zawierano małżeństwa.

By udoskonalić widok rozpościerający się z okien nowo wzniesionych kamienic, zmieniono założenia osiemnastowiecznego parku. Obecnie wchodziło się do niego przez nową, niezwykle efektowną bramę z kutego żelaza, ozdobioną złoconymi ornamentami symbolizującymi gałęzie przemysłu we władaniu braci Péreire. Były próby nazwania tej nowej dzielnicy *le West End*. „Jeśli ktoś cię spyta, dokąd prowadzi bulwar Malesherbes – radził pewien ówczesny dziennikarz – odpowiedz śmiało: do *West Endu*… Po francusku brzmiałoby to zbyt wulgarnie, angielszczyzna dodaje szyku". W parku, według uszczypliwego dziennikarza, można było na własne oczy zobaczyć „wielkie damy z czcigodnego Faubourga… żeński odpowiednik *La Haute Finance* i *La Haute Colonie Israelite*". W przeciwieństwie do przystrzyżonej, szarej sztywności Tuilleries – w parku Monceau wytyczono wijące się ścieżki i założono utrzymane w angielskim stylu klomby, obsadzone wciąż zmienianymi wielobarwnymi roślinami sezonowymi.

Kiedy w końcu zostawiam Hôtel Ephrussi i powoli, niezbyt spiesznym krokiem ruszam w dół, idąc na przemian to jedną, to drugą stroną ulicy, by lepiej przyjrzeć się detalom kamienic, uświadamiam sobie, że większość tych domów miała nadać ich właścicielom nową tożsamość. Niemal wszyscy przybyli tu z daleka.

Dziesięć numerów od rezydencji Ephrussich, pod numerem 61, stał dom Abrahama Camonda, pod numerem 63 – dom jego brata Nissima, ich siostra Rébecca mieszkała niemal naprzeciwko, pod 60. Camondowie byli, podobnie jak Ephrussi, żydowskimi finansistami. Ich droga do Paryża wiodła z Konstantynopola przez Wenecję. Bankier Henri Cernuschi, który wsławił się wsparciem dla Komuny Paryskiej, przybył do Paryża z Włoch. Zamieszkał na skraju parku w lodowatym przepychu swego pałacu, otoczony kolekcją japońskich skarbów. Pod numerem 55 znajdował się Hôtel Cattaui, siedziba żydowskiego rodu bankierskiego z Egiptu, zaś pod numerem 43 kupiony od Eugène'a Péreire'a pałac Adolphe'a de Rothschilda, szczycącego się przykrytą szklanym dachem salą przeznaczoną na jego kolekcję sztuki renesansowej.

Jednak żaden z tych budynków nie może konkurować z pałacem należącym do króla czekolady Émile'a-Justina Merniera. Była to budowla tak szalona w swym eklektyzmie, tak epatująca bogactwem ornamentów, które widać zza wysokiego muru, że komentarz Zoli, iż jest on bogatym bękartem wszystkich stylów, wciąż wydaje się trafny. W napisanej w 1872 roku ponurej powieści *Zdobycz* Zola opisuje tę właśnie rezydencję jako siedzibę niejakiego Saccarda – chciwego Żyda, potentata rynku nieruchomości. Rodzina wprowadza się do nowego domu, a my poznajemy charakter ulicy: jest to ulica Żydów, ulica ludzi pragnących zaimponować swoimi wystawnymi, złotymi domami. W paryskim slangu Monceau oznacza nowych przybyszów, nuworyszy.

Oto świat, do którego trafiły moje *netsuke*. Tu był ich pierwszy dom. Na tej ulicy, gdzie przepych rywalizuje z powściągliwością, to, co widoczne, z tym, co ukryte.

Charles Ephrussi wprowadza się tu, gdy ma dwadzieścia jeden lat. Jest to czas, kiedy w Paryżu w miejsce ciasnych zaułków starego miasta powstają szerokie, wysadzane drzewami arterie o szerokich chodnikach. Proces ten trwa niemal piętnaście lat. W tym czasie urbanista baron Haussmann zrównał z ziemią średniowieczne ulice, a w ich miejsce stworzył parki i bulwary. Burząc i budując w niezwykłym tempie, otwierał dla miasta zupełnie nowe perspektywy.

Moment ten znakomicie uchwycił malarz Gustave Caillebotte. Aby poczuć smak pyłu wciąż unoszącego się na świeżo wytyczonych bulwarach i mostach, warto obejrzeć dwa obrazy tego artysty, zaledwie kilka lat starszego od Charles'a – swojego sąsiada, mieszkał bowiem w jednym z pałacyków leżących w najbliższym sąsiedztwie domu Ephrussich. Oto słoneczny dzień na Pont de l'Europe. Wygodnym chodnikiem idzie przez most porządnie ubrany młody człowiek w szarym surducie i czarnym cylindrze – być może sam artysta. Wyprzedza o dwa kroki skromnie ubraną młodą kobietę z parasolką. Właśnie wyszło słońce. Jego światło odbija się od świeżo ułożonych kamiennych płyt chodnika. Obok biegnie pies. O balustradę mostu opiera się robotnik. Świat wygląda tak, jakby dopiero został stworzony: litania wystudiowanych gestów i cieni. Wszyscy, nie wyłączając psa, doskonale wiedzą, w czym uczestniczą.

Na obrazach Caillebotte'a paryskie ulice tchną spokojem: czyste kamienne fasady, rytmicznie powtarzające się detale balkonów, długie szpalery świeżo posadzonych lip. Wszystkie te elementy pojawiają się na obrazie *Młody mężczyzna przy oknie*, wystawionym na drugim salonie impresjonistów w 1876 roku. Przedstawia on brata malarza stojącego w oknie rodzinnego mieszkania i patrzącego na skrzyżowanie dwóch ulic sąsiadujących z rue de Monceau. Młody, pewny siebie, dobrze ubrany mężczyzna z rękami w kieszeniach: przed nim całe życie, za nim – pluszowy fotel.

Jeszcze wszystko może się zdarzyć.

Tak mógł wyglądać młody Charles. Urodzony w Odessie, pierwsze dziesięć lat życia spędził w żółtym, bogato zdobionym

Gustave Caillebotte, *Le Pont de l'Europe*, 1876

pałacu stojącym na skraju obsadzonego kasztanowcami zakurzonego placu. Ze strychu domu, w którym jedno piętro zajmowało mieszkanie dziadka, ponad masztami statków stojących w porcie można było zobaczyć morze. W sąsiednim domu znajdował się rodzinny bank. Nie sposób było wyjść na ulicę, by ktoś nie zwrócił się do dziadka, ojca lub któregoś ze stryjów z jakąś sprawą, pytaniem czy wreszcie prośbą o kopiejkę. Charles mimowolnie uczy się, że pokazanie się w miejscu publicznym oznacza serię spotkań i uników; uczy się, jak dać parę groszy żebrakowi czy przekupniowi, jak bez zatrzymywania się wymienić uprzejmości ze znajomymi.

Następnie Charles przeprowadza się do Wiednia i wraz z rodzicami, rodzeństwem, stryjem Ignazem i lodowatą ciotką Emilie oraz trójką ich dzieci – aroganckim Stefanem, złośliwą Anną i małym Viktorem – spędza tam kolejne dziesięć lat. Codziennie do domu przychodzi nauczyciel, który uczy dzieci języków: łaciny, greki, niemieckiego i angielskiego. W domu porozumiewają się po francusku, między sobą pozwala im się mówić po rosyjsku, w żadnym wypadku nie wolno im używać jidysz, którego nauczyli się na podwórku w Odessie. Każde z tych dzieci potrafi rozpocząć zdanie w jednym języku, a zakończyć w innym. Języki są im potrzebne podczas podróży: do Odessy, Petersburga, Berlina, do Frankfurtu i Paryża. Poza tym znajomość języków określa ich przynależność klasową. Dzięki językom ma się dostęp do najróżniejszych kręgów społecznych. Dzięki językom wszędzie można się czuć jak w domu.

W Wiedniu oglądają *Myśliwych na śniegu* Breughla z białymi wzgórzami upstrzonymi plamami psów, a w Albertinie w gabinecie rycin akwarele Dürera przedstawiające drżącego zająca i skrzydło kraski. Na Praterze uczą się jeździć konno, poza tym chłopcy chodzą na lekcje szermierki i razem z kuzynami na lekcje tańca. Wszyscy świetnie tańczą. Osiemnastoletni Charles z racji swoich umiejętności tanecznych jest przezywany w rodzinie *Le Polonais* – Polak, tańczący chłopiec.

Któregoś dnia starsi chłopcy – Jules, Ignace i Stefan – zostają zaprowadzeni do siedziby firmy – ponurego budynku na Schottenbastei, tuż obok Ringu. To stąd prowadzi się interesy. Chłopcy mają przykazane, by nie odzywać się, gdy starsi rozmawiają o sposobach transportowania zboża i śledzą notowania giełdowe. Otwierają się nowe perspektywy: nafta w Baku, złoto nad Bajkałem. Kanceliści rozchodzą się do swoich zadań. Tutaj chłopcy po raz pierwszy poznają skalę przedsiębiorstwa, które kiedyś stanie się ich własnością – niekończące się kolumny liczb zawarte w grubych rejestrach handlowych stają się dla nich katechizmem zysku.

To właśnie w tym czasie Charles rysuje swoją ulubioną rzeźbę z czasów odeskich – Grupę Laokoona. Stara się, by zwoje mocno oplatały muskularne ramiona, chce, żeby rysunek zrobił wrażenie na małym kuzynie. Szkicuje też to, co widział w Albertinie. Rysuje służących. Rozmawia ze znajomymi rodziców o kupionych przez nich obrazach. Ludzie cenią sobie rozmowę o swoich nabytkach z tak wykształconym młodym człowiekiem.

Wreszcie nadchodzi wyczekiwana przeprowadzka do Paryża. Charles jest delikatnej budowy, przystojny, ze starannie utrzymaną ciemną brodą, która w świetle przybiera lekko czerwonawe tony. Nos ma typowy dla Ephrussich: duży, zakrzywiony, czoło – podobnie jak u wszystkich kuzynów – wysokie. Oczy szare, żywe i duże. Charles znany jest ze swego czarującego obejścia. W pierwszej chwili zwraca się uwagę na jego wygląd – wytworny ubiór, nienagannie zawiązany krawat, dopiero potem słychać jego głos – jest równie dobrym rozmówcą jak tancerzem.

Charles'owi pozwolono robić, co mu się podoba.

Chcę wierzyć, że stało się tak dlatego, iż był najmłodszym, trzecim w kolejności synem, a wszak we wszystkich bajkach to właśnie trzeci syn opuszcza dom i rusza w świat w poszukiwaniu przygód. To tylko domysły – zapewne dlatego, że ja również jestem trzecim synem. Sądzę, że dla wszystkich członków rodziny było oczywiste, iż ten chłopiec niewiele wskóra na giełdzie. Inna sprawa, że w biurach Ephrussi et Cie pod numerem 45 rue de l'Arcade było już tylu młodych Ephrussich – pamiętajmy, że w Paryżu mieszkali również dwaj jego stryjowie, Michel i Maurice – że nie było powodu, by wysyłać tam również tego wiecznie zatopionego w lekturze błyskotliwego chłopca, który tracił zainteresowanie, ilekroć rozmowa schodziła na pieniądze.

W nowym domu Charles ma swój własny apartament – czysty, bogato zdobiony i zupełnie pusty. Ma więc dokąd wracać: do nowego domu na świeżo wybrukowanym paryskim wzgórzu. Zna języki, ma pieniądze, ma czas. Pora ruszyć w świat. Jak każdy dobrze wychowany młody człowiek Charles jedzie na południe, do Włoch.

2. *Un lit de parade*

Początki kolekcji Charles'a to zarazem prehistoria mojej kolekcji *netsuke*. Być może chęć gromadzenia rzeczy zaczęła się wcześniej: może jako dziecko w Odessie zbierał na promenadzie kasztany, a w Wiedniu na przykład monety. Jednak prawdziwe kolekcjonowanie zaczyna się dopiero w Paryżu. To, od czego zaczął i co zgromadził w swoim mieszkaniu w domu pod numerem 81 na rue de Monceau, świadczy o prawdziwej pasji i entuzjazmie. Kupuje bez opamiętania.

Rok spędzony z dala od rodziny to typowy *Wanderjahr*, to *grand tour*, podróż, która pozwoliła mu zapoznać się z kanonem sztuki renesansowej i zrobiła zeń kolekcjonera. Albo raczej nauczyła, czym jest kolekcjonowanie, pozwoliła przejść od podziwiania do posiadania, a od posiadania do rozumienia.

Charles kupuje rysunki i medaliony, renesansowe emalie i szesnastowieczne gobeliny wykonane na podstawie kartonów Rafaela. Nabywa marmurową figurkę dziecka w stylu Donatella i wspaniałą majolikę Luki della Robbia przedstawiającą młodego fauna – spoglądające ku nam przez ramię tajemnicze i bezbronne stworzenie, pokryte jak Madonny szkliwem w kolorze głębokiego błękitu i jajeczną żółcią. Po powrocie do swojego paryskiego mieszkania Charles umieszcza fauna w pokoju sypialnym we wnęce udekorowanej szesnastowiecznymi włoskimi gobelinami o grubej fakturze, tworząc w ten sposób parodię ołtarza z faunem w miejscu świętej figury.

Zdjęcie tego „ołtarza" można dziś obejrzeć w bibliotece Muzeum Wiktorii i Alberta w gigantycznej, oprawnej w głęboką czerwień trzytomowej publikacji w takim formacie, że ku rozbawieniu innych czytelników została dostarczona do mojego stolika na wózku używanym w szpitalach do przewożenia chorych. Owo *Musée Graphique* zawiera ryciny przedstawiające dzieła sztuki zgromadzone przez największych kolekcjonerów sztuki renesansowej w Europie – poczynając od sir Richarda Wallace'a (od Wallace Collection w Londynie) i rozlicznych Rothschildów, na dwudziestotrzyletnim Charles'u kończąc. Owe tomiszcza to zaprojektowana z wielkim rozmachem luksusowa publikacja, wydana przez kolekcjonerów po to, by oszołomić innych kolekcjonerów. Kilka stron za ową efektowną wnęką – utrzymaną w głębokim fiolecie przetykanym gdzieniegdzie złotem, ozdobioną panelami z wizerunkami świętych i tarczami herbowymi – trafiam na pozostałe obiekty z kolekcji Charles'a.

Z trudem powstrzymuję śmiech: wielkie renesansowe łoże, *un lit de parade*, przykryte bogato haftowaną tkaniną, a nad nim baldachim ozdobiony skomplikowanym wzorem z amorkami, groteskami, heraldycznymi symbolami, kwiatami i owocami. Dwie bogate zasłony – każda z olbrzymią literą „E" na złotym tle – podtrzymywane są przez sznury z chwostami. Kolejne „E" zostało umieszczone na wezgłowiu tego niemal książęcego łoża. To mebel ze świata fantazji. Z takiego łóżka rządziło się miastem-państwem, w nim udzielało się audiencji, pisało sonety i na pewno oddawało miłości. Ale kto chciałby w czymś takim spać?

Sporządzam listę nabytków Charles'a. Dużo bym dał, żeby wiedzieć, jakie myśli błąkały się w jego głowie, gdy po kolistych schodach wnoszono na drugie piętro skrzynie z włoskimi skarbami. Gdy spomiędzy wiórów i trocin zaczęto wyjmować ich zawartość i później, gdy trzeba było podjąć decyzję, co gdzie umieścić, przekonać się, jak te skarby prezentują się w porannym słońcu wlewającym się przez okno z ulicy. Czy wchodzący do salonu goście mieli najpierw ujrzeć gobelin, czy ścianę ze starannie zaaranżowanymi rysunkami? A może raczej wszystko należy ustawić w ten sposób, by kątem oka mogli zobaczyć *lit de parade*? Wyobrażam sobie Charles'a, jak pokazuje braciom i rodzicom emalie, jak chwali się przed nimi swym zbiorem. Z pewnym zażenowaniem przypominam sobie, jak w wieku szesnastu lat wyrzuciłem ze swojego pokoju łóżko i zastąpiłem je materacem, nad którym zawiesiłem dywan mający udawać baldachim. A także weekendy spędzone na przewieszaniu obrazków i przestawianiu książek, i badaniu, jak czuje się człowiek, który zmienia otaczającą go przestrzeń. W tym momencie wszystko wydaje się możliwe.

Oczywiście to tylko dekoracja. Trofea Charles'a to rzeczy dla konesera i erudyty. Mówią o historii, o artystycznych rodowodach i afiliacjach i samym kolekcjonerstwie. Przyjrzyjmy się każdemu obiektowi z osobna: gobeliny według kartonów Rafaela, statuetka – kopia Donatella. Czuje się, że Charles dogłębnie zrozumiał, w jaki sposób sztuka rozwija się poprzez stulecia. Po powrocie do Paryża ofiarowuje do Luwru rzadki piętnastowieczny medalion przedstawiający Hipolita stratowanego przez dzikie konie. Wydaje mi się, że słyszę młodego historyka sztuki zwracającego się do zwiedzających. Czuje się nie tylko pieniądze, ale i solidne studia.

Udziela mi się przyjemność, jaką Charles musiał odczuwać w obcowaniu z przedmiotami: zaskakujący ciężar adamaszku, chłód emalii, patyna brązu, faktura haftu na gobelinach.

Pierwsze nabytki Charles'a są jednak całkiem konwencjonalne. Podobne przedmioty miało wielu przyjaciół jego rodziców; swoje zbiory aranżowali w sposób efektowny i wyrafinowany. Kierując się ich przykładem, młody Charles stworzył w swej paryskiej sypialni fioletową *mise en scène*. Jego kolekcja była skromniejszą wersją tego, co można było spotkać w innych żydowskich domach. Młody Ephrussi starał się udowodnić, najdobitniej, jak umiał, że jest już dorosły. Gotowy, by zająć swoje miejsce w świecie.

Aby zdać sobie sprawę, ile wysiłku wkładano w aranżację wielkich kolekcji, wystarczyło odwiedzić dom któregokolwiek z paryskich Rothschildów, a najlepiej znajdujący się pod miastem w Ferrières nowo nabyty pałac Jamesa Rothschilda. Tu z prawdziwym namaszczeniem celebrowano dzieła należące kiedyś do słynnych renesansowych kupców i bankierów. Poważny mecenat wymaga niezwykłych umiejętności finansowych, które zazwyczaj nie są zdolnościami dziedzicznymi. Zamiast paradnej sali, na wskroś rycerskiej i chrześcijańskiej, w Ferrières zaprojektowano wewnętrzny dziedziniec z czterema potężnymi portalami prowadzącymi do różnych części budynku. Pod sufitem ozdobionym malowidłem Tiepola ciągnęła się galeria ozdobiona czarno-białymi marmurowymi posągami, w której poza gobelinami przedstawiającymi orszaki triumfalne wisiały płótna Velázqueza, Rubensa, Guida Reniego i Rembrandta. Przede wszystkim jednak w oczy rzucało się złoto: złocenia mebli, przetykane złotą nicią gobeliny, złote ramy, sztukaterie; a wszystko to ozdobione znakami Rothschildów – oczywiście w złocie. *Le goût Rothschild* stał się synonimem nadmiaru złota. Żydów i ich złota.

Charles'owi z jego wrażliwością nie przyszło nawet do głowy, by rywalizować z Ferrières. Zresztą przestrzeń, jaką dysponował – dwa salony i sypialnia – nie dawała ku temu podstaw. A jednak miał coś więcej niż tylko przestrzeń, którą można zapełnić nowymi nabytkami i książkami. Miał wizję siebie jako kolekcjonera erudyty. Jego sytuacja była wyjątkowa: posiadał kolosalny majątek, a do tego wiedział, jak sobą pokierować.

Wszystko to sprawia, że mój stosunek do niego nie jest najcieplejszy, a paradne łoże utwierdza mnie w moim sceptycyzmie. Nie wiem, jak długo wytrzymam z tym młodym człowiekiem, jego intuicją w dziedzinie sztuki i talentem do dekorowania wnętrz.

Mojego nastawienia nie zmienią nawet *netsuke*. *Connoisseur*, włącza mi się w głowie sygnał ostrzegawczy. Taki młody, a wydaje mu się, że wszystko wie.

I jeszcze ten majątek – to nie wróży nic dobrego.

Oswajam się z myślą, że jeśli chcę zrozumieć, jak Charles patrzał na świat, muszę przeczytać to, co napisał. Na gruncie akademickim czuję się pewnie: sporządzę bibliografię, a następnie przeczytam w porządku chronologicznym wszystko, co napisał. Na pierwszy ogień idą roczniki „Gazette des Beaux-Arts". Zaczynam od roku, kiedy Charles przybył do Paryża. Czytam jego pierwsze, dość suche komentarze na temat malarstwa manierystycznego, Holbeina i brązów. Dowiaduję się przy okazji, że Charles ma ulubionego weneckiego malarza – Jacopa de Barbariego, który upodobał sobie świętego Sebastiana, walki Trytonów i wijące się, spętane nagie ciała. Zastanawiam się, czy erotyzująca tematyka ma jakieś znaczenie. Przypominam sobie Laokoona i znów rodzą się wątpliwości.

Początki były skromne: wzmianki o wystawach, książkach i esejach, ale też komentarze dotyczące innych publikacji: typowa drobnica produkowana przez historyków sztuki na marginesie prac innych badaczy („uwagi dotyczące atrybucji...", „komentarz do *catalogue raisonné*..."). Teksty Ephrussiego przypominają trochę jego kolekcję sztuki włoskiej. Mam wrażenie, że powoli posuwam się naprzód. Mijają tygodnie, a ja coraz lepiej czuję się w jego towarzystwie, odnotowuję z satysfakcją, że pierwszy właściciel *netsuke* zaczyna pisać z większą swadą, a moje emocje stopniowo się zmieniają. W ten sposób w półmroku czytelni czasopism mijają trzy kosztowne tygodnie. Potem jeszcze dwa.

Charles uczy się obcować sam na sam z obrazem. Czytelnik czuje, że po pierwszym kontakcie wraca do niego i ogląda go jeszcze raz. Czytając relacje z wystaw, czuję dotyk jego ręki na ramieniu – wracamy do płótna, by lepiej mu się przyjrzeć: najpierw z bliska, a potem z oddalenia. Wyczuwa się rosnącą pewność siebie i pasję. I wreszcie – pojawia się w jego pisaniu niezależność i niechęć do powtarzania utartych poglądów. Udaje mu się zachować równowagę między emocjami a trzeźwym sądem, nie kryje swych uczuć. U autorów piszących o sztuce nie zdarza się to często. Mijają tygodnie. W miarę jak na moim stole rośnie stos egzemplarzy „Gazette", mnożą się coraz to nowe pytania. Każdy kolejny rocznik pęcznieje od zakładek i żółtych naklejek, formularzy z nowymi zamówieniami i rewersów.

Zaczynają mnie boleć oczy. Teksty drukowane *są petitem*, a przypisy jeszcze drobniejszą czcionką. Przynajmniej robię postępy we francuskim. Dobre i to. Oswajam się z myślą, że współpraca z Charles'em jest możliwa: nie popisuje się wiedzą, zależy mu, abyśmy podążyli za jego wzrokiem i zobaczyli to, co on widzi. Wydaje mi się to uczciwe.

3. Mahut* księżniczki Matyldy

Tymczasem nasza opowieść nawet o krok nie przybliżyła nas do *netsuke*. Charles – dwudziestokilkulatek – wciąż jest w drodze, zawsze przejazdem. Z Londynu, Wenecji, Monachium śle listy przepraszające za nieobecność na rodzinnych spotkaniach. Zaczyna też pisać książkę o Dürerze, artyście, który podbił jego serce jeszcze w Wiedniu. Aby nie uchybić wielkiemu malarzowi, chce teraz zobaczyć każdy jego rysunek, sprawdzić każdą wzmiankę w archiwach.

Jego dwaj starsi bracia na dobre zakotwiczyli się w Paryżu: Jules dołączył do swoich stryjów w biurze na rue de l'Arcade i przejął dowództwo Ephrussi et Cie. Nauki, które pobrał w Wiedniu, nie poszły w las: świat finansów nie ma dla niego tajemnic. Od niedawna jest też mężem poślubionej w wiedeńskiej synagodze uroczej i bystrej Fanny, wdowy po bankierze. Niezwykle bogata Fanny była świetną partią, mogącą zapewnić rodzinie najznakomitsze koligacje. Rubryki towarzyskie paryskich i wiedeńskich pism donosiły, iż Jules tak długo prosił ją do tańca i tańczył z nią tak wytrwale, że aż w końcu uległa i oddała mu swoją rękę.

Tymczasem Ignace wciąż się jeszcze nie ustatkował. W Paryżu głośno jest o jego spektakularnych romansach. Jako *amateur*

* Mahut – w Indiach opiekun słoni (przyp. tłum.).

de femmes posiadł umiejętność szturmowania nawet najwyżej położonych okien – po latach czytam o owych eskapadach w memuarach różnych dam z wielkiego świata. Ignace to typowy *mondain*, paryski światowiec, spędzający wieczory w Jockey Clubie – mekce młodych ludzi z towarzystwa, żyjący od miłostki do miłostki, od pojedynku do pojedynku. Młodym, bogatym ludziom i oficerom wystarczy najdrobniejsze uchybienie, by rzucić się do rapierów. Nazwisko Ignace'a jest wymienione w kronikach pojedynków. Jedna z gazet donosi, że podczas walki omal nie stracił oka. Ignace jest „dość wysoki, choć nieco poniżej średniego wzrostu [...]. Poza temperamentem natura obdarzyła go stalowymi muskułami. Pan Ephrussi jest jednym z najzręczniejszych, a jednocześnie najbardziej koleżeńskich szermierzy, jakich miałem szczęście poznać".

Wyobrażam sobie Ignace'a: ze szpadą w dłoni, w nonszalanckiej pozie – niczym elżbietańskiego dworzanina na miniaturze Hillarda. Był „niestrudzonym sportsmenem; wczesnym rankiem można go było spotkać w Lasku, gdy na wspaniałym dereszu wracał z lekcji fechtunku". Oczami wyobraźni widzę Ignace'a w stajni na rue de Monceau, jak reguluje długość strzemion. Dowiaduję się, że jego koń został ułożony „w stylu rosyjskim". Nie wiem, co to znaczy, ale brzmi imponująco.

Najmłodszy Charles swoją pozycję zawdzięcza salonom. Jego obecność w paryskim towarzystwie odnotowuje w swoim dzienniku znany ze złośliwości pisarz i kolekcjoner Edmond de Goncourt. W salonach „roi się od Żydów i Żydówek", pisze de Goncourt, oburzony faktem, że ludzie pokroju Charles'a są w ogóle zapraszani. Z upodobaniem jednak komentuje ich zachowanie: wszyscy Ephrussi są *mal élevés* – źle wychowani i *insupportables* – nie do przyjęcia. „Charles'a – żali się dalej de Goncourt – wszędzie dziś pełno: oczywisty znak, że należy do ludzi, którzy nie znają swojego miejsca; wiecznie złakniony nowych znajomości, nie wie, kiedy należy powściągnąć swój zapał i wycofać się na drugi plan".

De Goncourt najwyraźniej zazdrości temu uroczemu młokosowi, mówiącemu po francusku z ledwie dostrzegalnym akcentem, łatwości, z jaką dostał się do najwspanialszych i najmodniejszych salonów – bastionów zazdrośnie strzegących dostępu do skupiających się wokół nich kręgów towarzyskich reprezentujących wielką arystokrację, politykę, sztukę i religię. Salonów było wiele, lecz te najważniejsze należały do pani Strauss (wdowy po Bizecie), do hrabiny Greffulhe oraz do egzaltowanej malarki i akwarelistki madame Madeleine Lemaire. Salon to innymi słowy bawialny pokój wypełniony po brzegi gośćmi, którzy spotykają się w nim w ściśle określonym czasie – popołudniami lub wieczorami. Poeci, dramaturdzy, malarze, bywalcy klubów, *mondains* spotykali się pod patronatem pani domu, by prowadzić rozmowy o sprawach godnych uwagi, słuchać muzyki lub uczestniczyć w odsłonięciu nowego portretu. Każdy z salonów miał sobie tylko właściwą atmosferę i swoich akolitów: ci, którzy drażnili madame Lemaire, zyskiwali miano „nudziarzy" lub „dezerterów".

O czwartkowych spotkaniach w salonie madame Lemaire wspomina w jednym ze swoich wczesnych esejów młody Marcel Proust. Pisze o przenikającym jej studio zapachu lilii, który wypływał przez okna na zastawioną powozami *beau monde* ulicę. Wszyscy wiedzieli, że w czwartki rue de Monceau była praktycznie nieprzejezdna. W tłumie gości Proust dostrzega Charles'a i zaczyna się ku niemu powoli przeciskać. Charles stoi w rogu pokoju pogrążony w żywej rozmowie ze znanym portrecistą. Pochyleni ku sobie mówią tak cicho, że w szumie rozmów mijającemu ich Proustowi nie udaje się usłyszeć ani słowa.

Śledziennik de Goncourt jest szczególnie rozjuszony zaufaniem, jakim Charles cieszy się u bratanicy Bonapartego księżniczki Matyldy – j e g o księżniczki. Księżniczka Matylda mieszka w sąsiedztwie w obszernej rezydencji na rue de Courcelles. De Goncourt przytacza plotkę, jakoby wraz z całą arystokratyczną śmietanką widziano ją w domu Ephrussiego. Dodaje też, że księżna rzekomo nazwała Charles'a swoim „mahutem, który poprowadzi ją przez życie". Kto raz widział tę parę: poruszającą się niby majestatyczny słoń starą księżniczkę, przypominającą z wyglądu odzianą w czerń królową Wiktorię, i ledwie dwudziestokilkuletniego Charles'a, potrafiącego jednym słowem lub gestem skierować jej uwagę w określonym kierunku, zachował ten widok do końca życia.

W tym wielkim snobistycznym mieście Charles powoli odnajduje swoje miejsce. Wie, gdzie ceni się go jako rozmówcę, gdzie jego żydostwo jest akceptowane lub przynajmniej nie zwraca się na nie uwagi. Jako młody literat zajmujący się sztuką każdego dnia bywa na rue Favart w redakcji „Gazette des Beaux-Arts". Nim tam dotrze, nie omieszka jednak wstąpić do sześciu czy siedmiu salonów, o czym donosi wszystkowiedzący de Goncourt. Droga z rodzinnego domu do redakcji zajmuje szybkim marszem dokładnie dwadzieścia pięć minut albo – jak w kwietniowy poranek, kiedy nie spiesząc się, ruszam jego śladem – czterdzieści pięć minut krokiem spacerowym. Jestem niepocieszony, gdy uzmysławiam sobie, że Charles na pewno przebywał czasem tę trasę powozem; niestety nie mogę oszacować długości przejażdżki.

„Gazette – Courrier Europeén de l'art et de la curiosité" ma kanarkowożółtą okładkę; stronę tytułową zdobi rycina przedstawiająca klasyczny grobowiec ze stojącymi na płycie renesansowymi artefaktami, którą wieńczy podobizna skrzywionego Leonarda. Za siedem franków czytelnik dostawał recenzje z najważniejszych paryskich wystaw, od Exposition des Artistes Indépendants, oficjalnego salonu obwieszonego od podłogi do sufitu nowymi płótnami, po wystawy czasowe i przeglądy w Trocadéro i w Luwrze. „Gazette", określana przez złośliwców jako „kosztowny magazyn o sztuce, który każda dama trzyma otwarty, lecz nieprzeczytany na swoim stoliku", była niezbywalnym elementem światowego życia – podobnie jak dzisiaj „World of Interiors" czy „Apollo". Niezliczone tomy oprawionych roczników tego pisma stoją na regałach w przepięknej owalnej sali bibliotecznej w pałacu Camondo, położonym w najbliższym sąsiedztwie Hôtel Ephrussi.

W redakcji gromadzili się autorzy i artyści, tu znajdowała się najlepsza w mieście biblioteka książek z dziedziny sztuki, tu można było przejrzeć periodyki i katalogi wystaw z całej Europy. Stanowiła rodzaj ekskluzywnego klubu, miejsca, gdzie krążyły najświeższe plotki z artystycznego świata, gdzie można się było dowiedzieć, kto dostał nowe zamówienie, kto przestał się liczyć u kolekcjonerów, a kto wypadł z łask jurorów salonu. Było to jednak przede wszystkim miejsce pracy. „Gazette" wychodziła raz w miesiącu, więc roboty nie brakowało. Należało podejmować decyzje, u kogo zamówić teksty, a u kogo litografie i ilustracje. Samo bywanie w redakcji i przysłuchiwanie się dyskusjom było kształcące.

W czasach, kiedy po powrocie z włoskiej wyprawy Charles rozpoczął współpracę z „Gazette", każde jej wydanie zawierało wspaniałe litografie przedstawiające dzieła sztuki omawiane w bieżącym numerze i najgłośniejsze obrazy pokazane na salonie. Na chybił trafił otwieram jeden z numerów z roku 1878. Trafiam między innymi na szkice o hiszpańskich gobelinach, greckiej rzeźbie archaicznej, architekturze Champ de Mars i Gustavie Courbercie – wszystkie opatrzone rycinami, z których każda przykryta jest arkuszem bibułki. Czy można wyobrazić sobie coś lepszego dla młodego człowieka pragnącego pisać o sztuce? Dodatkowy atut stanowiło to, że biuro redakcji było jednym z miejsc, gdzie wielki świat spotykał się ze światem sztuki.

Więcej o owych miejscach dowiaduję się, mozolnie przedzierając się przez rubryki towarzyskie paryskich gazet z lat siedemdziesiątych XIX wieku. Początkowo lekturę tę traktuję jako przygotowanie terenu przed przystąpieniem do właściwej pracy. Wkrótce jednak okazuje się ona tak wciągająca, że rezygnuję z pierwotnego planu, by przeczytać wszystkie recenzje, które wyszły spod pióra Charles'a. Szybko gubię się w labiryncie spotkań, gości, szczegółowych opisów damskich toalet, spekulacji, gdzie kogo można spotkać, litanii nazwisk, afrontów i kąśliwych komentarzy.

Najbardziej fascynują mnie ogłaszane w prasie listy prezentów ślubnych. Tłumaczę sobie, że moje czasochłonne zajęcie to w istocie studia na temat kultury obdarowywania się – próbuję wyrobić sobie zdanie, kto bez umiaru szastał pieniędzmi, kto był dusigroszem, a kto po prostu nudziarzem. Na jednym z wielkich paryskich ślubów w 1874 roku moja praprababka ofiarowała młodej parze komplet złotych półmisków w kształcie muszli. Wulgarne, myślę sobie, nie potrafiąc jednak uzasadnić tego sądu.

W relacjach z paryskich balów i wieczorów muzycznych, salonów i przyjęć stale natrafiam na wzmianki o trzech braciach. Panowie Ephrussi zazwyczaj trzymają się razem: odnotowano ich obecność w operowej loży na ostatniej premierze, bywają na pogrzebach, widziano ich też na przyjęciu u księcia x i hrabiny y. Jako liczący się poddani rosyjscy wchodzą w skład komitetu witającego cara, gdy ten przybywa z wizytą do Paryża. Razem też przyjmują gości; gazety odnotowują „serię uroczystych kolacji wydanych wspólnie przez braci". Wraz z innymi sportsmenami oddają się nowemu szałowi – jeździe na bicyklu. Jedna z rubryk „Le Gaulois" poświęcona jest *déplacements* – informuje czytelników, kto wybiera się do Deauville, a kto do Chamonix. Dowiaduję się więc, kiedy wyjeżdżają z Paryża, by spędzić wakacje w Meggen, w należącym do Fanny i Jules'a niemal feudalnym Chalet Ephrussi. Kilka zaledwie lat w Paryżu wystarczyło, by – wraz ze swoim złoto-bursztynowym domem na wzgórzu – stali się częścią paryskiego wielkiego świata. Powtarzam sobie: Monceau – najszybsza droga na sam szczyt.

Tymczasem dekorowanie apartamentów i cyzelowanie zawiłych zdań o sztuce schodzą na dalszy plan. W życiu Charles'a pojawia się kobieta. Jednocześnie zaczyna się też jego fascynacja sztuką japońską. Te dwie rzeczy: seks i Japonia będą odtąd nierozłączne.

Charles nie jest jeszcze właścicielem *netsuke*, ale czuję, że moment ten się zbliża. Zwłaszcza gdy kupuje u niejakiego Philippe'a Sichela, handlującego sztuką japońską, przedmioty z laki, które dadzą początek jego kolekcji. Goncourt odnotowuje w swoim *Dzienniku* wizytę w sklepie Sichela, „miejscu gdzie płyną żydowskie pieniądze". W pokoju położonym na zapleczu sklepu, dokąd wstąpił, by obejrzeć nowe nabytki – album z erotycznymi drzeworytami lub może obrazy zwojowe – natyka się na „pochyloną nad pudełkiem z laki La Cahen d'Anvers, której towarzyszył jej kochanek, młody Ephrussi".

Najwyraźniej ustalała z nim „czas i miejsce schadzki".

4. „Tak lekkie, tak delikatne w dotyku"

Kochanką Charles'a jest o kilka lat od niego starsza rudowłosa piękność, Louise Cahen d'Anvers. Słynna La Cahen d'Anvers jest żoną żydowskiego bankiera i matką czwórki małych dzieci – chłopca i trzech dziewczynek. Niebawem przychodzi na świat piąte dziecko. Louise da mu na imię Charles.

Cała moja wiedza o paryskich małżeństwach pochodzi wyłącznie z lektury powieści Nancy Mitford. Przypadek Louise budzi podziw i imponuje. Nie mogę się jednak powstrzymać, by nie zadać typowo burżujskiego pytania: jak potrafiła to wszystko pogodzić – pięcioro dzieci, męża i jeszcze kochanka. Obie rodziny utrzymują zażyłe stosunki. Kiedy oglądam należący do Jules'a i Fanny dom na place d'Iéna i podziwiam misternie splecione inicjały umieszczone nad wielkimi wejściowymi drzwiami, kątem oka widzę usytuowany po drugiej stronie ulicy, na rogu rue Bassano, równie bogato zdobiony pałac, w którym mieszkała Louise. Zaczynam się zastanawiać, czy to aby nie sprytna i niezmordowana Fanny była inicjatorką tego romansu.

Stosunki łączące obie rodziny były więcej niż bliskie. Poza niekończącymi się balami i przyjęciami obie rodziny spędzały również wspólnie wakacje – w Szwajcarii w Chalet Ephrussi lub pod Paryżem w Champs-sur-Marne, w zamku należącym do rodziny Cahen d'Anvers. Jak należało się zachować, gdy na schodach prowadzących do apartamentu szwagra spotykało się najbliższą przyjaciółkę? Być może wizyty w zacisznych gabinetach antykwariuszy były ucieczką przed znaczącymi spojrzeniami i duszną uprzejmością najbliższych. No i przed dziećmi.

Charles, wówczas już zręczny bywalec salonów, zwrócił się do swego przyjaciela Léona Bonnata, równie swobodnie jak on poruszającego się w wielkim świecie, by namalował pastelami portret jego ukochanej. Louise jest na nim przedstawiona w jasnej sukni, z włosami spadającymi na twarz i spojrzeniem skierowanym poważnie w dół.

Prawdziwej Louise daleko było do powagi. Oto jak opisuje ją w jej własnym salonie de Goncourt. W sobotę 28 lutego 1876 roku pisze:

> Z racji swego orientalnego pochodzenia Żydzi zachowują się z pewną charakterystyczną nonszalancją. Dzisiaj, oczarowany, nie mogłem oderwać wzroku od pani Louise Cahen, gdy ta, chcąc pochwalić się swymi skarbami, sięgnęła na dolną półkę szafki, w której przechowuje swoje drogocenne drobiazgi z laki i porcelany. Poruszała się z wdziękiem leniwej kotki. Jeśli trafi się blondynka, Żydówka o blond włosach, mienią się one wszystkimi odcieniami złota, niczym włosy Tycjanowskiej piękności. Gdy piękna Żydówka wyjęła już z głębi szafki to, co chciała mi pokazać, opadła na szezlong, skłaniając głowę tak, by wszyscy mogli podziwiać jej loki kunsztownie spięte na czubku głowy na podobieństwo gniazda węży. Marszcząc nos i robiąc zabawne minki wyrażające zdumienie, zaczęła żalić się na mężczyzn i pisarzy, traktujących kobiety tak, jakby nie były ludzkimi stworzeniami, którym w miłości zdarza się odczuwać takie samo obrzydzenie jak mężczyźni.

Na słynnym obrazie Tycjana przedstawiającym emanującą erotyzmem piękność złota i naga modelka próbuje jedną ręką zasłonić swą nagość. Czytelnik czuje, że słynny pisarz jest całkowicie pod urokiem Louise, ona zaś w pełni panuje nad sytuacją. W końcu Louise to również *La muse alpha* [Muza alfa] Paula

Bourgeta – innego popularnego wówczas autora. Na portrecie, który zamówiła do swojego salonu u Carolusa-Durana, najbardziej wziętego portrecisty paryskiej socjety, widzimy ją z lekko rozchylonymi wargami, ledwie okrytą zwiewną suknią. Jest w tej kobiecie coś dramatycznego, co każe mi się zastanowić, dlaczego za kochanka wzięła sobie akurat tego młodego estetę.

Być może ujęła ją jego niechęć do wszelkiej pozy, a może temperament historyka sztuki. Możliwe też, że powodem było znużenie życiem rodzinnym: mężem, dziećmi i prowadzeniem dwóch ogromnych domów. Ilekroć pragnęła oderwać się od obowiązków, Charles – człowiek wolny – był na każde jej wezwanie. Oboje prawdziwie interesowali się muzyką, sztuką i poezją, a także cenili sobie towarzystwo muzyków, artystów i poetów. Często wraz ze szwagrem Louise kompozytorem Albertem Cahenem d'Anvers szli do opery, a na prawykonania dzieł Masseneta jeździli specjalnie do Brukseli. Łączyło ich też uwielbienie dla Wagnera, podobna do religii pasja, którą dobrze było z kimś dzielić. Wyobrażam sobie, że inscenizacje Wagnerowskie sprzyjały długim wieczorom spędzonym w zaciszu głębokich, wybitych pluszem operowych lóż. Wiemy też, że oboje byli obecni (*sans mari*) na kolacji wydanej przez Prousta po wieczorze poetyckim Anatola France'a.

Wspólnie też zaczynają budować swoje kolekcje. Razem polują na japońskie pudełka z czarno-złotej laki. Razem ulegają fascynacji Japonią.

Mam przeczucie, że to właśnie Louise zbliża nas do *netsuke*; Louise, która nim opadnie na szezlong, wyczerpana po kolejnej sprzeczce z mężem lub z Charles'em, mimowolnie sięga do oszklonej gablotki po bibelot z laki. Za chwilę *netsuke* pojawią się w polu widzenia i staną się częścią bujnego paryskiego życia.

Chciałbym wiedzieć, jak ta nonszalancka para – Charles i jego kochanka – obchodziła się z japońskimi cackami. Jak czuje się człowiek, który po raz pierwszy bierze do ręki coś równie niezwykłego – obraca w palcach pudełko, czarkę lub może *netsuke* – przedmiot wykonany z jakiegoś osobliwego materiału, kładzie go na dłoni, by poczuć wagę, przesuwa czubkiem palca po wypukłym bocianie szybującym wśród obłoków. Istnieje chyba literatura poświęcona dotykowi. Ludzie na pewno opisywali w dziennikach czy listach ulotne doznania związane z dotknięciem jakiegoś przedmiotu. Z pewnością dawali gdzieś wyraz tym emocjom. Ślad, jaki zrobiła ich ręka, musiał zostać gdzieś odnotowany.

Zostawmy na chwilę de Goncourta. Pierwsze przedmioty z laki Charles i Louise kupili w magazynie braci Sichelów. Nie była to galeria, gdzie – jak w Sklepie ze Sztuką Orientalną Siegfrieda Binga – kolekcjonerzy *objects d'art* i drzeworytów byli zapraszani do indywidualnych gabinetów, lecz nieprzebrana dżungla przedmiotów przywiezionych wprost z Japonii. Ilość zgromadzonych tu rzeczy po prostu zbijała z nóg. W samym tylko roku 1874 Philippe Sichel wyekspediował z Jokohamy do Europy czterdzieści pięć skrzyń po pięć tysięcy przedmiotów każda. Kolekcjonerów ogarnęło prawdziwe szaleństwo. Jak szukać? Czego się spodziewać? Jak postępować, by w poszukiwaniu skarbu nie dać się nikomu ubiec?

Ta niezwykła ilość japońszczyzny skłaniała do marzeń. De Goncourt opisał, jak wkrótce po dostawie towarów udał się do sklepu Sichelów i spędził tam cały dzień z „*tout cet art capiteux et hallucinatoire*" – tą sztuką oszałamiającą i halucynogenną. Pojedyncze naczynia ceramiczne i drzeworyty zaczęły się pojawiać we Francji od roku 1859, jednakże na początku lat siedemdziesiątych XIX wieku Paryż został zalany przedmiotami rodem z Japonii. W 1878 roku „Gazette" tak pisała o owym wczesnym zachłyśnięciu się japońską sztuką:

> Trzeba się było wciąż dowiadywać, kiedy spodziewana jest nowa dostawa. Stara kość słoniowa, emalie, fajanse i porcelana, brązy, laka, rzeźby z drewna [...] haftowana satyna, wszelkiego rodzaju bibeloty pojawiały się pewnego dnia w sklepie, po to by niemal

natychmiast opuścić go i trafić do pracowni artystów lub gabinetów pisarzy [...]. Któż ich nie kupował [...] Carolus-Duran, Manet, James Tissot, Fantin-Latour, Degas, Monet, pisarze Edmond i Jules de Goncourt, Philippe Burty, Zola [...] podróżnicy Cernuschi, Duret, Émile Guimet [...]. Gdy moda utrwaliła się na dobre, na zakupy ruszyli amatorzy.

Tymczasem na ulicach Paryża

na wielkich przedmieściach i bulwarach pojawili się młodzi ludzie o zdumiewającym wyglądzie [...]. Swe długie błyszczące, czarne włosy przykrywają cylindrami lub małymi okrągłymi filcowymi kapelusikami, ubrani są w nienagannie zapięte surduty, szare spodnie, wytworne buty i odbijające się od eleganckiego płótna ciemne krawaty. Można by ich wziąć za paryżan, gdyby nie pewne szczegóły, drobiazgi zdradzające ludzi, którzy zbyt łatwo ulegają swemu krawcowi i nie potrafią narzucić mu własnej woli. Szpilki zdobiące ich krawaty są zbyt ostentacyjne, nogawki spodni zbyt długie, trzewiki zbyt błyszczące, a laski zbyt filigranowe. Na ulicy, obrzucasz ich ciekawie wzrokiem: śniada karnacja, zarost raczej rzadki, niekiedy wąsy [...] otwarte usta układają się w czworokąt jak u greckiej maski; wydatne kości policzkowe, a nad okrągłą twarzą wypukłe czoło; zewnętrzne kąciki przenikliwych małych oczu unoszą się ku skroniom [...] to Japończycy.

Oto brawurowy opis przybyszy próbujących odnaleźć się w obcej kulturze – gdyby nie nadmiernie staranny strój, niemal niezauważalnych. Przechodzień, aby się upewnić, musi spojrzeć jeszcze raz. Tak, zdradza ich zbyt pedantyczny strój.

Opis ten ujawnia egzotykę zderzenia z Japonią. Choć w latach siedemdziesiątych, wyjąwszy dyplomatów i kilku książąt, japońscy przybysze byli w Paryżu rzadkością, ich sztukę widziało się wszędzie. Każdy chciał mieć na własność jakieś *japonaiseries*: wszyscy malarze, z którymi Charles zaprzyjaźnił się w salonach, wszyscy pisarze, z którymi zetknął się w „Gazette", członkowie rodziny, przyjaciele, kochanka – wszyscy ulegli temu szaleństwu. Fanny Ephrussi wspomina w liście o wyprawie na rue Martel do Mitsui, modnego sklepu z przedmiotami pochodzącymi z Dalekiego Wschodu, po japońskie tapety do palarni i pokoju gościnnego w nowym domu na place d'Iéna. Wydaje się mało prawdopodobne, by Charles – krytyk, wytworny *amateur d'art* i kolekcjoner – pozostał obojętny wobec tej sztuki.

W artystycznym świecie Paryża liczył się czas powstania kolekcji. Pierwsi kolekcjonerzy, *japonistes*, kreatorzy nowego nurtu, górowali nad innymi swym estetycznym wyrafinowaniem. De Goncourt naturalnie nie omieszkał zaznaczyć, że wraz z bratem zetknęli się z japońskimi drzeworytami na długo przedtem, nim Japonia otworzyła się na świat. Pierwsi wielbiciele sztuki japońskiej mimo zaciekłej konkurencji odznaczali się podobną wrażliwością. Jak pisze w swojej książce *Paris Herself Again* [Paryż znów sobą] George Augustus Sala, w roku 1878 atmosfera braterstwa wśród kolekcjonerów należała już do przeszłości. „Dla obdarzonych skłonnościami artystycznymi amatorów, jak przedstawiciele rodu Ephrussich czy Camondo, japonizm stał się wyznaniem".

Charles i Louise stali się zatem „neojaponistami". Byli młodzi i bogaci, lecz artystycznie jakby spóźnieni. W kontakcie ze sztuką japońską liczyła się spontaniczność reakcji i intuicja niezakłócona zawiłymi wywodami historyków sztuki. Oto otworzyły się możliwości na miarę nowego renesansu i szanse zdobycia prawdziwie autentycznych dzieł sztuki orientalnej. Były w zasięgu ręki, i to w ogromnej ilości. Należało więc korzystać z okazji i kupować, a o miłości myśleć później.

Samo dotknięcie japońskiego przedmiotu, położenie go na dłoni, obrócenie w palcach wystarczyło, by wyrobić sobie o nim zdanie. Dotyk mówi to, co trzeba wiedzieć, ale przede wszystkim mówi o tobie samym. Edmond de Goncourt tak to ujął: „oto – w nawiązaniu do subtelności, delikatności, pewnej sztywności, że tak powiem, przedmiotów doskonałych, które bierzemy do ręki – aforyzm: dotyk to doznanie, które pozwala amatorowi odkryć samego siebie. Człowiek, który obraca przedmiot w obojętnych palcach, niezgrabnych paluchach, palcach, którym obca jest pieszczota, to człowiek wyzuty z namiętności do sztuki".

Podróżnikom, którzy odwiedzili Japonię, oraz pierwszym kolekcjonerom tamtejszej sztuki wystarczyło wziąć przedmiot do ręki, by stwierdzić, czy jest „autentyczny", czy też nie. Amerykański artysta John La Farge, wyruszając w 1884 roku w podróż do Japonii, umówił się z podróżującymi z nim przyjaciółmi: „Nie zabieramy ze sobą książek, rezygnujemy z lektury; chcemy odbyć tę podróż w stanie niewinności". Chodziło o to, by zdać się na własne poczucie piękna i wrażliwość dotyku, w którym wyrażała się niewinność zmysłów.

Sztuka Japonii jawiła się jako nowy, cudowny świat – świat nowych faktur i nowego sposobu odczuwania. Cóż z tego, że bez trudu można było sobie sprawić album japońskich drzeworytów; nie były to dzieła sztuki, którymi można było ot, tak po prostu udekorować ściany swego domu. Było to objawienie nowych tworzyw: brązu, którego patyna sięgała nieraz dużo dalej niż czasy renesansu, laki o niezrównanej głębi i nasyceniu koloru, pokrytych złotem parawanów do grodzenia pomieszczeń. Na słynnym portrecie żony w japońskiej sukni – *Japonka* – Monet namalował Camille w sukni wyszywanej „złotym haftem o grubości kilku centymetrów". Osobną kategorią były *objects d'art*, które nie przypominały niczego, co stworzyła sztuka Zachodu, a które najtrafniej można było nazwać „zabawkami". Były to miniaturowe figurki zwierząt i żebraków nazywane *netsuke*, w sam raz aby wziąć do ręki i obracać między palcami. Louis Gonse, przyjaciel Charles'a, kolekcjoner i redaktor „Gazette", tak pięknie określił pewne *netsuke* wyrzeźbione z bukszpanu: „*plus gras, plus simple, plus caresse*" – wyrafinowanie, prostota, pieszczota w stopniu wyższym. Trudno o lepszą kadencję.

Były to miniaturowe rzeźby do trzymania w dłoniach, drobiazgi, które dodawały splendoru salonowi czy buduarowi. Gdy oglądam ryciny japońskich przedmiotów, widzę, że paryżanie nie bali się nadmiaru materii: kość słoniową przykrywali jedwabiem, jedwab wieszali nad stolikiem z laki, stolik z laki zastawiali porcelaną, na podłodze rozrzucali otwarte wachlarze.

Dotyk łaknący nowych doznań, dłonie dokonujące odkryć, przedmioty dotykane z uczuciem, *plus caresse*. Dla Charles'a i Louise, jak też dla wielu innych, japonizm w powiązaniu z dotykiem oferował uwodzicielską kombinację.

Nim w końcu nadejdzie czas *netsuke*, powstaje kolekcja trzydziestu trzech pudełek z czarno-złotej laki. Zbiór pudełek wzbogacił zbiory zdobiące mieszkanie Charles'a w Hôtel Ephrussi; można je było umieścić między purpurowymi renesansowymi gobelinami a pastelową marmurową rzeźbą Donatella. Kolekcja pudełek, wspólne dokonanie Charles'a i Louise, to owoc poszukiwań w szalonym sezamie Sichela. Był to bajeczny zbiór siedemnastowiecznych przedmiotów z laki, niemający sobie równych w Europie. Zdobycie tych cudownych cacek wymagało regularnych wizyt u Sichela. Jako ceramik z wielką radością odnotowałem, że poza pudełkami z laki Charles nabył również kamionkowe szesnastowieczne naczynie z Bizen, japońskiego ośrodka ceramiki, gdzie jako szesnastolatek pobierałem nauki, szczęśliwy, że mogę własnoręcznie wyrabiać te niezwykle proste, cudowne w dotyku czarki.

W długim eseju *Les laques japonais au Trocadéro* [Laki japońskie w Trocadéro], opublikowanym w „Gazette" w 1878 roku, Charles opisuje zawartość pięciu czy sześciu gablot wypełnionych po brzegi przedmiotami z laki. Jest to jego najbardziej wyczerpujący tekst dotyczący sztuki japońskiej. Podobnie jak w innych publikacjach styl akademicki (szczególne przywiązanie do dat) i opisowy ustępuje miejsca liryce, zwłaszcza tam, gdzie Charles pochyla się nad tym, co widzi.

Gdy pada słowo *japonisme*, Charles dodaje: „termin ukuty przez mojego przyjaciela Philippe'a Burty'ego". Przez całe trzy tygodnie, nim w końcu natrafiłem na wcześniejszą wzmiankę, w której padło to słowo, pęczniałem z dumy, że to Charles pierwszy użył tego terminu w druku i że moje *netsuke* tak pięknie się z nim komponują.

Japońskie pudełko ze złotej laki
z kolekcji Louise Cahen d'Anvers

We wspomnianym eseju Charles dzieli się z czytelnikami odkryciem, które sprawia, że w jego wywód wkrada się ton podniecenia. Okazuje się, że posiadaczką kolekcji japońskich cacek z laki była Maria Antonina. Pozwoliło mu to pokazać podobieństwa między Japonią a oświeconym osiemnastowiecznym rokoko. W eseju Charles'a laka wiąże się z kobietami i intymnością. Japońska laka – tłumaczy Charles – była w Europie niemal nieobecna. „Aby zdobyć owe nieosiągalne bibeloty, trzeba było mieć dwie rzeczy: fortunę i pozycję królowej albo przynajmniej królewskiej faworyty". I oto w Paryżu Trzeciej Republiki staje się to możliwe. Owe legendarne bibeloty, arcytrudne do wykonania cacka, niegdyś własność japońskich książąt i europejskich królowych, są tu, na miejscu, w paryskim sklepie – można je kupić. Dla Charles'a laka to czysta poezja – to nie tylko wyrafinowanie i tajemnica, ale też historia pożądania. Czuje się jego namiętność do Louise. Nieosiągalna laka tworzy wokół ich uczucia specyficzną aurę. Pisząc, Charles sięga ku złotej Louise.

W pewnym momencie bierze do ręki jedno z pudełek: „Wystarczy położyć na dłoni pudełko z laki – tak lekkie, tak delikatne w dotyku. Artysta przedstawił na nim kwitnące jabłonie i lecące nad wodą żurawie – święte ptaki, a wyżej pod pochmurnym niebem wznoszący się i opadający łańcuch gór; kompozycji dopełniają zastygłe w dziwnych pozach pełne wdzięku i elegancji ludzkie postaci w rozwianych szatach, z parasolami".

Obracając w palcach pudełko, stara się wyjaśnić jego egzotykę. Wykonanie tego doskonałego, miniaturowego cacka wymagało zręcznej i pewnej, niemal „kobiecej ręki, jak też wytrwałości i niemal nieograniczonej ilości czasu" – rzeczy na Zachodzie nieosiągalnych. Bliższe oględziny wyrobów z laki – ale też brązów i *netsuke* – uświadamiają ten ogrom pracy. Wszystkie te przedmioty są owocem niebywałego trudu, a pomimo to pozostają cudownie wolne.

Opisy utrwalonych w lace krajobrazów współbrzmią z rosnącym entuzjazmem Charles'a dla malarstwa impresjonistów: widoki obsypanych kwiatami drzew jabłoni, obłoków płynących po niebie i kobiet w rozwianych, luźnych sukniach – to wszystko znajdziemy u Pissarra i Moneta. Wszelka japońszczyzna – laka, *netsuke*, drzeworyty – przywodzi na myśl krainę, gdzie zmysły wciąż są zaskakiwane przez nowe doznania, sztuka to codzienność, a życie toczy się jak cudowny, nigdy niekończący się sen.

Esej Charles'a ilustrują ryciny przedstawiające eksponaty należące do wspólnej kolekcji jego i Louise. Tu następuje zmiana stylu, staje się on nadmiernie emocjonalny, jakby autorowi zaczynało brakować tchu – szczególnie gdy opisuje zawartość należącej do Louise gablotki ze złotej laki, dekorowanej motywem wijących się powoi. Takie kolekcje powstają dzięki „kaprysowi bogatego amatora, który może sobie pozwolić na zaspokojenie swej namiętności". Pisząc o tej kolekcji wyjątkowych przedmiotów, Charles dyskretnie łączy siebie i Louise. Oboje są niezaspokojeni i kapryśni, kierują się nagłymi impulsami. Ich zbiór składa się z przedmiotów, które trzeba wziąć do ręki, by odkryć ich piękno, „lekkich i delikatnych w dotyku".

Esej o wspólnym zbiorze, przedstawiony do publicznej wiadomości, był dyskretnym sygnałem dla świata. Opis poszczególnych przedmiotów jest też zapisem ich schadzek: kolekcja jest znakiem ich miłości, ich prywatną historią dotyku.

W 1884 roku w „Le Gaulois" ukazała się recenzja z wystawy, na której Charles pokazał swoją kolekcję. „Przed każdą z tych gablot można spędzić wiele dni", czytamy. Otóż to. Nie udało mi się ustalić, do jakich muzeów trafiły zbiory Charles'a i Louise, specjalnie wybrałem się jednak do Musée Guimet na avenue d'Iéna, gdzie obecnie znajduje się zbiór należący kiedyś do Marii Antoniny, i zachwycony, nie mogłem oderwać się od płonących matowym światłem gablotek wypełnionych tymi błyszczącymi skarbami.

Takimi właśnie intensywnie złoto-czarnymi bibelotami Charles ozdobił swój salon na rue de Monceau, gdzie w tym samym mniej więcej czasie rozłożył na podłodze inny nowy nabytek: utkany z jedwabnej przędzy siedemnastowieczny złocisty kobierzec z Savonnerie, przeznaczony pierwotnie dla jednej z galerii Luwru, przedstawiający alegorie powietrza: dmące w trąby cztery wiatry o wydętych policzkach, otoczone rojem motyli i furkoczących wstążek. Dywan trzeba było przyciąć i dopasować do rozmiarów pokoju. Próbuję to sobie wyobrazić: stąpając po złotym dywanie, wchodzę do złocistego pokoju.

5. Pudełko ze słodyczami

Aby sprawić sobie namiastkę Japonii, najlepiej było udać się tam osobiście. Na tym polegała przewaga Henriego Cernuschiego, sąsiada Charles'a, i przemysłowca Émile'a Guimeta, organizatora wystawy w Trocadéro.

Jeśli takie rozwiązanie nie wchodziło w rachubę, nie pozostawało nic innego, jak wybrać się do którejś z paryskich galerii, gdzie zawsze można było znaleźć dla siebie jakieś japońskie bibeloty. Sklepy te znane były jako miejsca spotkań i schadzek wiarołomnych małżonków i ich kochanków z *beau-monde* – *rendez-vous des couples adultères*, takich jak Louise i Charles. Wcześniej zakochani wyznaczali sobie spotkania w innych sklepach orientalnych, jak choćby w La Jonque Chinoise na rue de Rivoli lub w Porte Chinoise na rue Vivienne, gdzie „obsypana klejnotami niczym jakieś japońskie bóstwo" królowała właścicielka galerii madame Desoye, „postać niemal już historyczna". Obecnie jej miejsce zajął Sichel.

Sichel nie był jednak dociekliwym antropologiem, a jedynie zręcznym handlowcem. W opublikowanym w 1883 roku pamflecie *Notes d'un bibeloteur au Japon* [Zapiski zbieracza w Japonii] pisał: „Kraj ten stał się dla mnie zupełnie nowym odkryciem. Nie interesowało mnie życie codzienne jego mieszkańców. Jedyne, co mnie zajmowało, to sprzedawane na targowiskach przedmioty z laki".

To mu wystarczało. W 1874 roku, niebawem po przybyciu do Japonii, na jednym z bazarów w Nagasaki spod warstw kurzu i pyłu Sichel wydobył kilka pulpitów do pisania. Kupił je po dolarze za sztukę. „Dziś każdy z nich wart jest ponad tysiąc franków". Po powrocie do Paryża owe pulpity – o czym już nie wspomina – sprzedał swoim klientom, takim jak Charles, Louise czy Gonse, za sumy znacznie przekraczające tysiąc franków.

Sichel pisze dalej:

> W owym czasie Japonia była prawdziwym zagłębiem dzieł sztuki, które można było kupić za pół darmo. Na ulicach roiło się od sklepów i lombardów pełnych najdziwniejszych przedmiotów i tkanin. Handlarze od świtu szturmowali moje drzwi: sprzedawcy *fukusa* lub kupcy z wózkami wyładowanymi przedmiotami z brązu. Czasem przed moim domem zatrzymywali się nawet zwykli przechodnie, którzy widząc innych handlujących, ochoczo sprzedawali przymocowane do swoich *obi* (pasków) *netsuke*. Napływ towarów był tak wielki, że męczył i zniechęcał do handlu. Wszyscy ci ludzie oferujący te egzotyczne przedmioty zachowywali się nadzwyczaj przyjaźnie. Proponowali swoje usługi jako przewodnicy, a za pudełko ze słodyczami gotowi byli w moim imieniu targować się z innymi. Na zakończenie owych transakcji zapraszali mnie na ucztę, która nieodmiennie kończyła się występami tancerek i śpiewaczek.

Cała Japonia była takim pudełkiem słodyczy. Kolekcjonerstwo przeradzało się tu w pazerność. Sichel pisze o chęci *de dévaliser le Japon* – ograbienia Japonii. Historie o zubożałych *daimyō* sprzedających resztki swojego dziedzictwa, samurajach oferujących swe miecze, tancerkach ciało, a przechodniach *netsuke* przedstawiały Japonię jako kraj nieograniczonych możliwości. Każdy miał coś do sprzedania. Japonia stała się miejscem, gdzie można było zaspokoić każdą zachciankę: artystyczną, handlową czy seksualną.

Przedmioty rodem z Japonii zawierały w sobie obietnicę erotycznego spełnienia, czegoś więcej niż spotkania nad pudełkiem z laki czy bibelotami z kości słoniowej. Japońskie wachlarze, drobiazgi i szaty ożywały dopiero w relacji z człowiekiem. Były rekwizytami służącymi do wcielania się w nowe role, do zmysłowej reinterpretacji własnego ja. To oczywiste, że Charles ze swoim książęcym łożem przykrytym brokatowym baldachimem i pasją do ciągłego przemeblowywania mieszkania na rue de Monceau nie mógł im się oprzeć.

Na obrazie Jamesa Tissota *Japonka w kąpieli* widzimy nagą dziewczynę okrytą jedynie luźno zarzuconym na ramiona brokatowym kimonem, z japońskim wnętrzem w tle. Z kolei na portrecie żony Monet ukazuje Camille w złocistej peruce i w wirującym japońskim czerwonym stroju, ozdobionym haftem przedstawiającym dobywającego miecz samuraja. Na podłodze leżą porozrzucane orientalne wachlarze – nieodparcie przywodzące na myśl fajerwerki Whistlera. Przypomina się scena z *W stronę Swanna*, gdy ubrana w kimono Odetta przyjmuje Swanna w swoim salonie pełnym parawanów, japońskich jedwabnych poduszek i lampionów, przesyconym najbardziej japońskim z zapachów – ciężkim zapachem chryzantem.

Niepostrzeżenie zmienia się sens idei posiadania. Nie można już zaspokoić chęci sprawienia sobie kolejnych skarbów; teraz to one biorą człowieka w posiadanie, one stawiają żądania. Sami kolekcjonerzy przyznają, że częstokroć poczucie upojenia towarzyszące poszukiwaniom, a następnie kupnie wymarzonego przedmiotu przeradzało się w manię. Młody Guy de Maupassant pisze: „Ze wszystkich ludzkich namiętności, wszystkich bez wyjątku, najstraszniejsza jest namiętność do bibelotów – namiętność nie do pokonania. Człowiek, który zaczyna pożądać jakiegoś starego przedmiotu, to człowiek stracony. Bibeloty to nie tylko pasja, to choroba".

Przejmujący opis tego stanu daje nam odwieczny prześladowca Charles'a Edmond de Goncourt. W swojej przedziwnej książce *La Maison d'un artiste* [Dom artysty] portretuje on swój paryski dom. Owa niezwykle drobiazgowa relacja, w której autor stara się nie pominąć żadnego obrazu, żadnej książki, żadnego przedmiotu, była próbą złożenia hołdu zmarłemu bratu, z którym w owym domu mieszkał. W tym dwutomowym dziele (a każdy tom liczy ponad trzysta stron) traktującym o przedmiotach de Goncourt zawarł nie tylko szczegółową inwentaryzację domu, lecz również autobiografię i dziennik podróży. W domu de Goncourtów królowała sztuka japońska. W hallu: japońskie brokaty, *kakemona* i zwoje. Nawet w ogrodzie specjalnie dobrana kolekcja chińskich i japońskich drzewek i krzewów.

We fragmencie, którego nie powstydziłby się sam Borges, de Goncourt, pisząc o s w o i c h zbiorach, wspomina również o małej kolekcji chińskich przedmiotów, należących w XVII wieku do japońskiego *bibeloteur exotique*. De Goncourt nieustannie zderza ze sobą eksponaty nonszalancko rozrzucone po całym domu: obrazy, parawany i zwoje z przedmiotami zamkniętymi w oszklonych szafach.

Próbuję wyobrazić sobie de Goncourta – ciemnookiego, z szyją owiniętą niezbyt starannie białym jedwabnym fularem. Aby wzmocnić efekt swojego wywodu, zatrzymuje się na chwilę przy drzwiach oszklonej szafy z drewna gruszkowego i wyjmuje z niej jedno ze swoich *netsuke*. Zaczyna opowiadać o maniakalnej pogoni za doskonałością:

> cała klasa artystów, ludzi wybitnie utalentowanych, wyspecjalizowanych [...] oddających się wyłącznie odtwarzaniu jakiegoś konkretnego przedmiotu lub stworzenia. Dowiadujemy się zatem o japońskim artyście, którego wszyscy krewni od trzech pokoleń rzeźbią szczury, tylko szczury i nic innego. Poza zawodowymi artystami w tym bardzo manualnie uzdolnionym społeczeństwie nie brak też amatorów rzeźbiących *netsuke*, twórców umilających sobie czas mozolnym wytwarzaniem tych miniaturowych rzeźb. Pewnego dnia Philippe Sichel natknął się na siedzącego na przyzbie Japończyka, który dłubał przy ukończonym już najwyraźniej *netsuke*. Sichel zagadnął, czy nie

zechciałby mu go sprzedać [...], gdy już będzie skończone. Japończyk roześmiał się i oznajmił, że zajmie mu to jeszcze przynajmniej osiemnaście miesięcy. Następnie pokazawszy mu *netsuke*, które miał przyczepione do paska, objaśnił, że wykonanie tego drobiazgu zajęło mu kilka lat pracy. W trakcie dalszej pogawędki artysta amator wytłumaczył, że nie oznacza to, iż cały ten czas spędził, pracując nieprzerwanie nad swoją rzeźbą [...], „robi to bowiem tylko czasami, w niektóre dni [...] po wypaleniu fajki lub nawet dwóch, kiedy jest pogodny i odprężony", dając mu w ten sposób do zrozumienia, że praca ta wymaga godzin inspiracji.

Wszystkie te bibeloty z kości słoniowej, laki czy masy perłowej świadczyły o niezwykłej wyobraźni japońskich rzemieślników tworzących te *bijoux-joujoux lilliputien* – urocze lilipucie cacka. W Paryżu uważano za rzecz oczywistą, że mali Japończycy wyrabiają małe przedmioty. Takie myślenie o miniaturowej sztuce uzasadniało też przekonanie, że japońskiej sztuce brak ambicji. Japończycy nie mieli sobie równych, gdy nie bacząc na trud, trzeba było wyrazić gwałtowną emocję, za to zupełnie nie umieli sobie poradzić z wyrażeniem uczuć tragicznych ani też takich jak na przykład bezbrzeżny podziw. To może wyjaśnić, dlaczego Japończycy nie mają swojego Partenonu czy Rembrandta.

Tym, co najdoskonalej potrafili przedstawić, było codzienne życie. Oraz emocje. To właśnie siła emocji urzekła Kiplinga, gdy podczas podróży do Japonii w roku 1889 po raz pierwszy zobaczył *netsuke*. Oto jak opisuje to w jednym ze swych listów:

Sklep pełen pozostałości po starej Japonii [...]. Profesor zachwycał się szafkami ze starego złota i kości słoniowej, zdobionymi nefrytem, lazurytem, agatami, masą perłową i krwawnikiem, mnie natomiast bardziej niż te cudowne desenie z pięciu kamieni zafascynowały rozłożone na warstwie waty guziki i *netsuke*, które można wziąć do ręki i obracać w palcach. Niestety wszystko, czego możemy dowiedzieć się o autorze tych cacek, to kilka zawijasów japońskiego znaku. Nie dowiem się więc nigdy, w czyjej głowie narodziły się te figurki i kto wyrzeźbił je w kremowej kości słoniowej: staruszka, który nie wie, co począć z mątwą; mnicha, który skłoniwszy żołnierza, by dźwigał za niego jelenia, już wie, że nie podzieli się z nim pieczenią; długiego, cienkiego węża, który okręcił się na bezzębnej czaszce naznaczonej śladami rozkładu; stojącego na głowie rabelaisowskiego borsuka, który – choć wysoki zaledwie na pół cala – sprawia, że oblewam się głębokim rumieńcem zmieszania; tłustego chłopca, który okłada młodszego braciszka; królika, który właśnie spłatał figla [...] albo można by tak ciągnąć w nieskończoność – miniaturowe rzeźby wyrażające wszelkie odcienie wesołości, pogardy, wszelkie uczucia, które przenikają ludzkie serca. Trzymając w dłoni kilka figurek, zrobiłem oko do ducha ich twórcy [...]. Nim oddalił się w zaświaty, wyraził w kości słoniowej wszystko to, czego mnie nie udało się wyrazić atramentem.

Japończycy nie stronili też od sztuki erotycznej. Ta była najbardziej poszukiwana. De Goncourt przyznaje się do swoich „nieprzyzwoitych" zakupów u Sichela. Degas i Manet polowali na *shunga*, drzeworyty przedstawiające akrobatyczne pozycje seksualne lub osobliwe zbliżenia kurtyzan z różnymi fantastycznymi stworami. Szczególnie chętnie przedstawiano ośmiornice, których giętkość pozwalała artyście puścić wodze fantazji. De Goncourt odnotowuje, że właśnie nabył „album pełen japońskich nieprzyzwoitości [...]. Cieszą oczy i bawią [...] agresywna kreska, nieoczekiwane kombinacje, dobór akcesoriów, ich fantastyczne pozy, szaty [...] fantastycznie rozbuchane genitalia". Erotyczne *netsuke* również cieszyły się wielkim wzięciem u paryskich kolekcjonerów. Najczęściej przedstawiały nagie dziewczęta w objęciach ośmiornicy, małpy dźwigające ogromne grzyby w kształcie fallusa i przejrzałe owoce persymony.

Te erotyczne obiekty wpisywały się w długą listę przedmiotów tworzonych z myślą o mężczyznach i sprawieniu im przyjemności: były wśród nich niewielkie klasyczne akty z brązu nadające się do obracania w ręku, które znawcy stawiali na biurku, by na ich przykładzie rozprawiać o jakości odlewu lub o patynowaniu, albo emaliowane tabakierki, które – po otwarciu – ukazywały rozbudzone fauny lub spłoszone nimfy. Te niewielkie przedmioty, stworzone do trzymania w ręku i zabawy, eksponowano w przeszklonych szafach.

W Paryżu w latach siedemdziesiątych XIX stulecia było rzeczą oczywistą, że te małe szokujące przedmioty są czymś, czym należy się popisywać. Przeszklone szafy stały się niezbędnym elementem życia salonowego, równie istotnym jak dowcip i flirty.

6. Lis z inkrustowanymi oczami, drewno

I oto Charles kupuje wreszcie *netsuke*. Dwieście sześćdziesiąt cztery sztuki.

Lis z inkrustowanymi oczami, drewno
Wąż zwinięty na liściu lotosu, kość słoniowa
Zając i księżyc, bukszpan
Stojący wojownik
Śpiący służący
Dzieci bawiące się maskami, kość słoniowa
Dzieci bawiące się ze szczeniakami
Dzieci bawiące się hełmem samuraja
Tuziny szczurów z kości słoniowej
Małpy, tygrysy, jelenie, węgorze i galopujący koń
Kapłani, aktorzy, samurajowie, rzemieślnicy i kobieta kąpiąca się w drewnianej balii
Związany sznurkiem pęk chrustu do podpałki
Owoc nieszpułki
Szerszeń w gnieździe, gniazdo na złamanej gałęzi
Trzy ropuchy na liściu
Małpa z młodą małpką
Kochająca się para
Leżący jeleń drapiący się zadnią nogą za uchem
Tancerz *nō* w haftowanej szacie zasłaniający twarz maską
Ośmiornica

Naga kobieta i ośmiornica
Naga kobieta
Trzy jadalne kasztany
Kapłan jadący na koniu
Persymona

I jeszcze dwieście innych: ogromna kolekcja miniaturowych przedmiotów.

Charles kupił je u Sichela, ale nie pojedynczo, po sztuce – jak w wypadku bibelotów z laki, lecz wszystkie naraz, jako niezwykle efektowną kolekcję.

Kiedy je kupił? Wtedy gdy Sichel umieścił je już w gablotach, tak aby zainteresowały bogatych kolekcjonerów? Czy wcześniej, zaraz po tym jak w wielkiej, wypełnionej trocinami skrzyni (każde *netsuke* starannie zawinięte w kwadracik jedwabiu) przybyły z Jokohamy do Paryża po czteromiesięcznej podróży? Może nawet osobiście uczestniczył w rozpakowywaniu skrzyń i własnoręcznie rozwijał te miniaturowe rzeźby z kawałków materiału. Może to właśnie wtedy natrafił na moją ulubioną osiemnastowieczną figurkę z Osaki: zaskoczonego tygrysa z odwróconą głową. Albo *netsuke* przedstawiające szczury przyłapane na obgryzaniu kawałka ryby. A może to ów zając z bursztynowymi oczami, wyrzeźbiony z zadziwiająco jasnego drewna, tak go zachwycił, że bez wahania kupił wszystkie figurki.

Mogło być jednak i tak, że Sichel realizował zamówienie Charles'a, gromadząc je stopniowo, w ciągu kilku lat wspomagany przez jakiegoś obrotnego handlarza skupującego je od zubożałych mieszkańców Kioto, by następnie odsprzedać paryskim marszandom. Z uwagą przyglądam się maleńkim figurynkom. Zaledwie kilka z nich zostało wykonanych w pośpiechu z myślą o zachodnich kupcach. Z całą pewnością należy do nich mizdrzący się pucułowaty chłopczyk z maską – jest ordynarny, wykonany byle jak. Większość *netsuke* powstała przed przybyciem komandora Perry'ego do Japonii, niektóre może nawet sto lat wcześniej. Są wśród nich postaci ludzi i zwierząt, są bohaterowie mitów i erotika; jak przystało na tak obszerny zbiór ich tematyka jest rozległa. Niektóre figurki, być może zgromadzone kiedyś przez kogoś posiadającego odpowiednią wiedzę, sygnowane są znakiem słynnych rzemieślników.

Jak było naprawdę? Czy wstąpiwszy przypadkiem do magazynu Sichela, znalazł wśród jedwabi, drzeworytów i parawanów prawdziwy skarb? Czy była z nim wtedy Louise? A jeśli tak, które z nich pierwsze rzuciło znaczące spojrzenie drugiemu?

Przyjmijmy jednak, że tego dnia nie towarzyszyła ona Charles'owi. Może zakup był niespodzianką, którą Charles zamierzał się pochwalić, gdy następnym razem kochanka odwiedzi jego apartament?

Jaka była cena, którą ten uroczy młody człowiek i rozkapryszony kolekcjoner gotów był zapłacić za kolekcję *netsuke*? W tym mniej więcej czasie w wieku zaledwie czterdziestu pięciu lat umarł na serce ojciec Charles'a. Léon Ephrussi został pochowany obok Betty w rodzinnym grobowcu na Montmartrze. Mimo tego smutnego wydarzenia firma Ephrussi et Cie prosperowała w najlepsze. Jules nabył właśnie posiadłość nad Jeziorem Czterech Kantonów z myślą o postawieniu tam letniego domu. Jego stryjowie kupowali zamki i konie wyścigowe, które na gonitwach w Longchamp startowały ozdobione barwami rodu Ephrussich: żółtymi kulami na niebieskim polu. Kolekcja *netsuke* musiała kosztować krocie, lecz Charles mógł sobie pozwolić na tę ekstrawagancję, gdyż jego fortuna wraz z całym rodzinnym interesem rosła z każdym rokiem.

Są rzeczy, których nigdy się nie dowiem. Wiem jednak, że z myślą o swej kolekcji Charles kupił czarną przeszkloną szafę z polerowanego czarnego drewna przypominającego lakę. Była wyższa od niego, miała ponad metr osiemdziesiąt wysokości. Jej zawartość można było podziwiać przez przeszklone drzwi i boczne ścianki. Lustro wprawione w tylną ścianę sprawiało, że odbicia *netsuke* multiplikowały się w nieskończoność, pozwalając snuć domysły o naturze kolekcjonerstwa. Półki serwantki wyłożone były zielonym aksamitem. Na ciemnym tle *netsuke* prezentowały całe bogactwo i subtelność odcieni kości słoniowej, rogu i bukszpanu: od barw kremowych i woskowych po orzechowy brąz i złoto.

I oto leżą przede mną. Mam przed sobą całą kolekcję, która kiedyś była częścią znacznie większego zbioru dzieł sztuki.

Charles układa swe *netsuke* na zielonym aksamicie we wnętrzu przeszklonej szafy z lustrem wprawionym w tylną ściankę – w naszej historii będzie to ich pierwszy dom. Maleńkie figurki sąsiadują z pudełkami z laki i z przywiezionymi z Włoch wspaniałymi gobelinami, że nie wspomnę o złocistym kobiercu.

Ciekawe, czy Charles zdołał się powstrzymać, czy też od razu pobiegł do Ignace'a pochwalić się nowym nabytkiem.

Netsuke nie mogą poniewierać się w salonie czy w gabinecie. Zbyt łatwo mogą spaść, zgubić się, porysować, zakurzyć. Potrzebują swojego miejsca, najlepiej w pobliżu innych drobiazgów. Jaki mebel może lepiej się nadać, jeśli nie serwantka? W tym właśnie punkcie mojej podróży śladem *netsuke* zainteresowałem się serwantkami, szafami służącymi do wystawiania szkła.

Nie brakowało ich w salonie Louise. Natrafiałem też na nie, zwiedzając wnętrza z *belle époque*, czytając w „Gazette" relacje Charles'a z wystaw i studiując opisy rezydencji Rothschildów. A teraz, gdy Charles również sprawił sobie serwantkę, zaczynam rozumieć, że były one częścią salonowego spektaklu, czymś więcej niż zwykłym meblem. Pewien przyjaciel Charles'a, również kolekcjoner, został opisany podczas układania japońskich bibelotów w serwantce: „niczym malarz, który kładzie na płótno kolejne plamy farby, by osiągnąć całkowitą harmonię i niezwykłe wyrafinowanie".

Serwantka została stworzona po to, by widz mógł podziwiać leżące w niej drobiazgi bez dotykania ich: stanowi oprawę dla przedmiotów, eksponuje je, pozwala uwodzić oglądającego na odległość.

Teraz dopiero dociera do mnie, jak bardzo myliłem się w sprawie tego mebla. Przez dwadzieścia lat mojego zawodowego życia walczyłem o to, by oswobodzić moje prace ze szklanych szafek i gablot, do których trafiały w muzeach i galeriach. Za szkłem umierają, powtarzałem. Gabloty to szklana trumna – przedmioty powinny być trzymane na wolności, trzeba pozwolić im zaistnieć, trzeba dać im swobodę. „Wypuścić z salonu i wpuścić do kuchni", napisałem w swego rodzaju manifeście. Oddziela nas od nich zbyt wiele barier, a przede wszystkim *trop de verre*, za dużo szkła, jak pewien słynny architekt skomentował modernistyczny szklany budynek wzniesiony przez swojego rywala.

W przeciwieństwie do gabloty muzealnej serwantka jest jednak po to, by ją otwierać. Już samo otworzenie szklanych drzwiczek, ogarnięcie wzrokiem zawartości, chwila wahania, a następnie sięgnięcie do wnętrza to nic innego jak akt uwodzenia. To nagłe olśnienie – iskra elektryczna, która wyzwala się w chwili, gdy ręka dotyka przedmiotu.

W najbliższym sąsiedztwie domu Ephrussich, tuż obok wejścia do parku Monceau, znajdowała się jedna z najwspanialszych kolekcji sztuki japońskiej w mieście. Jej właściciel Cernuschi, bliski przyjaciel Charles'a, umieścił swoje zbiory na tle pustych białych ścian, co jak zauważył jeden z krytyków, sprawiło, że japońskie przedmioty „wyglądały na nieszczęśliwe", tak jakby zamknięto je w Luwrze. Wystawianie japońskich przedmiotów tak jak innych dzieł sztuki sprawiało, że zaczynało się je traktować z dystansem, nadmiernie serio. Znajdujący się w bezpośrednim sąsiedztwie rezydencji Cernuschiego salon Charles'a, miejsce, gdzie stare włoskie przedmioty nieoczekiwanie zderzono z przedmiotami japońskimi, nie miał w sobie nic z muzeum.

Oszklona szafa Charles'a otwierała się na coś nowego.

Netsuke stają się częścią jego salonu. Złota Louise otwiera drzwiczki, waha się, sięga w głąb szafki i wyjmuje figurkę, którą będzie mogła położyć na dłoni, dokładnie obejrzeć, obracać w palcach. Japońskie cacka są pretekstem do rozmowy, zostały stworzone po to, by bawić, by oderwać uwagę. Sądzę, że *netsuke* wniosły coś nowego w życie Charles'a. Są to pierwsze przedmioty w jego kolekcji związane z codziennym życiem, nawet jeśli jest to życie egzotyczne. Są piękne, cieszą zmysły, a jednak daleko im do dworskich wspaniałości łoża książąt Medyceuszy czy kolekcji pudełek z laki Marii Antoniny. *Netsuke* są po to, by je dotykać.

Ale nade wszystko, by bawić. Mają w sobie dowcip, rubaszność i nieodparty komizm. Teraz jednak, gdy *netsuke* w końcu się zmaterializowały, gdy wspiąłem się ich śladem po krętych schodach i umieściłem je w salonie, z ulgą stwierdzam, że Charles – człowiek powszechnie lubiany – obdarzony był również poczuciem humoru, które pozwalało mu się nimi bawić. Nie muszę go wyłącznie podziwiać. Najważniejsze, że go polubiłem.

7. Żółty fotel

A więc wreszcie *netsuke* trafiają na swoje miejsce. Tygrys, zając, persymona zadomowiły się w gabinecie Charles'a, który w tym mniej więcej czasie kończył pisać książkę o Dürerze. Atmosferę pracowni Ephrussiego wskrzesza pełen entuzjazmu list od młodego poety Jules'a Laforgue'a:

> Każde zdanie Twojej wspaniałej książki przywodzi na myśl godziny spędzone w Twoim gabinecie, który rozsadza żółta plama fotela. No i ci impresjoniści! Dwa wachlarze Pissarra, których rygorystyczna kompozycja osiągnięta jest ledwie widocznymi pociągnięciami pędzla. Obrazy Sisleya: Sekwana, druty telegraficzne i wiosenne niebo, barka na rzece i snujący się drogą włóczęga. I jeszcze Monet: wzgórza porośnięte kwitnącymi jabłoniami. I rozczochrana dzikuska Renoira i Berthe Morisot: na tle bujnej, świeżej zieleni kobieta z dzieckiem, psem i siatką na motyle. I jeszcze drugie jej płótno – służąca wieszająca pranie: w błękicie, zieleni, różu i bieli – a wszystkie te barwy przeniknięte słonecznym światłem. Dalej Renoiry: różowousta paryżanka w niebieskiej bluzce i beztroska kobieta z mufką i różą wpiętą w klapy żakietu [...]. Tancerka z obnażonymi ramionami Mary Cassatt – na tle czerwonego fotela zielenie i rdzawe żółcie. I nerwowe baletnice Degasa, i namalowany przez niego portret Duranty'ego. No i oczywiście *Poliszynel* Maneta, a do tego wiersz Banville'a... Ach te cudowne godziny spędzone w tym pokoju nad katalogiem Alberta Dürera, godziny marzeń [...] wszystko to w Twoim jasnym pokoju, rozsadzonym żółcią fotela!

Praca nad pierwszą książką, *Albert Dürer et ses dessins* [Albrecht Dürer i jego rysunki], skłoniła Charles'a do wędrówki po całej Europie. Świeżo przybyły do Paryża dwudziestojednoletni Laforgue został polecony Charles'owi jako sekretarz. Jego zadaniem było przeglądanie notatek i na ich podstawie sporządzanie przypisów, tabel i indeksów. Dla Laforgue'a ubrany w chiński szlafrok Charles musiał być inspirującym pracodawcą, podobnie jak wnętrze jego domu.

Ta inspiracja udziela się i mnie, gdy z przypisu w książce o Manecie dowiaduję się, że Laforgue, wspaniały poeta, piewca miasta, skąpanych w deszczu parkowych ławek i ciągnących się wzdłuż pustych dróg linii telegraficznych, był współpracownikiem Charles'a.

Charles nie jest już rozbieganym młodzieńcem. Stał się odzianym zawsze w ciemny surdut „dandysem-benedyktynem z rue de Monceau", człowiekiem oddanym swym studiom, a jednocześnie *flâneurem* z lekko przekrzywionym cylindrem i laseczką pod pachą, który nie zapomina o nienagannych manierach i ceni sobie swą *amour-propre*. To człowiek, którego lokaj dba, by jego cylinder był zawsze porządnie wyszczotkowany, i który – jestem tego pewien – nie nosi niczego w kieszeniach z obawy, by fałdy płaszcza źle się nie ułożyły. Niedawno skończył trzydzieści lat, ma stanowisko redaktora „Gazette" i kochankę. Dorósł do swojej roli: światowca, historyka sztuki z własnym sekretarzem. Również właściciela kolekcji – i to nie tylko *netsuke*, lecz również malarstwa.

Próbuję wyobrazić go sobie w jego pokoju: czerń surduta i cylindra, rudawa plama brody, w tle mozaika fantastycznych obrazów, a wszystko rozświetlone żółcią fotela. Studium mężczyzny, który nie tylko potrzebuje koloru, ale wręcz buduje wokół niego swoje życie. Człowieka, który choć na ulicy pokazuje się wyłącznie w czarnym, niemal rabinicznym uniformie, ma drugie, barwne życie, toczące się za drzwiami gabinetu.

Jak wyglądała praca w tym gabinecie?

Jules Laforgue rozpoczął pracę 14 lipca 1881 roku i spędził z Charles'em całe lato, często pracując do późnych godzin nocnych. Z przykrością stwierdzam, że jego wynagrodzenie było nieprzyzwoicie niskie. Z relacji Laforgue'a dowiadujemy się, jak wyglądał ostatni etap pracy nad książką: „powoli, stopniowo dokładając kamień do kamienia, wzniosłeś piramidę, którą wieńczy Twoja ozdobiona brodą podobizna". Na kartce brudnopisu Laforgue szkicuje dwie sylwetki: swoją i swego pryncypała. Laforgue, mały, z zaczesanymi do góry włosami, idzie przodem, wymachując rękami i nogami, wydmuchując nosem dym papierosowy; nieco z tyłu kroczy wytwornie Charles – wysoki, wyprostowany, pomnikowy, o asyryjskim profilu. Jest już człowiekiem dojrzałym.

Dandys-benedyktyn z rue de Monceau, autoportret z Charles'em narysowany przez Jules'a Laforgue'a, 1881

Laforgue uwielbia Charles'a i chętnie się z nim droczy. Chce udowodnić, że sprawdza się w swej pracy. „A jakie są dalsze plany uczonego dandysa z rue de Monceau? Wiem tylko tyle, co przeczytam w »Gazette« i w »Art«. Co nowego dzieje się w przestrzeni między *La Grenouillère* Moneta, portretem Constantina Guysa Maneta i tymi przedziwnymi wykopaliskami Moreau – proszę mi odpowiedzieć?"

Laforgue prosi, by pozdrowić od niego „nasz" pokój, a na zakończenie przekazuje ukłony dla Moneta – „wiesz którego". Lato z Charles'em było jednocześnie spotkaniem z impresjonizmem, spotkaniem, które zaowocowało odnalezieniem nowego języka poetyckiego. Laforgue tworzył prozę poetycką. Wiersz, który powstanie, zatytułuje *Guitarre* [Gitara] i zadedykuje go Charles'owi. Również opis gabinetu Charles'a jest napisany prozą poetycką: poeta operuje barwą i miesza kolory – *la tache colorée* – żółty fotel, czerwone wargi i błękitna bluzka dziewczyny z obrazu Renoira. Jego listy, w których doznania zmysłowe mieszają się z rozważaniami na temat idei, są porównywalne z jego uwagami o stylu impresjonistów, w którym widz i przedmiot jego obserwacji są nierozerwalnie złączeni: „*irrémédiablement mouvants, insaisissables et insaissants*". Charles również szczerze przywiązał się do Laforgue'a. Gdy minęło paryskie lato, Charles polecił młodego poetę do Berlina jako lektora cesarzowej – jak widać, jego towarzyskie koneksje były niezwykle rozległe. Podczas pobytu Laforgue'a w Niemczech dawny pryncypał pisał do niego, wspomagał go finansowo, doradzał, komentował jego recenzje i próbował znaleźć mu wydawcę. W papierach Charles'a zachowało się ponad trzydzieści listów od poety, które po jego przedwczesnej śmierci Ephrussi opublikował w „La Revue blanche".

To dzięki tym listom poznaliśmy atmosferę panującą w gabinecie Charles'a. Moim marzeniem było znaleźć się w przestrzeni, gdzie kiedyś przechowywane były *netsuke*. Obawiałem się jednak, że jedyne, na co mogę liczyć, to sucha inwentaryzacja tego wspaniałego wnętrza, a same przedmioty to przecież za mało, by wskrzesić życie. Tymczasem w pokoju Charles'a, tak jak w prozie Laforgue'a, pełno było zaskakujących zestawień i dysonansów. Dzięki Laforgue'owi usłyszałem ton ich nocnych rozmów i mogę mieć złudzenie, że im towarzyszę.

Wszystko w tym pokoju budzi emocje. Trudno ich nie mieć w miejscu wypełnionym obrazami wyrażającymi wolność, a nawet przesyt nią. Sielskie krajobrazy, młode kobiety, Cyganka, kąpiący się w Sekwanie, wędrujący bez celu włóczęga, cudowny faun wśród bogatych gobelinów, a przede wszystkim te przedziwnie zabawne, domagające się pieszczoty *netsuke*.

8. Szparagi mistrza Elstira

Wciąż pełen wątpliwości wracam do biblioteki. Autoportret Dürera. Z książki Charles'a *Albert Dürer et ses dessins* wpatruje się we mnie artysta – podobny do Chrystusa mężczyzna z długimi włosami i brodą. W jego spojrzeniu kryje się wyzwanie. Długo zastanawiałem się, jak to możliwe, że ta rozprawa, wszystkie te tabelki i zestawienia powstały w pokoju, gdzie na ścianie wisi obraz Moneta przedstawiający letni dzień.

Gdy czytam o wysiłkach, by odnaleźć zagubione rysunki Dürera, wydaje mi się, że słyszę głos Charles'a: „W poszukiwaniu rysunków mistrza dotarliśmy wszędzie, gdzie jak się nam wydawało, można je było znaleźć: do muzeów w wielkich stolicach i w małych miastach, za granicą, w Paryżu i na prowincji, do wielkich kolekcji i mało znanych prywatnych zbiorów, do kolekcji amatorów i ludzi kryjących swe skarby przed światem – zbadaliśmy i przeszukaliśmy wszystko, byliśmy wszędzie". Charles *flâneur* odwiedzał salony, bywał na wyścigach i w operze, ale cała jego energia została zużyta na wędrówkę śladami Dürera.

W ustach Charles'a słowo „wędrówka" kojarzy się raczej z rekreacją niż z wytężoną pracą. W myśl ówczesnej konwencji towarzyskiej było nie do pomyślenia, by ów niezwykle bogaty Żyd, człowiek światowy, parał się jakąś pracą. Charles był *amateur d'art*, miłośnikiem sztuki, i w słowie „wędrówka" pobrzmiewa ton dezaprobaty. Ale zawiera się w nim też radość z owocnych poszukiwań i towarzyszącego dociekaniom poczucia, że czas stoi w miejscu. Przypomina mi to trochę moje działania wokół *netsuke* – skrupulatne badanie życia ich właściciela, badanie komentarzy do notatek zrobionych na marginesach. Wędruję po bibliotekach, posuwam się jego śladami, próbuję dociec, dokąd dotarł i dlaczego. Odtwarzam jego znajomości, badam, o kim pisał i czyje obrazy kupował. W Paryżu docieram na rue Favart, gdzie mieściło się jego biuro, i nie bacząc na letnią ulewę, niczym jakiś nieszczęsny gliniarz czy tropiący sensacje historyk amator, moknę w nadziei, że uda mi się zobaczyć obecnych użytkowników budynku.

Odkrywam, że wraz z upływem czasu robię się coraz bardziej wrażliwy na jakość papieru.

Ulegam też coraz bardziej urokowi Charles'a, arbitra elegancji, znakomitego historyka sztuki, oddanego swej pracy badacza. Oto trzy cechy, które rzadko idą razem, myślę z podziwem.

Przystępując do pracy badawczej nad Dürerem, Charles nie miał wątpliwości co do ogromu czekającego go zadania. Uważał, że „wszystkie rysunki Dürera, nawet najbardziej szkicowe, zasługują na uwagę, że nic, co wyszło spod ręki mistrza, nie powinno zostać pominięte". Liczyło się bezpośrednie obcowanie ze sztuką Dürera. Każdy rysunek pozwala nam „uchwycić w całej bezpośredniości myśl artysty w chwili tworzenia; wyraża więcej prawdy i szczerości niż prace, które wymagały cierpliwości i pochłonęły godziny wytężonej pracy geniusza".

Oto manifest wrażający sedno tego, czym jest rysunek. Podkreśla chwilę namysłu i ulotny moment reakcji, nim na papierze pojawi się kilka linii nakreślonych atramentem lub ołówkiem. Jest to też subtelnie zaszyfrowane zaproszenie do dyskusji między sztuką starą a nową. Charles pragnął, by jego książka „przyczyniła się do upowszechnienia we Francji dzieła najwybitniejszego artysty niemieckiego", artysty, którego twórczość uwiodła go jeszcze w dzieciństwie w Wiedniu. Twórczość Dürera stanowiła również dla Charles'a emocjonalny, ale też intelektualny punkt wyjścia do dyskusji nad tym, jak następujące po sobie stulecia wzajemnie się dopełniają, jak rysunek Dürera może wchodzić w dialog ze szkicem Degasa. Ephrussi wiedział, że tak się dzieje.

Z wolna Charles stał się rzecznikiem współczesnych mu artystów, których coraz lepiej poznawał. Jako krytyk pisał zarówno pod własnym nazwiskiem, jak i pod różnymi pseudonimami: zwracał uwagę na piękno poszczególnych obrazów, walczył w obronie *Małej tancerki* Degasa, „dziewczyny w stroju do prób, zmęczonej i wyczerpanej pracą". Jako redaktor „Gazette" zamawiał recenzje z wystaw malarzy, których podziwiał. Nie ograniczał się jednak do entuzjastycznego kibicowania artystom; szybko zaczął kupować ich obrazy i dekorować nimi pokój, w którym królował żółty fotel.

Pierwszy obraz, który sobie sprawił, został namalowany przez uwielbianą Berthe Morisot. „Rozgniata na swojej palecie płatki kwiatów, by potem rozrzucić je luźno na płótno w postaci plam naniesionych lekko, jakby od niechcenia. Współgrają one ze sobą, przenikają się i łączą, by ostatecznie stworzyć coś pięknego, żywego i pełnego uroku, co nie tyle się widzi, ile odczuwa [...] jeszcze jeden krok i w ogóle tracimy poczucie orientacji i sensu".

W ciągu trzech lat Charles zgromadził kolekcję składającą się z czterdziestu prac impresjonistów, nie mówiąc o dwudziestu płótnach, które nabył dla swych berlińskich kuzynów Bernsteinów. Obrazy i pastele, które kupił, to prace Morisot, Cassatt, Degasa, Maneta, Moneta, Sisleya, Pissarra i Renoira. Kolekcja Charles'a była jedną z największych wczesnych kolekcji impresjonistów. Obrazy zajęły zapewne wszystkie ściany jego pokoju i musiały wisieć w co najmniej trzech rzędach, jeden nad drugim. Daleko im było do luksusowych warunków, jakie w Metropolitan Museum zapewniono pastelowi Degasa, samotnie błyszczącemu na ścianie, oddalonemu od innych obrazów o dobre półtora metra. W gabinecie Charles'a ten właśnie pastel (*Dwie kobiety w pasmanterii*, 1880) tłoczył się na jednej ścianie z kilkunastoma innymi równie olśniewającymi obrazami i być może sąsiadował z Donatellem, nie wspominając o szafie z *netsuke*.

Charles lubił torować drogę i czynił to zuchwale. Impresjonistom nie brakło zagorzałych zwolenników, ale prasa i Akademia wciąż atakowały ich jako szarlatanów. Dla walczących o przetrwanie artystów patronat Charles'a miał przełożenie również praktyczne, bo jak pisał Philippe Burty, ich obrazy można było zobaczyć „w siedzibach Amerykanów lub młodych izraelitów zajmujących się finansami". Charles chętnie doradzał swym równie bogatym przyjaciołom. Między innymi skłonił on panią Strauss, właścicielkę salonu o ambicjach artystycznych, do kupna jednej z wersji *Nenufarów* Moneta.

Dla artystów reprezentował on jeszcze inny walor. Był niezrównanym interlokutorem, częstym gościem w pracowniach, chętnie śledzącym postępy w pracy i kupującym obrazy „prosto ze sztalug". Jak ujął to jeden z krytyków, „dla młodych artystów był niczym starszy brat". Renoirowi doradzał, który obraz najlepiej wystawić w salonie, z kolei Whistler zwrócił się do niego z prośbą, by pomógł mu uzyskać odszkodowanie. W szkicu, w którym nazywa go *un amateur de peinture*, Proust napisał: „Często za jego sprawą artyści wracali do zarzuconych wcześniej obrazów".

Przede wszystkim był jednak przyjacielem malarzy: „Już czwartek, a wciąż nie mam od Ciebie znaku życia – pisał do Charles'a Manet. – Czyżbyś uległ czarowi swego gospodarza? [...] Dalejże, weź do ręki swe najlepsze pióro i pisz".

Charles kupił od Maneta obrazek przedstawiający pęczek szparagów, jedną z niezwykłych martwych natur, na której ciemność tła rozjaśniają płonące barwą cytryny lub róże. Obraz przedstawia około dwudziestu szparagów związanych źdźbłem słomy w pęczek. Manet zażądał ośmiuset franków, ale rozgorączkowany

Charles zapłacił mu tysiąc. Tydzień po owym zakupie Ephrussi otrzymał mały obrazek sygnowany literą M, przedstawiający leżącą na blacie stołu pojedynczą łodygę szparaga. Do płótna dołączony był bilecik: „Pęczek był niekompletny".

Proust, który bywał u Charles'a częstym gościem i dobrze znał jego kolekcję, wykorzystał tę historię, nieco ją jednak przetwarzając. Jednym z bohaterów jego cyklu powieściowego jest malarz impresjonista Elstir, wzorowany częściowo na Whistlerze, częściowo na Renoirze. Książę de Guermantes narzeka, że na obrazie w ogóle nic nie ma: „wiązka szparagów, ściśle podobna do tych, które pan właśnie łyka. Ale ja nie połknąłem szparagów pana Elstira. Żądał za nie trzysta franków. […] Jednego ludwika, oto co mogą być warte, nawet jako nowalia!".

Wiele obrazów zdobiących gabinet Charles'a przedstawia jego przyjaciół. Wśród portretów znajdowała się namalowana

Édouard Manet, *Pęczek szparagów*, 1880

pastelami przez Degasa podobizna Edmonda Duranty'ego, którą tak opisuje młody powieściopisarz Joris-Karl Huysmans: „A oto i cały pan Duranty – siedzi za biurkiem pośród swoich sztychów i książek, w jego przenikliwym spojrzeniu czają się iskierki kpiny [...] na twarzy maluje się wyraz zaciekawienia, a na ustach błąka ironiczny uśmieszek angielskiego humorysty".

Były też płótno Constantina Guysa – „malarza nowoczesności", a także portret Maneta jego pędzla, przedstawiający rozczochranego, zaniedbanego starca o nieco dzikim spojrzeniu. Od Degasa Charles kupił podwójny portret generała Mellineta i naczelnego rabina Astruca – głowy tych dwóch budzących najwyższy szacunek mężczyzn, przyjaciół z czasów wojny 1870 roku, zostały ujęte w półprofilach.

Wiele obrazów przedstawiało impresje z paryskiego życia: namalowana przez Degasa scena otwarcia wyścigów w Longchamp, gdzie Charles często jeździł podziwiać konie wyścigowe stryja Maurice'a Ephrussiego. „Wyścigi – Ephrussi – 1000 [franków]" – notuje Degas w swym notesie. Dalej płótna obrazujące życie półświatka: tancerki, scenę u modystki – namalowane od tyłu dwie młode kobiety na kanapie (2000 franków), samotną kobietę siedzącą w kawiarni nad kieliszkiem absyntu.

Większość płócien kupionych przez Charles'a przedstawiała jednak widoki wsi, obrazy świadczące o jego wrażliwości na upływający czas: przesuwające się po niebie chmury, wiatr targający koronami drzew. Było pięć krajobrazów Sisleya i trzy Pissarra. Ponadto za czterysta franków kupił od Moneta widok Vétheuil z białymi chmurami pędzonymi przez wiatr nad polem porosłym wierzbami oraz namalowany w tej samej miejscowości obraz *Pommiers*, studium kwitnących jabłoni. Nabył też płótno przedstawiające wczesny zimowy poranek nad pokrytą krą Sekwaną – *Les Glaçons*. Obraz ten pięknie opisał Proust w *Janie Santeuilu*: „odwilż [...] słońce, błękit nieba, pękający lód, błoto i bystry nurt zamienią powierzchnię rzeki w oślepiające zwierciadło". Nawet portret „rozczochranej dzikuski", której kazał się pokłonić Laforgue, wyraża poczucie nietrwałości, nieustannej zmiany. *La Bohémienne* – potargana rudowłosa Cyganka w prostym wiejskim stroju. Stoi wśród traw i drzew skąpana w ostrym słonecznym świetle – jest częścią krajobrazu; za chwilę odwróci się na pięcie i ucieknie.

Wszystkie te obrazy, pisze Charles, „ukazują życie teraz, uchwycone w geście, w pochyleniu sylwetki, w ruchu powietrza i wciąż zmieniającego się światła. Utrwalają nieustanny ruch, zmieniające się bez ustanku barwy powietrza, celowo ignorując indywidualne odcienie. Wszystko to służy temu, by w pełni oddać doskonale skomponowaną, pełną blasku jedność, której poszczególne elementy rozpływają się w niepodzielnej harmonii, współbrzmiącej nawet dysonansami".

Jeszcze jedno spektakularne płótno z kolekcji Charles'a to *Kąpielisko w Grenouillère* Moneta.

Po powrocie do Londynu w drodze do biblioteki wstępuję do National Gallery, by obejrzeć ten obraz i wyobrazić sobie, jak prezentował się w sąsiedztwie żółtego fotela i *netsuke*. Malowidło pokazuje kąpielisko nad Sekwaną, chętnie odwiedzane latem przez paryżan. Na drewnianym pomoście zawieszonym nad rozświetloną słońcem wodą poruszają się postacie w kostiumach kąpielowych. Ci, którzy się nie kąpią, kierują się do brzegu; wzrok przyciąga plama sukni w kolorze cynobru. Na pierwszym planie stłoczone łodzie – „cudownie wyobrażone łodzie", o których wspomina Laforgue – a nad tym wszystkim rozpięty baldachim gałęzi. Powierzchnia wody, wprawiona w ruch przez kąpiących się, których głowy podrygują na jej powierzchni, marszczy się nieznacznie; „powietrze mieni się barwami". Nie jest zbyt ciepło – z trudem da się wejść do wody, lecz skoro się już do niej weszło – nie dość ciepło, by wyjść. Patrząc na ten obraz, człowiek czuje, że żyje.

Zderzenie japońskich bibelotów i promieniującego blaskiem nowego malarstwa wydaje się całkiem na miejscu. Charles i jego rodzina rzekomo traktowali japonizm „niemal jak religię", ale prawdziwie głęboki wpływ sztuka ta wywarła na zaprzyjaźnionych z Charles'em artystów. Renoir, Manet i Degas z równym jak on zapałem kolekcjonowali japońskie drzeworyty. Struktura japońskiego obrazowania całkowicie inaczej ukazywała bowiem istotę świata. Błahe okruchy rzeczywistości – drapiący się w głowę przekupień, kobieta z płaczącym dzieckiem, wałęsający się pies – były równie istotne jak wznosząca się nad horyzontem wielka góra. Podobnie jak w przypadku *netsuke* było to uchwycone na gorąco codzienne życie. To niemal gwałtowne zderzenie narracji z grafiką i kaligraficzną klarownością miało działanie katalityczne.

Impresjoniści nauczyli się, jak pokazać rzeczywistość poprzez kadry i wtrącenia. Zamiast przedstawić widok w sposób formalny, otrzymujemy obraz poprzecinany sznurami trapezu, widzimy namalowane od tyłu głowy klientek u modystki czy filary budynku giełdy. Edmond Duranty, którego portret wisiał w gabinecie Ephrussiego, komentował to na bieżąco: „Ludzka postać nigdy nie znajduje się w centrum płótna. Często nie jest nawet pokazana w całości: czasem noga urywa się w połowie lub zostaje przecięta wzdłuż albo w poprzek". Gdy ogląda się intrygujący portret Degasa *Place de la Concorde: Wicehrabia Lepic i jego córki* (obecnie w Ermitażu w Petersburgu), na którym trzy postacie i pies poruszają się w dziwnie pustej przestrzeni płótna, wpływ płaskiej perspektywy japońskich drzeworytów wydaje się oczywisty.

Podobnie jak powtarzające się motywy *netsuke* japońskie drzeworyty też układają się w serie – czterdzieści siedem widoków słynnej góry: to powrót do niej, za każdym razem z innej strony, to również możliwość reinterpretacji formalnych elementów obrazowania. Stogi siana, zakole rzeki, topole, stroma fasada katedry w Rouen – wszystkie te widoki oferują możliwość poetyckiego powrotu. Whistler, mistrz „wariacji" i „kaprysów", tłumaczył, że „na każdym płótnie barwy powinny funkcjonować tak, jakby były wyhaftowane – to znaczy, że plama tego samego koloru powinna to pojawiać się, to znikać – jak nitka w hafcie". Zola, który bardzo wcześnie stał się rzecznikiem impresjonizmu, tak pisał o malarstwie Maneta: „To artystyczne uproszczenie kojarzy się z japońskimi drzeworytami: nie sposób nie zauważyć analogii z ich dziwną elegancją i wspaniałymi plamami koloru". Owo uproszczenie, które legło u podstaw tej nowej estetyki, wyrażało się w „plamach" i abstrakcyjnym potraktowaniu kolorów i ich powtarzalności.

Czasem wystarczyło namalować paryską ulicę w deszczu. Plamista flotylla szarych parasoli zamiast parasolek przeciwsłonecznych upodobniała Paryż do Edo.

Wszystko, co Charles napisał o swoich przyjaciołach – wytwornym stylem i z wielką precyzją – świadczyło, że doskonale zdawał sobie sprawę z ich radykalizmu – zarówno tematycznego, jak i technicznego. Przypomina się jeden z najlepszych esejów dotyczących impresjonizmu. Celem artystów było

> sprawić, by poszczególne sylwetki nie odróżniały się od tła, by namalować je tak, jakby były jego organiczną częścią, by oko widza, obserwujące płótno z właściwego dystansu, odbierało płótno jako jednorodną całość – oto założenia tej nowej szkoły, która za nic ma zasady optycznego katechizmu oraz reguły rządzące malarstwem. Jej adepci chcą malować to, co widzą, w sposób taki, jak widzą, czyli spontanicznie, bezkompromisowo, bez komentarza i zbędnego gadulstwa. Unikając banału, trafiają na zaplecza teatrów, kawiarni i kabaretów, a nawet podrzędnych music-halli. Nie odstrasza ich blask, który roztacza najpodlejsza tancbuda, z ochotą puszczają się łódką na podparyską Sekwanę.

To przecież nic innego jak tło brawurowego *Śniadania wioślarzy* Renoira, płótna przedstawiającego urocze, leniwe popołudnie w położonej nad Sekwaną restauracji Maison Fournaise, jednym z miejsc, dokąd paryżanie mogli się wybrać pociągiem na jednodniową wycieczkę. Przez szarosrebrne wierzby widać zarysy łódek i żaglówkę. Czerwono-biała, pasiasta markiza chroni biesiadników przed promieniami słońca. Jest już po obiedzie. W świecie Renoira – świecie malarzy i ich mecenasów, aktorów i aktorek – wszyscy są przyjaciółmi. Pośród resztek jedzenia i opróżnionych butelek siedzą modelki – plotkują, popijają i palą. Nikt nie zwraca uwagi na maniery i formy towarzyskie.

Aktorka Ellen Andrée, z kwiatem przy kapelusiku, podnosi do ust kieliszek. Baron Raoul Barbier, niegdyś burmistrz kolonialnego Sajgonu, z lekko zsuniętym na tył głowy melonikiem, rozmawia z córką właściciela restauracji. Jej brat, przedstawiony na pierwszym planie, w słomkowym kapeluszu – jak gdyby zawodowo parał się wioślarstwem, nadzoruje przebieg posiłku. Caillebotte, w białej koszulce i w słomkowym kapeluszu, swobodny i zrelaksowany, siedzi okrakiem na krześle i wpatruje się w Aline Charigot, młodą szwaczkę, kochankę Renoira, która w przyszłości zostanie żoną malarza. Paul Lhote obejmuje władczym gestem aktorkę Jeanne Samary. Oto kwintesencja radosnego spotkania obfitującego w wesołe rozmowy i flirty.

Wśród uczestników zabawy jest i Charles. To stojący w głębi, odwrócony do widza niemal plecami mężczyzna w czarnym ubraniu i w cylindrze. Ledwie widać jego rudawą brodę. Rozmawiający z nim młody człowiek o miłej, otwartej, niezbyt dokładnie ogolonej twarzy to Jules Laforgue – jak przystało na poetę ubrany w robotniczą czapkę i sztruksową marynarkę.

Nie chce mi się wierzyć, by w słoneczny letni dzień Charles zjawił się nad rzeką w tym mnisim stroju, zbyt ciężkim i ciemnym na tę okazję, w dodatku w cylindrze zamiast słomkowego kapelusza. To raczej dowcip, aluzja do jego pozycji, jak gdyby Renoir chciał zasugerować, że nawet w najbardziej słoneczny dzień, podczas najswobodniejszej zabawy potrzebny jest mecenas i krytyk.

Proust, pisząc o tym obrazie, zwraca uwagę na „tego samego pana [...] w cylindrze na zabawie ludowej nad wodą, gdzie najoczywiściej był nie na swoim miejscu; co dowodziło, że dla Elstira był nie tylko zwyczajnym modelem, ale przyjacielem, może protektorem".

Charles wyraźnie odstaje od całej reszty towarzystwa, ale występuje tu w potrójnej roli: modela, przyjaciela i mecenasa. W ten sposób Charles Ephrussi, a przynajmniej jego plecy, wkracza do historii sztuki.

9. Nawet Ephrussi dał się omotać

Lipiec. Siedzę w mojej londyńskiej pracowni, wciśniętej między zakład bukmacherski a karaibski bar szybkiej obsługi, sąsiadującej z licznymi w tej okolicy warsztatami samochodowymi. Punkt jest hałaśliwy i ruchliwy, ale mam do dyspozycji wyjątkową przestrzeń – na dole przestronną, podłużną pracownię z ławami i kołami garncarskimi, z której po stromych białych schodach wchodzi się do pomieszczenia, gdzie trzymam książki. Tu ustawiam ukończone prace (w tej chwili porcelanowe cylindryczne formy umieszczone w sześcianach o podstawach z ołowiu); tu trzymam stosy notatek dotyczących wczesnego impresjonizmu; tutaj też próbuję pisać o pierwszym właścicielu *netsuke*.

Panuje tu spokój: książki i naczynia są idealnymi kompanami. Tu zapraszam klientów, którzy chcą u mnie coś zamówić. Czytanie o Charles'u jako mecenasie artystów, o jego przyjaźni z Renoirem i Degasem jest dla mnie dość dziwną lekturą ze względu na to, że z pozycji artysty, który szuka mecenasa, muszę się przestawić na pozycję człowieka, który jest mecenasem. A też z pozycji tego, kto posiada obrazy, na pozycję tego, kto o nich pisze. Zbyt długo pracuję jako ceramik, by nie wiedzieć, że mecenat to sprawa niezwykle delikatna. Z jednej strony artysta odczuwa wdzięczność, lecz z drugiej – owa wdzięczność nie jest w żadnym razie zobowiązaniem. Jest to interesujące zagadnienie dla każdego artysty: jak długo należy zachowywać ową wdzięczność? W wypadku Charles'a, zważywszy na jego młody wiek, sprawa była jeszcze bardziej złożona – w roku 1881 miał zaledwie trzydzieści jeden lat, był zatem rówieśnikiem niektórych swoich podopiecznych. Tymczasem Manet, gdy malował szparagi, miał już lat czterdzieści osiem. Patrząc na należący niegdyś do Charles'a obraz Pissarra z poruszającymi się na wietrze topolami, dochodzę do wniosku, że sprawa była szczególnie kłopotliwa w przypadku artystów, dla których wolność ekspresji, spontaniczność i niezgoda na kompromisy były sprawą podstawową.

Gdy Renoir potrzebował pieniędzy, Charles skłonił jedną ze swych ciotek, by zamówiła u niego portret. Do tego samego namówił również Louise. Przez całe lato trwały negocjacje między kochankami a malarzem. Fanny w listach z Chalet Ephrussi, gdzie Charles spędzał akurat wakacje, opisuje jego wysiłki, by doprowadzić negocjacje do szczęśliwego końca. W końcu powstały dwa portrety, ale doprowadzenie do finalizacji zamówienia kosztowało Charles'a niemało wysiłku. Pierwszy przedstawia Irenę, najstarszą córkę Louise, dziewczynkę o kasztanowozłotych jak u matki włosach, które swobodnie opadają jej na ramiona. Drugi – niemożliwie przesłodzony – dwie młodsze córki: Alicję i Elisabeth. Młodsze dziewczynki też mają włosy matki. Stoją przed szkarłatną zasłoną, nieco rozsuniętą, by ukazać wnętrze salonu. Trzymają się za ręce, jakby chciały dodać sobie nawzajem odwagi. Całość przypomina dzieło cukiernika, udekorowane różowo-niebieskimi wstążkami i koronkami. Oba portrety zostały wystawione w salonie w 1881 roku. Nie jestem pewien, czy podobały się Louise. W każdym razie nie spieszyła się z zapłaceniem honorarium i niewygórowaną sumę tysiąca pięciuset franków uregulowała z nieprzyzwoitym opóźnieniem. Z pewnym zażenowaniem natrafiłem na niezbyt uprzejmą kartkę od Renoira przypominającą Charles'owi o rachunku.

Wszystkie te zamówienia składane Renoirowi sprawiły, że inni malarze, również przyjaciele Charles'a, zaczęli odnosić się do swojego kolegi z pewną podejrzliwością. Szczególnie nieprzejednany wydawał się Degas. „Monsieur Renoir, traci Pan swą suwerenność. Jest rzeczą nie do przyjęcia, że godzi się Pan malować na zamówienie. Słyszę, że Pana klientami są przedstawiciele finansjery, że prowadzi się pan z panem Ephrussim i jeszcze chwila, a zacznie Pan wystawiać swe prace w Mirlitons wraz z panem Bouguereau!" Te niepokoje pogłębiły się jeszcze, gdy Charles zaczął kupować obrazy również od innych artystów. Najwyraźniej nie zadowalał się tym, co ma, i szukał nowych sensacji. W tym mniej więcej czasie zaczęto mu się podejrzliwie przyglądać ze względu na jego żydowskie pochodzenie.

Wśród nowych nabytków Charles'a znalazły się również dwa obrazy Gustave'a Moreau. De Goncourt pisał o pracach tego malarza jako „akwarelach złotnika-poety, które zdają się lawowane patyną skarbów tysiąca i jednej nocy". Było to bogate malarstwo nasycone treściami symbolicznymi, parnasowskie wyobrażenia Salome, Herkulesa, Safony, Prometeusza. Bohaterowie Moreau są niemal nadzy, najwyżej przesłonięci kawałkiem zwiewnego muślinu. Krajobrazy są klasyczne, z majaczącymi w tle ruinami świątyń z dokładnie odmalowanymi detalami. Daleko im było do łąkowych traw poruszanych wiatrem, potoku wijącego się wśród śniegu czy pochylonej nad szyciem szwaczki.

W swojej skandalizującej powieści *Na wspak* Huysmans opisuje, jak czuje się człowiek obcujący na co dzień z obrazem Moreau. Albo raczej próbuje oddać nastrój, jaki wywołuje taki obraz. Pierwowzorem Des Esseintes'a, bohatera *Na wspak*, był hrabia Robert de Montesquiou, dekadent, człowiek, który uczynił estetykę jedynym celem swego życia i nie szczędząc trudu, tak urządził dom, by najdrobniejsze nawet detale pobudzały zmysły przebywających w nim ludzi. Jego największą ekstrawagancją było sprawienie sobie żółwia, którego skorupę kazał inkrustować drogimi kamieniami, tak by zwierzę, poruszając się wolno po perskim dywanie, dodatkowo wzbogacało jego wzór. Widok żółwia wywarł wrażenie nawet na Oscarze Wildzie, który w swym paryskim dzienniku zanotował po francusku, że „przyjaciel Ephrussiego ma żółwia inkrustowanego szmaragdami. Mnie też potrzebne są szmaragdy i żywe bibeloty". Było to z pewnością bardziej zajmujące od delektowania się zawartością serwantki.

Nędzny żywot Des Esseintes'a naznaczył „jeden artysta, którym zachwycał się od dawna – Gustaw Moreau. Kupił dwa jego arcydzieła i nocami marzył przed jednym z nich – obrazem przedstawiającym Salome". Tak głęboko przeżywał te pełne treści malowidła, że się do nich upodobnił.

Być może Charles również odczuwał podobne emocje, delektując się należącymi do niego obrazami. W liście do Moreau napisał, że jego prace „utrzymane są w nastroju najdoskonalszego snu", przy czym ów najdoskonalszy sen to taki, który utrzymuje śniącego w stanie nieważkości i pozwala mu uwolnić się od własnego ja.

Renoir nie mógł opanować oburzenia: „Ach, ten Gustave Moreau [...]. I pomyśleć, że niektórzy biorą go poważnie – malarza, który nie potrafi nawet porządnie namalować stopy [...]. Choć coś tam potrafi. Z niezwykłą zręcznością dobrał się do Żydów: wykoncypował sobie, by malować złotem [...]. Nawet Ephrussi, którego miałem za rozsądnego człowieka, dał się omotać! Któregoś dnia wpadam do niego i co widzę na ścianie? Gustave'a Moreau!".

Wyobrażam sobie Renoira, jak wchodzi do wyłożonego marmurami westybulu, mija apartament Ignace'a, wspina się po krętych schodach na drugie piętro do mieszkania Charles'a, by tam stanąć oko w oko z namalowanym przez Moreau Jazonem – niemal nagim z jedną nogą wspartą na martwym smoku i ze złotym runem w uniesionej dłoni. Za Jazonem stoi Medea, obejmując go pełnym uwielbienia gestem, drugą zaś ręką przyciska do siebie naczynie z magicznym balsamem – „sen, fajerwerk zachwytu", a według Laforgue'a: „przedziwne wykopaliska Moreau".

A może była to *Galatea*, dedykowana *„à mon ami Charles Ephrussi"*, obraz opisany przez Huysmansa jako „jaskinia, która niczym tabernakulum promieniuje światłem drogocennych kamieni, wśród których najcenniejszym i najjaśniejszym klejnotem jest białe ciało uśpionej Galatei z piersiami i wargami ledwie muśniętymi różem". I tak oto wokół żółtego fotela przybywa złota: Galateę przytłacza pseudorenesansowa rama godna samego Tycjana.

To „żydowska sztuka", pisze Renoir, zbulwersowany odkryciem, że w gabinecie mecenasa, redaktora „Gazette", jego własne obrazy wiszą niebezpiecznie blisko płócien reprezentujących *le goût Rothschild*, kapiących od klejnotów, przedstawiających historie mitologiczne. Salon Charles'a na rue de Monceau stał się „jaskinią [...] tabernakulum", pomieszczeniem, które było w stanie rozwścieczyć Renoira, zainspirować Huysmansa, a nawet wywrzeć wrażenie na Oscarze Wildzie: *„Pour écrire il me faut de satin jaune* – pisze on w swym paryskim dzienniku. – Do pisania trzeba mi żółtej satyny".

Łapię się na tym, że chciałbym mieć wpływ na upodobania Charles'a. Martwią mnie nadmiar złota i Moreau. A jeszcze bardziej prace Paula Baudry'ego, autora plafonów w paryskiej operze, malarza dekorującego nowe paryskie rezydencje malowidłami ujętymi w barokowe kartusze. Prace Baudry'ego budziły szczególną pogardę w impresjonistach, którzy widzieli w nich tylko kiczowatą papkę, a do malarza odnosili się z takim samym lekceważeniem jak do innego twórcy akademickiego, Williama-Adolphe'a Bouguereau. Publiczność szczególnie upodobała sobie jego akty, które jeszcze i dziś są w cenie. W wielu muzeach można kupić w formie plakatu albo magnesu na lodówkę reprodukcję słynnego obrazu Baudry'ego *Perła i morska fala*, przedstawiającego falę, która załamuje się nad leżącą na brzegu nagą dziewczyną. Tymczasem z grona malarzy to Baudry był najbliższym przyjacielem Charles'a. Ich listy pełne są serdeczności. Co więcej, Charles był jego biografem i został wyznaczony wykonawcą testamentu.

Odczuwam pokusę, by odnaleźć wszystkie obrazy, które w pokoju Charles'a sąsiadowały z *netsuke*. Sporządzam więc listę muzeów, w których znajdują się obrazy ze zbiorów Ephrussiego, i próbuję dociec, jak do nich trafiły. Zaczynam się zastanawiać, ile czasu zajęłaby mi przeprawa z Instytutu Sztuki w Chicago do Musée de la Ville w Gerardmer, bym mógł mentalnie zestawić *Wyścigi w Longchamp* z podwójnym portretem Degasa przedstawiającym generała i rabina. Zastanawiam się nawet, czy nie powinienem zabrać ze sobą w podróż jasnego zająca o bursztynowych oczach, aby zderzyć przedmiot z obrazem. Piję kawę i nim opróżnię filiżankę, przepowiadam to sobie jako pewną ewentualność wyznaczającą dalsze kroki.

Wszystkie moje plany zawodowe biorą w łeb. Ceramika schodzi na dalszy plan. Jakieś muzeum domaga się mojej odpowiedzi. Gdy ktoś dzwoni, mój asystent informuje, że wyjechałem i jestem nieosiągalny.

– Owszem, realizuje duży projekt. Tak jest, na pewno oddzwoni.

Tymczasem jadę do Paryża, by udać się do opery i stanąć pod plafonem Baudry'ego. Następnie pędzę do Musée d'Orsay, gdzie wiszą pojedynczy szparag Maneta i dwa obrazy Moreau, żeby wyobrazić sobie, jak prezentowały się obok siebie, czy nie było między nimi zgrzytu, czy dostrzegę to, co widziało oko Charles'a. Nie ma to jednak większego sensu, jako że Charles kupował dla przyjemności, dlatego że coś mu się podobało, a nie po to, by dopasować obrazy do siebie albo uzupełnić kolekcję. Kupował od przyjaciół ze wszystkimi konsekwencjami, jakie tego typu zakupy niosą.

Znajomi Charles'a nie ograniczali się do środowiska malarzy. W sobotnie wieczory spotykał się w Luwrze z kolegami – kolekcjonerami lub pisarzami. Każdy z uczestników owych spotkań zjawiał się z tematem do dyskusji, z referatem, jakimś przedmiotem lub uwagami dotyczącymi atrybucji. „Można było mówić o wszystkim, zakazana była tylko pedanteria! Nauki, które tam pobraliśmy, pozostały z nami na zawsze jako coś pewnego. Siedząc na pięknych muzealnych krzesłach, odbywaliśmy podróże po wszystkich muzeach w Europie!", wspominał po latach historyk sztuki Clément de Ris. Charles miał niezwykle ciekawych kolegów w redakcji „Gazette", przyjaźnił się również ze swymi sąsiadami – braćmi Camondo i Cernuschim, ludźmi, przed którymi można się było pochwalić nowymi nabytkami.

W pewnym momencie Charles stał się osobą publiczną. W roku 1885 został właścicielem „Gazette". Wspierał publiczną zbiórkę na zakup obrazu Botticellego dla Luwru. Poza tym pisał i organizował wystawy: w 1879 roku był współorganizatorem pokazu rysunków starych mistrzów, a w 1882 i 1885 dwóch wystaw portretów. Nie był już zachłannym, wiecznie gdzieś podróżującym młodym człowiekiem. Teraz musiał wykazać się odpowiedzialnością i zdolnościami analitycznymi. Poza tym otrzymał właśnie Legię Honorową za działalność na polu sztuki.

Większość jego pracowitego życia upływała wśród kolegów, sąsiadów, przyjaciół, sekretarzy; dużo czasu poświęcał kochance i rodzinie.

Proust, który nabrał już przekonania do Charles'a, choć nie mógł się jeszcze poszczycić mianem jego przyjaciela, był częstym gościem w jego mieszkaniu, gdzie upajał się wysublimowaną konwersacją, podziwiał aranżację nowo zdobytych skarbów i chętnie słuchał tego, co jego gospodarz – świadomy jego nienasyconych aspiracji towarzyskich – miał do powiedzenia o sprawach wielkiego świata. Charles na tyle dobrze znał Prousta, że mógł mu zwrócić uwagę, iż po wybiciu dwunastej należy pożegnać się z gospodarzami, którzy zapewne marzą tylko o tym, by jak najszybciej znaleźć się w łóżku. Z powodu jakiejś zadawnionej niechęci zajmujący sąsiedni apartament Ignace nie mówi o pisarzu inaczej jak „Proustillon" – podkreślając jego podobieństwo do motyla krążącego z jednego przyjęcia na drugie.

Proust bywał również w redakcji „Gazette" na rue Favart. Okazuje się, że był jej pilnym czytelnikiem: z sześćdziesięciu czterech dzieł sztuki, o których mowa w dwunastu tomach cyklu *W poszukiwaniu straconego czasu,* większość była reprodukowana w „Gazette". Podobnie jak wcześniej Laforgue Proust wysyła Charles'owi swoje wczesne szkice dotyczące sztuki. Charles nie szczędził mu krytycznych uwag, ale jednak zaprosił do współpracy. Właśnie wtedy powstaje studium o Ruskinie, a wstęp do *The Bible of Amiens* [Biblii z Amiens] Ruskina w swoim przekładzie Proust dedykuje „zawsze mi życzliwemu Panu Charles'owi Ephrussiemu".

Charles i Louise nadal byli kochankami, choć nie jestem pewien, czy Louise nie miała już w tym czasie kogoś innego. A może nawet więcej niż jednego. Jednakże Charles, który był człowiekiem wyjątkowo dyskretnym, milczy w tej materii, co – przyznaję – dosyć mnie frustruje. Jednocześnie odnotowuję, że w otoczeniu Charles'a zaczynają się pojawiać młodzi ludzie – bardziej akolici niż sekretarze. Pierwszym z nich był Laforgue. Chciałbym wiedzieć coś więcej o tych dość intensywnych stosunkach, których tłem był przypominający pieczarę pokój Charles'a, rozświetlony żółcią satyny i płótnami Moreau. W Paryżu plotkują, że Charles jest *entre deux lits*, czyli biseksualny.

Wiosną 1889 roku firma Ephrussi et Cie wciąż znakomicie prosperuje, ale sprawy rodzinne się komplikują. Zdecydowanie heteroseksualny Ignace, wraz z gronem innych równie jak on poważnych kawalerów, uległ urokowi hrabiny Potockiej. Owa intrygująca kobieta, przez Prousta opisana jako „jednocześnie subtelna, majestatyczna i złośliwa", z ciemnymi włosami rozdzielonymi na środku głowy przedziałkiem, królowała w gronie młodych mężczyzn, którzy na znak oddania nosili szafirowe odznaki z napisem: „*À la Vie, à la Mort*". Organizowała dla swych

„Machabeuszy" wieczorne przyjęcia, podczas których ich uczestnicy zobowiązywali się wykonywać na cześć swej gospodyni najróżniejsze szaleństwa. Machabeusze byli judejskimi męczennikami. Można więc domniemywać, że hrabina zapragnęła zapewne odegrać rolę Judyty, biblijnej bohaterki, która odurzonemu alkoholem Holofernesowi ucięła głowę. W liście adresowanym do de Maupassanta natrafiamy na opis jednego z wieczornych przyjęć. Ignace, dowiadujemy się, „bardziej narwany od innych [...] wpadł ostatnio na pomysł, by przespacerować się nago po ulicach Paryża". Po tym incydencie rodzina pospiesznie wysłała go na wieś, by oprzytomniał.

Życie czterdziestoletniego Charles'a toczyło się po trochu w każdym z tych środowisk. W tym czasie jego upodobania stały się sprawą publiczną. Był na wskroś estetą. W Paryżu miał pozycję człowieka, którego nowe nabytki, a także opinie i krój surduta budziły powszechne zainteresowanie. Znany był też ze swojego zamiłowania do opery, o czym świadczyć może również to, że swą ulubioną sukę nazwał Carmen. W archiwach Luwru znajduje się nawet list adresowany do niej: c/o Monsieur C. Ephrussi, 81 rue de Monceau. Nadawcą jest Puvis de Chavannes, symbolista, malarz bladych postaci i rozmytych krajobrazów.

10. Moja drobna gratyfikacja

Renoir nie był odosobniony w niechęci do Żydów. Przez całe lata osiemdziesiąte byli oni oskarżani o liczne skandale finansowe. Zarzuty te nie ominęły rodziny Ephrussich: w 1882 roku to rzekomo „żydowskie machinacje" spowodowały upadek Union Générale, katolickiego banku silnie powiązanego z Kościołem, reprezentującego drobnych katolickich depozytariuszy. Znany ze swej demagogii Édouard Drumont tak pisał w *La France juive* [Żydowskiej Francji]:

> Zdumiewa śmiałość, z jaką ci ludzie przeprowadzają gigantyczne operacje finansowe, traktując je, jakby były najzwyklejszą grą. Podczas tej samej sesji Michel Ephrussi jednym ruchem sprzedaje bądź kupuje naftę czy też pszenicę warte dziesięć lub piętnaście milionów. Niewiele go to kosztuje; spędza ze dwie godziny w sali giełdy usadowiony wygodnie przy kolumnie i flegmatycznie głaszcząc się lewą dłonią po brodzie, wydaje rozkazy trzydziestu podwładnym, którzy uzbrojeni w ołówki kręcą się wokół niego w oczekiwaniu na dyspozycje.

Podwładni przychodzą i szepczą Michelowi na ucho najświeższe informacje. Drumont zdaje się sugerować, że dla żydowskich potentatów pieniądze są jakąś bagatelką, nieledwie zabawką i nie mają nic wspólnego z oszczędnościami, które ludzie w dzień targowy niosą do banku albo chowają w stojącym na kominku dzbanku na kawę. Oto typowy obraz sugerujący działanie ukrytych sił czy wręcz spiskowanie. Jest równie wymowny jak obraz Degasa *Na giełdzie*, na którym za filarami widać zatopionych w poufnych rozmowach ludzi o haczykowatych nosach i rudych brodach. Giełda i jej gracze to nic innego jak nowa odsłona przekupniów w świątyni.

„Kto niweczy ludzkie życie, kto sprawi, że Francja wkrótce upodobni się do ziemi jałowej? [...]. To spekulujący zagraniczną pszenicą Żyd, przyjaciel hrabiego Paryża [...] ulubieniec arystokratycznych salonów [...] Ephrussi, prowodyr żydowskiej bandy bogacącej się na pszenicy". Spekulacja, mnożenie pieniędzy za pomocą pieniędzy, jest tu przedstawiona jako grzech przede wszystkim żydowski. Nawet Theodor Herzl, orędownik syjonizmu, prowadzący wśród najzamożniejszych warstw żydowskich kwestę na wspólną sprawę, w liście wypowiada się niezbyt przychylnie o Ephrussim jako o spekulancie.

Ephrussi et Cie była potęgą samą w sobie. Podczas jednego z kryzysów nieobecność braci na giełdzie wywołała niemal panikę. Podczas innego załamania finansowego groźba Ephrussich, że w odpowiedzi na rosyjskie pogromy gotowi są rzucić na rynki nieograniczoną ilość pszenicy, została przez prasę skomentowana bardzo poważnie: „[Żydzi] przekonali się o sile rażenia tej broni, gdy po ostatnich prześladowaniach Żydów w Rosji [...] w trzynaście dni zredukowali wartość rosyjskich akcji o dwadzieścia cztery punkty. »Jeśli odważycie się podnieść rękę choćby na jednego z naszych braci, nie zostanie wam nawet kopiejka na ratowanie waszego imperium«, powiedział Michel Ephrussi reprezentujący bank w Odessie i największą światową potęgę w handlu zbożem". Jednym słowem: niewiarygodnie bogaci i gotowi do walki Ephrussi zbyt rzucali się w oczy, by można było ich nie zauważyć.

Drumont, autor i wydawca popularnego pamfletu o antysemickim profilu, rozpowszechniał te opinie w druku. Instruował Francuzów, jak rozpoznać Żyda (jedna dłoń większa od drugiej) i jak stawić czoła zagrożeniu, które ta rasa niesie dla Francji. W 1886, w pierwszym roku publikacji, książka *La France juive* wyszła w nakładzie stu tysięcy egzemplarzy. Do roku 1914 wznawiano ją dwieście razy.. Drumont przekonywał, że Żydzi – jako lud z natury nomadyczny – nie poczuwają się do żadnych obowiązków wobec państwa. Charles i jego bracia, rosyjscy obywatele z Odessy, Wiednia i Bóg wie, skąd jeszcze, są zainteresowani tylko sobą i spekulując francuskimi pieniędzmi, żerują na francuskiej krwawicy.

Ephrussi żyli w przekonaniu, że ich miejscem na ziemi jest Paryż. Drumont nie podzielał tego zdania: „Żydzi wypełzli z gett całej Europy i wzięli w posiadanie nasze historyczne siedziby, pałace, gdzie rozgrywały się najdonioślejsze wydarzenia w dziejach starej Francji [...] Rothschildowie są wszędzie – w Ferrières, w Les Vaux de Cernay [...] Ephrussi – w Fontainebleau, w pałacu należącym kiedyś do Franciszka I". Tam gdzie wchodziło w grę narodowe dziedzictwo zbrukane przez Ephrussich i ich przyjaciół, pierwotne złośliwości Drumonta – dotyczące tempa, w jakim ci „awanturnicy bez grosza" dostali się na społeczne wyżyny, ich namiętności do polowań i nabytych ostatnio herbów – przekształciły się w głuchy gniew.

Zmuszam się do czytania pisaniny Drumonta: książek, gazet i niezliczonych pamfletów, również po angielsku. W egzemplarzu książki o paryskich Żydach, którą wypożyczam w londyńskiej bibliotece, obok nazwiska Ephrussi figuruje wykaligrafowane drukowanymi literami słowo „KORUPCJA".

Zdumiewa liczba tych publikacji. Ich ton oscyluje między pełnymi banałów jeremiadami a raczeniem czytelników ociekającymi jadem szczegółami. Nazwisko Ephrussich pojawia się raz po raz. Wygląda to trochę tak, jakby ktoś co rusz uchylał drzwiczki serwantki, wydobywał zeń któregoś z przedstawicieli rodziny i obrzucał go stekiem wyzwisk. Moja wiedza dotycząca francuskiego antysemityzmu była bardzo ogólna, ale metody, z którymi się teraz zapoznaję, przyprawiają mnie o mdłości. Jest to codzienne pastwienie się nad ich życiem.

Charles jest napiętnowany jako ktoś, kto „operuje [...] w świecie literatury i sztuki". Główne oskarżenie sprowadza się do tego, iż dysponując władzą w świecie sztuki, traktuje francuski dorobek artystyczny jak towar. Wszystko, czego się Charles dotknie – czytamy w *La France juive* – obraca się w złoto. Nawet jego książka o Dürerze staje się pretekstem do poruszenia wątku żydowskiego. Bo jakże Charles Ephrussi może rozumieć wielkiego niemieckiego artystę, wścieka się jakiś historyk sztuki, skoro jest tylko *Landesman aus dem Osten*, przybyszem ze Wschodu.

Na braciach i stryjach Charles'a nie pozostawiono suchej nitki; również ciotki, które tymczasem powychodziły za mąż za francuskich arystokratów, stały się obiektem bezlitosnych kpin. Wszystkie rodziny żydowskich finansistów działających we Francji są kolejno piętnowane: „Rothschildowie, Erlangerowie, Hirschowie, Ephrussi, Bambergerowie, Camondo, Sternowie, Cahen d'Anvers [...] członkowie międzynarodowej finansjery". W kółko podkreśla się związki małżeńskie zawierane pomiędzy przedstawicielami klanów, by unaocznić pajęczą sieć intryg, która zacieśniła się jeszcze bardziej, gdy Maurice Ephrussi ożenił się z Beatrice, córką Alphonse'a Rothschilda, stojącego na czele francuskiej gałęzi tego rodu. Od tej chwili obie te rodziny występują jako jedna.

Antysemici chcieliby obedrzeć tych Żydów z ich paryskiej finezji i odesłać tam, skąd pochodzą. Jeden z pamfletów zatytułowany *Ce bons Juifs* [Ci dobrzy Żydzi] przytacza wyimaginowaną rozmowę między Maurice'em Ephrussim a jego przyjacielem:

– Czy to prawda, że wkrótce wyjeżdżasz do Rosji?

– Za dwa albo trzy dni – odparł M. de K.

– Znakomicie! Skoro jedziesz do Odessy – rzekł Maurice Ephrussi – wybierz się na giełdę i przekaż ode mnie pozdrowienia mojemu ojcu.

M. de K. obiecuje to uczynić. Po załatwieniu interesów w Odessie idzie na giełdę i pyta o Ephrussiego seniora.

– Jeśli chce pan coś załatwić – dowiaduje się – nie obędzie się bez Żyda.

Wreszcie zjawia się Ephrussi ojciec, paskudnie wyglądający izraelita z długą, niechlujną brodą i w poplamionym chałacie.

M. de K. przekazuje starcowi pozdrowienia i już chce się oddalić, gdy czuje, że ktoś ciągnie go za połę płaszcza. Jednocześnie słyszy głos Ephrussiego:

– Zapomniał pan o mojej gratyfikacji.

– Jakiej znowu gratyfikacji? – zdumiewa się pan M. de K.

– Niech pan nie udaje, że nie wie, o co chodzi – odpowiada ojciec zięcia Rothschildów, nisko się przy tym kłaniając. – Jestem jedną z osobliwości tutejszej giełdy. Każdy, kto się ze mną spotyka, nie mając w tym interesu, zostawia mi niewielką gratyfikację. Mój syn przysyła mi około tysiąca gości rocznie, co pozwala jakoś związać koniec z końcem.

I z szerokim uśmiechem szlachetny patriarcha dodaje:

– Dobrze wiedzą, że zostaną za to kiedyś wynagrodzeni… moi synowie, ma się rozumieć!

Choć Ephrussich, słynnych *Les Rois du Blé*, traktuje się z pogardą jako parweniuszy, jednocześnie zabiega się o ich względy jako bogatych mecenasów. W czasie kiedy wypomina im się odeskiego handlarza zbożem, patriarchę w poplamionym chałacie z wyciągniętą ręką, Beatrice pojawia się na balu w tiarze składającej się z kilkuset kłosów pszenicy wykonanych ze szczerego złota. Maurice, właściciel ogromnego zamku w Fontainebleau, w kontrakcie ślubnym z Beatrice de Rothschild figuruje nie jako bankier, ale „właściciel ziemski". To nie pomyłka. Żydzi jako właściciele ziemscy to zjawisko zupełnie nowe. Pełnię praw obywatelskich otrzymali dopiero po rewolucji. Według niektórych był to błąd, gdyż Żydom brakowało dojrzałości obywatelskiej. Dość popatrzeć, jak żyją Ephrussi, zwraca uwagę autor elaboratu *The Original Mr Jacobs* [Prawdziwy pan Jacobs]: „umiłowanie bibelotów, wszelkiego rodzaju śmiecia, a raczej żydowska namiętność do gromadzenia, sprowadzona jest niekiedy do kompletnego zdziecinnienia".

Zastanawiam się, jak można było żyć w tych warunkach. Czy bracia Ephrussi wzruszali na te rewelacje ramionami, czy jednak dotykał ich ten nieustanny jazgot: oszczerstwa, uwagi na temat korupcji, wiecznie buzująca niechęć, od której nie był wolny dziadek narratora w powieści Prousta. „...kiedy przyprowadzałem nowego przyjaciela, rzadko zdarzało się, aby dziadek nic zanucił: »O Ojczc nieba, ziemi« z »Żydówki« albo »Izraelu, łańcuchy krusz« [...] i zadawszy zręcznie parę ściślejszych pytań, wołał: »Baczność! Baczność!«, lub jeśli za pomocą chytrego śledztwa zmusił przybyłego gościa, aby ten bezwiednie zdradził swoje pochodzenie [...] patrząc na nas, nucił nieznacznie: »Przez trwożliwego syna Izraela«".

Nie brakowało pojedynków. Choć zakazane, były na porządku dziennym. Szczególnie często zdarzały się w środowisku młodych arystokratów, członków Jockey Clubu i oficerów. Wiele tych zatargów dotyczyło spraw zupełnie nieistotnych, wynikających z silnego u młodych mężczyzn poczucia terytorialności. Opublikowana w „Le Sport" pogardliwa wzmianka o koniu należącym do Ephrussiego doprowadziła do scysji między Michelem Ephrussim a autorem tekstu, a w konsekwencji „do sprzeczki, a następnie konfrontacji".

Niektóre z tych zatargów ujawniają pogłębiający się rozłam wewnątrz paryskiej socjety. Ignace stoczył niejeden pojedynek, choć powszechnie panowało przekonanie, że Żydzi stronią od walki. Opinię tę podtrzymuje napisane w triumfującym tonie sprawozdanie relacjonujące konflikt, jaki się wywiązał, gdy pewna transakcja handlowa między Michelem a hrabią Gastonem de Breteuilem naraziła tego ostatniego na poważne straty finansowe. Michel, człowiek interesu, nie uważał, by był to powód do pojedynku, i odmówił satysfakcji. Gdy hrabia, spotkawszy się z podobnym afrontem, wrócił do Paryża i „według pogłosek krążących w sferach klubowych […] spotkał Ephrussiego […] trzymając w dłoni plik banknotów reprezentujących poniesioną stratę, złapał go za nos […] w rezultacie dotkliwie raniąc nochal wielkiego handlarza pszenicą spinką, którą plik był spięty. Ephrussi zrezygnował z członkostwa klubu Rue Royal i poświęcił milion franków na rozdanie wśród paryskich biedaków". Relacja utrzymana jest w tonie komediowym: ordynarni, pozbawieni honoru bogaci Żydzi i ich nosy. Po prostu Żydzi nie potrafią się zachować.

Michel stoczył serię pojedynków z hrabią de Lubersac, broniąc honoru pewnego kuzyna Rothschildów, który był zbyt młody, by stanąć do walki osobiście. Jeden z pojedynków odbył się na wyspie Grande Jatte na Sekwanie. „Przy czwartej rundzie Ephrussi został ranny w pierś, po tym jak szpada hrabiego dosięgła jego żeber […]. Hrabia od samego początku atakował energicznie. Rozstając się, walczący nie wymienili zwyczajowego uścisku ręki. Hrabia opuścił miejsce pojedynku swoim lando witany okrzykami: »*À bas les Juifs*« i »*Vive l'Armée*«".

Obrona nazwiska i honoru własnej rodziny stawała się dla paryskich Żydów coraz większym wyzwaniem.

11. Olśniewający *five o'clock*

W październiku 1891 roku Charles przeniósł się ze swoimi *netsuke* do nowego domu na avenue d'Iéna. Budynek pod numerem 11 jest bez porównania obszerniejszy od Hôtel Ephrussi na rue de Monceau, z zewnątrz bardziej surowy – żadnych festonów czy ozdobnych urn. Jest tak duży, że trudno ogarnąć go wzrokiem. Przystaję i patrzę. Przede wszystkim zwracam uwagę na wysokość kondygnacji: od razu widać, że pokoje są ogromne. Charles przeprowadził się tu z bratem Ignace'em trzy lata po śmierci matki. Zbieram się na odwagę i naciskam dzwonek. Gdy drzwi się uchylają, próbuję tłumaczyć kobiecie o przyklejonym do warg promiennym uśmiechu cel mojej wizyty. Kobieta wyjaśnia, wolno i wyraźnie, że jestem w błędzie: to prywatny dom i nikt o takim nazwisku nigdy tu nie mieszkał. Nie spuszcza ze mnie wzroku, póki ponownie nie znajdę się na ulicy.

Odchodzę wściekły. Dopiero po tygodniu dowiaduję się, że dom, w którym mieszkali bracia Ephrussi, został zburzony w roku 1920, a w jego miejsce postawiono całkiem inny budynek.

Dzielnica wokół avenue d'Iéna jest wspanialsza od okolic rue de Monceau. Od czasu przybycia Ephrussich do Paryża minęło zaledwie dwadzieścia lat, a wszyscy członkowie rodziny czują się, jakby mieszkali tu od zawsze. Dom Charles'a i Ignace'a był oddalony jedynie o trzysta metrów od siedziby Jules'a i Fanny – ozdobionej motywami z kłosami pszenicy, z inicjałami właścicieli wkomponowanymi w ogromną bramę prowadzącą na dziedziniec. Po drugiej stronie ulicy na rue Bassano znajdował się pałac należący do Louise. Dzielnica rozciąga się na wzgórzu na północ od Pola Marsowego, gdzie właśnie wzniesiono wieżę Eiffla. Był to tak zwany dobry adres; okolicę tę nazywano „wzgórzem sztuki".

Gust Charles'a ewoluował. Powoli gasła pasja do sztuki japońskiej. W latach osiemdziesiątych XIX wieku kult wszystkiego, co japońskie, tak się rozpowszechnił, a wszystkie domy tak były przepełnione *japonaiseries*, że owe cacka zaczęto traktować jak zwykłe bibeloty, które niczym kurz osiadły na każdym centymetrze wolnej powierzchni. „Dziś wszystko jest japońskie", zauważył Aleksander Dumas w roku 1887. Podparyski dom Zoli, który dosłownie pękał od japońskich drobiazgów, stał się wręcz obiektem kpin. Od kiedy japońskie cuda stały się ogólnie dostępne, a afisze reklamujące rowery lub absynt zaczęły naśladować japońskie drzeworyty, trudno było mówić o ich wyjątkowości. Nadal jednak nie brakowało poważnych kolekcjonerów japońskiej sztuki (jak choćby mieszkający w najbliższym sąsiedztwie Charles'a Guimet), a publikacje w tym zakresie, w przeciwieństwie do przypadkowej pisaniny sprzed dziesięciu lat, podbudowane były rzetelną wiedzą. De Goncourt opublikował swoje szkice o Hokusaiu i Utamarze, Siegfried Bing wydawał miesięcznik „Le Japon artistique", lecz w modnych kręgach, w których obracał się Charles, opadła już fala niemal religijnego uwielbienia japońszczyzny.

U Prousta czytamy o tej zmianie gustu, gdy pisze o salonie ukochanej Swanna *demi-mondaine* Odetty: „Daleki Wschód stopniowo ustępował coraz bardziej inwazji XVIII wieku [...] obecnie Odetta przyjmowała swoich bliskich rzadziej już w japońskich szlafroczkach, raczej w jasnych i musujących peniuarach Watteau".

Owo odejście Charles'a – krytyka, kolekcjonera i kuratora – od egzotyki nie przeszło niezauważone. W jednej z gazet czytamy, że Charles „powoli oddala się od [...] [Japonii], coraz bardziej kierując swą uwagę ku Francji XVIII wieku, Miśni i Cesarstwu, z którego to okresu zdołał zgromadzić eksponaty najwyższej jakości". W swoim nowym domu ściany gabinetu udekorował jedwabnymi gobelinami przedstawiającymi zabawy dziecięce. Pokoje w amfiladzie ozdobił empirowymi meblami z okuciami z brązu, nad nimi zaś powiesił porcelanę z Sèvres i Miśni, nadając całości wyrafinowany rytm. Dopiero wtedy umieścił na ścianach płótna Moreau, Maneta i Renoira.

U Prousta księżna de Guermantes po wizycie u księcia d'Iéna zachwyca się urodą neoklasycznych mebli: „wszystko to, co zalewa nasze domy, sfinksy usadowione w nogach foteli, węże owijające się o kandelabry [...] te wszystkie lampy pompejańskie, łóżeczka w kształcie łodzi, wyglądające tak, jakby je znaleziono w Nilu".

W nowym domu Charles zastępuje swe *lit de parade* łóżkiem empirowym, udrapowanym jedwabiem: *lit à la polonaise*.

W paryskim antykwariacie trafiam na katalog wyprzedaży kolekcji Michela i Maurice'a Ephrussich, które po ich śmierci trafiły pod młotek. Właściciel katalogu, który próbował – bez powodzenia – kupić któryś z licytowanych zegarów, zanotował ceny, jakie osiągnęły poszczególne obiekty: 10 780 franków za zegar astronomiczny z epoki Ludwika XV zdobiony wykonanymi z brązu znakami zodiaku. Cała porcelana, kobierce z Savonnerie, obrazy Bouchera, *boiseries* i gobeliny, wszystko to świadczyło o potrzebie Ephrussich, by wtopić się niezauważalnie w społeczeństwo francuskie. Zaczęło do mnie docierać, że nowe upodobania czterdziestokilkuletniego Charles'a, zainteresowanie empirowymi meblami i malarstwem były czymś więcej niż chęcią zaaranżowania przestrzeni, w której żył. Było to roszczenie sobie prawa do stuprocentowej francuskości, potrzeba przynależności. Teraz gdy awansował do pozycji arbitra smaku, również próbą zdystansowania się od swego poprzedniego, tak bardzo innego lokum.

Empire jest przeciwieństwem *le goût Rothschild*, przeciwieństwem żydowskości. Empire to styl na wskroś francuski.

Zastanawiam się, jak w tym surowym wnętrzu prezentowały się *netsuke*. W swym nowym domu Charles traci entuzjazm dla tej kolekcji. Urządzenie mieszkania na rue de Monceau nie było poddane „zasadom optycznego katechizmu" – choćby żółta plama fotelu, która zaburzała harmonię wnętrza. Gabinet Charles'a był zbieraniną najróżniejszych przedmiotów, które można było dotknąć i wziąć do ręki. Teraz jednak Charles stał się wielkim panem. Paryski dowcipniś nazwał go „luksusowym Charles'em". W nowym domu niewiele jest rzeczy, po które wyciągnęłoby się rękę; nikt nie odważy się podnieść z podstawki miśnieńskiej wazy i podać jej komuś, by dokładniej się jej przyjrzał. Po śmierci Charles'a jeden z krytyków określi wnętrza jego domu jako doskonałe: są „*pompeux, ingénieux et un peu froids*" – pompatyczne, efektowne i nieco chłodne. Otóż to, chłodne, myślę podczas zwiedzania Museé Nissim de Camondo na rue de Monceau, gdzie wybrałem się na rekonesans. Nie mogę się powstrzymać i ponad jedwabnym sznurem wyciągam chyłkiem rękę, by dotknąć poręczy empirowego fotela.

Trudno mi sobie wyobrazić uchylone drzwiczki serwantki i rękę wahającą się, czy wybrać bawiące się szczeniaki z kości słoniowej, czy siedzącą w drewnianym cebrzyku namydlającą się dziewczynę. Wydaje mi się, że w ogóle nie pasowały do tego wnętrza.

W nowym domu bracia urządzają jeszcze wspanialsze przyjęcia i kolacje. 2 lutego 1893 roku „Le Gaulois" w rubryce *Mondanités* odnotowuje jedno z nich. „Wczoraj wieczorem panowie Charles i Ignace Ephrussi wydali olśniewający *five o'clock* na cześć księżniczki Matyldy". I dalej:

> Jej Cesarska Wysokość w towarzystwie baronowej de Galbois zaszczyciła wczoraj wspaniałe salony na avenue d'Iéna, gdzie zgromadziło się ponad dwieście osób z najlepszego paryskiego towarzystwa, a także z zagranicy.

Wśród obecnych należy wymienić: hrabinę d'Haussonville ubraną w czarną satynę; hrabinę von Moltke-Hvitfeldt, również w czerni; księżnę de Léon w ciemnobłękitnym aksamicie; księżnę de Morny w czarnej aksamitnej sukni; hrabinę de Louis de Talleyrand-Périgord w czarnej satynie; hrabinę Jean de Ganay w czerwieni i czerni; baronową Gustawową de Rothschild w czarnym aksamicie [...] hrabinę Louise Cahen d'Anvers w lila aksamicie; Madame Edgar Stern w szarościach i zieleni; Madame Manuel de Yturbe, z domu Diaz, w lila aksamicie; baronową Jamesową de Rothschild w czerni; hrabinę de Camondo, z domu Cahen, w szarej satynie; baronową Benoist-Méchin w czarnym aksamicie zdobionym futrem itd.

Z mężczyzn odnotowano obecność:

Posła Szwecji, hrabiego Orłowa, księcia de Sagan, księcia Jean de Borghèse, markiza Modeny, panów Foraina, Bonnata, Rolla, Blanche'a, Charles'a Yriarte'a Schlumbergera itd.

Honory domu czyniły i gości witały panie Leonowa Fould i Jules'owa Ephrussi: jedna w ciemnoszarej, druga w jasnoszarej kreacji.

Goście podziwiali wspaniałe apartamenty, szczególnie olśniewający salon w stylu Ludwika XVI, którego ozdobą jest arcydzieło Luki della Robbia przedstawiające głowę króla Midasa, oraz pokoje Charles'a Ephrussiego utrzymane w stylu najczystszego empiru.

Ozdobą wieczoru był program muzyczny w wykonaniu zespołu cygańskiego.

Księżniczka Matylda pozostała na avenue d'Iéna aż do godziny siódmej.

Przyjęcie potoczyło się więc po myśli obu braci. Z gazety dowiadujemy się jeszcze, że wieczór był zimny, a z racji pełni księżyca również jasny. Avenue d'Iéna jest szeroką arterią, której środkiem ciągnie się szpaler platanów. Wyobrażam sobie rząd powozów blokujących tę aleję i płynące z okien pałacu dźwięki cygańskiej muzyki. Widzę też Louise, Tycjanowską piękność o złotokasztanowych włosach, w sukni z aksamitu w kolorze lila, jak wraca do oddalonego zaledwie o kilkaset metrów swego pseudorenesansowego pałacu i czekającego tam na nią męża.

W następnym roku „olśniewający" *five o'clock* już by się nie odbył. W roku 1894, jak ujął to malarz Jacques-Émile Blanche, „Jockey Club opuścił stół książąt Izraela".

Był to początek sprawy Dreyfusa, trwającego dwanaście lat skandalu, który wstrząsnął Francją i spolaryzował paryskie towarzystwo. Pochodzący z żydowskiej rodziny Alfred Dreyfus, oficer Sztabu Generalnego, został na podstawie znalezionego w koszu na śmieci skrawka papieru oskarżony o szpiegostwo na rzecz Niemiec. I chociaż dowództwo armii nie miało wątpliwości, że dowody były sfałszowane, Dreyfus stanął przed trybunałem wojskowym i został skazany, a następnie na oczach tłumu domagającego się dla niego kary śmierci – zdegradowany. Na ulicach sprzedawano miniaturowe gilotyny, a Dreyfusa zesłano na Wyspę Diabelską, by w samotności odbył tam wyrok dożywocia.

Niemal jednocześnie rozpoczęła się kampania domagająca się rewizji procesu, co z kolei wywołało gwałtowną reakcję antysemitów: Żydów oskarżano o to, że próbują obalić naturalny porządek. Kwestionowano też ich patriotyzm – poparcie dla Dreyfusa rzekomo świadczyło o tym, że są przede wszystkim Żydami, a przynależność do Francji stawiają na drugim miejscu. W oczach opinii publicznej Charles i jego bracia, którzy wciąż jeszcze mieli obywatelstwo rosyjskie, byli kwintesencją żydowskości.

Po dwóch latach pojawiły się dowody wskazujące na winę innego francuskiego oficera – majora Esterházyego. Jednakże już w drugim dniu procesu Esterházyego oczyszczono z zarzutów, jednocześnie potwierdzając winę Dreyfusa. Aby zatuszować to oszustwo, nie cofnięto się przed spreparowaniem dowodów. Pomimo pełnego pasji apelu „*J'Accuse...!*", który w styczniu 1898 roku Émile Zola wystosował do Prezydenta Republiki, w roku 1899 Dreyfus znów stanął przed sądem i został skazany ponownie. Tymczasem Zola, któremu postawiono zarzuty natury kryminalnej, zmuszony był ratować się ucieczką do Anglii. Trzeba było czekać do roku 1906, by Dreyfusowi zwrócono honor.

Społeczeństwo podzieliło się na dwa wrogie obozy: dreyfusistów i antydreyfusistów. Rozpadały się przyjaźnie, członkowie rodzin przestali ze sobą rozmawiać, a salony, w których Żydzi spotykali się z zakamuflowanymi antysemitami, zaczęły im okazywać jawną wrogość. Spośród artystycznych przyjaciół Charles'a Degas zadeklarował się jako zagorzały antydreyfusista i przestał się odzywać do Charles'a i Pissarra, który też był Żydem. Również Cézanne był przekonany o winie Dreyfusa, a Renoir nie krył swej niechęci do Charles'a i do jego „żydowskiej sztuki".

Rodzina Ephrussich opowiedziała się po stronie Dreyfusa zarówno z powodu przekonań, jak i z czysto naturalnych skłonności, przede wszystkim jednak dlatego, że ich życie toczyło się na świeczniku. Wiosną owego rozgorączkowanego roku 1898 przyjaciel André Gide'a opisał mu w liście scenkę, która rozegrała się na avenue d'Iéna przed rezydencją Ephrussich. Ojciec rodziny oświecał swoje dzieci: „Kto tu mieszka? *Le sale Juif*! Plugawy Żyd!". Pewnej nocy za Ignace'em wracającym do miasta z kolacji na wsi ruszyli z Gare du Nord agenci policji, gdyż wzięli go za przebywającego na emigracji Émile'a Zolę. 19 października 1898 roku antydreyfusowski „Le Gaulois" donosił, że „pięciu policjantów spędziło noc na stanowisku. Po południu zjawił się inspektor Frecourt z wezwaniem do sądu dla Émile'a Zoli, który jak przypuszczano, schronił się u Ephrussich [...]. Niech pan Zola nie liczy na to, że gdy wróci do kraju, uda mu się zmylić czujność policji".

Trzeba też było walczyć w obronie rodziny: Fanny, ukochana siostrzenica Charles'a i Ignace'a, córka ich zmarłej siostry Betty, poślubiła Théodore'a Reinacha, archeologa i hellenistę, pochodzącego ze znanej rodziny francuskich intelektualistów żydowskiego pochodzenia. Joseph, brat Théodore'a, był politykiem, jednym z głównych filarów ruchu w obronie Dreyfusa, a w przyszłości autorem fundamentalnej pracy *Histoire de l'affaire Dreyfus* [Historia sprawy Dreyfusa]. Reinach, niczym piorunochron, ściągał ataki antysemitów. Wiele wściekłych napaści Drumonta było skierowanych przeciwko niemu, temu „wcieleniu pseudo-Francuza". „Żyd Reinach" został nie tylko zdegradowany, lecz również pobity, gdy po procesie Zoli opuszczał budynek sądu. Stał się obiektem ogólnokrajowej kampanii oszczerczej o niespotykanej zawziętości.

Paryż stał się dla Charles'a obcym miastem. Oto światowiec, któremu zatrzaskuje się drzwi przed nosem, mecenas bojkotowany przez artystów, których wspierał. Gdy próbuję wyobrazić sobie, jak się czuł, przychodzi mi na myśl opis gniewu księcia de Guermantes:

> Ale co się tyczy Swanna [...] powiadają, jest otwarcie dreyfusistą! Nigdy bym się tego po nim nie spodziewał; on taki smakosz, umysł pozytywny, kolekcjoner, amator starych książek, członek Jockey Clubu, człowiek otoczony powszechnym szacunkiem, znawca dobrych win (przysyłał nam najlepsze porto, jakie istnieje!), miłośnik sztuki, ojciec rodziny... Ha! Bardzo się zawiodłem!

W Paryżu włóczę się po archiwach, krążę między dawnymi domami i siedzibami różnych instytucji, zachodzę do muzeów: wędrówka bez celu przeplata się z okresami bezwzględnej mobilizacji. Próbuję sporządzić mapę, która zaprowadzi mnie w głąb pamięci. W kieszeni mam ze sobą *netsuke* przedstawiające pręgowanego wilka. Trudno mi dociec, jak bardzo postać Charles'a nakłada się na Proustowskiego Swanna.

Wciąż natrafiam na miejsca, gdzie ich drogi się przecinają. Nim rozpocząłem moją wędrówkę, wiedziałem, że – mówiąc najogólniej – Charles był jednym z dwóch prototypów bohatera Prousta – rzekomo tym mniej ważnym. George Painter w wydanej w latach pięćdziesiątych biografii Prousta pisze o Ephrussim z lekceważeniem: „Polski Żyd [...]. Otyły, brodaty i brzydki, obnosił się ze swoją ważnością, a przy tym był nieuprzejmy". Nie pozostaje mi nic innego, jak przyjąć to do wiadomości. Drugim pierwowzorem, do którego przyznawał się sam Proust, był czarujący dandys i bywalec klubów Charles Haas, człowiek nieco starszy, nieparający się ani pisarstwem, ani kolekcjonerstwem.

Skoro mój wilk ma mieć pierwszego właściciela, niech będzie nim Swann – człowiek pełen czaru, promieniujący energią. Nie chciałbym, aby Charles został zepchnięty do przyczynków i przypisów. Dla mnie stał się on kimś tak żywym, że nie chcę, by zginął w gąszczu proustowskiej literatury krytycznej. Jednocześnie zbyt cenię Prousta, aby jego prozę traktować jako akrostych z czasów *belle époque*. „To nie jest powieść z kluczem", powtarzał Proust o swojej powieści.

Próbuję wyodrębnić najbardziej oczywiste cechy łączące obie postaci – prawdziwą i fikcyjną. Uchwycić podobieństwo losów. Gdy zaczynam spisywać owe „oczywiste" podobieństwa, powstaje długa lista.

Przede wszystkim obaj są Żydami i prawdziwymi światowcami. Obaj też mają zadziwiająco rozległe kontakty towarzyskie: od członków rodzin panujących (Charles oprowadza po Paryżu królową Wiktorię, Swann jest przyjacielem księcia Walii), poprzez wielkie salony, po pracownie artystów. Są wielbicielami sztuki rozmiłowanymi we włoskim renesansie, a szczególnie w malarstwie Giotta i Botticellego, jak też znawcami piętnastowiecznych weneckich medalionów. Są kolekcjonerami, mecenasami impresjonistów, którzy podczas pikników nad rzeką odstają jednak od wesołego tłumu artystów.

Obaj mają na swym koncie monografię wielkiego artysty: Swann pisze o Vermeerze, mój Charles o Dürerze. Obaj obracają „swą wiedzę artystyczną na to, aby modnym damom służyć za doradcę przy kupnie obrazów i urządzaniu rezydencji". Obaj – Ephrussi i Swann – są dandysami i kawalerami Legii Honorowej. Przechodzą okres fascynacji japonizmem, by potem rozsmakować się w stylu empire. Są też dreyfusistami, którzy odkrywają, że ich starannie ułożone życie zostaje zaburzone przez ich żydowskość.

Proust bawił się, łącząc to, co prawdziwe i zmyślone. Przez jego powieści przewija się korowód autentycznych osobistości – jak choćby pani Straus czy księżniczka Matylda – które obracają się pośród postaci wymyślonych, lecz wzorowanych na konkretnych ludziach. Elstir, wielki malarz, który po latach fascynacji japonizmem wybiera impresjonizm, łączy w sobie elementy osobowości Whistlera i Renoira, choć przecież obdarzony jest własną dynamiką. Za sprawą podobnego zabiegu bohaterowie Prousta zachwycają się prawdziwymi obrazami. Odniesienia do sztuk pięknych to nie tylko powoływanie się na twórczość Giotta, Botticellego, Dürera, Vermeera czy też Moreau, Moneta i Renoira, ale również opis samego aktu percepcji dzieł sztuki, ich kolekcjonowania, a przede wszystkim wskrzeszania doznań towarzyszących konfrontacji z obrazem, wydobywania z pamięci chwili olśnienia.

Bohater Prousta dostrzega ulotne podobieństwa: Odetty do kobiecej postaci z Botticellego, a lokaja ujrzanego podczas przyjęcia do profilu uwiecznionego na obrazie Mantegni. Podobnie czynił Charles. Wciąż zastanawiam się, czy moja babcia – podczas zabaw na żwirowanych ścieżkach szwajcarskiego ogrodu, zawsze starannie uczesana i ubrana w wykrochmaloną białą sukienkę – zrozumiała, co spowodowało, że Charles pochylił się nad główką jej ślicznej siostrzyczki i porównał ją do Cyganeczki Renoira.

Swann, w moim odczuciu człowiek zabawny i czarujący, obdarzony był pewną powściągliwością, która upodabniała go do „zamkniętej szafy". Idąc przez świat, wzbudzał w ludziach miłość do tego, co sam kochał. Przypomina mi się scena, gdy zakochany w córce Swanna narrator odwiedza dom ukochanej i zostaje przyjęty przez jej ojca, który najpierw wita się z nim nadzwyczaj serdecznie, a następnie prowadzi do siebie, by pokazać mu swoją kolekcję.

Taki też był Charles – nieustannie starał się zainteresować swych młodych przyjaciół, wśród nich Prousta, książkami i obrazami; w pisanie o dziełach sztuki wkładał tyle pasji i entuzjazmu, że obiekty, o których była mowa, ożywały. Sam mogę coś o tym powiedzieć. To dzięki niemu poznałem malarstwo Berthe Morisot, od niego też nauczyłem się, by najpierw oglądać obraz z daleka, a dopiero potem stopniowo do niego zbliżać. Zacząłem też słuchać Masseneta, zainteresowałem się dywanami z Savonnerie i przekonałem, że warto poświęcić czas japońskim przedmiotom z laki. Biorę kolejno do ręki należące do Charles'a *netsuke* i próbuję wyobrazić sobie, jak je wybierał. Myślę też o jego powściągliwości. Pomimo przynależności do błyszczącej paryskiej socjety wciąż był obywatelem rosyjskim. Jedną nogą nadal tkwił w tamtym dalekim, niepojętym świecie.

Charles podobnie jak jego ojciec chorował na serce. W 1899 roku, gdy Dreyfus został przywieziony z Wyspy Diabelskiej, by po raz drugi stanąć przed farsowym sądem i ponownie usłyszeć wyrok skazujący, był człowiekiem pięćdziesięcioletnim. Na litografii wykonanej mniej więcej w tym czasie przez Jeana Patricota oczy Charles'a skierowane są w dół, jakby w głąb siebie, broda jednak nadal jest starannie przystrzyżona, a w krawacie tkwi wspaniała perła. Coraz bardziej interesuje się muzyką. Zostaje mecenasem stworzonego przez hrabinę de Greffulhe Société des Grandes Auditions Musicales, „na jego rzecz pracuje z entuzjazmem, służąc radą wszystkim, którzy chcą go z uwagą wysłuchać". Przestał już kupować obrazy. Wyjątkiem jest płótno Moneta przedstawiające skały w Pourville na normandzkim wybrzeżu podczas odpływu. Jest to piękny obraz – na pierwszym planie laserunkowo namalowane skały, w głębi kaligrafia wystających z wody rybackich tyczek. Wydaje mi się bardzo japoński w stylu.

Pisze coraz mniej, choć nadal skrupulatnie wywiązuje się ze swoich obowiązków w „Gazette" – z absolutną pewnością decyduje, jakie tematy należy poruszać, „zawsze punktualny i sumienny, wnikający w najdrobniejsze szczegóły zamówionych artykułów,

Charles Ephrussi na litografii Jeana Patricota towarzyszącej nekrologowi Charles'a w „Gazette des Beaux-Arts", 1905

zawsze dążący do perfekcji", rad, ilekroć udało mu się wciągnąć do współpracy nowych autorów.

Tymczasem Louise znalazła sobie nowego kochanka. Charles'a zastąpił trzydzieści lat od niej młodszy następca tronu hiszpańskiego Alfonso – człowiek o nieciekawej osobowości, lecz zawsze członek rodziny panującej i przyszły król.

Mniej więcej w tym czasie w Wiedniu szykował się ślub najbliższego kuzyna Charles'a – Viktora. Charles i Viktor byli ze sobą zżyci od najwcześniejszego dzieciństwa, gdy jako członkowie tej samej wielopokoleniowej rodziny mieszkali pod jednym dachem, gdzie wieczorami planowało się przeprowadzkę do Paryża. Viktor był najmłodszym kuzynem, znudzonym małym chłopczykiem, którego Charles zabawiał, rysując karykatury służących. Przez wszystkie te lata klan Ephrussich wciąż trzymał się blisko. Członkowie rodziny spotykali się na rodzinnych przyjęciach w Paryżu i w Wiedniu, spędzali wspólne wakacje w Vichy i w Saint Moritz lub u Fanny w Chalet Ephrussi. Łączyły ich też wspomnienia z Odessy, miasta, gdzie się urodzili i gdzie wszystko się zaczęło, choć woleli raczej o tym zapomnieć.

Z okazji ślubu państwo młodzi, Viktor i jego młodziutka małżonka baronówna Emmy Schey von Koromla, którzy mieli rozpocząć wspólne życie w olbrzymim pałacu Ephrussich przy Ringstrasse, otrzymali prezenty od trzech paryskich kuzynów.

Jules i Fanny ofiarowali im przepiękne intarsjowane biurko w stylu Ludwika XVI z nóżkami zakończonymi maleńkimi złoconymi podkówkami.

Od Ignace'a otrzymali malowidło starego holenderskiego mistrza przedstawiające dwa statki walczące z wichurą. Być może ze strony starego kawalera, który uczuciowo nigdy się poważnie nie zaangażował, była to aluzja na temat instytucji małżeństwa.

Charles podarował im coś bardzo szczególnego i zarazem spektakularnego: czarną szafkę z wprawionym w tylną ścianę lustrem, w którym odbijały się leżące na wyściełanych zielonym aksamitem półkach dwieście sześćdziesiąt cztery *netsuke*.

CZĘŚĆ DRUGA

WIEDEŃ 1899–1938

1. *Die Potemkinsche Stadt*

W marcu 1899 roku starannie zapakowany w skrzynie, przeznaczony dla Viktora i Emmy prezent opuszcza dom na avenue d'Iéna. Rozstaje się ze złotym kobiercem, empirowymi fotelami i obrazami Moreau i rusza w podróż, która zaprowadzi go aż do Wiednia, do stojącego na rogu Ringstrasse i Schottengasse pałacu Ephrussich.

Nadszedł zatem czas, by porzucić przechadzki z Charles'em oraz paryskie wnętrza i przerzucić się na lekturę „Die Neue Freie Presse", a także zainteresować się bliżej życiem wiedeńskiej ulicy na przełomie wieków. Jest październik. Okazuje się, że spędziłem z Charles'em niemal rok – o wiele więcej, niż pierwotnie przewidywałem. Skąd mogłem wiedzieć, że tyle czasu pochłonie mi sprawa Dreyfusa. Na szczęście w bibliotece nie muszę zmieniać miejsca: sekcja literatury niemieckiej sąsiaduje z działem francuskim.

Z prawdziwym zainteresowaniem ruszam tropem bukszpanowego wilka i tygrysa z kości słoniowej. Rezerwuję lot do Wiednia i pierwsze kroki kieruję do pałacu Ephrussich.

Nowy dom *netsuke* poraża swym rozmiarem. Wygląda tak, jakby miał stanowić lekcję poglądową dla studentów architektury. Przy wiedeńskiej rezydencji budynki paryskie prezentują się nader skromnie. Pałac zdobią korynckie pilastry i doryckie kolumny, wazony i architrawy, w czterech rogach wznoszą się niewielkie wieże, a dach podtrzymują ustawione rzędem kariatydy. Nad dwiema dolnymi silnie rustykowanymi kondygnacjami wznoszą się kolejne: dwie zbudowane z bladoróżowej, jakby wyblakłej cegły; ostatnia, kamienna, schowana jest za kariatydami. Długi rząd tych kobiecych postaci – nieskończenie cierpliwych, krzepkich greckich dziewcząt w oblepiających ciało szatach: trzynaście wzdłuż dłuższego boku budynku od strony Schottengasse i sześć od Ringstrasse – kojarzy mi się z pannami podpierającymi ścianę na niezbyt udanej potańcówce. I znowu mnóstwo złota: złocone kapitele i balustrady. Obecnie fasadę zdobi jeszcze napis, ale to nowy dodatek – pałac jest dziś główną siedzibą Casinos Austria.

Chcę dokładniej przyjrzeć się budynkowi, ale nie jest to wcale proste. W najbliższym sąsiedztwie pałacu znajdują się przystanek tramwajowy i stacja metra, skąd wylewa się niekończący potok ludzi. Nie ma ściany, o którą mógłbym się oprzeć, ani miejsca, skąd mógłbym ogarnąć budynek wzrokiem. Gdy próbuję ustawić się tak, by linia dachu odcięła się od zimowego nieba, niemal wpadam pod tramwaj. Nie mogę odczepić się od odzianego w trzy warstwy garderoby brodacza w kominiarce, który próbuje mnie ostrzec przed grożącym niebezpieczeństwem. Aby się od niego uwolnić, wciskam mu w garść więcej monet, niż nakazywałby rozsądek. Pałac stoi naprzeciwko głównego budynku Uniwersytetu Wiedeńskiego, przed którym jednocześnie odbywają się trzy wiece – przeciw amerykańskiej polityce na Bliskim Wschodzie, przeciw emisji dwutlenku węgla i przeciwko wprowadzeniu jakichś tam opłat – demonstranci próbują się nawzajem zagłuszyć i rywalizują, kto zdobędzie więcej podpisów. Nie jest to odpowiedni punkt obserwacyjny.

Sam budynek jest zbyt wielki, by go ogarnąć spojrzeniem – zajmuje zbyt wiele przestrzeni, zasłania zbyt wielką połać nieba. Przypomina bardziej fortecę lub warowną strażnicę niż dom

Pałac Ephrussich, widok od Schottengasse w kierunku Votivkirche, Wiedeń, 1881

mieszkalny. Próbuję oswoić się z jego rozmiarami. Z całą pewnością nie jest to siedziba Żyda Wiecznego Tułacza. Tymczasem spadają mi okulary i łamią się przy zawiasach, odpada jeden zausznik. Żeby cokolwiek zobaczyć, muszę trzymać je obiema rękami na nosie.

No proszę, jestem w Wiedniu, stoję przed moim rodzinnym domem, czterysta metrów od skweru, przy którym mieszkał Freud, i nic nie widzę. Dość symboliczne, mruczę, przytrzymując okulary, w nadziei, że uda mi się jednak dostrzec jakieś szczegóły różowej bryły. Ta kłopotliwa sytuacja nie wróży nic dobrego. Kolejny etap mojej podróży maluje się w ciemnych barwach. Początek niezbyt obiecujący. Postanawiam się przejść. Przedzieram się przez tłum studentów i wchodzę na Ringstrasse. Nareszcie znów można się swobodnie poruszać i złapać oddech.

I to pomimo imperialnej, przytłaczającej skali tej ambitnej arterii. Jeden z krytyków dopatrzył się w jej gigantycznych rozmiarach źródła nowej psychozy – agorafobii. Źródeł neurozy wiedeńczycy doszukiwali się nawet w układzie urbanistycznym swego miasta.

Cesarz Franciszek Józef postanowił stworzyć wokół starego Wiednia prawdziwie nowoczesną metropolię. Plan przewidywał zburzenie średniowiecznych fortyfikacji miejskich, zasypanie fos, a wzdłuż nowo powstałej okrężnej arterii wzniesienie reprezentacyjnych budynków, ratusza, siedziby parlamentu, opery, teatru, muzeów i uniwersytetu. Ring miał być zwrócony tyłem do starego miasta i otwierać się ku przyszłości, tworzyć wokół Wiednia pierścień, który promieniowałby świetnością swych instytucji kulturalnych i administracyjnych. Tu miały powstać nowe Ateny, tu miał rozkwitnąć ideał *Prachtbauten* – imponujących przepychem budynków reprezentacyjnych.

Planowano, że owe gmachy, choć wzniesione w najrozmaitszych stylach architektonicznych, w swej różnorodności będą stanowić spójną całość i stworzą tym samym najwspanialszą przestrzeń publiczną w Europie: ciąg parków i placów. Heldenplatz, Burggarten i Volksgarten miały być ozdobione pomnikami upamiętniającymi triumfy muzyki, poezji i dramatu.

Przeprowadzenie tego przedsięwzięcia wymagało kolosalnych prac budowlanych. W praktyce oznaczało to dwadzieścia lat kurzu, kurzu i jeszcze raz kurzu. Wiedeń, jak stwierdził pisarz Karl Kraus, został „zburzony po to, by stworzyć wspaniałe miasto".

Wszyscy poddani cesarza, mieszkańcy nawet najbardziej odległych prowincji: Madziarowie, Chorwaci, Polacy, Czesi, Żydzi z Galicji i Triestu, przedstawiciele dwunastu narodów, mówiący sześcioma oficjalnymi językami, wyznawcy pięciu religii, mieli odtąd obcować z *Kaiserlich-Königlich*, cesarsko-królewską cywilizacją.

Ring robi wrażenie nawet dziś. Przekonuję się o tym, gdy nie przestając wierzyć, że za chwilę dotrę do miejsca, skąd ogarnę wszystko wzrokiem, z przedziwnym samozaparciem podążam przed siebie. Żaden z budynków nie dominuje nad tą nową arterią; nie wyróżniają się ani pałace, ani nawet katedra. Na całej długości Ringstrasse panuje poczucie siły pragnącej spiąć w triumfalnym pochodzie wszystkie zdobycze cywilizacji. Wciąż nie tracę nadziei, że w końcu zza nagich zimowych drzew wyłoni się jakiś szerszy widok, panorama, że mimo połamanych okularów uchwycę choć jeden kadr. Jednak nieustępliwy wiatr wciąż pcha mnie naprzód.

Oddalam się od neorenesansowego gmachu uniwersytetu. Od jego imponującego portyku i prowadzących doń wspaniałych schodów, od rzędów sklepionych okien, nisz ozdobionych popiersiami wielkich uczonych, rozstawionych na dachu figur wartowników i złotych zwojów upamiętniających słynnych anatomów, poetów i filozofów.

Zostawiam za sobą ratusz – fantazję w stylu gotyckim – i kieruję się ku bryle opery, następnie mijam muzea i Reichsrat oraz budynek parlamentu wzniesiony przez Teofila Hansena, wówczas najbardziej wziętego architekta. Hansen, z wykształcenia archeolog, był Duńczykiem, który wsławił się zaprojektowaniem Akademii Ateńskiej. Tu na Ringstrasse wzniósł pałac dla arcyksięcia Wilhelma, następnie gmach Musikverein i jeszcze Akademii Sztuk Pięknych oraz budynek wiedeńskiej giełdy. No i pałac Ephrussich. Do roku 1880 otrzymał tak wiele zamówień, że inni architekci zaczęli podejrzewać jakieś ciemne interesy łączące go „z jego żydowskimi protektorami".

Zmowy oczywiście nie było, natomiast Hansen jak nikt inny potrafił dać swym klientom to, czego sobie życzyli. Budując Reichsrat, zdołał w jednym gmachu połączyć niemal wszystkie motywy architektury starożytnej Grecji. Wielki portyk był odwołaniem do narodzin demokracji, fontanna Ateny – hołdem złożonym bogini, opiekunce miast. Każdy detal, na którym zatrzymuje się oko, pomyślany był tak, by schlebiać wiedeńczykom.

Gdy wreszcie wzrok dosięga dachu, ukazują mu się rydwany. Ale to nie koniec. Jeszcze wyżej, na tle nieba odcinają się rzędy rzeźb.

I tak dalej, i dalej. Budynki komponują się na kształt utworu muzycznego, z parkami jako pauzami i pomnikami jako przerywnikami. Tej wielkiej arterii nadano rytm, który oddaje zamiar całego przedsięwzięcia. Od 1 maja 1865 roku, dnia uroczystego otwarcia Ringu, uświetnionego uroczystą procesją z udziałem cesarza i cesarzowej, stała się ona przestrzenią przeznaczoną na wszelkiego rodzaju popisy, miejscem wielkich parad. Na dworze Habsburgów obowiązywał hiszpański ceremoniał dworski ujęty w niezwykle rygorystyczny kodeks zachowań. Okazji do uroczystych dworskich procesji było bez liku, nie mówiąc o codziennych przemarszach miejskiego regimentu, świątecznych paradach gwardii węgierskiej, uroczystościach z okazji urodzin cesarza, jubileuszach, powitaniach kronprinzów z udziałem gwardii honorowej oraz pogrzebach. Wszystkie oddziały gwardyjskie miały swoje własne umundurowanie: szarfy, futrzane lamówki, przybrane piórami nakrycia głowy i epolety. Trudno było przejść przez Ringstrasse i nie usłyszeć, przynajmniej z oddali, dudnienia wojskowych butów i dźwięków wojskowej orkiestry grającej marsza. Oddziały armii Habsburgów były „najlepiej ubranym wojskiem na świecie"; zapewniono im też odpowiednią do stroju scenerię.

Uprzytamniam sobie, że idę zbyt szybko, jakbym gdzieś się spieszył. A przecież była to ulica przeznaczona do wolnego poruszania się, było to Corso, gdzie – podczas rytualnej przejażdżki po Kärntner Ring – mieszkańcy Wiednia spotykali się, by flirtować, wymieniać plotki, a przede wszystkim być widzianymi. W brukowych pisemkach, których w czasach gdy Viktor i Emmy brali ślub, wychodziło w Wiedniu bez liku, często pojawiały się karykatury zatytułowane *Ein Corso Abenteuer* – przygoda na Corso, przedstawiające zaloty wyelegantowanych jegomościów z bokobrodami i laską, zalecających się do dam z półświatka, które rzucają im znaczące spojrzenia. „Tworzyły się zatory – pisał Felix

Salten – arbitrów elegancji, uzbrojonej w monokle arystokracji, członków brygady spodni zaprasowanych w kant".

Aby pokazać się na Ringu, należało się stosownie ubrać. To właśnie tu można było zobaczyć najwspanialsze wiedeńskie toalety. W roku 1879, dwadzieścia lat przed ślubem Emmy i Viktora oraz przybyciem do Wiednia kolekcji *netsuke*, z okazji dwudziestej piątej rocznicy ślubu cesarskiej pary, Hans Makart, niezwykle popularny malarz, autor ogromnych fantastyczno-historycznych kompozycji, zainscenizował na Ringu *Festzug*, procesję rzemieślników. Wiedeńscy rzemieślnicy byli zrzeszeni w czterdziestu trzech cechach, z których każdy przygotował własną platformę ozdobioną stosownymi alegoriami. Na każdej powiewały chorągwie i kłębił się tłum ludzi: muzyków, heroldów i halabardników w renesansowych strojach. Na czele kawalkady na białym rumaku jechał sam Makart w kapeluszu z szerokim rondem. Wydaje mi się, że taka właśnie maskarada – trochę renesansu, trochę Rubensa, trochę tandetnego klasycyzmu – idealnie pasowała do Ringstrasse.

To pompatyczne samouwielbienie za bardzo kojarzy mi się z Cecilem B. DeMille'em, by mogło przypaść mi do gustu. Nie jestem dobrym odbiorcą tego rodzaju widowisk. Ich entuzjastą okazał się natomiast młody malarz i student architektury Adolf Hitler. Jego reakcja na Ringstrasse była instynktowna i natychmiastowa: „Od świtu do późnej nocy biegałem z miejsca na miejsce. Ale najbardziej zafascynowały mnie same budynki. Potrafiłem całymi godzinami stać przed operą lub wpatrywać się w budynek parlamentu. Cała Ringstrasse wydała mi się cudem z *Baśni tysiąca i jednej nocy*". Hitler zresztą uwiecznił na płótnie niemal wszystkie najważniejsze budynki na Ringu: Burgtheater, zaprojektowany przez Hansena parlament, dwie wielkie budowle stojące naprzeciwko pałacu Ephrussich – uniwersytet i Votivkirche. Bezbłędnie zrozumiał ogromny potencjał zawarty w odpowiednio zaprojektowanej przestrzeni i siłę elementów zdobniczych służących do wyrażenia „odwiecznych wartości".

Ten niezwykły projekt urbanistyczny można było przeprowadzić dzięki sprzedaży parceli gwałtownie rozrastającej się klasie finansistów i przemysłowców. Wiele placów zostało sprzedanych pod budowę tak zwanych pałaców – budynków, które za pałacowymi fasadami kryły luksusowe apartamenty. Można było zatem mieszkać w pałacu ze wspaniałym paradnym wejściem, oknami i balkonami wychodzącymi na Ringstrasse, marmurowym westybulem, z malowanymi plafonami w salonie, a jednocześnie zajmować tylko jedno piętro. Na takiej kondygnacji – zwanej *Nobelstock* – wszystkie pokoje reprezentacyjne były zgrupowane wokół centralnie usytuowanej sali balowej. Przyglądając się z zewnątrz fasadzie domu, bez trudu można rozpoznać *Nobelstock* po festonach zdobiących otwory okienne.

Wielu mieszkańców owych pałaców wywodziło się z rodzin, których majątek był dość świeżej daty. To tłumaczy, dlaczego Ringstrasse stała się w znacznej mierze ulicą żydowską. Oddalając się od pałacu Ephrussich, mijam pałace należące do rodzin Liebensów, Todesco, Epsteinów, Schey von Koromlów, Königswarterów, Wertheimów i Gutmannów. Te brawurowe budynki są jednocześnie rejestrem spowinowaconych ze sobą żydowskich rodzin, architektoniczną paradą pewnego siebie bogactwa, w którym żydostwo i wystrój były ze sobą nierozerwalnie związane.

Walcząc z wiatrem, idę przed siebie i wspominam wędrówki po rue de Monceau. Powracam myślą do Saccarda, skąpca z powieści Zoli, oraz jego wulgarnego, epatującego bogactwem domu, zakłócającego harmonię ulicy. Tu w Wiedniu inaczej traktuje się Żydów, kryjących się za fasadami swoich pałaców. Przeważa opinia, że asymilacja Żydów poszła tak daleko, że tak bardzo upodobnili się do swoich aryjskich sąsiadów, iż wtopili się w Ringstrasse w sposób niemal niezauważalny.

W swojej powieści *Człowiek bez właściwości* Robert Musil każe hrabiemu Leinsdorfowi snuć rozważania o owym zniknięciu.

Żydzi, odcinając się od swoich korzeni, zagmatwali życie towarzyskie wiedeńczyków:

> Cała tak zwana kwestia żydowska nie istniałaby, gdyby Żydzi zechcieli mówić po hebrajsku, wrócili do dawnych nazwisk i nosili znów orientalne stroje [...]. Przyznaję, iż świeżo wzbogacony u nas Żyd galicyjski w tyrolskim przebraniu, z kitką na kapeluszu nie wygląda na esplanadzie w Ischl zbyt zachwycająco. Ale ubierzcie [ich] w długą, powłóczystą szatę, [...] a zobaczycie, jak staną się oni klejnotem pomiędzy [...] spacerującymi po bulwarach naszej stolicy, które przez to są czymś jedynym na całym świecie, ponieważ obok najwyższej zachodnioeuropejskiej elegancji można spotkać na nich również mahometanina w czerwonym fezie, Słowaka w baranim kożuchu lub Tyrolczyka z nagimi kolanami.

Wystarczyło wybrać się do Leopoldstadt, dzielnicy biedoty, by spotkać Żydów żyjących jak przystało na Żydów: ubranych w chałaty, po dwanaście osób w jednym pokoju, bez wody, mówiących żargonem, tłoczących się na zgiełkliwych ulicach. W 1863 roku, gdy Viktor jako trzyletnie dziecko przyjechał z Odessy do Wiednia, w mieście mieszkało najwyżej osiem tysięcy Żydów. W roku 1867 cesarz przyznał Żydom pełnię praw obywatelskich, dopuszczając ich do zawodu nauczyciela i zezwalając na posiadanie nieruchomości. W roku 1890, gdy Viktor skończył trzydzieści lat, w Wiedniu mieszkało już sto osiemnaście tysięcy Żydów, w większości *Ostjuden*, szukających w metropolii schronienia przed nasilającymi się w Galicji pogromami. Żydzi przybywali też z maleńkich miasteczek w Czechach, na Morawach i na Węgrzech, ze sztetli, gdzie warunki życia były tragiczne. Nowo przybyli porozumiewali się w jidysz, niektórzy chodzili jeszcze w chałatach i tkwili po uszy w swym talmudycznym świecie. Wiedeńska prasa bulwarowa przypisywała im rytualne mordy, wytykała prostytucję i handel starzyzną, którą Żydzi nosili po mieście w koszach założonych na plecy.

Gdy Viktor i Emmy pobrali się w roku 1899, w Wiedniu mieszkało już sto czterdzieści pięć tysięcy Żydów. W roku 1910 w Europie tylko Warszawa i Budapeszt miały liczniejszą populację żydowską; jeszcze więcej Żydów mieszkało jedynie w Nowym Jorku. A była to populacja niezwykła. Wielu przedstawicieli drugiego pokolenia migrantów wybiło się ponad przeciętność. Jak pisał na przełomie wieków Jakob Wassermann, Wiedeń był miastem, w którym „życie publiczne było zdominowane przez Żydów. Banki, prasa, teatr, literatura i organizacje społeczne były w rękach Żydów [...]. Byłem zdumiony niezwykłą liczbą żydowskich lekarzy, adwokatów, bywalców klubów, snobów, dandysów, proletariuszy, aktorów, dziennikarzy i poetów". Co tu dużo mówić, siedemdziesiąt jeden procent finansjery było żydowskiego pochodzenia, podobnie jak sześćdziesiąt pięć procent prawników, pięćdziesiąt dziewięć procent lekarzy i połowa wiedeńskich dziennikarzy. „Die Neue Freie Presse" „nie tylko należała do Żydów, lecz była również przez nich redagowana i pisana", zaznaczał Henry Wickham Steed w swojej mimowolnie antysemickiej książce o imperium Habsburgów.

I oto owi Żydzi, ukryci za wspaniałymi fasadami swoich pałaców, wtopili się w tło. Wiedeń upodobnił się do miasta Potiomkina, a oni do mieszkańców potiomkinowskich wsi i miasteczek. Jak napisał młody architekt Adolf Loos, podobnie jak tekturowe miasta, które rosyjski generał kazał wznosić, by olśnić carycę Katarzynę, Ringstrasse stała się ulicą ułudy. Fasady miały się nijak do samego budynku. To, co wydawało się kamieniem, było w istocie sztukaterią, konfekcją parweniuszy. Wiedeńczycy powinni odrzucić te dekoracje i przestać się łudzić, iż „nikt nie zauważy, że to oszustwo". Podobnie uważał satyryk Karl Kraus, który pisał o „codziennym życiu stłamszonym przez nadmiar ornamentów". Owo zjawisko miało wpływ na inne dziedziny życia, „to katastrofalne pomieszanie" dotknęło również sferę języka. „Frazeologia stała się ornamentem umysłu". Nadmiar ornamentacji w budownictwic i wnętrzach naznaczyły życie wiedeńczyków: Wiedeń stał się miastem pompatycznym.

Niezbyt stosowne miejsce dla *netsuke*, myślę, gdy o zmierzchu, już spokojniejszy, zrobiwszy pełne koło, powracam przed pałac Ephrussich. Dziwne – jak sobie wytłumaczyć tę nadmierną dekoracyjność? *Netsuke* wytwarzano tylko z dwóch surowców: z drewna lub z kości słoniowej. Tworzywo sprawia, że są twarde i zwarte. Nie ma mowy o żadnym udawaniu, gipsie czy sztukaterii. Nie umiem sobie wyobrazić, jak te zabawne cacka mogły przetrwać w tym pompatycznym mieście. Z drugiej jednak strony nie są to przedmioty praktyczne. Można wręcz zaryzykować twierdzenie, że również *netsuke* są pewnego rodzaju ornamentem – służą wszak do budzenia zachwytu. Obawiam się jednak, że jako prezent ślubny nie zostały w Wiedniu należycie docenione.

2. Zionstrasse

Gdy *netsuke* przybyły do Wiednia, pałac Ephrussich miał już niemal trzydzieści lat. Został wzniesiony mniej więcej w tym samym czasie co Hôtel Ephrussi na rue de Monceau. Wiedeński budynek, wyróżniający się swą teatralnością, wprawiający wręcz w osłupienie, został zamówiony przez ojca Viktora, a mojego prapradziadka Ignaza.

W mojej historii spotykamy trzech Ignacych Ephrussich, reprezentujących trzy pokolenia tej rodziny. Najmłodszy z nich to mieszkający w tokijskim mieszkaniu mój wujeczny dziadek Ignace, następny to brat Charles'a, słynny pojedynkowicz, bohater licznych romansów. Teraz zaś poznajemy barona Ignaza von Ephrussiego, odznaczonego Żelaznym Krzyżem trzeciej klasy, uszlachconego za zasługi dla Cesarstwa, Cesarskiego Radcę, Kawalera Orderu Świętego Olafa, Honorowego Konsula Szwecji i Norwegii, udekorowanego besarabskim Orderem Runa, rosyjskim Orderem Wawrzynu.

Ignaz był drugim najbogatszym bankierem w Wiedniu, właścicielem jeszcze innego budynku na Ringu oraz nieruchomości, w której mieściła się siedziba banku. Mówimy tylko o Wiedniu. Znalazłem dokument szacujący, że w 1899 roku jego aktywa wynosiły 3 308 319 florenów, co obecnie odpowiadałoby dwustu milionom dolarów. Siedemdziesiąt procent tego majątku było

Baron Ignaz von Ephrussi, 1871

ulokowane w akcjach, dwadzieścia trzy w nieruchomościach, pięć w dziełach sztuki i biżuterii, dwa w złocie. Co za ilość złota, myślę sobie. To złoto oraz imponująca lista zaszczytów w iście rurytańskim stylu z całą pewnością zaowocowały dodatkowymi kariatydami i złoceniami.

Mój prapradziadek był *Gründer*, jednym z ojców założycieli *Gründerzeit* – epoki, która dała początek modernizmowi. Do Wiednia przybył z Odessy ze starszym bratem Léonem. W 1862 roku, po katastrofalnej powodzi, gdy wody Dunaju zalały Wiedeń i podeszły niemal pod stopnie ołtarza katedry Świętego Stefana, to właśnie rodzina Ephrussich udzieliła rządowi pożyczki na budowę nabrzeża i nowych mostów.

Jestem w posiadaniu rysunku przedstawiającego Ignaza. Liczy sobie na nim około pięćdziesięciu lat, ubrany jest w wykwintną marynarkę z szerokimi klapami i zawiązanym w gruby węzeł krawatem, w którym tkwi szpilka zakończona perłą. Twarz okolona jest brodą, a ciemne włosy sczesane z czoła. Nasze spojrzenia krzyżują się. Ignaz taksuje mnie wzrokiem; jego usta składają się do wygłoszenia opinii na mój temat.

Mam również podobiznę jego żony Emilie, szarookiej kobiety ze sznurem pereł owiniętym kilka razy wokół szyi i opadającym na czarną suknię z błyszczącego jedwabiu. Emilie wygląda tak, jakby do uwag męża chciała dodać swój komentarz. Kilka razy próbowałem powiesić jej portret na którejś ze ścian w naszym domu, lecz wyraz bezbrzeżnego zdumienia malujący się niezmiennie na twarzy Emilie, obserwującej ze ściany nasze życie rodzinne, sprawiał, że pospiesznie go usuwałem. Jej uśmiech, kiedy już się uśmiechała, był tak szeroki i ujmujący, że w rodzinie zaczęto ją nazywać „Krokodylem". Ponieważ Ignaz notorycznie ją zdradzał – nawet z jej własnymi siostrami, nie mówiąc o długiej liście innych dam – cieszę się, że w ogóle się uśmiechała.

Sądzę, że to Ignaz zdecydował się na powierzenie budowy domu Hansenowi; żaden inny architekt nie potrafił tak jak on posługiwać się symbolami. Bogatemu żydowskiemu bankierowi marzyła się budowla, która podkreślałaby niezwykłą pozycję jego rodziny i pasowała do wielkich instytucji mających swe siedziby na Ringstrasse.

Kontrakt został podpisany 12 maja 1869 roku, a pozwolenie na budowę uzyskano pod koniec sierpnia tego samego roku. Przystępując do budowy pałacu Ephrussich, Teofil Hansen miał już za sobą długą drogę; został uszlachcony i obecnie nazywał się Teofil Freiherr von Hansen. Jego klient, również uszlachcony, stał się Ignazem Ritterem von Ephrussim. Już na samym początku współpracy okazało się, że Ignaz i Hansen mają odmienne zdanie dotyczące skali elewacji. Zachowały się niekończące poprawki projektu unaoczniające, jak te dwie silne osobowości spierały się w kwestii ostatecznego kształtu owego spektakularnego obiektu. Ignaz domagał się stajni dla czterech koni, jak również wozowni „dla dwóch lub trzech powozów". Poza tym pragnął, by architekt zaprojektował klatkę schodową do jego wyłącznej dyspozycji, z której nie mogliby korzystać inni mieszkańcy budynku. Wszystko to zostało udokumentowane w napisanym w roku 1871 artykule, który ukazał się w architektonicznym czasopiśmie „Allgemeine Bauzeitung", ilustrowanym planami i rzutami elewacji. Pałac miał górować nad Wiedniem, a z jego balkonów niczym z trybuny miał się roztaczać widok na całe miasto, które jakby defilowało przed wielkimi dębowymi drzwiami.

I oto znów stoję przed monumentalną fasadą. Mogę się jeszcze cofnąć, przejść na drugą stronę ulicy, wsiąść do tramwaju, zostawić dom przodków i dać sobie spokój z całą tą historią. Biorę głęboki oddech i otwieram drzwi znajdujące się w potężnych dębowych wrotach. Wchodzę do ciemnego i długiego przejścia, którego wysokie sklepienie pokryte jest złoconymi kasetonami. Po kilku krokach trafiam na dziedziniec przykryty przeszklonym dachem. Pięciokondygnacyjne wewnętrzne elewacje ozdobione są balkonami. Na wprost mnie, na piedestale wznosi się naturalnej wielkości rzeźba nieco zbyt umięśnionego Apollina, brzdąkającego od niechcenia na lirze. Obok kilka donic z drzewkami i biurko recepcjonisty. Przedstawiam się i dość nieskładnie wyjaśniam, że to mój rodzinny dom i że jeśli nie sprawi to nikomu kłopotu, chętnie bym go obejrzał. Nie, nikomu nie sprawi to kłopotu. Zjawia się jakiś miły pan i pyta, co w szczególności chciałbym zobaczyć.

To, co rzuca się w oczy, to marmur. Niewiarygodna ilość marmuru. Ściśle rzecz biorąc, z marmuru jest tu właściwie wszystko – posadzka, schody, ściany klatki schodowej, kolumny na klatce schodowej i sufit nad nią. Skręciwszy w lewo, trafiam na klatkę schodową dla rodziny, która pnie się do góry po płytkich marmurowych stopniach. Na prawo znajduje się kolejny westybul. Spoglądam pod nogi: na marmurowej podłodze widnieją litery „JE" (Joachim Ephrussi) – inicjały mego przodka, a nad nimi korona. Paradną klatkę schodową zdobią dwa pokaźnych rozmiarów kandelabry – są znacznie wyższe ode mnie. Stopnie są tak płytkie, że łatwo się na nich potknąć. Prowadzą do potężnych podwójnych drzwi obramowanych czarnym marmurem – czerń i złoto. Popycham je i trafiam do świata Ignaza Ephrussiego.

Choć pokoje lśnią od złota, panuje w nich półmrok. Ściany podzielone są na mniejsze płaszczyzny ozdobione złotymi listwami. W każdym pomieszczeniu króluje masywny marmurowy kominek, a parkiety ułożone są w skomplikowane wzory. Sufity zdobi siatka paneli w kształcie rombów, kół i trójkątów obramowanych bogato złoconymi sztukateriami i wpisanych w skomplikowane zawijasy neoklasycznych ornamentów. Tej oszałamiającej kompozycji dopełniają wieńce i liście akantu. Malowidła na panelach zostały stworzone przez Christiana Griepenkerla, który zasłynął jako autor plafonu zdobiącego salę Opery Wiedeńskiej. Każdy pokój poświęcony jest innemu tematowi klasycznemu: w pokoju bilardowym poznajemy ukochane Zeusa – Ledę, Antiope, Danae i Europę – każdej z roznegliżowanych dziewcząt towarzyszą putta podtrzymujące okrywające je draperie. W pokoju muzycznym królują muzy, a w salonie boginki rozrzucające kwiaty. Najmniejszy z salonów zdobią nieregularnie rozmieszczone amorki, a pokój jadalny aż nazbyt banalne nimfy nalewające wino, winne grona i ubita zwierzyna. I jeszcze więcej amorków, tym razem z niewiadomego powodu usadowionych na nadprożu.

W tych błyszczących, marmurowych wnętrzach nie ma nic, czego chciałoby się dotknąć. Ta idealna gładź, wroga zmysłowi dotyku, budzi we mnie niepokój. Przesuwam dłonią po ścianach: wydają się jakby lepkie. Sądziłem, że pobyt w Paryżu i zadzieranie głowy, by w operze dokładnie obejrzeć plafony Baudry'ego, oswoiły mnie z architekturą *belle époque*. Tu jednak wszystko jest bardzo osobiste, nieledwie na wyciągnięcie ręki – całe to bezguście i agresywne złocenia. Jakie były intencje Ignaza? Czy chciał zatkać usta swoim oponentom?

Dopiero w sali balowej ozdobionej trzema wielkimi oknami, z których roztacza się widok na stojący po drugiej stronie placu Votivkirche, Ignaz daje jakiś czytelny znak. W przeciwieństwie do innych pałaców na Ringstrasse, gdzie tematyka malowideł na ogół ograniczała się do scen mitologicznych, plafony zdobiące sufit sali balowej przedstawiają serię scen z biblijnej Księgi Estery: Estera, koronowana na królową Izraela, klęczy w otoczeniu swych sług przed ubranym w rabiniczne szaty najwyższym kapłanem, by otrzymać jego błogosławieństwo. Na innym malowidle pokazana jest klęska zadana przez żydowskie wojsko synom Hamana, wielkiego wroga Żydów.

Niezwykle przemyślany krok. Oto dyskretna deklaracja, kim się jest, uczyniona z myślą o przyszłych pokoleniach. Sala balowa była jedynym pomieszczeniem w żydowskim domu – bez względu na zajmowaną pozycję i majątek – gdzie przyjmowało się aryjskich sąsiadów. Jest to jedyne malowidło o tematyce żydowskiej na całej Ringstrasse, jedyne wspomnienie Syjonu na Zionstrasse.

3. Historia w trakcie tworzenia

W tej marmurowej twierdzy wychowała się trójka dzieci Ignaza. Wśród rodzinnych fotografii przekazanych mi przez ojca znajduje się zrobione w pałacowym salonie zdjęcie dzieci, ustawionych między aksamitną kotarą a palmą w donicy. Najstarszy jest Stefan – chłopiec przystojny, lecz niespokojny. Całe dnie spędza w gabinecie ojca, wprowadzany w tajniki handlu zbożem. Anna, dziewczyna o podłużnej twarzyczce otoczonej burzą loków i ogromnych oczach, jest najwyraźniej śmiertelnie znudzona sytuacją, album, który kazano jej trzymać, niemal wysuwa jej się z rąk. Ukończyła już piętnaście lat i poza lekcjami tańca czas upływa jej na jazdach w towarzystwie lodowato wyniosłej matki z jednego spotkania na drugie. Wreszcie ostatni – Viktor, mój pradziadek, z rosyjska zwany Taszą. Ubrany jest w aksamitne ubranko, w ręku ściska aksamitną czapkę i laseczkę. Ma ciemne, błyszczące, falujące włosy i wygląda, jakby obiecano mu jakąś nagrodę za popołudnie spędzone pod ciężkimi zasłonami z dala od pokoju dziecięcego.

Okno pokoju szkolnego Viktora wychodzi na niemal już ukończony budynek uniwersytetu, ozdobiony w duchu racjonalizmu kolumnadą zdającą się przypominać wiedeńczykom, że wszelka wiedza jest rzeczą świecką i nową. Przez wiele lat ze wszystkich okien rodzinnego domu na Ringstrasse widać było jedynie tumany pyłu wznoszące się z burzonych domów. Gdy Charles rozprawia z panią Lemaire w jej paryskim salonie o Bizecie, Viktor spędza czas w pokoju szkolnym ze swoim nauczycielem Herr Wesselem. Pochodzący z Prus Herr Wessel każe Viktorowi przekładać z angielskiego na niemiecki fragmenty *Zmierzchu Cesarstwa Rzymskiego* Gibbona. Czytają też wielkiego niemieckiego historyka Leopolda von Rankego, by chłopiec zrozumiał, jak powstaje historia, „*wie es eigentlich gewesen ist*". A powstaje właśnie teraz, dowiaduje się Viktor. Od czasów Herodota, Cycerona, Pliniusza i Tacyta przetacza się niczym wicher ponad łanami pszenicy, ponad kolejnymi cesarstwami, ponad Austro-Węgrami, gna ku nowym Niemcom Bismarcka.

Aby należycie pojąć historię, objaśniał Herr Wessel, trzeba znać Owidiusza, trzeba znać Wergilego. Trzeba wiedzieć, jak wielcy bohaterowie radzili sobie z wygnaniem, porażką i powrotem. Tak więc po lekcjach historii Viktor wkuwa na pamięć fragmenty *Eneidy*. Następnie, zapewne w ramach rekreacji, Herr Wessel opowiada mu o Goethem, Schillerze i von Humboldcie. Viktor dowiaduje się, że aby kochać Niemcy, trzeba pokochać oświecenie. Niemcy – to wyzwolenie się od wszelkiego zacofania, Niemcy to *Bildung*, to kultura, wiedza i zdobywanie nowych doświadczeń. A zatem *Bildung* to również przejście z języka rosyjskiego na niemiecki, to porzucenie Odessy dla Ringstrasse, to lektura Schillera zamiast handlu zbożem. Viktor zaczyna kompletować własną bibliotekę.

W rodzinie wszyscy są zgodni, że Viktor jest najbystrzejszym z dzieci i należy mu zapewnić stosowną do jego zdolności edukację. Jest, tak jak Charles, młodszym synem, a więc nie zostanie bankierem. Do tego zadania szykuje się najstarszego syna – Stefana, podobnie jak po Léonie rodzinne interesy ma przejąć jego syn Jules. Na zdjęciu wykonanym, gdy Viktor miał już dwadzieścia dwa lata, widzimy młodego człowieka wyglądającego tak, jak powinien wyglądać żydowski uczony – ze starannie przystrzyżoną brodą, w czarnym surducie i z wysokim białym kołnierzykiem, jak na swój wiek nieco zbyt otyłego. Charakterystycznym rysem jego twarzy jest nos Ephrussich, ale to, co wyróżnia go najbardziej, to *pince-nez*, atrybut młodego człowieka, który aspiruje do profesji historyka. Już wtedy Viktor godzinami przesiadywał w „swojej" kawiarni, rozprawiając – w myśl nauk swego preceptora – o chwili obecnej i o tym, jak w kontekście postępu przedstawiają się siły reakcji. I tak dalej, i dalej.

W Wiedniu każdy młody człowiek miał „swoją" kawiarnię, która nieco różniła się od innych. Kawiarnią Viktora była Griensteidl, mieszcząca się w pałacu Herbersteinów nieopodal Hofburgu. Spotykali się tu młodzi pisarze, przedstawiciele *Jung Wien* z Hugonem von Hofmannsthalem na czele, zachodził dramaturg Arthur Schnitzler. Poecie Peterowi Altenbergerowi pocztę dostarczano do stolika. Klienci mieli do dyspozycji stosy prasy, na miejscu było też kompletne wydanie *Meyers Konversations-Lexicon*, niemieckiego odpowiednika *Encyclopaedii Britanniki*, by w trakcie dyskusji można było natychmiast sięgnąć po niezbędne informacje lub wyszukać tematy, które zainspirują dziennikarską wenę. Pod wysokimi sklepieniami Griensteidl można było spędzić cały dzień nad jedną filiżanką kawy – pisząc lub czytając poranne wydanie „Die Neue Freie Presse", nim przyniosą jej wydanie popołudniowe. Theodor Herzl, paryski korespondent tej gazety (notabene zajmujący w Paryżu apartament na rue de Monceau), przychodził tu pisać i rozprawiać o swym szalonym pomyśle stworzenia żydowskiego państwa. Podobno nawet pisarze włączali się do dyskusji, które toczyły się wokół dużych okrągłych stołów. Była to, że przytoczę tu słowa satyryka Karla Krausa, „eksperymentalna stacja przygotowująca koniec świata".

W kawiarni można też było przyjąć postawę pełnej melancholii obojętności. Obnosiło się z nią wielu przyjaciół Viktora, synów innych bogatych żydowskich bankierów lub przemysłowców, członków pokolenia, które wychowało się w marmurowych pałacach na Ringstrasse. Ich ojcowie finansowali rozbudowę miast i budowę linii kolejowych, zbijali fortuny, przenosili się z rodzinami z jednego końca kontynentu na drugi. Tym młodym ludziom tak trudno było sprostać presji *Gründer*, że pozostawały im tylko kawiarniane życie i niekończące się dyskusje z rówieśnikami.

Ich wspólnym problemem była przyszłość – perspektywa życia, które miało toczyć się torem koligacji i rodzinnych oczekiwań pod złoconymi sufitami rodzicielskich rezydencji, małżeństwa z córką innego finansisty, uczestniczenia w niekończących się balach i przejęcia rodzinnych interesów. Jednym słowem, *Ringstrassenstil* – styl Ringstrasse, w którym pompatyczność i nadmierna pewność siebie szły w parze z kompleksem parweniusza. Oznaczało to również wieczorne partie bilardu z przyjaciółmi ojca i życie przytłoczone nadmiarem marmuru pod bacznym wzrokiem wszechobecnych amorków.

Młodych ludzi dzielono na wiedeńczyków i Żydów. Nie miało znaczenia, że ci ostatni przyszli na świat w Wiedniu. Naturalni wiedeńczycy, którzy semickim przybyszom darowali wolność, obecnie zostali zepchnięci na dużo gorsze pozycje. Angielski publicysta Henry Wickham Steed pisał:

> Była to wolność dająca mądremu, bystremu, niezmordowanemu Żydowi swobodę żerowania na politycznym i publicznym świecie całkowicie nieprzygotowanym do odparcia tego ataku, niezdolnym do obrony i do konkurencji. Ukształtowani w chederze i synagodze semiccy najeźdźcy, którzy posiedli umiejętność żonglowania prawem i intrygowania, przybyli z Galicji i z Węgier, taszcząc na plecach cały swój dobytek. Nikomu nieznani, a w konsekwencji nieliczący się z opinią publiczną przybysze, niemający nic do stracenia, a zatem pozbawieni skrupułów, dążyli tylko do tego, by zaspokoić swój nienasycony apetyt na bogactwo i władzę.

Żydowskie nienasycenie było wciąż powracającym motywem. Żydzi nie znali umiaru. Wiedeński antysemityzm miał inny ton od paryskiego. W obu miastach występował zarówno w formie całkowicie otwartej, jak i zakamuflowanej. Jednak w Wiedniu zdarzało się, że na Ringstrasse zrzucano ludziom kapelusze z głów tylko dlatego, że mieli żydowskie rysy (Ehrenberg, bohater powieści Schnitzlera *Droga do wyzwolenia*, ojciec Freuda w *Objaśnianiu marzeń sennych*), wyzywano ich od zawszonych Żydów tylko dlatego, że ktoś otworzył okno w wagonie (Freud), ignorowano na zebraniach towarzystw dobroczynnych (Emilie Ephrussi), a na wykładach akademickich tak długo skandowano „*Juden hinaus*" – „Żydzi wychodzić", póki ostatni żydowski student nie zabrał swoich książek i nie opuścił sali.

Nie brakło też zniewag o charakterze bardziej ogólnym. Bez trudu można było przeczytać najświeższe enuncjacje Georga von Schönerera, wiedeńskiego odpowiednika Édouarda Drumonta, lub pod swoimi oknami usłyszeć chamskie ryki demonstrantów ciągnących po Ringstrasse. Schönerer zasłynął jako twórca pangermańskiego ruchu atakującego „Żydostwo [...] tego nienasyconego wampira [...] który dobija się [...] do chat austriackich wieśniaków i rzemieślniczych domostw". W Reichsracie zapewniał, że nawet jeśli jego ruch nie zwycięży teraz, „mściciele powstaną z naszych kości" i budząc „popłoch wśród naszych żydowskich ciemiężców i ich popleczników", wprowadzą w czyn zasadę „oko za oko, ząb za ząb". Idea odwetu za niegodziwości popełniane przez Żydów – bogatych i zadowolonych z siebie – cieszyła się szczególnym powodzeniem wśród studentów i rzemieślników.

Zwłaszcza Uniwersytet Wiedeński ze swoimi *Burschenschaften* – bractwami akademickimi – domagającymi się usunięcia Żydów z uczelni był matecznikiem nacjonalizmu i antysemityzmu. Z tego właśnie powodu wielu żydowskich studentów stało się znakomitymi, a nawet groźnymi szermierzami. Bractwa zareagowały na to wprowadzeniem uchwały z Waidhofen, zakazującej pojedynkowania się z Żydami. Żydzi nie mają honoru, głosiło rozporządzenie, a zatem nie ma potrzeby odwoływać się do kodeksu honorowego. „Ponieważ Żyda nie można obrazić, nie może on domagać się satysfakcji za szkody moralne". Oczywiście można go bić.

Jeszcze groźniejsi byli doktor Karl Lueger, twórca Austriackiej Partii Chrześcijańsko-Społecznej, człowiek gładki i biegle posługujący się wiedeńską gwarą, a także jego zwolennicy paradujący z białymi goździkami w butonierce. Antysemityzm Luegera był bardziej przemyślany i nie tak otwarcie podburzający. Lueger odgrywał antysemitę raczej z konieczności niż z przekonania: „wobec tych drapieżników w ludzkiej skórze wilki, pantery i tygrysy to stworzenia obdarzone niemal ludzkimi cechami [...] sprzeciwiamy się zastąpieniu starego chrześcijańskiego Cesarstwa Austriackiego nowym cesarstwem żydowskim. Nie jest to nienawiść do jednostki, do żydowskiej hołoty. Nie, panowie! Nasza nienawiść skierowana jest wyłącznie przeciw ciemiężącemu nas wielkiemu żydowskiemu kapitałowi". Chodziło o *Bankjuden* – Rothschildów i Ephrussich, którym należało pokazać ich miejsce.

Lueger zyskał ogromną popularność i gdy w roku 1897 został wybrany na burmistrza Wiednia, z satysfakcją stwierdził, że „judzenie na Żyda jest znakomitym środkiem propagandowym, popychającym do przodu karierę polityczną". Nie przeszkodziło mu to po jego wygranej niezwłocznie porozumieć się z Żydami, których atakował podczas kampanii wyborczej. Skomentował to tak: „To ja decyduję, kto jest Żydem". Żydzi jednak w dalszym ciągu byli zaniepokojeni: „Czy to korzystne dla dobra i interesów miasta, że Wiedeń jest jedyną metropolią na świecie, którą rządzi antysemicki agitator?". Choć nie wprowadzono w życie antysemickich przepisów, dwadzieścia lat retoryki Luegera ugruntowało antyżydowskie uprzedzenia.

W roku 1899, kiedy *netsuke* dotarły do Wiednia, niektórzy członkowie Reichsratu uważali, że zabicie Żyda winno się nagradzać tak jak tępienie szkodników. Żydzi byli wszelako zdania, że nie należy reagować nawet na najbardziej bulwersujące wypowiedzi.

Wszystko wskazuje na to, że czeka mnie kolejna zima strawiona na czytaniu o antysemityzmie.

Wreszcie głos zabrał sam cesarz i zaprotestował przeciwko antyżydowskiej agitacji. „Nie będę tolerował w moim cesarstwie *Judenhetze* – powiedział. – Jestem głęboko przekonany o wierności i lojalności izraelitów. Zawsze mogą liczyć na moją protekcję". Adolf Jellinek, słynny żydowski kaznodzieja, powtarzał, że „Żydzi popierają dynastię Habsburgów i są lojalnymi Austriakami. Dwugłowy orzeł jest dla nich symbolem wyzwolenia, a kolory Austrii zdobią chorągwie ich wolności".

Przesiadujący w kawiarniach młodzi Żydzi zapatrywali się na to jeszcze inaczej. Austria, cesarstwo, w którym żyli, była krajem przeżartym biurokracją, gdzie każda decyzja była odwlekana w nieskończoność, a wszystko aspirowało do miana „cesarsko-królewski" – CK. W Wiedniu nie można było zrobić nawet dwóch kroków, by nie natknąć się na dwugłowego habsburskiego orła lub na podobiznę udekorowanego licznymi orderami cesarza Franciszka Józefa. Jego ozdobiona wąsami i bokobrodami twarz spoglądała z wystawy sklepu z cygarami, a w restauracji – znad kantorka *maître*'a. Poza tym młodego bogatego Żyda bacznie śledziły oczy członków jego mocno rozgałęzionej rodziny. Każdy jego ruch mógł zostać opisany w którymś z satyrycznych pisemek. W Wiedniu roiło się od karykaturzystów, plotkarzy i… kuzynów.

Tym poważnym młodym ludziom spędzającym czas nad marmurowymi blatami kawiarnianych stolików pozostawało zatem niewiele więcej jak prowadzenie niekończących się dyskusji o naturze stulecia, w którym przyszło im żyć. Hofmannsthal, syn żydowskiego finansisty, dowodził, że właściwością ich wieku są eklektyzm i zmienność. Wszystko polega na *das Gleitende*, dowodził, na zmianie, ruchu, unoszeniu się na fali. „To, co inne pokolenia przyjmowały za coś stałego, w istocie jest *das Gleitende*".

Właściwością epoki była ciągła zmiana, fascynacja tym, co cząstkowe, niepełne, fragmentaryczne, raczej melancholijne i liryczne, i przeciwstawienie się dostojnym i pompatycznym, nieco operowo brzmiącym tonom *Gründerzeit* i Ringstrasse. „Nie ma czegoś takiego jak bezpieczeństwo", stwierdził Schnitzler, syn zamożnego profesora laryngologii żydowskiego pochodzenia.

Melancholia wpisuje się w motyw rozstania, Schubertowskiego *Abschied*. Odpowiedzią była *Liebestod*, śmierć z miłości. W środowisku Viktora samobójstwa nie były czymś wyjątkowym. Córka Schnitzlera, syn Hofmannsthala, trzech braci Wittgensteina i brat Gustawa Mahlera – wszyscy oni odebrali sobie życie. Śmierć była ucieczką od tego, co przyziemne, od snobizmu, intryg, plotek i stopniowego grzęźnięcia w *das Gleitende*. Przestawiony przez Schnitzlera w *Drodze do wyzwolenia* rejestr powodów, dla których warto palnąć sobie w łeb, obejmuje: długi, znużenie życiem lub najzwyklejszą egzaltację. 30 stycznia 1889 roku, po tym jak arcyksiążę Rudolf po zamordowaniu swojej kochanki Marii Vetsery odebrał sobie życie, samobójstwo zyskało cesarskie *imprimatur*.

Rozsądnym młodym Ephrussim coś takiego nie przyszłoby jednak do głowy. Melancholii można się było oddawać w kawiarni. Takich rzeczy nie przenosiło się na grunt domowy.

Przenosiło się jednak inne rzeczy.

25 czerwca 1889 roku siostra Viktora Anna – *belle laide* o podłużnej twarzy – przeszła na katolicyzm, by poślubić Paula Herza von Hertenreida. Z długiej listy potencjalnych kandydatów na męża wybrała bankiera i zarazem barona. Jego katolicyzm nie stanowił przeszkody. Von Hertenreidowie byli rodziną – tu w głosie mojej babci pojawiał się ton aprobaty – w której m ó w i ł o s i ę w y ł ą c z n i e p o f r a n c u s k u. Konwersje były zjawiskiem dość powszechnym.

W wiedeńskiej gminie żydowskiej, sąsiadującej z synagogą na Seitenstettengasse, spędzam cały dzień, przeglądając dokumenty społeczności żydowskiej. Są tu zarejestrowane nazwiska wszystkich Żydów, którzy się urodzili, wzięli ślub albo zostali pochowani w Wiedniu. Gdy szukam zapisów dotyczących Anny, zjawia się archiwista.

– Pamiętam jej wpis – oświadcza. – 1889. Niezwykle zamaszysty podpis, pełen pewności siebie. Przebijał na drugą stronę.

Chętnie w to wierzę. Anna sprawia wrażenie osoby, która wszędzie wywoływała skandale. Na drzewie rodzinnym, które moja babcia narysowała dla mojego ojca w 1970 roku, zachowały się napisane ołówkiem jej ręką uwagi. Anna ma dwoje dzieci, pisze babcia, piękną córkę, która porzuciła świeżo poślubionego męża i uciekła z kochankiem na Wschód, oraz syna, który „nie ożenił się i przez całe życie niczym się nie zajmował". „Anna – dodaje – jędza".

Jedenaście dni po ślubie Anny z jej wybrankiem bankierem Stefan, dziedzic rodzinnej fortuny i właściciel mocno wypomadowanych wąsów, ucieka z Wiednia wraz z kochanką własnego ojca, rosyjską Żydówką Estihą. Estiha mówiła tylko po rosyjsku oraz – co odnotowano na rodzinnym drzewie – łamaną niemczyzną.

Stefan został natychmiast wydziedziczony. Odtąd nie mógł liczyć na żadne wsparcie finansowe, nie wolno mu było mieszkać w żadnej z rodzinnych posiadłości ani kontaktować się z innymi członkami rodziny. Było to prawdziwe starotestamentalne wygnanie z odchyleniem wiedeńskim, polegającym na tym, że jego wybranka była wcześniej kochanką ojca. Nastąpiło spiętrzenie grzechów: synowskie nieposłuszeństwo połączone z buntem. A u owej damy dodatkowo brak kompetencji lingwistycznych. Nie jestem pewien, co o tym myśleć. Czy świadczy to źle o ojcu, czy raczej o synu? A może o obu?

Występna para udała się najpierw do Odessy, gdzie żyło jeszcze wielu znajomych z dawnych czasów i gdzie nazwisko Ephrussi wciąż wiele znaczyło. Następnie do Nicei. Potem, w miarę jak ubywało środków, miały miejsce kolejne przeprowadzki – do coraz mniej szykownych miejscowości na Lazurowym Wybrzeżu. W roku 1893 odeska gazeta doniosła, że baron Stefan von Ephrussi został przyjęty do grona wyznawców Kościoła ewangelickiego. W 1897 zamieszkał w Paryżu i zaczął pracować jako kasjer w rosyjskim banku zajmującym się handlem zagranicznym. Wreszcie w 1898 przychodzi od niego list, napisany w jakimś obskurnym paryskim hoteliku w x dzielnicy. Stefan i Estiha nie mają dzieci, nie ma więc potencjalnych spadkobierców, którzy mogliby skomplikować plany Ignaza. Nawiasem mówiąc, zastanawiam się, czy podczas tułaczki po coraz nędzniejszych hotelikach i w oczekiwaniu na telegram z Wiednia udało się Stefanowi utrzymać swe wspaniałe wąsy.

Dotychczasowe życie Viktora urwało się jak nagle zamknięta książka.

Koniec z kawiarnią. Nagle okazało się, że Viktor będzie zarządzać ogromną, bardzo skomplikowaną międzynarodową firmą. Trzeba go było wdrożyć w tajniki giełdy i spedycji. W tym celu zostaje wysłany do Petersburga, Odessy, Paryża i Frankfurtu. Trzeba było nadrobić czas stracony na edukację brata. Viktor musiał w błyskawicznym tempie przyswoić sobie wiedzę niezbędną do prowadzenia interesu. Ale to był dopiero początek. Oczekiwano od niego nie tylko, że posiądzie niezbędną wiedzę, lecz również że się ożeni i spłodzi dzieci, a zwłaszcza syna. Upadły marzenia o napisaniu zasadniczego dzieła na temat historii Bizancjum. Viktor stał się dziedzicem fortuny.

Wydaje mi się, że to właśnie wtedy pojawił się u Viktora nerwowy tik polegający na zdejmowaniu *pince-nez* i przecieraniu dłonią całej twarzy – od czoła do brody. Odruch warunkowy: oczyszczenie umysłu albo przystosowanie swego oblicza do stawienia czoła światu. A może chodziło o to, by schować swą prywatną twarz, ukryć ją w dłoni. Viktor odczekał, aż jego wybranka skończy siedemnaście lat, i oświadczył się. Baronównę Emmy Schey von Koromla znał od dziecka. Jej rodzice, baron Schey von

Młody uczony Viktor
w wieku dwudziestu dwóch lat, 1882

Koromla i jego urodzona w Anglii żona Evelina Landauer, byli bliskimi przyjaciółmi jego rodziców i sąsiadami na Ringstrasse. Łączyły ich też interesy. Viktor był rówieśnikiem Eveliny, przyjaźnili się: wspólnie czytali poezję, bywali na tych samych balach i uczestniczyli w polowaniach w Kövecses, położonym na Węgrzech majątku Scheyów.

Ślub Viktora i Emmy odbył się 7 marca 1899 roku w wiedeńskiej synagodze. On miał lat trzydzieści dziewięć, ona dziewiętnaście. Oboje byli zakochani. Viktor kochał się w Emmy, ona zaś była zakochana w pewnym artyście i playboyu w ogóle niezainteresowanym żeniaczką, a w szczególności z tą młodą, urodziwą osóbką. Nie ulega wątpliwości, że Emmy nie kochała Viktora.

Wśród nadesłanych z całej Europy ślubnych prezentów, które po weselnym śniadaniu można było obejrzeć w bibliotece, znalazły się słynny sznur pereł jednej z babek, ofiarowane przez Jules'a i Fanny biurko w stylu Ludwika XVI, zmagające się z burzą dwa okręty od Ignace'a, oprawna we wspaniałą złoconą ramę włoska Madonna z dzieciątkiem *nach* Bellini od stryja Maurice'a i ciotki Beatrice, wielki diament od kogoś bliżej nieokreślonego. A także prezent od Charles'a: szafka zawierająca kolekcję *netsuke* starannie ułożonych na wyściełanych zielonym aksamitem półkach.

3 czerwca, zaledwie dwanaście tygodni po ślubie, zupełnie nieoczekiwanie kończy życie Ignaz. Według mojej babci umarł w pałacu Ephrussich, mając po jednej stronie żonę, a po drugiej kochankę. Domyślam się, że owa kochanka z pewnością nie była żoną syna ani też żadną ze szwagierek.

Zachowało się zdjęcie Ignaza na łożu śmierci – jego usta są nieruchome, lecz wciąż pełne zdecydowania. Pochowano go w mauzoleum Ephrussich, niewielkiej budowli w stylu doryckim wzniesionej przez Ignaza w żydowskiej części wiedeńskiego cmentarza z myślą o całym klanie. Tam też zresztą kazał przenieść prochy swego ojca Joachima, rodzinnego patriarchy. Wydaje mi się to gestem niemal biblijnym: kazać się pochować obok własnego ojca, pozostawiając wolne miejsce dla synów. W testamencie Ignaz zostawił zapisy dla siedemnastu służących, począwszy od lokaja Sigmunda Donnebauma (1380 koron) i kamerdynera Josefa (720 koron), na portierze Aloisie (480 koron) i służących Adeli i Emmie skończywszy (każda po 140 koron). Zobowiązał też Viktora, by ofiarował Charles'owi dowolnie wybrany obraz. Nagle ujawniła się czułość, pamięć o bratanku, chłopcu zawsze zatopionym w książkach, i o jego pisaninie sprzed czterdziestu lat. Bardzo chciałbym wiedzieć, co też Viktor wybrał spośród tych kapiących od złota ram.

W ten sposób Viktor i jego młoda żona odziedziczyli bank Ephrussich i obowiązki, które łączyły Wiedeń z Odessą i Sankt

Petersburgiem, Londynem i Paryżem. Spadek obejmował też pałac Ephrussich, liczne nieruchomości w Wiedniu, ogromną kolekcję dzieł sztuki, złoty serwis stołowy z wygrawerowaną podwójną literą „E" oraz odpowiedzialność za siedemnastu służących, którzy byli zatrudnieni w rodzinnym domu.

Viktor osobiście oprowadził Emmy po apartamencie, w którym mieli zamieszkać – tak zwanym *Nobelstock*. Jej reakcja była bardzo rzeczowa: „Zupełnie jak foyer w operze". Wobec tego młodzi postanowili zamieszkać na drugim piętrze pałacu, gdzie było mniej malowideł i mniej marmuru. Pokoje Ignaza otwierano sporadycznie, tylko na wielkie przyjęcia.

Młoda para, moi pradziadkowie, lokują się w pokoju z balkonem wychodzącym na Ringstrasse i rozpoczynający się właśnie nowy wiek. A *netsuke* – mnich śpiący na żebraczej misce i drapiący się za uchem jeleń – zyskują nowy dom.

4. Wielkie kanciaste pudło

Przyszedł czas, by ustalić, gdzie ulokować serwantkę. Nowożeńcy postanowili zostawić *Nobelstock* jako pomnik Ignaza. Matka Viktora Emilie postanowiła na szczęście przenieść się do wspaniałego hotelu w Vichy, gdzie czas upływał jej na kuracjach wodnych i łajaniu pokojówki. Nowożeńcy mieli więc do dyspozycji całe piętro pałacu pełne mebli, obrazów i służby, do której wkrótce dołączyła nowa pokojówka Emmy, młoda wiedenka Anna.

Po długiej podróży poślubnej do Wenecji przychodzi czas na podejmowanie decyzji. Może te maleńkie cacka z kości słoniowej umieścić w salonie? Gabinet Viktora nie jest dość obszerny. Albo w bibliotece? On nie zgadza się na bibliotekę. To może w jadalnym, w kącie, obok kredensów Boulle'a? Choć wiedeńskiemu apartamentowi daleko do „czystego stylu empire", paryskiej siedziby Charles'a, gdzie przedmioty były dobierane z nadzwyczajną starannością, żaden z tych pokoi nie wchodzi w rachubę. W wiedeńskim domu mamy do czynienia ze zbiorem przedmiotów nagromadzonych przez czterdzieści lat szastania pieniędzmi.

Wielka, przeszklona szafa pełna przepięknych drobiazgów okazuje się wyjątkowo kłopotliwa. Chodzi o to, że przysłano ją z Paryża, a Viktorowi nie w smak, by przypominała mu o jakichś innych miejscach tudzież innym życiu. Ale też i o to, że Emmy i Viktor nie potrafią wyrobić sobie zdania o prezencie Charles'a.

Oczywiście te maleńkie rzeźby są niezwykłe i urocze i nikt nie może wątpić w szczodrość kuzyna, ale malachitowy złocony zegar wraz z parą globusów od berlińskich kuzynów, a także Madonnę można umieścić wszędzie: w salonie, w jadalnym czy w bibliotece. Nie da się tego zrobić z serwantką. Dziwny to prezent, dość nietypowy i niezbyt poręczny, nie mówiąc o tym, że zajmuje mnóstwo miejsca.

Dziewiętnastoletnia Emmy olśniewa urodą i strojami. Poza tym wie, czego chce. W sprawie zagospodarowania prezentów ślubnych Viktor zostawia jej więc wolną rękę.

Emmy jest bardzo szczupłą jasną szatynką o pięknych szarych oczach. Emanuje blaskiem charakterystycznym dla ludzi obdarzonych naturalną łatwością poruszania się w świecie. A Emmy rzeczywiście pięknie się rusza. Ma świetną figurę, a jej znakomicie dobrane stroje podkreślają wiotką talię.

Młodziutka baronowa obdarzona jest talentem towarzyskim. Wychowana jednocześnie w mieście i na wsi, zdobyła umiejętności niezbędne do poruszania się w obu tych środowiskach. Wiedeńskie dzieciństwo upłynęło jej w stojącym naprzeciwko opery pałacu Scheyów, surowym neoklasycznym budynku, z którego okien widać było pomnik nasrożonego Goethego – wszystko zaledwie dziesięć minut spaceru od jej obecnego domu. Emmy ma młodszego brata Philippa, uroczego chłopca, ogólnie znanego jako Pips, i dwie małe siostry: Evę i Gerty, wówczas jeszcze w pokoju dziecięcym.

Emmy rosła powierzona opiece potulnej i uległej angielskiej guwernantki, której zależało przede wszystkim na tym, by mieć święty spokój. Pod jej opieką pozostawała do trzynastego roku życia, wtedy też skończyła się jej edukacja. W rezultacie jej wykształcenie było pełne białych plam. O niektórych dziedzinach, między innymi o historii, nie miała zielonego pojęcia. Ilekroć była o nich mowa, wybuchała charakterystycznym śmiechem.

Za to znała języki. W rozmowie z rodzicami z wdziękiem przerzucała się z angielskiego na francuski – w tych językach porozumiewali się bowiem w domu. Znała też mnóstwo wierszyków dla dzieci w obu językach, z pamięci recytowała niemal całą *Wyprawę na żmirłacza* i *Jabberwocky*. No i oczywiście znała też niemiecki.

Od ósmego roku życia uczęszczała codziennie na lekcje tańca, dzięki czemu była niezrównaną tancerką. Na każdym balu młodzi ludzie, oczarowani zapewne jej wiotką talią przewiązaną kolorową jedwabną szarfą, zabiegali, by z nią zatańczyć. Z równym wdziękiem jak na parkiecie Emmy poruszała się też na lodowisku. Poza tym nauczyła się, jak z zainteresowaniem się uśmiechać, gdy na wieczornych przyjęciach przyjaciele rodziców rozmawiają o operze i o teatrze – w ich domu obowiązywał zakaz rozmawiania o interesach. Wokół kręciło się wielu młodych kuzynów, niektórzy z nich, jak obiecujący pisarz Schnitzler, mają całkiem awangardowe poglądy.

Emmy już wie, jak z zainteresowaniem przysłuchiwać się rozmowie, nauczyła się też, w którym momencie należy zadać pytanie, kiedy się roześmiać, a kiedy zwrócić do sąsiada z drugiej strony, pozostawiając interlokutorowi kontemplowanie jej głowy od tyłu. Jest otoczona mnóstwem admiratorów. Niejeden doświadczył jej nagłych przypływów złości – Emmy jest bowiem obdarzona ognistym temperamentem.

Życie w Wiedniu wymaga od młodej kobiety umiejętności ubierania się. Matka Emmy, Evelina, zaledwie osiemnaście lat starsza od córki, była kobietą niezwykle wytworną, lecz uznawała wyłącznie biel. Przez cały rok ubierała się na biało – począwszy od kapelusza, skończywszy na białych pantofelkach, które w lecie, z powodu kurzu, musiała zmieniać trzy razy dziennie. Ubrania stały się pasją Emmy, którą rozbudzili w niej rodzice. Trzeba jednak przyznać, że moja prababka miała w tym kierunku wyraźny dryg. Zdolności to za mało powiedziane. Stroje stanowiły jej namiętność. To jej pasja. Miała szczególną umiejętność, by zmieniwszy jakiś drobiazg w garderobie, całkowicie odróżnić się od innych dziewcząt.

W młodości Emmy nie brakowało okazji do przebierania się. Znalazłem album ze zdjęciami z przyjęcia, na którym dziewczęta wcieliły się w postaci z obrazów starych mistrzów. Emmy wystąpiła jako Isabella d'Este z portretu Tycjana: w aksamitnej sukni obszytej futrem, podczas gdy wszystkie jej kuzyneczki poprzebierały się za wdzięczne panny służące z obrazów Chardina i Pietera de Hoocha. Oglądając te zdjęcia, nie sposób nie dostrzec przewagi Emmy nad jej rówieśnicami. Na innej fotografii zrobionej na jakiejś maskaradzie widać kilkunastoletnią Emmy z przystojnym młodym Hofmannsthalem w renesansowych strojach weneckich. Było i inne przyjęcie, na którym wszyscy goście wystąpili jako bohaterowie obrazów Hansa Makarta – znakomita okazja, by pokazać się w kapeluszu z wielkim rondem ozdobionym wspaniałymi piórami.

Drugie życie Emmy, zarówno przed ślubem, jak i po nim, toczyło się w wiejskim domu Scheyów w Kövecses, o dwie godziny drogi pociągiem z Wiednia. Kövecses było dużym, raczej brzydkim osiemnastowiecznym dworem (według słów mojej babci „wielkim kanciastym pudłem, jak z dziecięcego rysunku") stojącym wśród pól na równinie poprzecinanej potokami, porośniętej ciągnącymi się wzdłuż nich kępami wierzb i brzozowymi laskami. Przepływająca nieopodal rzeka Wag stanowiła naturalną granicę majątku. Otwarta przestrzeń była tak rozległa, że pozwalała obserwować przechodzące nad równiną burze z takiej odległości, że nie było słychać grzmotów. Na terenie majątku znajdował się staw, w którym można było pływać, z przebieralnią w mauretańskim stylu, poza tym były stajnie i psiarnie. Evelina, matka Emmy, hodowała setery szkockie – pierwsza suka przyjechała do Kövecses w drewnianej klatce Orient Expressem, który zatrzymywał się na maleńkiej stacyjce znajdującej się na terenie majątku. Poza tym były też pointery używane do polowań na zające i kuropatwy. Evelina tak uwielbiała polować, że do ostatniej chwili przed urodzeniem Emmy chodziła na kuropatwy w towarzystwie gajowego i położnej.

Z kolei Emmy jeździła konno, tropiła jelenie i chodziła z psami na długie spacery. Trudno mi dopasować do siebie te dwa różne style życia. Czuję się zbity z tropu. Moje wyobrażenie o żydowskim Wiedniu w okresie *fin de siècle*'u było niezwykle powierzchowne i sprowadzało się do Freuda i ironicznych, wyrafinowanych kawiarnianych dyskusji. Muszę przyznać, że byłem bardzo przywiązany do stereotypu Wiednia jako „tygla, w którym narodził się XX wiek", wciąż zresztą z upodobaniem propagowanego przez niezliczonych uczonych i kuratorów. Teraz gdy piszę wiedeńską część mojej książki, słucham Mahlera, czytam Schnitzlera i Loosa, nagle sam zaczynam się czuć jak stu Żydów.

W moich wyobrażeniach o tym środowisku i epoce na pewno nie było miejsca na Żydów uganiających się po lesie za jeleniem lub rozważających, z jakim psem wybrać się na jaką zwierzynę. Z tych rozmyślań wyrywa mnie telefon ojca, który dzwoni z wiadomością, że ma coś nowego do moich rozrastających się zbiorów fotograficznych. Słyszę tylko, że jest bardzo zadowolony ze swojego odkrycia i z poszukiwań. Gdy w porze lunchu zjawia się w mojej pracowni, z plastikowej torby wydobywa małą, białą książeczkę.

– Nie jestem pewny, co to takiego – mówi – ale sądzę, że powinno trafić do twojego „archiwum".

Książka jest oprawiona w wyjątkowo miękki, biały zamsz, wypłowiały i wytarty na grzbiecie. Na okładce widnieją daty: 1878 i 1903. Okładki związane są żółtą tasiemką, którą niecierpliwie rozwiązujemy.

W środku znajduje się dwanaście arkuszy z prześlicznie wyrysowanymi piórkiem podobiznami członków rodziny – każdy rysunek obramowany jest starannie zaprojektowanymi i narysowanymi secesyjnymi motywami ujętymi w srebrną lamówkę,

Pips grający na fortepianie.
Jedna z rycin z secesyjnego albumu Josepha Olbricha, 1903

każdy opatrzony jest też czterowierszem po niemiecku, angielsku lub po łacinie – wyimkiem z wiersza lub refrenem piosenki. Zgadujemy, że był to prezent od Emmy i jej brata Pipsa dla rodziców z okazji ich srebrnego wesela. Biały zamsz wybrali zapewne z myślą o matce, która miała szczególną słabość do tego koloru.

Jeden z rysunków przedstawia ubranego w mundur Pipsa grającego na fortepianie Schuberta. Młodszy brat Emmy, w przeciwieństwie do siostry, odebrał niezwykle staranne wykształcenie. Miał przyjaciół w sferach artystycznych i teatralnych, bywał w licznych europejskich stolicach i podobnie jak siostra przywiązywał wielką wagę do stroju. Jednym z wczesnych wspomnień mojego wujecznego dziadka Iggiego był zapamiętany z pobytu w Biarritz widok otwartej szafy Pipsa, w której wisiało osiem identycznych garniturów. Wszystkie białe: epifania, wizja nieba.

Pips był pierwowzorem bohatera cieszącej się wówczas niezwykłym powodzeniem powieści Jakoba Wassermanna, niemieckiego pisarza żydowskiego pochodzenia. Główny bohater jest środkowoeuropejskim odpowiednikiem Richarda Hannaya z powieści Johna Buchana *39 stopni czyli Tajemnica Czarnego Kamienia*. Esteta, przyjaciel arcyksiążąt, posługujący się bronią lepiej od niejednego anarchisty, znawca starodruków i miłośnik sztuki renesansowej, odzyskuje skradzione klejnoty i staje się bożyszczem towarzystwa. Nie ulega wątpliwości, że autor nie potrafił ukryć swego zauroczenia Pipsem.

Inny znajdujący się w albumie rysunek pokazuje Emmy tańczącą na balu w ramionach jakiegoś młodego, szczupłego mężczyzny – zapewne któregoś z kuzynów, gdyż z całą pewnością nie jest to Viktor. Na jeszcze innym rysunku widzimy Paula Scheya niemal całkowicie zasłoniętego płachtą „Die Neue Freie Presse", z sową siedzącą w półmroku na oparciu jego fotela. Na jeszcze innym – Evelinę na łyżwach. Gdzie indziej nogi w prążkowanym kąpielowym trykocie znikające w stawie w Kövecses. Na każdym obrazku narysowane są też butelka jakiegoś mocnego alkoholu lub wina, ewentualnie schnappsa, i kilka taktów nut.

Autorem tych rysunków jest Joseph Olbrich, jeden z twórców secesji, projektant wiedeńskiego pawilonu Secesji – eleganckiego budynku: „białego, pełnego blasku, świętego, niepokalanego", ozdobionego reliefem przedstawiającym sowy i zwieńczonego złocistą kulą z laurowych liści. Ponieważ znajdujemy się w Wiedniu, gdzie wszystko podlega krytycznemu spojrzeniu, budynek Secesji zostaje poddany jadowitej krytyce. Grób Mahdiego, natrząsają się żartownisie, krematorium. Kopuła wieńcząca pawilon zostaje okrzyknięta głową kapusty. Jeszcze raz oglądam album Olbricha, ale niestety – jest on nierozwiązywalną zagadką, dziś zupełnie nieczytelną. Co oznaczają butelki z alkoholem? A utwory muzyczne? Rysunki są bardzo wiedeńskie, są też spojrzeniem mieszczucha na wiejskie życie Kövecses. Oraz oknem pozwalającym zajrzeć w świat Emmy, świat pełen ciepła i rodzinnych żartów.

– Jak mogłeś zapomnieć, że masz coś takiego? – pytam ojca. – Co jeszcze znajdziesz w tej walizce pod łóżkiem?

5. Dom otwarty

Wydaje się, że po zawarciu małżeństwa życie Emmy nie przyniesie już większych niespodzianek. Choć będzie teraz mieszkać zaledwie dziesięć minut spacerem od swego dawnego domu, żyć będzie w rodzinie zupełnie niepodobnej do swojej, rodzinie poddanej własnemu, niezmiennemu, lecz całkiem odmiennemu rytmowi.

Życie w tym nowym rytmie rozpoczęło się zaraz po powrocie z podróży poślubnej, gdy Emmy odkryła, że spodziewa się dziecka. Moja babka Elisabeth przyszła na świat dziewięć miesięcy po ślubie. Wkrótce po tym wydarzeniu w wieku sześćdziesięciu czterech lat umarła w Vichy Emilie, matka Viktora, na posiadanym przeze mnie portrecie – wytworna i surowa dama w naszyjniku z pereł. Nie sprowadzono jej zwłok do rodzinnego mauzoleum. Została pochowana w Vichy. Zastanawiam się, czy taka wersja ostatecznego rozstania była po jej myśli.

Trzy lata po Elisabeth przychodzi na świat Gisela, wreszcie, jako trzeci – Iggie, Ignaz / Ignace. Troskliwi rodzice z rozwagą nadają swym wiedeńskim dzieciom imiona: Elisabeth na cześć tragicznie zmarłej, uwielbianej cesarzowej, Gisela na cześć córki cesarza, arcyksiężniczki Giseli. Ignaz jest synem, więc wybór imienia jest oczywisty – chłopiec dziedziczy je po swoim dziadku i bogatym, pojedynkującym się bezdzietnym paryskim stryju, drugie imię, Léon – po stryjecznym dziadku. W rodzinie paryskiej jedyne dziecko, jakie przyszło na świat, to córka; rodzina Ephrussich z radością przyjmuje więc narodziny chłopca. Na szczęście pałac Ephrussich jest ogromny i dzieci można ulokować daleko, poza zasięgiem słuchu dorosłych.

Życie w pałacu toczy się w swoim codziennym rytmie, to przyspieszającym, to zwalniającym. Przez cały długi dzień służba przemierza długie korytarze, biegając od jednego pokoju do drugiego – z samego rana niosą gorącą wodę do ubieralni, zaraz potem węgiel do gabinetu, śniadanie do pokoju śniadaniowego, poranną prasę dla Viktora do jego gabinetu, i tak dalej przez cały dzień: naczynia z jedzeniem, pranie, telegramy, trzy razy dziennie poczta, różne przesyłki, wieczorem świeczniki do pokoju jadalnego i wieczorne gazety do ubieralni Viktora.

Anna, pokojówka Emmy, pracuje według własnego rytmu. Zaczyna o wpół do ósmej, gdy przynosi Emmy do sypialni srebrny dzbanek z gorącą wodą, a zaraz potem filiżankę angielskiej herbaty. I tak do późnej nocy. Gdy już rozczesze włosy swej pani, przynosi jej jeszcze szklankę wody i kilka herbatników pobudzających trawienie.

Na dziedzińcu pałacu przez cały dzień stoi w gotowości powóz z ubranym w liberię stangretem. Do powozu zaprzęgnięte są dwa kare cugowe konie: Rinalda i Arabella. Drugi powóz czeka, by zabrać dzieci na Prater lub do Schönbrunnu. Również przy nim czeka stangret. Przy wielkiej bramie prowadzącej na Ringstrasse czuwa portier Alois, gotowy w każdej chwili otworzyć podwoje.

Wiedeń to również wieczorne przyjęcia i związane z tym niekończące się dyskusje, w jakim porządku posadzić gości przy stole. Każdego popołudnia kamerdyner wyposażony w taśmę mierniczą wraz z towarzyszącym mu lokajem nakrywają do stołu. Tematem deliberacji jest też, czy kaczki sprowadzone z Paryża Orient Expressem w przeddzień przyjęcia nadają się do spożycia.

Zjawiają się kwiaciarze: podczas kolacji wniesione zostaną donice z maleńkimi drzewkami pomarańczowymi z owocami wypełnionymi lodami. Dzieciom wolno oglądać przybycie gości jedynie przez dziurkę od klucza.

Goście przychodzą również po południu. Na stole obok umieszczonego na srebrnej tacy srebrnego samowara stoją czajnik z herbatą, dzbanuszek ze śmietanką i cukiernica, a także tace z kanapkami i lukrowanymi ciastkami z cukierni Demela, królestwa słodyczy, które znajduje się na Kohlmarket, tuż obok Hofburgu. Panie zostawiają futra w hallu, podobnie robią oficerowie z szablami i kepi, natomiast panowie wchodzą do salonu z cylindrami i rękawiczkami w ręku, a następnie umieszczają je obok krzesła na podłodze.

Rok również toczy się według ustalonego rytmu.

W styczniu dobrze jest uciec z pogrążonego w zimowej słocie Wiednia – Emmy wraz z Viktorem jadą więc do Nicei lub do Monte Carlo (dzieci zostają w domu). Jest to okazja, by odwiedzić krewnych Viktora, stryja Maurice'a i ciotkę Beatrice Ephrussich w ich nowej, zbudowanej z różowego kamienia rezydencji – willi Île-de-France na Cap Ferrat (obecnie willa Ephrussi-Rothschild). Zachwycić się ich wspaniałą kolekcją malarstwa francuskiego, francuskimi meblami empirowymi i francuską porcelaną, a także nowymi rozwiązaniami poczynionymi w ogrodach, gdzie usunięto część wzgórza i wykopano kanał, by upodobnić je do Alhambry. Dwudziestu ogrodników obowiązkowo zawsze ubranych jest na biało.

W kwietniu Paryż. Dzieci znów zostają w domu. Emmy i Viktor zatrzymują się u Fanny w domu na place d'Iéna. Emmy spędza całe dnie na zakupach, a Viktor w biurach Ephrussi et Cie. Ale to już nie ten sam Paryż.

30 września 1905 roku zmarł Charles Ephrussi, ulubiony kuzyn Viktora, właściciel „Gazette", kawaler Legii Honorowej, mecenas artystów, przyjaciel poetów, właściciel kolekcji *netsuke*.

Nekrolog zamieszczony w prasie apeluje do osób, które nie dostały osobnego zaproszenia, aby wstrzymały się od udziału w pogrzebie. Trumnę niosą dwaj bracia Charles'a, Théodore Reinach i markiz de Cheveniers – wszyscy płaczą. W licznych wspomnieniach pośmiertnych, które ukazały się na łamach prasy, jest mowa o jego *délicatesse naturelle*, prawości i ujmujących manierach. W „Gazette" ukazało się wspomnienie ujęte w czarną ramkę:

> Z niedowierzaniem i głębokim bólem przyjęliśmy niespodziewaną chorobę, a następnie śmierć Charles'a Ephrussiego, człowieka pełnego uroku i dobroci, obdarzonego błyskotliwą inteligencją. Wśród paryżan, szczególnie zaś w kręgach artystycznych i literackich, cieszył się on przyjaźnią ludzi, którzy naturalnie ulegli jego urokowi i sposobowi bycia, błyskotliwej umysłowości i dobroci serca. Każdy, kto zapukał do jego drzwi, doświadczył jego szczodrości, której nie szczędził nawet początkującym artystom, nie mówiąc już o ich starszych kolegach. Odwzajemniał przyjaźń – chcemy to podkreślić z całą stanowczością – każdego, kto się do niego zbliżył.

Nawiązując do wspomnienia opublikowanego w „Gazette", Proust w liście kondolencyjnym wystosowanym do redakcji podkreślił, iż po jego lekturze „ci wszyscy, którzy nie mieli szczęścia poznać pana Ephrussiego, pokochali go, tych zaś, którzy go znali, ogarnęła fala wspomnień". W testamencie Charles zostawił Emmy złoty naszyjnik, Louise obrożę z pereł, natomiast cały majątek zapisał siostrzenicy – Fanny Reinach, żonie słynnego badacza starożytnej Grecji.

Wkrótce potem odszedł też brat Charles'a Ignace Ephrussi – światowiec, pojedynkowicz, *amateur de femmes*. Umarł na serce w wieku sześćdziesięciu lat. Zapamiętano go jako znakomitego jeźdźca, którego co rano można było zobaczyć w Lasku Bulońskim na szarym wierzchowcu osiodłanym *à la russe*. Jako człowiek szczodry i skrupulatny zapisał trójce młodych Ephrussich: Elisabeth, Giseli i Iggiemu po trzydzieści tysięcy franków; nie zapomniał nawet o dwóch młodszych siostrach Emmy: Gerty i Evie. Obaj bracia zostali pochowani w grobowcu rodzinnym na Montmartrze obok rodziców i ukochanej siostry.

Niebawem po pobycie w Paryżu – opustoszałym po odejściu pełnych życia kuzynów – nadchodzi lato. Lipiec upływa pod znakiem Gutmannów – żydowskich finansistów i filantropów, najbliższych przyjaciół Emmy i Viktora. Gutmannowie, rodzice pięciorga dzieci, zapraszali młodych Ephrussich na kilka tygodni do swej wiejskiej posiadłości Schloss Jaidhof, oddalonej o jakieś osiemdziesiąt kilometrów od Wiednia. Viktor spędzał ten czas samotnie w stolicy.

Sierpień upływa jak zawsze w Szwajcarii w Chalet Ephrussi u paryskich kuzynów: Fanny i Jules'a. Tym razem jadą wszyscy – rodzice i dzieci, które mają jednak przykazane, żeby nie hałasować. Wyjazd jest po to, by nic nie robić. Najwyżej słuchać paryskich plotek albo wyciągnąwszy łódkę z hangaru, nad którym wciąż powiewa flaga imperialnej Rosji, pływać nią po Jeziorze Czterech Kantonów (powierzywszy wiosła lokajowi). Można też było wybrać się samochodem do Lucerny na konkursy hipiczne, po czym pójść na lody do cukierni Hugeniego.

Wrzesień i październik spędzano z dziećmi i rodzicami, Pipsem i całą plejadą kuzynów w Kövecses. Viktor wpada tylko na kilkudniowe pobyty. Pływanie, spacery, jazda konna, polowanie.

W Kövecses oprócz gości we dworze przebywała cała gromadka ekscentrycznych rezydentów zatrudnionych jako nauczyciele Gerty i Evy, młodszych o dwanaście i piętnaście lat sióstr Emmy. Byli wśród nich ekspanna służąca z Paryża, która uczyła dziewczynki właściwego paryskiego akcentu; podstarzały nauczyciel, którego zadaniem było nauczenie panienek podstawowych umiejętności: pisania, czytania i liczenia; guwernantka z Triestu, która miała im przyswoić niemiecki i włoski; i wreszcie niejaki pan Minotti, niespełniony pianista, który uczył muzyki i gry w szachy. Matka Emmy robiła dziewczynkom angielskie dyktanda i czytała z nimi Szekspira. Wśród stałych mieszkańców był też pewien wiedeński szewc – szył on Evelinie białe pantofelki, bez których nie wyobrażała sobie życia. Trafił kiedyś chory do Kövecses, a gdy wydobrzał, pozostał w miłym słonecznym pokoju, by szyć buty i zajmować się psami.

W latach trzydziestych podczas pieszej wędrówki przez Europę Patrick Leigh Fermor zatrzymał się w Kövecses, które ze stosami książek we wszystkich językach, mnóstwem drobiazgów ze srebra i z rogu przypominało atmosferę staroświeckiej angielskiej plebanii. „Witam w domu otwartym" – z bezbłędną angielszczyzną wyszedł podróżnikowi naprzeciw Pips, wprowadzając go do biblioteki. Kövecses, jak wiele innych wielkich domów zamieszkałych przez mnóstwo dzieci, sprawiało wrażenie miejsca, którego mieszkańcom świat zewnętrzny w ogóle nie był potrzebny. W znalezionej przez mojego ojca jasnoniebieskiej teczce odkryłem pożółkły manuskrypt sztuki zatytułowanej *Der Grossherzog* [Arcyksiążę], wystawionej w salonie przez grono kuzynów spędzających letnie wakacje w Kövecses jeszcze przed pierwszą wojną. W przedsięwzięciu tym nie uczestniczyły tylko dzieci poniżej drugiego roku życia oraz psy.

Każdego wieczoru po kolacji pan Minotti zasiadał do fortepianu, a dzieci grały w *memory*. Na tacy układano różne przedmioty: pudełko na karty, *pince-nez*, muszlę, a raz nawet – ku wielkiemu podnieceniu grających – rewolwer Pipsa, i przykrywano je kawałkiem materiału. Gracze, którym przez chwilę pokazywano zawartość tacy, zapisywali na kartkach to, co udało im się zapamiętać. Ku ogólnemu znudzeniu wygrywała zawsze Elisabeth.

Wśród gości nigdy nie brakowało zagranicznych przyjaciół Pipsa.

Grudzień to znowu Wiedeń i Boże Narodzenie. Ephrussi, choć byli Żydami, obchodzili święta uroczyście, obdarowując się ogromną liczbą prezentów.

Życie Emmy, choć z pozoru uregulowane, było życiem barwnym, utrwalonym w licznych anegdotach, w scenkach rodzajowych i intymnych wspomnieniach, których rok wcześniej, gdy rozpoczynałem moją peregrynację, obiecałem sobie unikać. Im bardziej wsiąkam w sprawy pałacu i jego mieszkańców, tym mniej myślę o *netsuke*.

Zatrzymuję się w Pension Baronesse i przedłużam pobyt w Wiedniu. Okulary zostały zreperowane, ale świat dalej wydaje mi się nieco zwichrowany. Wciąż dręczy mnie bliżej nieokreślony niepokój. W Londynie stryj poproszony przeze mnie o pomoc w poszukiwaniu rodzinnych dokumentów znalazł dwunastostronicowe wspomnienie, w którym moja babka opisuje swoje wiedeńskie dzieciństwo. Zabrałem je ze sobą do Wiednia i teraz staram się czytać *in situ*. W słoneczny, mroźny poranek wybieram się do Café Central, gdzie w jasnej sali o wielkich gotyckich oknach zabieram się do lektury. Obok mojego stolika stoi wycięta z dykty figura pisarza Petera Altenberga, prezentująca kawiarniane menu; wnętrze jest czyste i pięknie zaprojektowane. Uświadamiam sobie, że nim cały ten świat runął w gruzy, Café Central była drugą ulubioną kawiarnią Viktora.

Kawiarnia, ulica i sam Wiedeń to skansen – efektowna secesyjna dekoracja utrzymana w nastroju *fin de siècle*'u z fiakrami powożonymi przez woźniców w liberii i wąsatymi kelnerami. Wszędzie rozbrzmiewają melodie Straussa; jego muzyka sączy się z każdego mijanego sklepu z czekoladą. Wcale bym się nie zdziwił, gdyby do kawiarni wszedł nagle Mahler, a przy sąsiednim stoliku wdał się z kimś w dyskusję Klimt. Przypomniał mi się pewien okropny film, który widziałem w czasach studenckich. Jego akcja toczyła się w Paryżu, a bohaterowie – Picasso, Gertrude Stein i Joyce – nad kieliszkiem pernoda niezmordowanie dyskutowali o modernizmie. Teraz, natrafiając na każdym kroku na podobne stereotypy, poczułem, że mam do czynienia z czymś podobnym. Mój Wiedeń rozpłynął się w Wiedniu innych ludzi.

Czytam również powieści Josepha Rotha, austriackiego pisarza żydowskiego pochodzenia. Akcja większości z nich toczy się w Wiedniu podczas ostatnich lat panowania Habsburgów. Von Trotta, bohater *Marszu Radetzky'ego*, deponuje swoje pieniądze nie gdzie indziej jak w słynącym ze swej rzetelności Banku Efrussi (według rosyjskiej pisowni). Natomiast w *Das Spinnennetz* [Pajęczynie] Roth portretuje samego Ignaza Ephrussiego, a o jego żonie, pięknej Frau Ephrussi, pisze: „to prawdziwa dama – Żydówka, a jednak dama". Takim to się lekko żyje, powiada Teodor, młody, przedwcześnie zgorzkniały bohater książki, Aryjczyk zatrudniony jako nauczyciel dzieci bogatych finansistów: „a już nikomu tak lekko jak Efrussim [...] cały westybul obwieszony obrazami w złotych ramach, a ubrany w zielonozłotą liberię fagas otwiera drzwi i jeszcze kłania się w pas".

Nie opuszcza mnie poczucie, że prawda wciąż gdzieś mi umyka. Tak jak podczas pobytu w Paryżu szukałem śladów Charles'a, czytając Prousta, tak i tu, w Wiedniu, w lekturach odnajduję zniekształcone portrety moich przodków. Powtarzającym się motywem wielu powieści jest niechęć do rodziny Ephrussich.

Moje poszukiwania z trudem posuwają się naprzód. Dopiero teraz dociera do mnie, że nie mam pojęcia, czym właściwie była zasymilowana żydowska rodzina. Nie potrafię sobie tego wyobrazić. Wiem tylko, że choć moi krewni nigdy nie chodzili do synagogi, ich narodziny i związki małżeńskie były rejestrowane w gminie żydowskiej. Wiem, że płacili składki w Israelitische Kultusgemeinde, IKG, i wspierali żydowskie organizacje charytatywne. Gdy wybrałem się na cmentarz, do jego żydowskiej części, na grób Joachima i Ignaza, zmartwił mnie widok uszkodzonej żeliwnej bramki. Zacząłem się nawet zastanawiać, czy nie powinienem zapłacić za jej renowację. Jedno jest pewne: ani Joachim, ani Ignaz nie byli zwolennikami syjonizmu. Przypominam sobie nieprzyjemny komentarz Herzla, po tym jak odmówili mu wsparcia. Spekulanci. Zastanawiam się, czy powodem ich odmowy były zażenowanie żarliwą żydowskością tego przedsięwzięcia i niechęć do zwracania na siebie uwagi, czy raczej przekonanie o swojej niezachwianej pozycji w nowej ojczyźnie – tu na Zionstrasse, ale też na rue de Monceau. Być może po prostu nie widzieli powodu, by szukać Syjonu gdzie indziej.

Czy asymilacja oznaczała, że osobiście nigdy nie spotkały ich przykrości? A może ludzie znali granice swojego kręgu społecznego i respektowali je? Podobnie jak w Paryżu również w Wiedniu działał Jockey Club i Viktor, rzecz jasna, był jego członkiem. Jednak w Wiedniu było nie do pomyślenia, by Żyd mógł piastować jakieś stanowisko. Czy Viktor akceptował to bez zastrzeżeń? Było też rzeczą przyjętą, że zamężne Aryjki nigdy nie składały wizyt w domach żydowskich, nie zostawiały biletów wizytowych, nie przyszłoby im też do głowy, by choć jedno z długich, ciągnących się w nieskończoność popołudni spędzić w żydowskim towarzystwie. W Wiedniu tylko aryjscy kawalerowie: hrabia Mensdorff, hrabia Łubieński, młody książę Montenuovo zostawiali bilety wizytowe w żydowskich domach, co skutkowało zaproszeniem do złożenia wizyty. Po ślubie wizyty się kończyły. Na nic zdawała się wyborna kuchnia czy uroki pani domu. Czy dla Żydów miało to jakieś znaczenie? To tylko pojedyncze nitki w pajęczynie grubiaństwa.

Ostatni poranek w Wiedniu spędziłem na Seitenstettengasse, buszując w archiwum sąsiadującej z synagogą wiedeńskiej gminy żydowskiej. Przed budynkiem natknąłem się na posterunek policji; aby dostać się do środka, trzeba się było poddać kontroli. Podczas ostatnich wyborów skrajna prawica zdobyła jedną trzecią głosów. Wobec powtarzających się pogróżek istnieje podejrzenie, że synagoga może stać się celem ataków. Wreszcie jestem w środku i z mojego miejsca obserwuję archiwistę. Wkrótce przynosi mi kolejne rejestry. Odnotowane w nich zostały wszystkie narodziny, małżeństwa i zgony, a także odejścia od wiary ojców – oto zapis dziejów żydowskiego Wiednia.

W roku 1899 w Wiedniu działają żydowskie sierocińce i szpitale, szkoły i biblioteki, czasopisma i dzienniki. W mieście są dwadzieścia dwie synagogi. Uprzytamniam sobie, że o tym żydowskim świecie nie mam zielonego pojęcia – asymilacja Ephrussich przebiegła tak sprawnie, że po prostu rozpłynęli się w wiedeńskości.

6. Czarujące stworzenie

Lektura dwunastostronicowego wspomnienia, które w latach siedemdziesiątych Elisabeth spisała dla swoich synów, poprawia mi humor. „Dom, w którym przyszłam na świat, stał – i nadal stoi niezmieniony, przynajmniej z zewnątrz, na rogu Ringu i…”. Dalej Elisabeth opisuje sposób funkcjonowania domu, podaje imiona koni i oprowadza nas po pałacowym wnętrzu. Nareszcie, myślę sobie, dowiem się, gdzie Emmy trzymała *netsuke*.

Jeśli po wyjściu z pokoju dziecięcego Emmy zapragnęła pójść do ciągnących się wokół dziedzińca pomieszczeń gospodarczych, musiała skręcić w prawo. Znajdowały się tam kuchnie, spiżarnia, pokój, gdzie trzymano srebro (zawsze paliło się tam światło), kredens, gdzie urzędował kamerdyner, i wreszcie na samym końcu korytarza – izba dla służby. Z powodu szklanego dachu dochodziło tam jedynie żółte, matowe światło, a o świeżym powietrzu nie mogło być mowy. Tu również mieszkała Anna, pokojówka Emmy.

Jeśli jednak zdecydowała się skręcić w lewo, trafiała wprost do swojego saloniku. Na podłodze tego obitego bladozielonym jedwabnym brokatem pokoju leżały jasnożółte dywany, a krzesła i fotele w stylu Ludwika XV ozdobione były pasiastymi jedwabnymi poduszkami. Stało tam też kilka małych stoliczków zastawionych przeróżnymi bibelotami i duży stół, przy którym odbywała się ceremonia parzenia herbaty, a obok koncertowy fortepian, na którym nikt nigdy nie grywał, i renesansowa włoska szafka ze składanymi drzwiczkami, pokrytymi po wewnętrznej stronie malunkami, z mnóstwem maleńkich szufladek; dzieciom nie wolno było ich otwierać, chociaż i tak to robiły. Elisabeth pamiętała, że jeśli sięgnęło się ręką między podtrzymujące łuk dwie skręcone złote kolumienki, trafiało się na miejsce, którego przyciśnięcie otwierało sekretną szufladę.

Był to jasny pokój, gdzie blask i refleksy srebra, porcelany i politury kontrastowały z cieniami rzucanymi przez poruszające się za oknami gałęzie lip. Gdy przychodziła wiosna, pokój wypełniały świeże kwiaty przysyłane co tydzień z Kövecses. Mogłoby się wydawać, że trudno o lepsze miejsce dla ofiarowanej przez kuzyna Charles'a szafy z *netsuke*. A jednak nie ma jej tu.

Salon sąsiadował z biblioteką, największym pokojem na piętrze, utrzymanym – podobnie jak apartamenty Ignaza na pierwszym piętrze – w czerwieni i czerni. Nad czarno-czerwonymi tureckimi dywanami wznosiły się masywne biblioteczne szafy z hebanu, obok stały skórzane fotele i kanapy w kolorze tytoniu. Nad wielkim hebanowym stołem inkrustowanym kością słoniową i dwoma globusami stojącymi po obu jego stronach wisiał ciężki mosiężny żyrandol. Był to ulubiony pokój Viktora, który zgromadził tu swoje ukochane książki: literaturę niemiecką, tomy poezji, dzieła dotyczące historii starożytnej Grecji i Rzymu, leksykony. Szyby niektórych szaf bibliotecznych pokryte były siatką z cienkiego pozłacanego drutu, a drzwiczki zamykane na kluczyk. Viktor nosił go na łańcuszku od zegarka. Tu również nie ma szafki z *netsuke*.

Z biblioteki przechodziło się do pokoju jadalnego, którego ściany pokryte były przywiezionymi przez Ignaza z Paryża gobelinami przedstawiającymi sceny myśliwskie. Ponieważ okna wychodziły na dziedziniec, zasłony były stale spuszczone, a w pokoju panował wieczny półmrok. To zapewne w tym pokoju kładło się na stół szczerozłoty serwis ozdobiony kłosami pszenicy i podwójnym „E" Ephrussich oraz żeglującym po złotym morzu okrętem o wydętych żaglach.

Złoty serwis był zapewne pomysłem Ignaza. On też prawdopodobnie kupił większość mebli: renesansowe szafy, rzeźbione barokowe skrzynie, ogromne biurko Boulle'a, które mieściło się tylko w sali balowej na pierwszym piętrze. Oraz obrazy: mnóstwo starych mistrzów, Święta Rodzina i florencka Madonna. Są też siedemnastowieczne płótna holenderskie pędzla niezłych artystów, wśród nich Wouwermansa i Cuypa, a nawet jakaś kopia Fransa Halsa. Poza tym niezliczone *Junge Frau* (niektóre pędzla Hansa Makarta), przedstawiające identyczne młode damy w identycznych sukniach we wnętrzach wypełnionych „aksamitem, dywanami, skrzydlatymi geniuszami, lamparcimi skórami, bibelotami, wachlarzami z pawich piór, okutymi skrzyniami i lutniami" (to Musil w dość zgryźliwym nastroju). Wszystkie obrazy oprawione są w ciężkie ramy: złote lub czarne. Wśród tych skarbów i obrazów we wnętrzu wyglądającym niczym teatralna dekoracja znów brak paryskiej serwantki.

W świetle, które sączy się przez przeszklony dach dziedzińca, wszystkie te pompatyczne obrazy i meble wyglądają tak, jakby miały tu tkwić do końca świata. Musil dobrze rozumiał tę atmosferę. W nieładzie panującym w wielkich starych domach nowoczesne nieciekawe meble stoją jak gdyby nigdy nic obok wspaniałych, starych, odziedziczonych po przodkach antyków. W nowobogackich pałacach ostentacyjnie obnoszących się ze swoją zamożnością wszystko jest na swoim miejscu, a jednak „dzięki [...] ledwie zauważalnemu sposobowi ustawiania mebli albo eksponowaniu jakiegoś obrazu na ścianie zachowują one w sobie wyraźne echo minionych czasów".

Jeszcze raz wracam myślami do Charles'a i zgromadzonych przez niego skarbów. Jego pasja sprawiła, że były w wiecznym ruchu. Namiętność do świata rzeczy kazała mu nie tylko pogłębiać wiedzę o nich, lecz także dotykać je, kupować nowe, przestawiać. Serwantka z kolekcją *netsuke*, którą podarował Viktorowi i Emmy, zrobiła miejsce dla czegoś innego. Wnętrza, w których mieszkał, podlegały nieustannym przeobrażeniom.

Pałac Ephrussich był przeciwieństwem paryskiej siedziby Charles'a. Dom przykryty szarym szklanym dachem sam przypomina szklaną serwantkę, z której nie sposób było się wydostać.

Długą amfiladę pokoi z obu stron zamykają prywatne pomieszczenia Viktora i Emmy. W garderobie Viktora obok szaf, komody i podłużnego lustra króluje gipsowe popiersie niejakiego Herr Wessela, nauczyciela pana domu, „Prusaka, wielbiciela Bismarcka, a nade wszystko Niemca, którego Viktor prawdziwie wielbił". Drugą rzeczą dziwnie niepasującą do tego wnętrza, która rzucała się w oczy zaraz po przekroczeniu progu, było włoskie malowidło *Leda i łabędź*. W swoim wspomnieniu Elisabeth pisze, że „ilekroć zachodziła do garderoby ojca, gdy ten przed wieczornym wyjściem wkładał koszulę z gorsem i frak, wpatrywała się w obraz, nie mogąc dopatrzyć się w nim niczego niestosownego". Viktor nie chciał słyszeć o żadnych bibelotach.

Na drugim końcu korytarza znajdowała się garderoba Emmy. Był to narożny pokój, którego okna wychodziły na Ring i Votivkirche oraz na Schottengasse. Jego ozdobą było ofiarowane przez Fanny i Jules'a biurko z epoki Ludwika XVI z pięknie wygiętymi nóżkami zdobionymi okuciami z brązu w kształcie podkówek, z wyłożonymi skórą szufladami, gdzie Emmy trzymała papier listowy i korespondencję przewiązaną wstążeczkami. Na ścianie wisiało pełnej wielkości dwuskrzydłowe lustro, pozwalające podczas ubierania oglądać całą sylwetkę. Zajmowało ono niemal cały pokój – obok zostało już miejsce tylko na toaletkę i umywalkę ze zdobioną srebrnym szlaczkiem szklaną miską i dzbankiem ze srebrną przykrywką.

I tu nareszcie natrafiamy na czarną politurowaną serwantkę – w pamięci Iggiego „wysokości rosłego mężczyzny" – z półkami wyłożonymi zielonym aksamitem. Paryski mebel wylądował więc w garderobie Emmy – a wraz z nim odbijające się we wprawionym w tylną ściankę lustrze dwieście sześćdziesiąt cztery *netsuke*. Oto gdzie znalazł sobie nowy dom mój pręgowany wilk.

Pozornie wszystko się więc zgadza, ale tak naprawdę nie zgadza się nic, bo kto bywa w garderobie? Nie jest to przestrzeń, gdzie przyjmuje się gości. Garderoba nie pełni funkcji salonu. Ułożone na zielonym aksamicie bukszpanowe żółwie, persymona i kąpiąca się dziewczyna z popękanej kości słoniowej nie wzbudzą zainteresowania pań odwiedzających Emmy i na szczęście nie będzie im trzeba nic wyjaśniać. Viktor nie musi już więcej zaprzątać sobie głowy tym krępującym darem. Niewykluczone, iż serwantka wraz z zawartością była tak kłopotliwym prezentem, że jedynym stosownym miejscem okazała się garderoba.

Lecz może *netsuke* trafiły do garderoby, a nie w bezpośrednie sąsiedztwo splendorów Makarta, ponieważ Emmy zaciekawiła się tymi miniaturowymi rzeźbami. Może chciała ocalić je przed morderczym wpływem *Ringstrassenstil*? W tych paradnych wnętrzach pośród pozłacanych mebli i brązów niewiele było przedmiotów, które chciałoby się wziąć do ręki, tymczasem te maleńkie figurki są czymś bardzo osobistym, bibelotem, którym można ozdobić tylko intymne wnętrze. Może Emmy po prostu chciała mieć przy sobie coś, co nie należało przedtem do jej teścia Ignaza. Trochę paryskiego czaru.

A ten pokój należał tylko do niej. Spędzała w nim dużo czasu. Przebierała się przecież trzy razy dziennie, czasem częściej. Samo założenie kapelusza, by wybrać się na wyścigi, trwało przynajmniej czterdzieści minut – tyle czasu trzeba było bowiem, by do szerokiego ronda przypiąć mnóstwo drobnych loczków. A już włożenie długiej, haftowanej sukni balowej z husarskim żakiecikiem, zapinanej na niezliczone haftki, trwało całą wieczność. W czym innym szło się na przyjęcie, w czym innym na zakupy, kolację, wizytę, wycieczkę na Prater czy bal. Czas spędzony w garderobie upływał na sznurowaniu gorsetu, dobieraniu sukni i stosownych do okazji rękawiczek i kapelusza, zrzuceniu jednego ja po to, by przyoblec się w całkiem inne. Niektóre suknie trzeba było upinać na figurze. Anna klękała u stóp Emmy, wyjmowała z kieszeni fartucha nici, igły i naparstek, z którymi się nie rozstawała, i dokonywała niezbędnych poprawek. Były też futra i sobolowe błamy, które przyszywało się do rąbka spódnicy. Na jednej fotografii Emmy ma na szyi lisa polarnego, na innej niemal dwumetrową, ogromną etolę z niedźwiedziego futra zarzuconą na wieczorową suknię. Bywało, że samo dobranie rękawiczek trwało godzinę.

Emmy w towarzystwie arcyksięcia, Wiedeń, 1906

Emmy ubiera się więc i wychodzi. Jest zima 1906 roku. Na wiedeńskiej ulicy moja prababka wita się z arcyksięciem i wręcza mu bukiecik prymulek. Oboje się uśmiechają. Emmy ma na sobie prążkowany kostium: rozszerzająca się na kształt litery A spódnica z prążkowanej wełny obszyta jest szeroką poprzeczną taśmą, do tego dopasowany żakiet *à la zouave*. To komplet spacerowy. Przygotowanie się do spaceru po Herrengasse musiało jej zająć półtorej godziny: trzeba było włożyć pantalony, halkę z muślinu lub *crèpe de Chine*, ściskający talię gorset, pończochy, podwiązki, buciki zapinane na guziczki, spódnicę zapinaną na haftki, potem jeszcze bluzkę lub *chemisette* z podniesionym kołnierzykiem albo koronkowym żabotem, plastron oraz żakiet. Dalej już tylko mała torebka na łańcuszku, biżuteria, futrzany kapelusz przybrany kokardą z prążkowanej tafty, nawiązującej do prążków na kostiumie, białe rękawiczki i kwiaty. Bez perfum – Emmy w ogóle ich nie używa.

Serwantka w garderobie była świadkiem rytuału, który miał miejsce dwa razy w roku: na wiosnę i jesienią – rytuału wybierania garderoby na nadchodzący sezon. Damy nie chodziły do krawcowej, by obejrzeć najnowsze modele. Modele przywożono do nich. Właścicielka domu mody jechała do Paryża i tam wybierała kreacje, które zapakowane starannie w pudła dostarczała osobiście do pałacu Ephrussich. Towarzyszył jej Herr Schuster, dystyngowany siwowłosy starszy pan ubrany w czarny garnitur. Ustawiał pudła w korytarzu i zasiadał obok nich. Anna kolejno wnosiła pudła do garderoby. Gdy Emmy była już ubrana w nową kreację, Herr Schuster wkraczał do pokoju, by wydać werdykt. „Oczywiście był on zawsze pozytywny, lecz gdy Mama, nie potrafiąc się zdecydować, mierzyła jakąś suknię kolejny raz, ekstatycznie powtarzał, że suknia »po prostu marzy o pani baronowej«". Dzieci tylko czekały na ten moment i gdy wreszcie padły oczekiwane słowa, pędziły do swojego pokoju, by wybuchnąć tam histerycznym śmiechem.

Zachowało się zdjęcie Emmy zrobione w salonie wkrótce po ślubie z Viktorem, gdy prawdopodobnie była już w ciąży z Elisabeth, choć na fotografii tego nie widać. Ma na sobie krótki aksamitny żakiecik w stylu Marii Antoniny i długą spódnicę – połączenie nonszalancji i surowości. Jej fryzura ułożona jest według zaleceń mody obowiązującej wiosną 1900 roku: „włosy nosi się obecnie nieco bardziej swobodne niż w poprzednim sezonie. Grzywka wyszła już z mody. Włosy układa się w duże fale, zaczesuje do tyłu i skręca w niezbyt wysoki kok [...] loki dozwolone są tylko nad czołem, naturalnie skręcone", dowiadujemy się z gazety. Emmy ma na głowie czarny kapelusz ozdobiony piórami. Jedną rękę opiera na marmurowym blacie francuskiej komody, w drugiej trzyma trzcinową laseczkę. Prawdopodobnie właśnie wyszła z garderoby i za chwilę uda się na bal. Patrzy mi prosto w oczy. Jest to wzrok osoby pewnej siebie, świadomej swojej urody.

Emmy jako Maria Antonina w salonie pałacu Ephrussich, 1900

Emmy otoczona jest wielbicielami – jeśli wierzyć wujecznemu dziadkowi Iggiemu, zawsze było ich wielu. Cudownie jest ubierać się dla innych, równie cudownie rozbierać. Od początku małżeństwa Emmy miała kochanków.

W Wiedniu nie było to niczym szczególnym, pod tym względem Wiedeń różnił się od Paryża. W każdej restauracji znajdowały się *chambres separées*, gdzie można było jednocześnie jeść i uwodzić, jak u Schnitzlera w *Reigen* [Korowodzie]: „Prywatny gabinet w restauracji Zum Riedhof. Dyskretna, pełna wygody elegancja. Pali się światło gazowe. Na stole resztki posiłku: ciastka z kremem, owoce, ser itd. Węgierskie białe wino. MĄŻ, rozparty na kanapie, pali hawańskie cygaro. Na fotelu obok siedzi CZARUJĄCE STWORZENIE i z zapałem wyjada krem z ciastka". Na przełomie wieków w Wiedniu panował kult *süsse Mädel*, „słodkiej dzieweczki chętnej do flirtów z młodymi ludźmi z dobrych domów". Romanse były na porządku dziennym. W 1911 roku święci triumfy *Der Rosenkavalier* Straussa z librettem Hofmannsthala, w którym z takim samym rozbawieniem traktuje się zmianę kostiumu, zmianę kochanka czy zmianę kapelusza. Schnitzler w swoim dzienniku przyznaje się, że z trudem nadąża, by sprostać wymaganiom dwóch kochanek.

Przed seksem w Wiedniu nie ma ucieczki. Na ulicach roi się od prostytutek, które anonsują się też na ostatniej stronie „Die Neue Freie Presse". Każdy znajdzie coś odpowiedniego. Karl Kraus w swoim „Die Fackel" przytacza niektóre z tych anonsów: „Poszukuję towarzyszki podróży – młodej, przyjemnej chrześcijanki, wolnego stanu. Odpowiedzi na »Zboczeniec 69« Poste Restante Habsburgergasse". Freud zgłębia wszelkie aspekty życia seksualnego. Otto Weininger w swej słynnej książce *Płeć i charakter* z 1903 roku pisze o kobietach jako istotach z natury amoralnych, potrzebujących kogoś, kto by nimi pokierował. Na obrazach Klimta takich jak *Judyta*, *Danae*, *Pocałunek* seks skąpany jest w złocie, podczas gdy splątane ciała Schielego budzą niepokój.

Nowoczesna wiedenka, która chciała być *dans le vent*, traktowała swe życie rodzinne ze swobodą. Wiele ciotek i kuzynek Emmy zawarło małżeństwa z rozsądku. Choćby ciotka Anna. Wszyscy wiedzieli, że naturalnym ojcem jej bliźniaków, Herberta i Witolda von Schey von Koromla, był hrabia Hans Wilczek. Niezwykle przystojny, obdarzony fascynującą osobowością hrabia Wilczek był bliskim przyjacielem *kronprinza* Rudolfa, filantropem, fundatorem ekspedycji arktycznych oraz podróżnikiem, którego imieniem nazwano wyspy na dalekiej północy.

Ponownie odkładam powrót do Londynu: wreszcie jestem na tropie testamentu Ignaza i nie mogę się doczekać chwili, gdy dowiem się, w jaki sposób zadysponował swoją fortuną. Wiedeńskie Towarzystwo Adlera, instytucja zajmująca się sprawami genealogii, otwarte jest dla członków i interesantów tylko w środy po szóstej wieczorem. Biura mieszczą się na drugim piętrze kamienicy w najbliższym sąsiedztwie mieszkania Freuda. Z ogromnego hallu przez niewielkie drzwi trafia się do długiego korytarza obwieszonego portretami burmistrzów Wiednia. Po lewej stronie stoją pudła ze wspomnieniami pośmiertnymi i nekrologami, po prawej roczniki „Almanachu Gotajskiego" i „Debretta" oraz inne publikacje dotyczące arystokracji. Cała reszta – na wprost. Wreszcie natrafiam na ludzi pochylonych nad aktami, szukających danych w kartotece lub przepisujących coś z ogromnych ksiąg rejestrowych. Nie wiem, jak wyglądają inne towarzystwa genealogiczne, ale tu co jakiś czas ktoś nieoczekiwanie wybucha śmiechem, a badacze głośno się komunikują, domagając się pomocy w odczytaniu niewyraźnego zapisu.

Bardzo delikatnie pytam o intymne przyjaźnie mojej prababki Emmy von Ephrussi z domu Schey von Koromla około roku 1900. Wszyscy ochoczo włączają się do rozmowy. Romanse Emmy sprzed stu lat nie są tu dla nikogo sekretem, wiadomo o wszystkich jej kochankach. Ktoś mówi o pewnym oficerze kawalerii, ktoś inny o węgierskim hulace, o jakimś księciu. Podobno to właśnie pani Ephrussi trzymała w dwóch domach dwa identyczne komplety garderoby, by w tym samym stroju móc rozpoczynać dzień z kochankiem lub mężem bez względu na to, w którym domostwie się znajduje. Plotki są wciąż żywe; wiedeńczycy najwyraźniej nie mają sekretów. Boleśnie odczuwam swoją brytyjskość.

Wracam znów myślą do Viktora, syna i brata mężczyzn o niezaspokojonym apetycie seksualnym. Widzę go w bibliotece, jak srebrnym nożykiem do cięcia papieru otwiera przysłaną mu z Berlina przesyłkę z książkami; jak z kieszonki kamizelki wyjmuje cienkie zapałki, których używa do zapalania cygar. Widzę też jego dom, który pulsuje energią – to wzbierającą jak woda, to opadającą. Na pewno jednak nie widzę Viktora przekraczającego próg buduaru Emmy, nie mogę sobie wyobrazić, że otwiera drzwi serwantki i na chybił trafił sięga po któreś z *netsuke*. Mam wątpliwości, czy w ogóle bywał w tym pokoju, czy bawił żonę rozmową, podczas gdy Anna uwijała się wokół swej pani, szykując ją do wyjścia. Nie umiałbym też powiedzieć, o czym rozmawiali. O Cyceronie? O kapeluszach?

Widzę go za to, jak rano, nim wyruszy do biura, przesuwa dłonią po twarzy. Po wyjściu z domu skręca w prawo w Schottengasse, a następnie w pierwszą w lewo i już jest na miejscu. Od pewnego momentu towarzyszy mu lokaj Franz, który zasiada za biurkiem przed gabinetem Viktora i pilnuje, by nikt panu nie przeszkadzał. Dzięki temu Viktor przez nikogo nieniepokojony może spokojnie pogrążyć się w lekturze. Na szczęście urzędnicy bezbłędnie sumują długie kolumny cyfr. W tym czasie Viktor swym pięknym charakterem pisma robi notatki z dziedziny historii. Viktor jest typowym Żydem w średnim wieku bez reszty zakochanym w swej młodej i pięknej żonie.

W Towarzystwie Adlera nikt o Viktorze nie ma nic ciekawego do powiedzenia.

Gdy myślę o dziewiętnastoletniej Emmy zamkniętej wraz z serwantką pełną cacek z kości słoniowej w wielkim, przykrytym szklanym dachem narożnym domu na Ringu, przypominam sobie słowa Waltera Benjamina o kobiecie zamkniętej w dziewiętnastowiecznym wnętrzu „pudełka na cyrkle, w którym przybór ten razem ze swymi częściami zamiennymi spoczywa w głębokich, najczęściej wyścielanych fioletowym aksamitem wydrążeniach”.

7. Dawno, dawno temu

Dzieci, które przyszły na świat w pałacu Ephrussich, powierzono opiece nianiek i bon. Niańki to miłe wiedeńskie dziewczyny, bony natomiast to sprowadzone z Anglii nauczycielki. Angielki wprowadzają swoje zwyczaje: na śniadanie dysponują owsiankę i tosty. Później przychodzi pora na solidny obiad z deserem, następnie podwieczorek składający się z chleba z masłem i dżemem oraz ciasteczek, i wreszcie kolacja, na którą dzieci dostają mleko i duszone owoce „dla uregulowania żołądka".

W niektóre dni dzieci uczestniczą w wydawanych przez matkę *jour fixach*. Elisabeth i Gisela występują wtedy w wykrochmalonych muślinowych sukienkach przepasanych szarfami, zaś biedny, pulchny Iggie, jak mały lord Fauntleroy, w czarnym aksamitnym ubranku przybranym kołnierzykiem z irlandzkiej koronki. Gisela, Renoirowska Cyganeczka Charles'a, o wielkich niebieskich oczach, jest ulubienicą odwiedzających pań. Jest tak ładna, że Emmy zamawia jej portret wykonany czerwonymi pastelami, a baron Albert Rothschild, zawołany fotograf, zaprasza Giselę do swojego studia, by ją sfotografować. Każdego dnia dzieci wraz z angielskimi bonami jadą powozem na Prater, gdzie powietrze jest lepsze niż na zakurzonej Ringstrasse. Towarzyszy im lokaj w szarym płaszczu i z herbowym znaczkiem Ephrussich wetkniętym w kapelusz.

Czas, jaki matka osobiście poświęca dzieciom, jest ściśle określony: codziennie pod wieczór, gdy przebiera się do kolacji, i w niedzielę rano. O wpół do dziesiątej w niedzielę, gdy angielskie guwernantki idą na nabożeństwo do anglikańskiego kościoła, mama zjawia się w pokoju dziecięcym. W swoim krótkim wspomnieniu Elisabeth pisze „o cudownych chwilach w niedzielne poranki [...]. Tego dnia mama ubierała się w pośpiechu w coś bardzo prostego: czarną spódnicę, oczywiście do ziemi, i zieloną bluzkę z wysokim, sztywnym kołnierzykiem i białymi mankietami. Włosy zazwyczaj upinała po prostu na czubku głowy. Była prześliczna i pięknie pachniała".

Razem zdejmowali z półki ciężkie książki z obrazkami w brązowych okładkach: Edmunda Dulaca *Sen nocy letniej*, *Śpiącą królewnę* i budzącą najwięcej emocji *Piękną i bestię* z przerażającym potworem. Co roku na Boże Narodzenie dzieci dostawały od swojej angielskiej babci nowe, zamawiane specjalnie w Londynie wydanie *Baśni* Andrew Langa w szarej, fioletowej, purpurowej, brązowej, pomarańczowej, oliwkowej lub różowej oprawie. Książka miała wystarczyć na cały rok. Każde dziecko miało swoją ulubioną bajkę: *Białego wilka*, *Królową kwitnących wysp*, *Chłopca, który nie wiedział, co to strach*, *Co się przydarzyło podczas zrywania kwiatów*, *Kulawego lisa* czy *Ulicznego grajka*.

Przeczytanie jednej bajki zajmowało mniej więcej pół godziny. Każda historia zaczynała się identycznie: „Dawno, dawno temu...". W jednej opisana jest chatka na skraju lasu, sosnowego lasu – takiego jak w Kövecses. W innej mowa o białym wilku, podobnym do tego, którego gajowy zastrzelił koło domu i którego dzieci widziały potem na własne oczy rozciągniętego na dziedzińcu przed stajnią. Albo do wilczej głowy z brązu umocowanej na drzwiach prowadzących do pałacu Scheyów, którą głaskało się po pysku, ilekroć się tamtędy przechodziło.

W bajkach roi się od dziwnych postaci. Takich jak ptasznik z całym stadem szpaków na kapeluszu i ramionach – prawie jak człowiek, który otoczony wianuszkiem dzieci stoi na Ringu przed bramą do Volksgarten. Albo wędrowny kramarz przypominający *Schnorrera*, który zawsze tkwi przy bramie wychodzącej na Franzensring z koszykami pełnymi guzików i ołówków i kartkami pocztowymi przyczepionymi do poły płaszcza. Ojciec zwracał uwagę, że należy mu okazywać szacunek.

Gisela i Elisabeth, 1906

Czasem mowa też o księżniczce, która idzie na bal w tiarze i wspaniałej sukni – zupełnie jak mama. Są też w nich zaczarowane pałace i sale balowe, takie jak wielka sala piętro niżej, gdzie podczas świąt Bożego Narodzenia płoną setki świec. Każda bajka kończy się słowem „Koniec" i pocałunkiem mamy. Na kolejną bajkę trzeba czekać cały tydzień. Od Iggiego dowiaduję się, że Emmy potrafiła też sama snuć wspaniałe opowieści.

Poza niedzielnymi porankami dzieci widywały mamę, kiedy się przebierała. Odwiedzały ją w garderobie, gdy zmieniała dzienny strój, w którym przyjmowała gości albo składała wizyty, na wieczorowy, by pójść na przyjęcie, spektakl w operze albo – jeszcze lepiej – na bal. Suknie leżały rozłożone na szezlongu i mama toczyła z Anną niekończące się dyskusje, którą wybrać. Wujecznemu dziadkowi Iggiemu zapalają się w oczach iskierki, gdy wspomina jej ożywienie. Na jednym końcu korytarza rozciągało się królestwo Viktora z Ledą, Tacytem i Owidiuszem, na drugim – Emmy, która godzinami mogła opowiadać o strojach noszonych w kolejnych sezonach przez jej matkę, o zmieniających się długościach sukien, o tym, jak ich waga i krój wpływały na sposób poruszania się, i o tym, czym różni się wieczorowy szal z muślinu od szalu z tiulu lub gazy. Wiedziała, co nosi się w Paryżu, co jest *à la mode* w Wiedniu i jak połączyć modę paryską z tym, co podoba się wiedeńczykom. A już szczególny dar miała do dobierania kapeluszy: czarny aksamitny z szeroką wstążką na spotkanie z cesarzem; futrzany toczek ozdobiony strusim piórem do przybranej futrem sukni w stylu antycznym; najładniejszy kapelusz w grupie żydowskich pań uczestniczących w jakiejś imprezie charytatywnej – coś na kształt ogromnego koła przybranego kwiatami hortensji. Z Kövecses Emmy śle do matki pocztówkę przedstawiającą jej zdjęcie w ciemnym kapeluszu jak z obrazów Makarta: „Tasza ustrzelił wczoraj kaczkę. Czy Mama wciąż przeziębiona? A jak się Mamie podoba moje najnowsze przebranie?".

Godziny spędzone w garderobie to również czas, gdy Anna czesze ją, sznuruje gorset, zapina nieskończoną liczbę haftek i zatrzasków. To czas, gdy stojąc przed dwuskrzydłowym lustrem, Emmy dobiera rękawiczki, szale i kapelusze, a wreszcie biżuterię.

Jest to również czas, gdy dzieciom wolno bawić się *netsuke*. Tylko wtedy mogą przekręcić kluczyk w zamku i otworzyć czarne, przeszklone drzwiczki.

8. Staromiejskie typy

Dzieci wybierają swoje ulubione figurki i bawią się nimi na pastelowym, żółtym dywanie. Gisela najbardziej lubiła uchwyconą w tanecznej pozie japońską tancerkę przykładającą rozłożony wachlarz do brokatowej sukni. Iggie wolał wilka, zbitkę kończyn z ledwie zaznaczonym tułowiem, błyszczącymi ślepiami i wyszczerzonymi kłami. Lubił też przewiązaną sznurkiem wiązkę chrustu i żebraka, który zasnął nad swą miseczką, tak że widać tylko czubek łysej głowy. Wśród jego ulubionych figurek była też wysuszona ryba – szkielet i zapadłe oczy, którą wziął w posiadanie mały szczurek o oczach z jadeitu. I jeszcze jedzący rybę stary człowiek z kościstym grzbietem i wybałuszonymi oczami trzymający w drugim ręku ośmiornicę. Elisabeth, dla odmiany, wolała maski przedstawiające zastygłe w abstrakcyjnych grymasach ludzkie twarze.

Figurki można było ustawiać w różnym porządku: kość słoniowa i drewno, czternaście szczurów w jednym długim rzędzie, trzy tygrysy tu, a żebracy tam, osobno dzieci, maski, muszle, owoce.

Można je też było ustawiać według koloru – począwszy od ciemnobrązowej nieszpułki, na promieniejącym jasnością jeleniu kończąc. Albo według wielkości. Najmniejszy był maleńki szczurek o czarnych oczkach, gryzący własny ogon – niewiele większy od znaczka wydanego specjalnie, by uczcić sześćdziesiąty rok panowania cesarza Franciszka Józefa.

Albo można je było przemieszać w ten sposób, żeby siostra miała kłopot ze znalezieniem dziewczyny w brokatowej sukni. Albo używając wszystkich tygrysów, zmusić do ucieczki sukę ze szczeniakami. Albo odnaleźć kobietę kąpiącą się w drewnianym cebrzyku lub tę dziwną figurkę w kształcie muszli, w środku której widać było mężczyznę i kobietę – zupełnie gołych. Można też było postraszyć braciszka figurką chłopca schwytanego przez kobietę-węża, której włosy owinęły się wokół ciała ofiary.

Czasem dzieci próbowały zabawić mamę opowieściami o którejś z figurek. W rewanżu mama zaczynała snuć swoją historię, na przykład o dziecku trzymającym maskę. Nikt nie potrafił opowiadać tak jak ona.

Figurek było tak wiele, że nie dawało się ich policzyć. Nikt nigdy nie miał pewności, czy zna je wszystkie. Ale o to właśnie chodziło, taki był sens tych zabawek schowanych w lustrzanej szafce, gdzie ich odbicia powielały się w nieskończoność. Stanowiły zamknięty świat, przestrzeń, gdzie można się było bawić, aż nadchodziła chwila, gdy należało je odłożyć na miejsce, bo mama już była gotowa do wyjścia i pozostało jej tylko wybranie wachlarza i szala. Za chwilę pocałuje dzieci na dobranoc, a figurki powędrują do szafy.

Netsuke wracają więc do gablotki: jako ostatni samuraj wydobywający miecz z pochwy, który będzie stał na ich straży. Kluczyk znów przekręca się w zamku. Anna poprawia futrzany kołnierz na ramionach mamy i narzeka, że fałdy rękawów źle się układają. Przychodzi bona i zabiera dzieci do dziecinnego pokoju.

Podczas gdy w Wiedniu *netsuke* są dziecięcą zabawką, gdzie indziej traktuje się je z wielką powagą. W wielu miejscach Europy *netsuke* stały się obiektem zainteresowania kolekcjonerów. Pierwsze pionierskie kolekcje wystawione na sprzedaż w Hôtel Drouot osiągają zdumiewająco wysokie ceny. Antykwariusz Siegfried

Bing, właściciel galerii Maison de l'Art Nouveau w Paryżu, potęgi na rynku sztuki, stara się, by *netsuke* trafiły w najlepsze ręce. Jest ekspertem i autorem wstępu do katalogów wyprzedaży kolekcji zmarłych Philippe'a Burty'ego (140 sztuk), Edmunda de Goncourta (140 sztuk) i monsieur Gariego (200 sztuk).

Pierwsza historia *netsuke* w języku niemieckim, z ilustracjami i radami, jak należy je przechowywać, a nawet w jaki sposób aranżować kolekcję, została wydana w Lipsku w roku 1905. Najlepsza rada: nikomu ich nie pokazywać, trzymać pod kluczem, wyjmować możliwie jak najrzadziej, a najlepiej wcale. Z drugiej strony, żali się autor, dobrze mieć przyjaciół mających te same zainteresowania, przyjaciół, którzy chętnie poświęcą trochę czasu sztuce. W Europie nie jest to możliwe. Jeśli więc macie *netsuke* i chcecie cieszyć się ich widokiem, należy sprawić sobie płytką przeszkloną szafkę, na tyle jednak głęboką, by na jednym poziomie pomieściły się dwa rzędy *netsuke*, z półkami wyłożonymi zielonym aksamitem i z lustrem wprawionym w tylną ścianę. Serwantka w garderobie wychodzącej na Ringstrasse zupełnie bezwiednie odpowiada zaleceniom Herr Alberta Brockhausa zawartym w jego obszernej, uczonej pracy.

> Zaleca się – pisze on – chronić figurki przed kurzem, umieszczając je w przeszklonych szafach. Kurz wciska się w każde zagłębienie i sprawia, że wystawiony eksponat traci swą subtelność, połysk i urok. Umieszczenie *netsuke* na półce nad kominkiem razem z innymi bibelotami grozi, że zostaną uszkodzone przez nieostrożnych domowników, niechcący wyrzucone lub zaplątawszy się w fałdy damskiej sukni podczas spotkania towarzyskiego, wyniesione w nieznanym kierunku. Pewnego wieczoru jedno z moich *netsuke* odbyło taką właśnie podróż. Wróciło do mnie dopiero, gdy dama, która nieświadomie je wyniosła, przypadkiem odnalazła je w domu.

Japońskie figurki nigdzie nie mogły czuć się bezpieczniej niż na Ringstrasse. Niedbała służąca nie miała szans zabawić dłużej w domu Emmy, która potrafiła złajać pokojówkę za to, że rozlała śmietankę na tacę. Stłuczenie arlekina w salonie oznaczało zwolnienie z pracy. Ścieraniem kurzów w garderobie zajmują się inne służące; jedynie Annie wolno, przed wyłożeniem sukni swojej pani, otworzyć dzieciom drzwi gablotki.

Netsuke przestały być częścią życia salonowego, pretekstem do słownej szermierki. Nikt już nie rozwodzi się nad mistrzostwem snycerki czy kolorem patyny. *Netsuke* utraciły swój związek z Japonią i z japonizmem, nie stymulują żadnej dyskusji. Stały się zwykłymi zabawkami, najzwyklejszymi bibelotami, które w ręku dziecka wcale nie są takie małe. Tu, w garderobie Emmy, stanowią część jej rodzinnego życia. To przestrzeń, gdzie – z pomocą Anny – rozbiera się, gdzie się ubiera, by wyjść gdzieś z Viktorem, przyjacielem, kochankiem. Próg garderoby oddziela ją od reszty świata.

Im dłużej Emmy obcuje z *netsuke* i obserwuje zabawy dzieci, tym bardziej przekonuje się, że podarunek ten stał się czymś zbyt intymnym, by go pokazywać innym osobom. Najbliższa przyjaciółka Emmy Marianne Gutmann też ma kilka *netsuke* – dokładnie jedenaście – lecz trzyma je w swoim wiejskim domu. Te maleńkie figurki sprawiają przyjaciółkom mnóstwo radości. Trudno sobie jednak wyobrazić, by miały komuś objaśniać, na przykład paniom z komitetu Israelitische Kultusgemeinde (z czarnymi wstążeczkami przyczepionymi do sukni), które zbierają się, by pomóc dziewczętom z galicyjskich sztetli, jaki jest sens tych maleńkich, niepodobnych do niczego miniaturek i dlaczego jest ich tak wiele. Nie, to raczej nie wchodziło w grę.

Przychodzi kolejny kwiecień i znów jestem w pałacu, w dawnej garderobie Emmy. Wyglądam przez okno i poprzez nagie konary lip kieruję wzrok ku Votivkirche, a następnie w głąb Währinger Strasse. Piąta przecznica to Berggasse, gdzie pod numerem 19 stał dom doktora Freuda. Tam właśnie opisał przypadek nieżyjącej już wówczas ciotecznej babki Emmy – Anny von Lieben. Cecilie M. – tak ją bowiem nazwał – cierpiała na histerię, ostre bóle twarzy i okresową utratę pamięci. Trafiła do niego, „ponieważ nikt nie wiedział, jak sobie z nią poradzić". Podczas pięciu lat kuracji jej potrzeba mówienia była tak wielka, że Freud poradził jej, by zaczęła pisać. Była jego *Lehrmeisterin*, przewodniczką po świecie histerii.

Za plecami piszącego Freuda, wzdłuż ściany jego gabinetu, stoją przeszklone szafy pełne starożytności. Szafy z drewna różanego i z mahoniu, i biedermeierowskie witryny z drewnianymi i szklanymi półkami, zastawione etruskimi zwierciadłami, egipskimi skarabeuszami, portretami z Fajum i rzymskimi maskami pośmiertnymi. Wszystko spowija dym z cygara. Z pewnym zakłopotaniem uświadamiam sobie, że popadłem w beznadziejną obsesję dotyczącą mebla, który mnie coraz bardziej zajmuje – findesieclowej witryny. Lecz to, co prawdziwie mnie zainteresowało, to leżące na biurku Freuda *netsuke shishi* przedstawiające lwa.

Coraz gorzej radzę sobie z czasem. Spędzam cały tydzień, czytając dywagacje Adolfa Loosa na temat japońskiego stylu reprezentującego „odejście od symetrii", na temat sposobu, w jaki spłaszcza on przedmioty i ludzi. „Namalowany kwiat to kwiat dwuwymiarowy, zasuszony kwiat wyjęty spomiędzy kartek książki". Dowiaduję się, że Loos był pomysłodawcą wystawy Secesji w 1900 roku, która obejmowała również dużą kolekcję japońskich eksponatów. Japonia jest w Wiedniu wszechobecna.

Postanowiłem też uporać się z kontrowersyjnym Karlem Krausem. Zwabiony kolorem okładki kupiłem w antykwariacie egzemplarz „Die Fackel". Szkarłat był zapewne kolorem odpowiednim dla satyrycznego pisma zatytułowanego „Pochodnia". Ciekawe, czy w ciągu dziewięćdziesięciu lat kolor nie stracił swej intensywności.

Początkowo liczyłem, że *netsuke* otworzą mi drogę do środowiska wiedeńskiej inteligencji, z czasem zaczęła mi kołatać w głowie niepokojąca myśl, czy aby nie upodabniam się do Casaubona i nie spędzę reszty życia na sporządzaniu spisów i notatek. Wiem, że wiedeńska inteligencja lubowała się w zbieraniu zaskakujących przedmiotów i że dokładne i skrupulatne ich oględziny należały do szczególnych przyjemności. W czasach gdy dzieciom Emmy każdego wieczoru wolno było sięgać w głąb szklanej witryny, Loos głowił się nad projektem solniczki, Kraus analizował pewien anons i zdanie zamieszczone we wstępniaku w „Die Neue Zeitung", a Freud snuł rozważania na temat przejęzyczeń. Lecz przecież Emmy nie czytała Adolfa Loosa, dziwnym zrządzeniem losu nie lubiła Klimta („niedźwiedź o manierach niedźwiedzia") ani Mahlera („hałaśliwy"), nie kupowała niczego w Wiener Werkstätte („tandeta"). „Nie zabrała nas nigdy na żadną wystawę", żaliła się moja babcia w swoim wspomnieniu.

W Wiedniu roku 1910 ostatnią nowinką są przedmioty małe, fragmenty większej całości, a przecież Emmy jest bardzo wiedeńska. Co więc naprawdę myśli o *netsuke*? Nie ona stworzyła tę kolekcję, nie ma też ambicji, by ją powiększyć. W świecie Emmy roi się od drobiazgów: bibelotów w salonie, miśnieńskich filiżanek, rosyjskich sreber i stojących na gzymsie kominka malachitowych cacek. Dla Ephrussich wszystkie te przedmioty to nieistotny margines, tło dla unoszących się nad ich głowami amorków przypominających tłuste kuropatwy. Daleko jej do ciotki Beatrice Ephrussi-Rothschild, która do swojej willi na Cap Ferrat zamawia zegary od Fabergé.

Emmy uwielbia snuć historie, a każde *netsuke* to mała, zwarta opowiastka z kości słoniowej. Moja prababka ma dopiero trzydzieści lat. Nie dalej jak dwadzieścia lat wcześniej sama jeszcze rezydowała w dziecięcym pokoju, a matka czytała jej napisane przez siebie bajki. Teraz jej lekturą jest „Die Neue Freie Presse", a przede wszystkim drukowany na pierwszej stronie poniżej grubej linii codzienny felieton.

Powyżej owej linii publikowane są bieżące wiadomości: doniesienia z Budapesztu lub ostatnie oświadczenie burmistrza doktora Karla Luegera – *Herrgott von Wien*, wiedeńskiego Pana Boga. Przestrzeń poniżej przeznaczona jest na felieton. Każdego dnia czytelnik otrzymywał zręcznie napisany i cieszący się niezwykłą popularnością esej dotyczący najrozmaitszych tematów: poczynając od opery i operetki, na rozbiórce starego budynku kończąc. Często były to szkice portretujące postaci spotykane na ulicach starego Wiednia: Frau Sopherl sprzedającą owoce na Naschmarkt, starego plotkarza Herr Adabeia i inne epizodyczne typy krążące po potiomkinowskim mieście. Każdego dnia nowy: niezbyt nachalny, narcystyczny, kunsztownie skonstruowany, słodki jak ciasteczka od Demela. Herzl, który również zaczynał od pisania owych felietonów, mawiał, że felietonista „zakochuje się we własnej inwencji, tracąc w ten sposób jakąkolwiek możliwość oceny samego siebie, a także innych". Widać to gołym okiem. Wszystkie te doskonale napisane i pełne humoru felietony, pokazujące miasto w krzywym zwierciadle, to fajerwerk humoru, w którym „chodziło o to, by doświadczeniu niejako dożylnie wstrzyknąć truciznę sensacji – pisze Walter Benjamin. – [...] Korzysta z tego felietonista. Wielkie miasto czyni on obcym jego mieszkańcom". W Wiedniu felietonista przywraca miasto sobie w formie doskonałej, dostarczającej licznych wrażeń prozy.

Teraz gdy *netsuke* stały się dla mnie częścią Wiednia, konstatuję, że niektóre z nich są jak owe felietony. Przedstawiają bowiem postaci mieszkańców Japonii opisywane w nostalgicznym tonie przez odwiedzających Japonię podróżników. Lafcadio Hearn, amerykański dziennikarz greckiego pochodzenia, pisze o nich w *Glimpses of Unfamiliar Japan* [Obrazy nieznanej Japonii], *Gleanings in Buddha-Fields* [Pokłosie na polach Buddy] i w *Shadowings* [Krok w krok] – każdy napisany przez niego szkic czy esej stanowi poetycką ewokację: „pierwsi odzywają się wędrowni handlarze: *Daikoyai! Kabuya-kabu*. To sprzedawcy daikon i innych dziwnych warzyw. *Moya-moya* – żałośnie zawodzą kobiety sprzedające chrust na podpałkę".

Wśród *netsuke* znajdujących się w witrynie Emmy mamy bednarza wpisanego w łuk na wpół ukończonej beczki, splecionych w uścisku ulicznych zapaśników z kasztanowego drzewa, starego, pijanego mnicha w niedopiętych szatach, szorującą podłogę służącą, szczurołapa z otwartym koszykiem. Każda z tych miniaturowych rzeźb przedstawia jakąś figurę, którą każdego dnia mijało się na ulicach starego Edo, podobnie jak codzienny felieton u dołu pierwszej strony „Die Neue Freie Presse" opisywał jakąś postać ze starego Wiednia.

Rozłożone na zielonym aksamicie figurki, każda niczym codzienny felieton, mają do zaoferowania to, co wiedeńczycy lubią najbardziej: swoją opowieść.

Choć Emmy, piękna kobieta zamknięta w absurdalnym różowym pałacu, bywa irytująca, potrafi, wyjrzawszy przez okno na Schottengasse, zacząć opowiadać o starym woźnicy w zniszczonej dorożce, kwiaciarce albo studencie. *Netsuke* są częścią znanego dzieciom świata przedmiotów. Świat ten składa się z rzeczy, które można dotykać, i rzeczy, których dotykać nie wolno. Niektóre przedmioty dotyka się tylko czasami, inne każdego dnia; są też takie, które stanowią ich własność, i inne, które należą do nich przejściowo – z czasem przejdą w posiadanie brata lub siostry.

Dzieciom nie wolno wchodzić do pokoju ze srebrem, gdzie lokaje polerują srebrne naczynia, ani do jadalnego, szczególnie jeśli wieczorem spodziewani są goście. Nie wolno im dotykać oprawnej w srebrny koszyczek szklanki, z której ojciec pije herbatę *à la russe* – była kiedyś własnością dziadka. Wiele innych rzeczy w pałacu należało kiedyś do dziadka, ale ta szklanka jest szczególna. Na stole w bibliotece leży zawinięty w szary papier, związany sznurkiem pakunek. To książki nadesłane z Frankfurtu, Paryża czy Londynu. Pod żadnym pozorem nie wolno dzieciom brać do ręki ostrego srebrnego nożyka, który leży obok. Za to mogą liczyć na naklejone na paczkach znaczki; będą je mogły umieścić w swoim klaserze.

W tym dziecięcym świecie osobne miejsce zajmują dźwięki dostępne tylko dla dziecięcego ucha. Słychać więc złoto-zielony zegar (ten z syrenką), który podczas odwiedzin różnych cioteczynych babek, gdy trzeba nieruchomo siedzieć obok mamy, wolno odmierza każdą sekundę. Słychać też stukot końskich kopyt na dziedzińcu, co oznacza, że zaraz pojadą do parku. Jest też dźwięk deszczu bijącego o szklany dach, który zwiastuje, że tego dnia parku nie będzie.

Również zapachy stanowią część ich świata: woń cygara, które ojciec pali w bibliotece, zapach mamy i woń sznycli niesionych pod przykryciem obok drzwi pokoju dziecięcego. Kręcąca w nosie woń kurzu na gobelinach w jadalnym, za którymi, gdy nikt nie widział, lubili się chować. A po powrocie ze ślizgawki zapach gorącej czekolady szykowanej im osobiście przez mamę. Dzieci łamały przyniesioną w porcelanowym naczyniu czekoladę, a następnie topiły ją nad purpurowym płomieniem w małym srebrnym garnuszku. Gdy była płynna, wystarczyło dolać ciepłe mleko, wsypać cukier i zamieszać.

Niektóre obrazy widać idealnie ostro, jak gdyby oglądało się je przez soczewkę. Inne mają zamazane kontury, jak choćby korytarz, gdzie urządzają gonitwy: długa, niekończąca się złota linia obrazów i ciąg marmurowych stoliczków. Jeśli obiegnie się dom korytarzem ciągnącym się wokół dziedzińca, minie się aż osiemnaście par drzwi.

Z Paryża, w którym królował Gustave Moreau, *netsuke* trafiły do Wiednia, gdzie znalazły swoje miejsce wśród książek dla dzieci Dulaca. Stały się refrenem, częścią opowiadanych w niedzielne poranki bajek, *Baśni tysiąca i jednej nocy*, *Podróży Sindbada Żeglarza* i *Rubajjat* Omara Chajjama. Zostały zamknięte w szklanej witrynie ukrytej w królestwie Emmy. By do niego dotrzeć, trzeba pokonać długi korytarz, a wcześniej strome schody i dziedziniec, przejść obok stróża w dębowej bramie – a wszystko to w zaczarowanym zamku stojącym przy ulicy, która należy do świata *Baśni tysiąca i jednej nocy*.

9. *Heil Wien! Heil Berlin!*

Wiek XX ma już czternaście lat, tyle co Elisabeth, poważna dziewczyna, której wolno nareszcie siadać do kolacji razem z dorosłymi. Bywają wśród nich „ludzie wybitni, wysocy urzędnicy, profesorowie, oficerowie". Elisabeth przysłuchuje się rozmowom o polityce, ale ma przykazane, by się nie odzywać, chyba że ktoś zwróci się do niej bezpośrednio. Każdego dnia odprowadza ojca do banku, zaczyna też kompletować własną biblioteczkę: każda nowa książka oznaczona jest wykaligrafowanymi ołówkiem literami „EE" oraz cyfrą.

Gisela wciąż jest śliczną dziewczynką, która uwielbia się stroić. Iggie – dziewięciolatek nieco zbyt pulchny i trochę tym skrępowany – nie radzi sobie z matematyką, ale za to uwielbia rysować.

Nadchodzi lato i dzieci wraz z Emmy jadą do Kövecses. Emmy obstalowała sobie nowy kostium do jazdy konnej – czarny, z wysokim plisowanym stanem. Będzie w nim jeździć na Kontrze, swym ulubionym gniadoszu.

W niedzielę 28 czerwca 1914 roku arcyksiążę Franciszek Ferdynand, następca tronu, zostaje zastrzelony w Sarajewie przez młodego serbskiego nacjonalistę. W czwartek „Die Neue Freie Presse" zauważa, że „polityczne konsekwencje tego wydarzenia są mocno przesadzone".

W kolejną sobotę Elisabeth pisze kartkę do Wiednia:

4 lipca, 1914 roku
Najdroższy Papo,
dziękuję bardzo za załatwienie profesorów na przyszły semestr. Dziś rano było bardzo ładnie, więc pływaliśmy w stawie, ale teraz ochłodziło się i pewnie będzie padać. Z Gerty, Evą i Witoldem pojechaliśmy do Pieszczan, ale wcale mi się tam nie podobało. Toni ma dziewięć szczeniaczków, jeden zdechł i musimy je karmić butelką. Giseli podobają się nowe stroje. Tysiąc całusów.

Elisabeth

W niedzielę 5 lipca niemiecki cesarz przyrzekł Austrii wsparcie przeciw Serbii. Gisela i Iggie wysyłają ojcu kartkę z widokiem rzeki przepływającej przez Kövecses:

Najdroższy Tatusiu, sukienki są w sam raz. Jest bardzo gorąco, więc codziennie pływamy w rzece. U nas wszystko dobrze. Całujemy i ściskamy.

Gisela i Iggie

W poniedziałek 6 lipca w Kövecses jest już zimno i nie ma pływania. „Dziś namalowałam kwiatek. Całuję mocno, mocno, Gisela".

Staw w Kövecses

W sobotę 18 lipca matka z dziećmi wraca do Wiednia. W poniedziałek 20 lipca brytyjski ambasador sir Maurice de Bunsen zawiadamia Whitehall, że rosyjski ambasador w Wiedniu wyjechał na dwutygodniowy urlop. Tego samego dnia rodzina Ephrussich wyjeżdża na „długi miesiąc" do Szwajcarii.

Nad przystanią nadal powiewa rosyjska imperialna flaga. Viktor, zaniepokojony, że w przyszłości jego synowi może grozić obowiązkowa służba wojskowa w rosyjskiej armii, wystąpił do cara o pozwolenie na zmianę obywatelstwa. W 1914 Viktor został poddanym Jego Cesarskiej Mości Franciszka Józefa, osiemdziesięcioczteroletniego władcy Austrii, króla Węgier i Czech, Lombardii i Weneto, Dalmacji, Chorwacji, Slawonii, Galicji, Lodomerii i Ilirii, wielkiego księcia Toskanii, króla Jerozolimy i księcia oświęcimskiego.

28 lipca Austria wypowiada wojnę Serbii. 29 lipca cesarz oświadcza: „Pokładam nadzieję w moich poddanych, którzy w okresie burzy zawsze zjednoczeni i lojalni gromadzili się wokół tronu, gotowi ponieść najwyższą ofiarę w obronie honoru, majestatu i potęgi Ojczyzny". 1 sierpnia Niemcy wypowiadają wojnę Rosji, a trzeciego Francji. Kolejnego dnia wkraczają do neutralnej Belgii. Talia kart rozsypuje się: aby dochować wierności sojusznikom, Wielka Brytania wypowiada wojnę Niemcom. 6 sierpnia Austria wypowiada wojnę Rosji.

Z Wiednia do wszystkich zakątków cesarstwa zostają rozesłane listy mobilizacyjne. Pociągi zostają zarekwirowane na potrzeby wojska. Wszyscy francuscy lokaje Jules'a i Fanny Ephrussich, tak mistrzowsko obchodzący się z porcelaną i tak przydatni podczas wycieczek łódką po jeziorze, zostają zmobilizowani. Rodzina Ephrussich utyka w Szwajcarii.

Emmy jedzie do Zurychu prosić o pomoc austriackiego konsula generalnego Theophila von Jägera – nawiasem mówiąc, jej byłego kochanka. Chodzi o to, by rodzina mogła wrócić do Wiednia. Trwa wymiana telegramów. Trzeba się uporać z kuframi, niańkami i pokojówkami. Pociągi są przepełnione, Ephrussi mają za dużo bagażu, a w dodatku okazuje się, że cesarsko-królewska kolej żelazna – niezawodna jak hiszpański ceremoniał, punktualna jak maszerujący codziennie pod oknami pokoju dziecięcego oddział straży miejskiej, przestała funkcjonować.

Świat okazuje się wyjątkowo okrutny. Rozrzuceni po różnych krajach krewni, francuscy, austriaccy, niemieccy kuzyni, którzy wciąż są rosyjskimi poddanymi, wszystkie angielskie ciotki, wszyscy ci nomadzi niespecjalnie przywiązani do swoich krajów, znaleźli się po różnych stronach barykady. Po ilu stronach jednocześnie mogą się opowiedzieć członkowie jednej rodziny? Wuj Pips został już zmobilizowany i nim wyruszy walczyć przeciwko francuskim i angielskim krewnym, prezentuje się niezwykle efektownie w mundurze z karakułowym kołnierzem.

W Wiedniu panuje nastrój entuzjastycznego poparcia dla wojny, kraj nareszcie otrząśnie się z apatii i marazmu. Brytyjski ambasador notuje, że „całe społeczeństwo i prasa domagają się natychmiastowego ukarania znienawidzonego plemienia Serbów". Przyłączają się pisarze. Thomas Mann pisze esej: *Gedanken im Kriege* [Rozważania czasu wojny], a Rilke w *Fünf Gesänge* [Pięć pieśni] sławi wskrzeszenie boga wojny, Hofmannsthal zaś publikuje w „Die Neue Freie Presse" patriotyczny wiersz.

Jeden Schnitzler nie podziela tego entuzjazmu. 5 sierpnia pisze: „Światowa wojna. Światowa ruina. Karl Kraus życzy cesarzowi »szczęśliwego końca świata«".

W Wiedniu panował odświętny nastrój: młodzi ludzie w ukwieconych kapeluszach dwójkami i trójkami ciągnęli do punktów rekrutacyjnych; w parkach grały kapele wojskowe. Wiedeńska społeczność żydowska też była w znakomitym nastroju. Lipcowo-sierpniowy biuletyn Związku Austriacko-Żydowskiego donosił: „W tej godzinie próby deklarujemy się jako pełnoprawni obywatele tego kraju [...]. W podzięce za naszą wolność ofiarowujemy cesarzowi krew naszych dzieci i nasz majątek; chcemy udowodnić, że jesteśmy szczerymi obywatelami, takimi jak wszyscy inni [...]. Gdy wojna z całą jej grozą przejdzie już do przeszłości, nie wróci antysemicka agitacja [...] udowodnimy naszą równość". Niemcy uwolnią Żydów.

Viktor nie podzielał tych poglądów. Dla niego była to katastrofa o znamionach samobójstwa. Meble w pałacu kazał przykryć pokrowcami, służbę odesłał chwilowo do domu, a rodzinę umieścił najpierw w pobliżu Schönbrunnu u swego przyjaciela Gustava Springera, a później w górach u kuzynów mieszkających nieopodal Bad Ischl. Sam tymczasem przeniósł się do hotelu Sachera, aby stamtąd, nie odrywając się od lektur historycznych, śledzić rozwój wypadków. Był jeszcze bank, ale trudno prowadzić taką placówkę, gdy kraj jest w stanie wojny z Francją (Ephrussi et Cie, rue de l'Arcade, Paris 8), Anglią (Ephrussi and Co., King Street, London) i Rosją (Efrussi, Piotrogród).

„To państwo musi upaść", mówi hrabia w powieści Josepha Rotha *Marsz Radetzky'ego*:

> Jak tylko nasz cesarz zamknie oczy, rozpadnie się ono na sto części. Bałkany staną się potężniejsze od nas. Wszystkie narody stworzą swoje własne, małe, cuchnące państewka, nawet Żydzi w Palestynie obwołają króla. Wiedeń śmierdzi już potem demokratów, na Ringach po prostu nie można wytrzymać. [...] W Burgtheater grają ohydne sztuki żydowskie i co tydzień jakiś węgierski fabrykant klozetów zostaje baronem. Powiadam wam, moi panowie, jeśli nie przyjdzie do strzelaniny, wszystko skończone. Dożyjemy tego!

Tego lata w Wiedniu ogłoszono niezliczone odezwy. Teraz gdy kraj jest już w stanie wojny, cesarz zwraca się do dzieci swojego cesarstwa. Gazety drukują *Der Brief Sr. Majestät unseres allergnädigsten Kaisers Franz Joseph I an die Kinder im Weltkriege* – list Jego Cesarskiej Wysokości umiłowanego Franciszka Józefa I do dzieci w czasie wojny światowej: „Drogie dzieci, jesteście klejnotami podległych mi ludów, po tysiąckrotnym darem dla ich przyszłości".

Po sześciu tygodniach Viktor, zorientowawszy się, że wojna nie skończy się szybko, wraca z hotelu Sachera do domu, wkrótce po nim zjeżdża z Bad Ischl Emmy wraz z dziećmi, a meble zostają uwolnione z pokrowców. Na ulicy pod oknami dziecięcego pokoju wiecznie coś się dzieje: niezwykle hałaśliwe demonstracje studenckie (Musil pisze w dzienniku o „okropnym śpiewie w kawiarniach"), równie hałaśliwe przemarsze wojska, któremu towarzyszą kapele. Hałas jest tak dokuczliwy, że Emmy rozważa przeniesienie dzieci do spokojniejszej części domu. Nic z tego jednak nie wychodzi i wszystko pozostaje po staremu. „Nie jest to dom zaprojektowany z myślą o rodzinie – narzeka Emmy. – Siedzimy tu jak w szklanym pudle, równie dobrze moglibyśmy mieszkać na ulicy, ale ojciec tego w ogóle nie dostrzega", żali się.

Studenckie śpiewy zmieniają się z tygodnia na tydzień. Na początku było *Serbien muss sterben* – Serbia musi zginąć! Potem zaatakowano Rosjan: „Jeden głębszy, jeden Rusek". Następnie przyszła kolej na Francuzów. Coraz barwniej. Emmy martwi się oczywiście wojną, ale jeszcze bardziej martwi ją, jaki wpływ wszystkie te wrzaski będą miały na jej dzieci. Elisabeth, Gisela i Iggie jadają teraz przy małym stoliku w pokoju muzycznym, którego okna wychodzą na Schottengasse i gdzie jest nieco spokojniej.

Iggie zaczął właśnie chodzić do Schottengymnasium, znajdującej się tuż za rogiem szkoły prowadzonej przez benedyktynów. Była to bardzo dobra szkoła, jedna z dwóch najlepszych w Wiedniu, dowiedziałem się od Iggiego. Świadczy o tym tablica na ścianie szkoły z nazwiskami wychowanków, wśród nich słynnych poetów. Chociaż nauczycielami byli prawie wyłącznie zakonnicy, wielu uczniów to Żydzi. Szkoła kładła szczególny nacisk na naukę przedmiotów klasycznych, ale uczyła też matematyki, algebry, rachunków, historii i geografii. Również języków, choć w wypadku młodych Ephrussich, którzy podczas rozmowy z matką z łatwością przerzucali się z angielskiego na francuski, a z ojcem dodatkowo na niemiecki, nie miało to większego znaczenia. Nie znali jednak rosyjskiego (zaledwie kilka słów) ani jidysz. Teraz jednak mają przykazane, by poza domem mówić wyłącznie po niemiecku. Po mieście krążą mężczyźni uzbrojeni w wysokie drabiny i zamalowują wszystkie szyldy z obco brzmiącymi napisami.

Dziewczęta nie uczęszczają do Schottengymnasium. Gisela uczy się w domu z guwernantką w pokoju przylegającym do garderoby matki. Tymczasem Elisabeth, ku niezadowoleniu Emmy, wymogła na ojcu, by zatrudnił dla niej specjalnego nauczyciela. Emmy sprzeciwia się temu jakże niestosownemu dla dziewczynki rozwiązaniu. Dawała temu zresztą wyraz. Iggie pamiętał dobiegający z salonu podniesiony głos matki, a potem brzęk tłuczonego szkła. Elisabeth przerabia ten sam program co jej rówieśnicy w Schottengymnasium, a popołudniami chodzi jeszcze do szkoły na indywidualne lekcje w laboratorium. Doskonale zdaje sobie sprawę, że aby pójść na uniwersytet, musi zdać końcowe egzaminy wymagane w tej szkole. Od kiedy skończyła dziesięć lat, wiedziała, że z ozdobionego żółtym dywanem pokoju szkolnego musi jakoś trafić do znajdujących się po drugiej stronie Franzensring uniwersyteckich sal wykładowych. Pozornie blisko, ale dla dziewczyny była to wówczas daleka droga. Tego roku na Uniwersytecie Wiedeńskim studiuje dziewięć tysięcy osób, w tym sto dwadzieścia kobiet. Z pokoju Elisabeth nie widać wnętrza sali wykładowej – wiem, bo patrzyłem. Widać jednak jej okna i można sobie wyobrazić wznoszące się do góry audytorium i stojącego na katedrze wykładowcę. Profesor mówi do niej, a jej ręka posłusznie notuje w zeszycie zasłyszane słowa.

Iggie bez entuzjazmu uczęszczał do Schottengymnasium. Pocieszające było tylko to, że z domu do drzwi szkoły można było dobiec w zaledwie trzy minuty – wiem, bo sprawdziłem, tyle że bez tornistra. Zachowała się zrobiona w 1914 roku fotografia uczniów trzeciej klasy: trzydziestu chłopców w szarych flanelowych garniturach i krawatach lub marynarskich bluzach, opartych o blaty ławek. W głębi widać dwa otwarte okna, z których roztacza się widok na pięciokondygnacyjny dziedziniec. Jeden z chłopców stroi miny. Za uczniami stoi nauczyciel w habicie z nieprzeniknionym wyrazem twarzy. Na odwrocie fotografii widnieją podpisy chłopców – wszystkich tych Georgów, Fritzów, Ottonów, Maxów, Oskarów i Ernstów. Iggie podpisał się pięknie pochylonym pismem: „Ignace v. Ephrussi".

Na tylnej ścianie klasy widać tablicę zapisaną wzorami geometrycznymi. Dzisiaj uczyli się, jak wyliczyć powierzchnię stożka. Każdego dnia Iggie ma zadaną pracę domową. To dla niego prawdziwa udręka – jest słaby z algebry i rachunków i nie znosi matematyki. Siedemdziesiąt lat później mógł jednak przytoczyć z pamięci imiona wszystkich zakonników i wyliczyć przedmioty, których bezskutecznie próbowali go nauczyć.

Któregoś dnia wraca do domu z rymowanym wierszykiem:

Heil Wien! Heil Berlin!
In 14 Tagen
In Petersburg drinn!

(Witaj, Wiedniu! Witaj, Berlinie!
Nim 14 dni minie,
Petersburg weźmiemy!)

Bywają jeszcze gorsze. Viktorowi – obecnie obywatelowi Austro-Węgier i wiedeńczykowi – sprawiają one wyjątkową przykrość. Petersburg to jedno z jego ulubionych miast, a Rosja jest państwem, w którym przyszedł na świat.

Dla Iggiego wojna to zabawa żołnierzykami; tu triumfy zawsze święci kuzynka Piz – Marie-Louise von Motesiczky. W narożniku pałacu, ukryta za zamaskowanymi drzwiami, znajduje się przypominająca trochę wnętrze muszli klatka schodowa dla służby. Wznoszące się spiralnie 136 stopni prowadzi na sam szczyt budynku. Wystarczy pociągnąć ku sobie klapę i już się jest na dachu, wysoko ponad kariatydami i liśćmi akantu, skąd widać cały Wiedeń. Obracając się wolno zgodnie z ruchem wskazówek zegara, można ogarnąć wzrokiem kolejne budynki – poczynając od gmachu uniwersytetu, Votivkirche i katedry Świętego Stefana, poprzez wieże i kopuły opery i Burgtheater, a dalej ratusza, by na koniec powrócić do uniwersytetu. Można też, rzuciwszy sobie wyzwanie, podczołgać się do krawędzi dachu i przez szklaną taflę spojrzeć w dół na dziedziniec albo rozpocząć ostrzał mrowiących się na Franzensring lub Schottengasse maleńkich sylwetek mieszczuchów i ich małżonek. W tym jednak celu należało zaopatrzyć się w pestki od wiśni i tekturową rurkę, w którą trzeba było umiejętnie dmuchać. Ulubionym celem owej zabawy była znajdująca się na dole kawiarnia z szerokimi płóciennymi markizami. Należało tylko uważać na przepasanych długimi czarnymi fartuchami kelnerów i chować się, nim któryś z nich podniósł głowę i zaczął krzyczeć.

Można się też było wspiąć na dach sąsiedniego pałacu Liebenów, zamieszkanego zresztą przez kolejną spokrewnioną rodzinę. Albo bawić się w szpiegów: zakraść się do piwnic o łukowatych sklepieniach, a dalej tunelem do samego Schönbrunnu. I do parlamentu. I innych sekretnych miejsc połączonych siecią podziemnych przejść, do których wchodziło się z oblepionych reklamami kiosków na Ringstrasse. W podziemiach tych mieszkali *Kanalstrotter*, dziwni ludzie trudniący się zbieraniem monet, które wypadają ludziom z kieszeni i toczą się prosto do znajdujących się w chodniku żeliwnych kratek kanalizacyjnych.

W latach wojny członkowie rodziny i wszyscy domownicy musieli dostosować się do nowych, niełatwych warunków. Od roku 1915 wuj Pips służy jako cesarski oficer łącznikowy przy najwyższym niemieckim dowództwie w Berlinie. Dzięki jego staraniom udało się uchronić od służby wojskowej Rilkego i odkomenderować go do pracy za biurkiem. Ojca służba wojskowa nie obejmuje, gdyż skończył już pięćdziesiąt cztery lata. Z wyjątkiem kamerdynera Josefa, który również jest za stary, by iść do wojska, z pałacu zniknęli wszyscy pracujący w nim mężczyźni. Zostały niewielka grupka pokojówek, kucharka i Anna, która jest już w rodzinie od piętnastu lat i wie, jak komu dogodzić, a jeśli zajdzie potrzeba – uspokoić. Anna wie zresztą wszystko. Przed pokojówką, która pomaga swojej pani przebrać się po powrocie z miasta, nic się nie ukryje.

W domu zapanował spokój. Przed wojną Viktor zapraszał czasem znajomych służby, którzy akurat nie byli zatrudnieni, bo czekali na nowe miejsce pracy, na niedzielną sztukę mięsa i pieczeń. To się skończyło – w pokoju dla służby zapanowała inna atmosfera. Nie ma już stangretów ani stajennych, nie ma koni cugowych; aby pojechać na Prater, trzeba z postoju na Schottengasse wziąć dorożkę lub nawet pojechać tramwajem. Przestało się też „przyjmować". Goście są rzadkością, a przyjęcia bladym odbiciem proszonych kolacji sprzed wojny. Jest również nie do pomyślenia, by pokazać się publicznie w sukni balowej, nadal jednak chodzi się do opery i na proszone kolacje. W swoim wspomnieniu Elisabeth pisze: „Mama przyjmowała gości tylko na podwieczorek i brydża". Demel nadal sprzedaje ciastka, ale lepiej się z nimi nadmiernie nie afiszować – nawet podczas podwieczorków we własnym domu.

Hołdując przekonaniu, że trzeba przestrzegać zasad, Emmy w dalszym ciągu przebiera się do kolacji. Herr Schuster nie jeździ już do Paryża po suknie dla pani baronowej, ale Anna po mistrzowsku radzi sobie z garderobą swej pani – wystarczy, że przejrzy ostatnie żurnale, i już wie, jak przerobić każdą suknię. Zachowała się fotografia Emmy z tej pierwszej wojennej wiosny. Ma na sobie długą, czarną suknię i czarny toczek jakby z niedźwiedziego futra – rodzaj kołpaka, przybranego dwoma piórami. Szyję zdobi jej długi, sięgający talii sznur pereł. Gdyby nie data na odwrocie fotografii, trudno byłoby uwierzyć, że trwa wojna. Suknia jest zapewne z poprzedniego sezonu, ale dziś nie sposób to stwierdzić.

Wieczorami, tak jak dawniej, Gisela i Iggie odwiedzają Emmy w jej garderobie. Wolno im już osobiście otwierać witrynę, ale dziesięcioletnia dziewczynka i ośmioletni chłopczyk nie są już zainteresowani zabawą *netsuke* – to zbyt dziecinne, chociaż po ciężkim dniu, w dodatku jeśli się zostało złajanym przez brata Georga, dobrze jest sięgnąć w głąb szafki i wydobyć wiązkę chrustu lub bawiące się szczeniaki.

Na ulicach Wiednia zaroiło się od ludzi. Większość to Żydzi – z samej Galicji przybyło do miasta sto tysięcy osób, uciekinierów uchodzących przed rosyjską armią. Niektórzy zostali umieszczeni w barakach wyposażonych zaledwie w podstawowe wygody. Nie nadają się one jednak dla rodzin. Mnóstwo ludzi trafiło do Leopoldstadt i zostało zakwaterowanych w urągających warunkach. Wielu żebrze, nie próbując nawet udawać handlarzy sprzedających pocztówki czy wstążki. Nie mają za co kupić towaru. Israelitische Kultusgemeinde organizuje akcję pomocy.

Zasymilowani Żydzi są zaniepokojeni napływem uciekinierów: razi ich prostactwo nowo przybyłych; ich sposób mówienia, ubiór i obyczaj nie pasują do wiedeńskiego *Bildung*. Dodatkowo niepokoi ich, czy przybysze nie spowolnią procesu asymilacji. „Ciężko jest być Żydem na Wschodzie, ale jeszcze cięższej Żydem ze Wschodu, który właśnie trafił do Wiednia – pisze Joseph Roth o tych przybyszach. – Nic się dla nich nie robi. Ich kuzyni i współwyznawcy, ulokowani bezpiecznie za biurkami, czują się już »tubylcami«. Nie życzą sobie, by ich kojarzono z Żydami ze Wschodu, a już nie daj Boże, żeby przypadkiem ich z nimi utożsamiano". Zapewne jest to dość charakterystyczna niechęć imigrantów do tych, którzy przybyli po nich. W końcu sami też są tu przejazdem.

Wygląd ulic też się zmienia. Ringstrasse przemieniła się w deptak. To miejsce przypadkowych spotkań, szybkiej kawy na tarasie przed Café Landtmann, spotkań przyjaciół, pospiesznych schadzek na Corso. Ulicą płynie swobodna rzeka ludzi.

W tym okresie w Wiedniu obowiązują jakby dwie prędkości. Jedna to tempo maszerującego wojska i biegnących za nim dzieci; druga to całkowity bezruch. Wszędzie widać ludzi stojących w ogonkach po jedzenie, papierosy czy gazety. *Anstellen* – to nowe zjawisko, które wszyscy komentują. W archiwach policyjnych znajduję informacje, po jakie towary ustawiały się kolejki i w jakich okresach. Na jesieni roku 1914 najbardziej poszukiwanym towarem były mąka i chleb, na początku 1915 – mleko i ziemniaki, jesienią tego roku – olej, w marcu 1916 – kawa, w następnym miesiącu – cukier, jeszcze w kolejnym – jajka, a w lipcu – mydło. Potem brakuje już wszystkiego, a miasto pogrąża się w sklerozie.

Również obieg towarów podlega nowym zasadom. Ludzie opowiadają sobie o bogaczach gromadzących skrzynie pełne jedzenia. Pojawiają się spekulanci, szemrane typy przesiadujące po kawiarniach. Aby zdobyć pieniądze, trzeba się czegoś pozbyć. Przedmioty opuszczają domy i stają się walutą. Jedyni ludzie, którym się powodzi, to ci, którzy mają dostęp do żywności – te „typki" i chłopi. Krążą opowieści o wieśniakach paradujących w tużurkach wiedeńskich burżujów i ich małżonkach ubranych w suknie z najlepszego jedwabiu. W chałupach pojawiły się rzekomo fortepiany, pełno w nich porcelany, bibelotów i tureckich dywanów. Nauczyciele muzyki w poszukiwaniu nowych uczniów przenoszą się podobno masowo na wieś.

Zmienił się też wygląd parków. Zniknęli dozorcy i ludzie dbający o porządek. Choć w parku po drugiej stronie Ringu coraz więcej pyłu, nie ma już człowieka, który polewał wodą wiecznie zakurzone ścieżki.

Za chwilę Elisabeth skończy szesnaście lat. Rodzice wyrazili zgodę, by idąc w ślady ojca, oddawała swoje książki do introligatora – wracają oprawione w koźlą skórkę z wyklejkami z marmurkowego papieru. To jakby pasowanie na dorosłą, zaznaczenie, że jej lektury nie są błahe, to też oddzielenie własnych książek od księgozbioru ojca: te należą do mojej biblioteki, a te do ojcowskiej. Przyjeżdżający od czasu do czasu z Berlina wuj Pips zlecił jej przepisanie korespondencji od swego przyjaciela, reżysera Maxa Reinhardta.

Gisela, która ma jedenaście lat, uczy się rysunku. Dziewięcioletniemu bratu nie wolno jej przeszkadzać w tych lekcjach. Tymczasem Iggie interesuje się umundurowaniem gwardii cesarskiej („piechota w jasnobłękitnych spodniach, Bośniacy w jasnoniebieskich mundurach ze szkarłatnymi fezami na głowach") i rysuje je kolorowymi kredkami w oprawnych w skórę notesikach wiązanych czerwonymi jedwabnymi tasiemkami. Teraz gdy stracił zainteresowanie witryną z *netsuke*, często doradza Emmy, jak ma się ubrać.

Zaczyna też rysować stroje. Ukradkiem.

Jednocześnie w swoim oprawnym w skórę notesie z wytłoczonym na okładce okrętem zaczyna pisać opowiadanie. Jest luty 1916 roku.

> O rybaku Jacku. Napisał I.L.E.
>
> Dedykacja. Najdroższej Mamie zeszyt ten z miłością dedykuję.
>
> Wstęp. Wiem, że nie jest to najlepsze opowiadanie, ale na pewno jedno mi się udało: bardzo dokładnie opisałem bohaterów opowieści.
>
> Rozdział I. Jack i jego życie. W swym krótkim życiu Jack nie zawsze był rybakiem. Został nim dopiero po śmierci ojca…

W marcu IKG wystosowuje otwarty list do wiedeńskich Żydów: „Obywatele i współbracia! Świadomi swego obowiązku nasi ojcowie, bracia i synowie przelewają krew i oddają życie jako dzielni żołnierze w szeregach naszej wspaniałej armii. Ci, co zostali w domach, równie świadomi swych obowiązków, bez wahania złożyli na ołtarzu ojczyzny swój majątek. Dziś głos naszej ojczyzny powinien znów obudzić w nas patriotycznego ducha". W tym czasie wiedeńscy Żydzi udzielili państwu kolejnej pożyczki w wysokości pięciuset tysięcy koron.

Miasto aż kipi od plotek. Kraus pisze: „I co wy na to? Sensacje, o których gadają w Wiedniu, powtarza cała Austria. Wszyscy powtarzają, chociaż nikt nic nie wie".

W kwietniu grupa żołnierzy, która przeżyła potyczkę pod Uścieczkiem, będąc na przepustce, odtworzyła na scenie wiedeńskiego teatru przebieg bitwy. Kraus, oburzony tym widowiskiem, z furią napiętnował przybierającą na sile teatralizację wojny. Problem był następujący: *„die Sphären fliessen ineinander"* – doszło do przemieszania różnych rejestrów życia, do nakładania ich się na siebie. W wojennym Wiedniu granice z całą pewnością zatraciły ostrość.

W praktyce oznaczało to, że dzieci mają okazję zobaczyć więcej, niż byłoby to możliwe kiedykolwiek wcześniej. Trzeba dodać, że nie było w Wiedniu lepszego punktu obserwacyjnego niż ich balkon.

11 maja Elisabeth idzie z kuzynką do opery na *Meistersinger*. *„Heilige Deutsche Kunst"* – „przenajświętsza niemiecka sztuka", notuje w swoim zielonym zeszycie, w którym opisuje wizyty w teatrze i na koncertach. W patriotycznym uniesieniu podkreśla słowo *Deutsche*.

W lipcu Viktor zabiera dzieci na Prater na Wiedeńską Wystawę Wojenną. Jej celem było zmobilizowanie społeczeństwa: podniesienie morale i zebranie pieniędzy. Największą atrakcją okazały się pokazy psów, podczas których wojskowe dobermany demonstrowały swoje umiejętności. Dzieci obejrzały też zgromadzony w ogromnych salach zdobyty sprzęt artyleryjski, a także realistycznie namalowaną panoramę przedstawiającą pole bitwy w górskim krajobrazie, pozwalającą wyobrazić sobie dzielnych austriackich chłopców walczących na włoskiej granicy. Na terenie wystawowym odbywały się koncerty w wykonaniu żołnierzy, którzy na skutek działań wojennych utracili

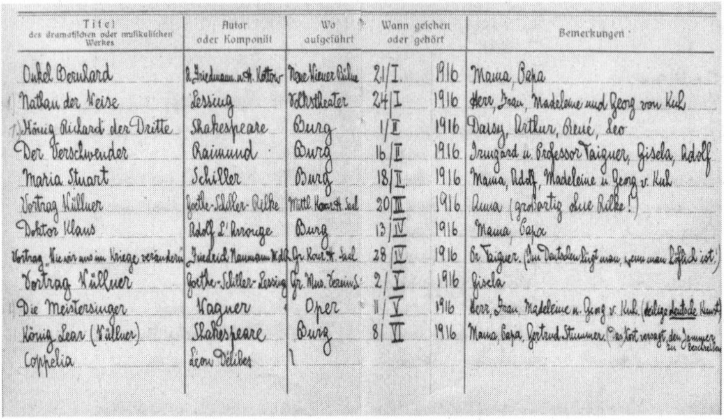

Titel des dramatischen oder musikalischen Werkes	Autor oder Komponist	Wo aufgeführt	Wann gesehen oder gehört		Bemerkungen
Onkel Bernhard	R. Friedmann u. H. [illegible]	Neue Wiener Bühne	21/I.	1916	Mama, Papa
Nathan der Weise	Lessing	Volkstheater	24/I	1916	Herr, Frau, Madeleine und Georg von Kul
König Richard der Dritte	Shakespeare	Burg	1/II	1916	Daisy, Arthur, René, Leo
Der Verschwender	Raimund	Burg	16/II	1916	Irmgard u. Professor Taigner, Gisela, Adolf
Maria Stuart	Schiller	Burg	18/II	1916	Mama, Adolf, Madeleine u. Georg v. Kul
Vortrag Wüllner	Goethe-Schiller-Rilke	Mittl. Konzert. Saal	20/III	1916	Anna (großartig ohne Rilke!)
Doktor Klaus	Adolf L'Arronge	Burg	13/IV	1916	Mama, Papa
Vortrag „Wie wir uns im Kriege verändern"	Friedrich Naumann [illegible]	Gr. Konz. H. Saal	28/IV	1916	Dr. Taigner. ([illegible])
Vortrag Wüllner	Goethe-Schiller-Lessing	Gr. Mus. Vereins S.	2/V	1916	Gisela
Die Meistersinger	Wagner	Oper	11/V	1916	Herr, Frau, Madeleine u. Georg v. Kul. ([illegible] deutsche Kunst)
König Lear (Wüllner)	Shakespeare	Burg	8/VI	1916	Mama, Papa, Gertrud Stummer ([illegible])
Coppelia	Leon Délibes	[illegible]			

Notes, w którym Elisabeth zapisywała swoje wrażenia ze spektakli teatralnych i operowych, 1916

kończyny. Przed wyjściem w specjalnej sali można było zostawić tytoń dla żołnierzy.

Próbowano pokazać publiczności, jak wyglądają prawdziwe okopy. Kraus zwraca uwagę na reklamy obiecujące, że ci, którzy się na wystawę wybiorą, zobaczą życie w okopach „jak żywe".

8 sierpnia podczas pobytu w Kövecses Elisabeth dostaje od Eveliny – babki ze strony matki – oprawny w ciemną zieleń tomik jej wierszy, pierwotnie wydany w Wiedniu w roku 1907. Egzemplarz ofiarowany Elisabeth babka opatrzyła dedykacją: „Niech te stare przebrzmiałe pieśni rozbrzmiewają teraz w Tobie. Ożyją wtedy i dla mnie".

Viktor, pozbawiony młodych, kompetentnych pracowników, którzy wciąż przebywają na froncie, odrabia pańszczyznę w banku – niewdzięczne zajęcie w czasach wojny. Wobec państwa odznacza się patriotyzmem i hojnością; gdy trzeba, bez wahania spieszy z pomocą finansową. Kupuje dużą transzę wojennych obligacji rządowych. Po jakimś czasie dokupuje kolejną. Nie słucha rad Gutmanna i innych przyjaciół z Wiener Klubu, by tak jak oni ulokował gotówkę w Szwajcarii. Według Viktora byłoby to niepatriotyczne. Podczas wieczornych kolacji przesuwa dłonią po twarzy, od czoła do brody, i powtarza, że każdy kryzys stwarza nowe możliwości – trzeba je tylko umieć dostrzec.

Po powrocie do domu zamyka się w swym gabinecie. „Biblioteka – powiada, cytując Wiktora Hugo – to akt wiary". A jednak książek przychodzi coraz mniej. Skończyły się przesyłki z Petersburga, Paryża, Londynu i Florencji, a książki przysłane przez nowego księgarza z Berlina nie satysfakcjonują go. Nikt właściwie nie wie, co czyta, gdy z cygarem zamyka się na długie godziny w gabinecie. Zdarza się, że nie zjawia się na kolacji; prosi, by mu ją przynieść na tacy. Między nim a Emmy sprawy nie układają się dobrze; coraz częściej dzieci słyszą podniesione głosy rodziców.

Przed wojną każdego lata, przy użyciu drabin, wiader i szczotek na długich kijach, szorowano szklany dach nad dziedzińcem. Od kiedy służba pałacowa jest na froncie, nikt nie ma głowy do zajmowania się dachem. Światło wpadające na dziedziniec jest jeszcze bardziej szare.

Granice stale się przesuwają. Uczucia patriotyczne dzieci są szczere, lecz nie ze wszystkim potrafią sobie poradzić. Na ulicy i w szkole wciąż słyszą o „brytyjskiej zawiści, francuskiej żądzy odwetu i rosyjskiej zachłanności". Z każdym miesiącem kurczy się świat, w którym można się poruszać. Rodzinne koneksje zostały zawieszone. Oczywiście pozostaje korespondencja, ale listy nie zastąpią spotkań z francuskimi i angielskimi kuzynami ani wzajemnych odwiedzin.

Skończyły się letnie wyjazdy do Chalet Ephrussi w Lucernie, całe długie lato spędza się więc w Kövecses. Przynajmniej jada się tam jak dawniej: pieczeń z zająca, pasztety z dziczyzny i śliwki w cieście – na ciepło, *mit Schlag* – z bitą śmietaną. We wrześniu jak dawniej rozpoczyna się sezon łowiecki; kuzyni na przepustce z wojska, urlopowani, by wytchnąć od frontowej strzelaniny, przyjeżdżają strzelać na kuropatwy.

26 października w restauracji hotelu Meissl & Schadn na Kärntner Strasse został zabity premier Karl von Stürgkh. Zainteresowanie budzą dwa fakty. Po pierwsze, osoba zabójcy – Fritza Adlera, radykalnego działacza socjalistycznego, syna przywódcy socjaldemokratów Viktora Adlera. Po drugie, posiłek premiera: zupa grzybowa, duszona wołowina z purée z brukwi i deser. Do obiadu premier pił spritzera. Dzieci dodatkowo porusza to, że mord miał miejsce w tej samej restauracji, w której nie tak dawno temu, bo zaledwie na początku lata, jadły *Ischler Torte*, czekoladowy tort z migdałowym i wiśniowym nadzieniem.

21 listopada 1916 roku umiera Franciszek Józef.

Wszystkie gazety ukazują się z czarną obwódką. Nagłówki donoszą: „Śmierć cesarza", „Kaiser Franz Joseph, cesarz – nie żyje!". Niektóre publikują podobiznę cesarza z jego charakterystycznym kryjącym nieufność spojrzeniem. „Die Neue Freie Presse" nie zamieszcza komentarza, natomiast „Wiener Zeitung" uczciła cesarza, zamieszczając na pierwszej stronie jedynie zawiadomienie o jego śmierci. Podobnie postąpiły wszystkie tygodniki z wyjątkiem „Die Bombe", który opublikował rycinę przedstawiającą dziewczynę zaskoczoną w łóżku wizytą gentlemana.

Franciszek Józef zmarł w wieku 86 lat. Panował od roku 1848. W zimowy dzień przez Wiedeń przeciągnął kondukt żałobny. Wzdłuż ulic, którymi miał przejść orszak pogrzebowy, ustawił się szpaler wojska. Karawan z trumną cesarza ciągnęło osiem koni ozdobionych czarnymi pióropuszami, po bokach szli najstarsi arcyksiążęta udekorowani najwyższymi odznaczeniami państwowymi oraz przedstawiciele gwardii cesarskiej. Za trumną szli nowy cesarz, młodziutki Karol, i jego żona Zyta w długim, sięgającym ziemi czarnym welonie, a między nimi, w białym ubranku przybranym czarną szarfą, ich czteroletni syn Otto. Uroczystości pogrzebowe odbyły się w katedrze w obecności królów Bułgarii, Bawarii, Saksonii i Wirtembergii oraz pięćdziesięciu arcyksiążąt, diuków i czterdziestu pomniejszych książąt i księżniczek.

Następnie kondukt pogrzebowy ruszył do kościoła Kapucynów na Neue Markt, tuż obok Hofburgu. Jego celem był znajdujący się w tamtejszej krypcie *Kaisergruft*, cesarski grobowiec. Tam odbyła się dramatyczna ceremonia przyjęcia – mistrz ceremonii trzykrotnie uderzył w drzwi świątyni, które otworzyły się dopiero po trzecim uderzeniu. Franciszek Józef został pochowany między swą żoną Elisabeth a najstarszym synem, samobójcą Rudolfem.

Rodzice zabrali dzieci do stojącego na rogu Kärntner Strasse hotelu Meissl & Schadn, który wrył się w ich pamięć z powodu wybornego tortu, by z okien na pierwszym piętrze mogły obejrzeć przemarsz konduktu. W dzień pogrzebu panował wyjątkowy chłód.

Viktor pamiętał paradę Makarta sprzed trzydziestu siedmiu lat wraz z całym bogactwem kapeluszy i piór, pamiętał też, jak czterdzieści sześć lat wcześniej został uszlachcony jego ojciec. Od czasów gdy Franz Joseph otworzył Ringstrasse i gmachy parlamentu, opery, Votivkirche, ratusza i Burgtheater, wyrosło całe pokolenie.

Dzieci z kolei wspominały inne parady, w których uczestniczył cesarz. Widziały go wielokrotnie, zarówno w Wiedniu, jak i w Bad Ischl. Pamiętały go też na przejażdżce z przyjaciółką, panią Schratt, która dyskretnie skinęła im ręką obciągniętą w rękawiczkę. Do rodzinnego repertuaru weszło pewne powiedzenie cesarza. Ilekroć odwiedzała ich jędzowata cioteczna babka Anna von Hertzenreid, gdy udało się już wymijająco odpowiedzieć na wszystkie zadawane przez nią pytania i wizyta dobiegała końca, należało – nim zrobi to ktoś inny – wykrzyknąć za cesarzem: „*Es war sehr schön, es hat mich sehr gefreut*" – bardzo to miłe, jestem prawdziwie rad.

Na początku grudnia w garderobie Emmy odbyła się istotna narada: Elisabeth po raz pierwszy miała sama zadecydować o fasonie swojej sukni. Oczywiście suknie szyto jej wcześniej, teraz jednak mogła osobiście podjąć decyzję. Emmy i Gisela od dawna czekały na ten moment, podobnie jak Iggie, który żywo interesował się sprawami ubioru, no i Anna, która czuwała nad ich garderobą. Z katalogu z próbkami materiałów Elisabeth wybrała materiał w deseń przypominający pajęczynę.

Iggie prawie oniemiał. Po siedemdziesięciu latach w Tokio z niezwykłym przejęciem opisał mi ciszę, jaka zapadła w pokoju matki, gdy Elisabeth w końcu dokonała wyboru. „Możesz to sobie wyobrazić?! Okazało się, że ona w ogóle nie ma gustu!"

17 stycznia wszedł w życie dekret nakazujący ogłaszanie w prasie oraz na specjalnych tablicach ogłoszeniowych nazwisk spekulantów. Wiele jest określeń na spekulanta, ale coraz częściej używa się wymiennie kilku słów: wyzyskiwacz, paskarz, *Ostjude*, przybysz z Galicji, Żyd.

W marcu cesarz Karol ogłasza dzień 21 listopada dniem wolnym od nauki na pamiątkę odejścia Franciszka Józefa oraz własnego wstąpienia na tron.

W kwietniu Emmy uczestniczy w Schönbrunnie w przyjęciu zorganizowanym dla pań udzielających się w komitecie wspierającym wdowy po żołnierzach, którzy zginęli w obronie cesarstwa. Nie jest dla mnie jasne, jaki był cel tego zgromadzenia, ale zachowało się zdjęcie przedstawiające około stu wytwornie ubranych pań w kapeluszach, które pod rokokowymi lustrami i stiukami Wielkiej Sali Balowej ustawiły się w kształt wielkiego łuku.

W maju otworzono wystawę, na której pokazano sto osiemdziesiąt tysięcy ołowianych żołnierzyków. W lecie tego roku wszystko w Wiedniu było *heldenhaft* – heroiczne. Przez cały rok gazety ukazują się z białymi plamami – to znaki ingerencji cenzury, która usunęła jakąś informację albo komentarz.

Korytarz łączący garderobę Emmy – pokój, gdzie przechowywane są *netsuke* – i gabinet Viktora wydaje się coraz dłuższy. Emmy często nie przychodzi na obiad; służące pospiesznie usuwają jej nakrycie i wszyscy udają, że nic się nie stało. Czasem powtarza się to również o ósmej, w porze kolacji.

Coraz trudniej zdobyć coś do jedzenia. Od dwóch lat kolejki po chleb, mleko i ziemniaki są codziennością, teraz jednak trzeba również odstać swoje, by dostać kapustę, śliwki czy piwo. Atutem pani domu staje się wyobraźnia. Kraus opisuje zaradną germańską żonę: „Dziś mieliśmy prawdziwą ucztę [...]. Co za smakołyki: pożywny bulion z kostek Excelsior Hindenburg o smaku kakaowym, wyborna pseudopieczeń z fałszywego zająca garnirowana pseudokalarepką, a na deser placek ziemniaczany na parafinie".

Zostają wprowadzone nowe monety. Przed wojną w obiegu były złote i srebrne korony. Po trzech latach wojny zastąpiono je monetami miedzianymi, a w lecie żelaznymi.

Żydowska prasa entuzjastycznie wspiera cesarza Karola. „Żydzi – pisze »Blochs Wochenschrift« – są nie tylko najbardziej lojalnymi stronnikami monarchii, lecz też Austriakami oddanymi na śmierć i życie sprawom swojej ojczyzny".

W lecie 1917 roku Elisabeth wraz ze swoją najbliższą przyjaciółką Fanny gości w lecie w Alt Ausee w wiejskim domu baronowej Oppenheimer. Fanny Löwenstein spędziła dzieciństwo w różnych europejskich krajach i zna tyle samo języków co Elisabeth. Obie mają po siedemnaście lat i uwielbiają poezję. Same też próbują pisać. Ku ich ogromnemu poruszeniu wśród gości są również poeta Hugo von Hofmannsthal i kompozytor Richard Strauss oraz dwaj synowie Hofmannsthala. Innym zaproszonym był historyk Joseph Redlich, który, jak przyznała sześćdziesiąt lat później Elisabeth, wywarł na młodych pannach „jak najgorsze wrażenie, wieszcząc nieuchronną klęskę Austrii i Niemiec, podczas gdy Fanny i ja wciąż przyjmowałyśmy bez zastrzeżeń oficjalne komunikaty o zbliżającym się zwycięstwie".

W październiku „Reichpost" donosi o międzynarodowym sprzysiężeniu przeciwko Austrii i podkreśla, że Lenin, Kiereński oraz lord Northcliffe to Żydzi. Zwraca też uwagę, że prezydent Woodrow Wilson również „ulega żydowskim wpływom".

21 listopada, w rocznicę śmierci cesarza, wszyscy uczniowie mają wolne.

Wiosną 1918 roku sytuacja jest bardzo trudna. Emmy, która – według słów Krausa w „Die Fackel" – „skupia wokół siebie najbardziej dystyngowane towarzystwo", jest piękniejsza niż kiedykolwiek. Ma też nowego kochanka – młodego hrabiego, oficera jednego z pułków kawaleryjskich, syna zaprzyjaźnionej rodziny. Jest on częstym gościem w Kövecses, gdzie przyjeżdża z własnymi końmi. Jest niezwykle przystojny i w dodatku wiekiem znacznie bliższy Emmy niż Viktor.

Na wiosnę w księgarniach pojawiła się przeznaczona dla dzieci cesarstwa książka zatytułowana *Unser Kaiserpaar* [Nasza para cesarska]. Opisuje ona nowego cesarza, jego żonę i syna na pogrzebie Franciszka Józefa. „Pierwsza para cesarstwa zadbała, by ich pierworodny syn szedł prowadzony za rękę przez matkę. Ten rodzinny obraz stworzył magiczne porozumienie między monarszą parą a ich poddanymi: czuły gest matki podbił całe cesarstwo".

18 kwietnia Elisabeth z Emmy idą do Burgtheater na spektakl *Hamleta* z nieprawdopodobnie przystojnym Alexandrem Moissim w roli głównej. „*Der grösste Eindruck meines Lebens*" – najwznioślejsze doznanie mojego życia – notuje Elisabeth w swoim zielonym notesie. Emmy ma lat trzydzieści osiem i od dwóch miesięcy jest w ciąży.

Wiosna przynosi rodzinie radosne zmiany: obie młodsze siostry Emmy zaręczyły się. Wybrankiem dwudziestosiedmioletniej Gerty jest Tibor, węgierski arystokrata, którego pełne nazwisko brzmi: Thuróczy de Alsó-Körösteg et Turócz-Szent-Mihály. Dwudziestoczteroletnia Eva oddała rękę młodemu baronowi o znacznie skromniej brzmiącym nazwisku: Jenő Weiss von Weiss und Horstenstein.

W czerwcu wybucha fala strajków. Dzienna racja mąki wynosi już tylko trzydzieści pięć gramów – tyle, ile pojemność filiżanki do kawy. Grupy kobiet i dzieci napadają na ciężarówki rozwożące chleb. W lipcu znika mleko. Jest przeznaczone wyłącznie dla karmiących matek i ludzi obłożnie chorych, ale nawet dla nich go nie starcza. Wielu wiedeńczyków, by przetrwać, rusza poza miasto wykopać trochę ziemniaków. Rząd rozważa, czy można zezwolić mieszkańcom miast na chodzenie z plecakami. Jeśli tak, czy nie należy ich rewidować na stacjach?

Na podwórku pojawiają się szczury. Nie są to bynajmniej szczury z kości słoniowej o oczach z bursztynu.

Mnożą się antyżydowskie demonstracje. 16 czerwca zbiera się w Wiedniu Zjednoczenie Ludu Niemieckiego, aby przysiąc wierność cesarzowi i domagać się pangermańskiej jedności. Jeden z mówców jako prostą receptę na zagojenie wszystkich ran państwa proponuje pogrom.

18 czerwca prefekt policji zwraca się do Viktora z prośbą, by udostępnił pałacowy dziedziniec, na którym obecnie stoi tylko unieruchomiony z powodu braku paliwa samochód. Chodzi o ulokowanie tam sił policyjnych, które ukryte przed wzrokiem przechodniów, w razie zamieszek byłyby gotowe do natychmiastowej interwencji. Viktor wyraża zgodę.

W wojsku mnożą się dezercje. Habsburscy żołnierze wolą poddać się wrogowi, niż walczyć. Do niewoli poszło dwa miliony dwieście tysięcy żołnierzy, siedemnaście razy więcej niż Brytyjczyków.

28 czerwca Elisabeth odbiera w Schottengymnasium świadectwo ukończenia szkoły. Siedem „*sehr gut*": z religii, niemieckiego, łaciny, greki, geografii i historii, filozofii i fizyki. Tylko jeden „*gut*" – z matematyki. 2 lipca otrzymuje świadectwo dojrzałości opatrzone pieczęcią z wizerunkiem poprzedniego cesarza. Do słowa „ukończył" dopisano literę „a".

Nadchodzi fala upałów. Emmy jest w piątym miesiącu ciąży, musi jeszcze przetrwać całe lato. Maleństwo jest wyczekiwane z tęsknotą i miłością – ale jest oczywiste, że jego narodziny przyniosą same kłopoty.

Sierpień wszyscy spędzają w Kövecses. W domu już prawie nie ma służby, w ogrodzie pracuje tylko dwóch staruszków, a ciągnącymi się wzdłuż długiej werandy różanymi rabatami od dawna nikt się już nie zajmuje. 22 września Gisela i Elisabeth wraz z ciotką Gerty jadą do Wiednia na spektakl *Fidelia*, a trzy dni później idą do Burgtheater na spektakl *Hildebrand*. Elisabeth odnotowuje, że na widowni obecny był arcyksiążę. Mniej więcej w tym samym czasie wojnę Austrii wypowiada Brazylia. 18 października Czesi zajmują Pragę, odrzucają panowanie Habsburgów i ogłaszają niepodległość. 29 października Austria kieruje do Włochów prośbę o zawieszenie broni. 2 listopada w mieście zaczynają krążyć pogłoski o buncie włoskich więźniów wojennych w obozie internowania pod Wiedniem, którzy rzekomo ruszyli na stolicę. Kwadrans po dziesiątej wiadomość zostaje uściślona – buntowników jest od dziesięciu do trzynastu tysięcy, przyłączyli się do nich również przetrzymywani w obozie Rosjanie. W kawiarniach na Ringstrasse zjawiają się posłańcy z rozkazami wzywającymi oficerów, by stawili się w głównej komendzie policji. Część wojskowych się podporządkowuje. Dwóch oficerów zwraca się do tłumu wychodzącego z opery, wzywając ludzi, by wrócili niezwłocznie do domów, dobrze zamknęli drzwi i oczekiwali na rozwój wypadków. O jedenastej komendant policji rozpoczyna naradę z przedstawicielami wojska dotyczącą obrony miasta. O północy minister spraw wewnętrznych wydaje komunikat, iż sytuacja nie jest aż tak poważna, a o świcie drugi, przyznający, że była to znowu fałszywa pogłoska.

3 listopada cesarstwo austro-węgierskie przestaje istnieć. Następnego dnia zostaje podpisane zawieszenie broni z aliantami. Elisabeth wraz z kuzynem Fritzem von Liebenem idzie do Burgtheater na *Antygonę*. 9 listopada abdykuje cesarz Wilhelm. 12 listopada cesarz Karol ucieka do Szwajcarii, a Austria ogłasza się republiką. Przed pałacem Ephrussich przez cały dzień ciągną

w kierunku parlamentu tłumy z transparentami i czerwonymi chorągwiami.

19 listopada Emmy rodzi syna.

Chłopczyk ma jasne włosy i niebieskie oczy. Dostaje na imię Rudolf Joseph – w chwili upadku cesarstwa Habsburgów trudno o bardziej elegijne imię dla chłopca.

Sytuacja w mieście jest ciężka, bardzo ciężka. Szaleje grypa, nie sposób zdobyć choć kropli mleka. Emmy choruje. Od urodzenia Iggiego minęło dwanaście lat, dziewiętnaście od urodzenia pierwszego dziecka. Niełatwo jest być w ciąży w czasie wojny. Zaskoczony niespodziewanym ojcostwem Viktor ma pięćdziesiąt osiem lat. Narodzinom dziecka towarzyszyło zdumienie i zakłopotanie, szczególnie Elisabeth, która ku swej konsternacji odkryła, że ludzie są przekonani, iż chłopczyk jest jej synem. Jest już dziewiętnastoletnią kobietą. W tym wieku jej matka i babka były matkami. Plotkom nie ma końca. Członkowie rodziny Ephrussich udają, że nie mają o niczym pojęcia.

W swoim zwięzłym wspomnieniu, wracając do tego okresu, Elisabeth pisze tylko o wszechogarniającym lęku: „Nie zachowałam w pamięci prawie żadnych szczegółów. Raczej ogólne wspomnienie niepokoju i strachu".

Zapis ten kończy jednak pełne triumfu zdanie: „Zapisałam się na uniwersytet". Ucieczka na drugą stronę Ringstrasse powiodła się.

10. Praktycznie zero

Zima roku 1918 była w Wiedniu wyjątkowo ostra. Biały fajansowy piec stojący w rogu salonu był jedynym miejscem, gdzie w dzień i w nocy nieustannie buzował ogień. W pozostałych pokojach: w salonie, bibliotece, sypialniach i garderobie – domostwie *netsuke* – panował przeraźliwy ziąb. Lampy acetylenowe wydzielały obrzydliwy, przyprawiający o mdłości fetor. Widok wiedeńczyków wycinających w pobliskich lasach drzewa na opał był smutną codziennością. Rudolf miał równo dwa tygodnie, gdy „Die Neue Freie Presse" donosił, że „w wielu domach okna rozświetla jedynie słaba poświata. Miasto tonie w ciemności". Brakowało kawy – w Wiedniu rzecz niemal nie do pomyślenia. Pito więc „nieokreślony płyn przypominający w smaku [...] zaprawiony sacharyną mięsny wywar. Herbata, bez mleka i cytryny, smakowała nieco lepiej, trzeba było jednak zaakceptować jej metaliczny smak". Viktor odmówił picia tych napojów.

Pierwsze, co staje mi przed oczami, gdy próbuję wyobrazić sobie czasy tuż po upadku Austrii, to tony papieru, które wiatr roznosił po ulicach tak dotychczas schludnego Wiednia. Wszędzie walały się odezwy i ulotki, plakaty i gazetki. Iggie wspominał, że gdy przed wojną upuścił na żwirowanej alejce Prateru papierek po lodach, został zrugany nie tylko przez niańkę, lecz również przez mijających ich właśnie groźnych panów z epoletami.

Teraz idąc do szkoły, brnął w śmieciach produkowanych przez to szamocące się konwulsyjnie, hałaśliwe miasto. Słupy ogłoszeniowe – niemal trzymetrowe walce zwieńczone niewielką wieżyczką – służyły zbuntowanym wiedeńczykom do wyrażania swoich opinii i komunikowania się z innymi mieszkańcami stolicy: z Chrześcijańskimi Obywatelami tego miasta, Współobywatelami, Zjednoczonymi w Walce Braćmi i Siostrami. Wszystkie te anonse były zdzierane, a w ich miejsce naklejano nowe. Wiedeń był rozgorączkowany i głośny.

Pierwsze tygodnie po wojnie były dla Emmy i jej nowo narodzonego dziecka walką o przetrwanie. Stopniowo oboje tracili siły. Angielski ekonomista William Beveridge, który odwiedził Wiedeń sześć tygodni po upadku Austrii, pisał, że „matki niemowląt czynią heroiczne wysiłki, by utrzymać swe dzieci przy życiu. Dzieje się to jednak kosztem zdrowia matki, często na próżno". Były plany, by wywieźć Emmy i Rudolfa, a nawet starsze dzieci, do Kövecses, ale brakowało benzyny, a na pociąg nie można było liczyć, gdyż na kolei panował niewyobrażalny chaos. Tkwili więc w swym pałacu w pokojach położonych najdalej od Ringu.

Na początku wojny wydawało się, że pałac Ephrussich – prywatny dom stojący w przestrzeni publicznej – z racji swojego położenia był narażony na szczególne niebezpieczeństwo. Czas pokoju okazał się jednak znacznie gorszy niż czas wojny: nie było jasne, kto walczy z kim i czy nie rozpęta się rewolucja. Zdemobilizowani żołnierze i jeńcy wojenni wracali z opowieściami o rewolucyjnym wrzeniu w Rosji i robotniczych protestach w Berlinie. W nocy rozlegały się pojedyncze strzały. Nowa austriacka flaga była w kolorze czerwono-biało-czerwonym; nastawiona rewolucyjnie młodzież szybko odkryła, że wystarczy kilka szwów, by przerobić ją na czerwony sztandar.

Przybywający do miasta z najodleglejszych krańców imperium dawni cesarscy urzędnicy z niedowierzaniem przekonywali się, że imperialne urzędy, do których słali swe starannie redagowane pisma, przestały istnieć. Na ulicach widziało się wielu *Zitterer*, okaleczonych psychicznie uczestników walki – ludzi przeżywających stany lękowe, rozdygotanych, na granicy histerii, oraz obwieszonych medalami inwalidów z amputowanymi kończynami. Nie brakowało też oficerów handlujących drewnianymi zabawkami. W tajemniczy sposób do mieszczańskich domów trafiły wtedy ogromne ilości bielizny ozdobionej cesarskimi monogramami, a na targu można było kupić cesarskie siodła i uprzęże. Mówiono też, że oddziały bezpieczeństwa dostały się do pałacowych piwnic i w przyspieszonym tempie osuszają beczki z cesarskim winem.

Zaledwie dwumilionowy Wiedeń, który ze stolicy imperium liczącego pięćdziesiąt dwa miliony poddanych przeistoczył się w stolicę niewielkiego kraiku zamieszkałego przez zaledwie sześć milionów ludzi, nie mógł sobie poradzić z tym kataklizmem. Jednym z pytań, które powszechnie sobie zadawano, było, czy Austria jest *lebensfähig*: czy jest w ogóle w stanie przetrwać jako samodzielne państwo. Chodziło o aspekt nie tyle ekonomiczny, ile psychologiczny. Austria nie umiała odnaleźć się w nagle skurczonym terytorium. „Kartagiński pokój" – bezwzględny i odwetowy – usankcjonowany w 1919 roku przez traktat pokojowy w Saint-Germain-en-Laye przypieczętował rozczłonkowanie cesarstwa. Ustanawiał powstanie niezależnych państw: Węgier, Czechosłowacji, Polski i Jugosławii – państwa Słoweńców, Chorwatów i Serbów. Przepadła Istria. Przepadł Triest. Przepadły wyspy na wybrzeżu dalmatyńskim. Z Austro-Węgier zrobiła się Austria, kraj, którego długość nie przekraczała ośmiuset kilometrów. Na Austriaków nałożono obowiązek wypłaty odszkodowań wojennych; ich armia mogła liczyć najwyżej trzydzieści tysięcy ochotników. Żartowano, że Wiedeń to *Wasserkopf*, rozsadzana przez puchlinę wodną głowa osadzona na karłowatym ciele.

Wiele rzeczy się zmieniło, łącznie z nazwami i adresami. Duch czasu kazał usunąć wszystkie cesarskie tytuły – zniknął przyimek *von*, zakazano też używania tytułów: *Ritter*, *Baron*, *Graf*,

Fürst, Herzog. Stracił też rację bytu skrót CK (cesarsko-królewski), który do pełnionej funkcji mógł dodać każdy urzędnik, nawet najskromniejszy pracownik poczty czy kolei. Ponieważ jednak w Austrii panuje kult tytułów, stare tytuły szybko zastąpiono nowymi. Austriak, nawet najbardziej niezamożny, oczekuje, że będzie się go tytułować: *Dozent*, *Professor*, *Hofrat*, *Schulrat*, *Diplom-Kaufmann*, *Direktor*. Lub: *Frau Dozent*, *Frau Professor*.

Również ulice zmieniły nazwy. Rodzina von Ephrussich nie mieszkała już dłużej pod numerem 24 na Franzensring, Wien 1, nazwanym tak na cześć cesarza z dynastii Habsburgów. Emmy narzekała, że wszystko to zaczyna przypominać Francję i w końcu okaże się, że mieszkają na rue de la République.

Ludzie przestali się dziwić czemukolwiek. Korona spadła tak nisko, że zaczęły krążyć pogłoski, iż rząd, aby nakarmić głodujących wiedeńczyków, nosi się z zamiarem upłynnienia cesarskiej kolekcji dzieł sztuki, Schönbrunn „zostanie sprzedany zagranicznym konsorcjom i przemieniony w kasyno", zaś Ogród Botaniczny „zrównany z ziemią i przeznaczony pod budownictwo mieszkaniowe".

Wraz z krachem ekonomicznym w Wiedniu „pojawiła się hałaśliwa zgraja, która ściągnęła do Austrii ze wszystkich stron świata, by kupować banki, fabryki, klejnoty, dywany i dzieła sztuki z wiejskich majątków. Dość powiedzieć, że Żydzi nie przybyli wcale jako ostatni. Zagraniczne rekiny finansowe, oszuści i malwersanci płynęli do Wiednia szeroką rzeką, a wraz z nimi wszy i zaraza". Oto komentarz do *Zatraconej ulicy*, filmu niemego z roku 1925. Światła samochodu wydobywają z ciemności sylwetki ludzi stojących w kolejce po mięso. „Po wielu godzinach czekania często odchodzi się z pustymi rękami". „Międzynarodowy spekulant" o haczykowatym nosie prowadzi zakulisowe gry, by obniżyć wartość akcji towarzystwa górniczego. Tymczasem wdowa po urzędniku (czy można sobie wyobrazić bardziej wiedeński stereotyp nędzy?), która spieniężyła rentę po mężu, by nabyć akcje, traci cały swój majątek; grana przez Gretę Garbo córka, przymierająca głodem dziewczyna o zapadłych oczach, decyduje się na pracę w kabarecie. Ratunek pojawia się w postaci przystojnego młodego człowieka, który przybył do Austrii z pomocą żywnościową.

Antysemityzm w Wiedniu przybierał na sile. Nie można było udawać, że nie słyszy się odgłosów demonstracji i tyrad skierowanych przeciwko „pladze Żydów ze Wschodu", które – jak wspominał Iggie – śmieszyły ich wtedy na równi z widokiem dumnie prężących się osiłków w paramilitarnych mundurach lub ludowych strojach austriackich. Było tego coraz więcej.

Prawdziwie przerażające były jednak *Krawalle*, wyjątkowo brutalne bójki, które wybuchały na schodach uniwersytetu między członkami wskrzeszonych pangermańskich konfraterni, *Burschenschaften*, a studentami żydowskimi i tymi o sympatiach socjalistycznych. Iggie wspominał, jak ojciec przyłapał go kiedyś, gdy razem z Giselą obserwowali z okna salonu jedną z tych utarczek. Pamiętał furię ojca, człowieka, który nigdy nie podnosił głosu, i jego wściekły okrzyk: „Przestańcie się gapić. Nie damy im tej satysfakcji".

Klub Alpejski zrzeszający Niemców i Austriaków wystąpił z hasłem „Oczyścić Alpy z Żydów" i usunął ze swoich szeregów wszystkich członków żydowskiego pochodzenia. Był to klub, który dawał dostęp do setek górskich schronisk, gdzie można było spędzić noc lub przygotować sobie coś gorącego do zjedzenia.

Jak wielu ich rówieśników Iggie i Gisela spędzali pierwsze tygodnie lata na górskich wędrówkach. Dojeżdżali pociągiem do Gmunden, skąd ruszali w góry: z plecakami, kijami i śpiworami, czekoladą, kawą i cukrem zawiniętymi w kawałek szarego papieru. Mleko i bułkę z plasterkiem sera można było kupić u chłopów. Wyrwanie się z miasta dawało upajające uczucie wolności. „Któregoś dnia – wspominał Iggie – gdy wędrowaliśmy razem z przyjaciółką Giseli, daliśmy się zaskoczyć przez zmierzch wysoko w górach. Zrobiło się zimno, ale szybko trafiliśmy na schronisko pełne wesołego gwaru i studentów krzątających się przy piecu. Poproszono nas o legitymacje, a następnie wyproszono, dodając jeszcze, że Żydzi zanieczyszczają górskie powietrze".

„Nic się nam nie stało – kończył Iggie. – Niebawem w dolinie znaleźliśmy stodołę i wszystko byłoby dobrze, gdyby nie to, że nasza przyjaciółka Franzi, której legitymacja nie utraciła ważności, została w schronisku. Nigdy nie wracaliśmy do tego tematu".

Można było unikać rozmów o antysemityzmie, trudno jednak było udawać, że się go nie dostrzega. Nie było nigdzie dopowiedziane, na ile może sobie pozwolić polityk. Wydarzeniem stała się publikacja w 1922 roku książki skandalizującego pisarza Hugona Bettauera *Miasto bez Żydów*. W tej niepokojącej powieści autor opisuje trawiony powojenną biedą Wiedeń i karierę demagogicznego przywódcy doktora Karla Schwertfegera, wzorowanego na postaci doktora Karla Luegera. Schwertfeger ma prostą receptę na skonsolidowanie społeczeństwa: „Spójrzmy tylko na naszą maleńką Austrię. Kto kontroluje prasę, a przez nią opinię publiczną? Żydzi! Do kogo należą teatry? Do Żydów!". Kanclerz proponuje bardzo proste rozwiązanie: wystarczy wyrzucić z Austrii wszystkich Żydów. Wszyscy, nie wyłączając dzieci z mieszanych małżeństw, zostaną w zorganizowany sposób deportowani specjalnymi pociągami. Pozostanie w Wiedniu będzie karane śmiercią. „O pierwszej po południu gwizd lokomotywy oznajmił odjazd ostatniego pociągu z Żydami, a o szóstej [...] rozdzwoniły się dzwony wszystkich kościołów, by oznajmić, że Austria uwolniła się od Żydów".

Poruszającym opisom rozpadu rodzin i rozdzierającym scenom na dworcach, gdy zatrzaskują się drzwi wagonów, przeciwstawiony jest opis Wiednia, który pozbawiony ożywiających go Żydów, przeistacza się w ponurą, nudną, prowincjonalną dziurę. Póki Żydzi nie zostaną zaproszeni z powrotem, nie będzie teatrów, nie będzie gazet, nie będzie plotek ani mody, nie będzie też pieniędzy.

Bettauer zginął w 1925 z ręki młodego nazisty, którego podczas procesu bronił przywódca austriackich narodowych socjalistów, zyskując tym szacunek wśród skłóconych wiedeńskich polityków. Tego lata osiemdziesięciu młodych nazistów zaatakowało zatłoczoną restaurację, krzycząc: „*Juden hinaus!*".

Nędza tych powojennych lat była częściowo spowodowana inflacją. Po Wiedniu krążyły pogłoski, że na Bankgasse, w pobliżu dawnego budynku Banku Austro-Węgierskiego, słychać o świcie huk maszyn drukujących pieniądze. Do obiegu trafiały jeszcze wilgotne banknoty. Być może, sugerowali niektórzy bankierzy, należy zmienić walutę i zacząć od nowa. Coraz częściej była mowa o szylingach.

> Z nieba sypie się śnieg mianowników, zer, setki tysięcy, miliony, a każdy płatek, każdy grubszy banknot natychmiast roztapia się w ciepłej dłoni – pisał około roku 1919 w powieści *Dziewczyna z poczty* wiedeńczyk Stefan Zweig. – Śpisz, a pieniądz topnieje, zmieniasz znoszone drewniaki, by pobiec znów na targ, a on w tym czasie rozmienia się na drobne; mimo że ciągle w biegu, zawsze jesteś spóźniony. Życie staje się matematyką, dodawaniem, mnożeniem, zmienia się w szalony, pogmatwany korowód cyfr i liczb, ten wir porywa z sobą w zachłanną, nienasyconą pustkę ostatni dobytek…

Tymczasem Viktor musiał spojrzeć w otchłań, która otworzyła się pod jego stopami: w banku na Schottengasse na dnie sejfu leżały stosy zupełnie bezwartościowych akcji i obligacji. Jako obywatel kraju, który przegrał wojnę, stracił wszystkie aktywa w Londynie i Paryżu, kapitał, który budował od czterdziestu lat. Budynki biurowe w jednym mieście, akcje Ephrussi et Cie w drugim, zostały skonfiskowane na mocy powojennych ustaleń. Na skutek bolszewickiej pożogi rosyjska fortuna – złoto trzymane w Sankt Petersburgu, akcje pól naftowych w Baku, udziały w liniach kolejowych, banki oraz nieruchomości w Odessie – przepadła. Nie była to spektakularna utrata pieniędzy, była to utrata kilku fortun.

Cios przyszedł też z innej strony: w roku 1915, w apogeum wojny, zmarł Jules Ephrussi, właściciel Chaletu i starszy brat Charles'a. Z powodu sytuacji politycznej jego ogromna fortuna, od dawna obiecana Viktorowi, przeszła na francuskich kuzynów. Przepadł więc komplet empirowych mebli. Przepadł obraz Moneta przedstawiający wierzby nad rzeką. „Biedna mama – napisała Elisabeth. – Wszystkie te długie szwajcarskie wieczory na nic".

Przed wojną, w roku 1914, fortuna Viktora sięgała dwudziestu pięciu milionów koron. Poza tym był on właścicielem kilku budynków w Wiedniu, pałacu Ephrussich, kolekcji dzieł sztuki składającej się ze „stu starych obrazów" i rocznego dochodu w wysokości kilkuset tysięcy koron, odpowiednika dzisiejszych czterystu milionów dolarów amerykańskich. Nawet wynajęcie dwóch pięter pałacu za pięćdziesiąt tysięcy koron nie dawało tej sumy. Decyzja, by trzymać pieniądze w Austrii, okazała się katastrofą. Austriacki patriota świeżej daty aż do roku 1917 wszystkie wolne środki lokował w obligacje wojenne. Nie trzeba dodawać, że teraz były całkowicie bezwartościowe.

Na spotkaniach 6 i 8 marca 1921 roku Viktor zwierzył się swemu przyjacielowi, finansiście Rudolfowi Gutmannowi, z powagi sytuacji. „Nikt nie ma takiej pozycji na giełdzie jak Ephrussi", pisał Gutmann 4 kwietnia do innego niemieckiego finansisty, Herr Siepela. Bank Ephrussich nadal funkcjonował dobrze, a kontakty na Bałkanach sprawiały, że traktowano go jako poważnego partnera. Gutmann przejął część udziałów w banku, wnosząc dwadzieścia pięć milionów koron, a Bank Berliński (z którego narodził się później Deutsche Bank) zainwestował siedemdziesiąt pięć milionów. Obecnie Viktor był zatem właścicielem zaledwie połowy udziałów w rodzinnym banku.

W archiwach Deutsche Banku znajdują się niezliczone teczki z dokumentami odnotowującymi mozolne ustalenie wysokości udziałów, protokoły z negocjacji z Viktorem, szczegóły transakcji. Gdy odkładam na bok kolejną tekturową teczkę, wydaje mi się, że zza tego stosu papierów dobiega mnie znużony głos Viktora. Rezultat owych transakcji to „*buchstäblich gleich Null*". „Praktycznie zero".

Viktorowi ciążyło poczucie straty i sprzeniewierzenia rodzinnego dziedzictwa. Powierzona mu fortuna została zniweczona. Odszedł też bezpowrotnie jego świat – skończyło się życie w Odessie, Sankt Petersburgu, Paryżu i Londynie. Został tylko Wiedeń i rozdęty wodogłowiem pałac na Ringstrasse.

Ephrussim nie brakowało środków do życia. Nie trzeba było niczego spieniężać, by zdobyć pożywienie i opał. Niemniej cały ich dobytek sprowadzał się do zawartości tego ogromnego gmachu. Tymczasem *netsuke* jak gdyby nigdy nic spoczywały w lakierowanej serwantce w garderobie Emmy, a Anna odkurzała je, ilekroć zmieniała kwiaty na toaletce. Na ścianach nadal wisiały gobeliny i obrazy starych mistrzów. Francuskie meble wciąż były polerowane, zegary nakręcane, przycinano też knoty świec. Serwisy z Sèvres starannie posegregowane leżały jak dawniej na wyłożonych płótnem półkach w kredensie obok pokoju ze srebrem. Złoty serwis ozdobiony podwójną literą „E" i dumnym żaglowcem o wzdętych wiatrem żaglach tkwił zamknięty w sejfie, a samochód jak zawsze stał na dziedzińcu. A jednak życie przedmiotów stanowiących wyposażenie pałacu jakby zamarło. Przewrót, który dokonał się na świecie, *Umsturz*, sprawił, że przedmioty nabrały wagi. Zaczęto dbać o rzeczy, a nawet chronić różne drobiazgi, które do tej pory były tylko tłem ożywionego życia towarzyskiego. Zaczęto liczyć i mierzyć to, czego dotychczas nikt nigdy ani nie liczył, ani nie mierzył.

Nastąpiła kolosalna zmiana – wszystko, co należało do przeszłości, wydawało się teraz lepsze i pełniejsze. Być może to w tym właśnie momencie narodziło się poczucie tęsknoty. Gdy o tym myślę, dochodzę do wniosku, że stan posiadania i strata nie są parą przeciwieństw. Oto srebrna tabakierka, pamiątka po pojedynku, w którym było się sekundantem – w innym świecie, w innej epoce. Ta zaś bransoletka to prezent od kochanka. Viktor i Emmy zachowali wszystko – szuflady pełne najróżniejszych przedmiotów, ściany obwieszone obrazami, utracili jednak wiarę w obietnice, jakie niesie przyszłość. W tym sensie ich świat gwałtownie się skurczył.

Tęsknota za przeszłością rozgościła się w Wiedniu na dobre; wdarła się też przez ciężkie, dębowe drzwi do pałacu Ephrussich.

11. Musisz życie swe odmienić

Podczas pierwszego semestru, który Elisabeth spędziła na uniwersytecie, na uczelni panował chaos. Finansowa sytuacja Uniwersytetu Wiedeńskiego była tak trudna, że jego władze wystosowały apel do mieszkańców Austrii, a szczególnie Wiednia, z prośbą o pomoc. „Jeśli pomoc nie nadejdzie szybko, uniwersytet nie będzie w stanie zaoferować więcej niż skromna *Hochschule*. Pensje profesorów nie wystarczają na wyżywienie [...] biblioteka nie funkcjonuje". Roczne zarobki profesora, pisał bawiący w Wiedniu z wizytą uczony, nie wystarczały, by sprawić sobie garnitur i komplet bielizny oraz ubrać żonę i dziecko. W styczniu 1919 roku odwołano wszystkie wykłady, ponieważ skończył się opał i temperatura w salach uniwersyteckich nie pozwalała na prowadzenie zajęć. Na uczelni niemal wrzało. A jednak był to znakomity czas do studiowania: właśnie wtedy rozkwitła austriacka, a właściwie wiedeńska szkoła ekonomii, fizyki teoretycznej i filozofii, prawa, psychoanalizy (pod kierunkiem Freuda i Adlera), historii i historii sztuki. W każdej z tych dziedzin wyśrubowany poziom dodatkowo wyzwalał rywalizację.

Elisabeth wybrała filozofię, prawo i ekonomię. W pewnym sensie był to bardzo żydowski wybór: wszystkie trzy kierunki miały na uczelni silną żydowską reprezentację. Jedną trzecią profesury na wydziale prawa stanowili Żydzi. W Wiedniu prawnik,

Advokat, uchodził za intelektualistę. A tym właśnie była Elisabeth: skromna, pełna zapału, skoncentrowana na swojej pracy dziewiętnastoletnia intelektualistka w białej bluzce z *crêpe de Chine* spiętej pod szyją czarną kokardą. Jej sposób ubierania się był manifestacją emocjonalnego odseparowania się od matki.

Elisabeth zaczęła uczęszczać na wykłady cieszącego się ogólnym poważaniem ekonomisty Ludwiga von Misesa, znanego na uniwersytecie jako *der Liberale* – liberał. Mises był młodym ekonomistą, który zasłynął dzięki swej teorii głoszącej nieracjonalność państwa socjalistycznego. Owszem, na ulicach Wiednia roiło się od komunistów – Mises pragnął im jednak udowodnić, że nie mają racji. Dla swoich uczniów prowadził seminarium, *privatissimum*, podczas którego przedstawiali oni swoje referaty. 26 listopada 1918 roku, tydzień po narodzinach Rudolfa, Elisabeth wygłosiła swój pierwszy referat „Teoria oprocentowania Carvera". Z owych spotkań seminaryjnych, które dały początek słynnej szkole ekonomii wolnorynkowej, studenci Misesa zapamiętali niezwykłą intensywność dyskusji. Zachowały się eseje Elisabeth pisane w czasach studenckich: „Inflacja i brak pieniędzy" (piętnaście stron drobnym, pochylonym pismem), inne poświęcone *Kapitałowi* (trzydzieści dwie strony) i Johnowi Henry'emu Newmanowi (trzydzieści osiem stron).

Jednakże prawdziwą pasją Elisabeth była poezja. Swoje wiersze wysyłała do babki i przyjaciółki Fanny Löwenstein-Scharffeneck, wówczas pracującej w modnej galerii sprzedającej prace Egona Schielego.

Elisabeth i Fanny były zakochane w lirykach Rainera Marii Rilkego. Znały niemal na pamięć dwa tomy *Poezji nowych* i z niecierpliwością czekały na następne jego utwory. Milczenie poety było trudne do zniesienia, ale Rilke był w tym czasie osobistym sekretarzem Rodina. Już po wojnie dziewczęta, każda z egzemplarzem książki Rilkego o Rodinie, pojechały do Paryża, by w Musée Rodin złożyć hołd rzeźbiarzowi. Na marginesach książki Elisabeth notowała pospiesznie ołówkiem swoje pełne zachwytu impresje.

Rilke, poeta radykał, cieszył się w tym okresie powszechnym uwielbieniem. W *Dinggedicht*, „poezji rzeczy", jasności wyrazu towarzyszyła intensywna zmysłowość. „Rzecz jest skończona, rzecz jako dzieło sztuki musi być jeszcze bardziej skończona, wyzuta z przypadkowości i mroku", pisał Rilke. W jego wierszach roi się od epifanii, kiedy to w martwe przedmioty wstępuje życie – pierwszy krok tancerki, który jest niczym płomień zakwitający na końcu zapałki; chwila gdy przełamuje się letnia pogoda lub narodziny niespodziewanego uczucia, kiedy można przysiąc, że kogoś bliskiego widzi się po raz pierwszy. W poezji tej czuje się niebezpieczeństwo, „cała sztuka wyrasta z poczucia niebezpieczeństwa – z tego, że doszło się do kresu, skąd dalej już iść niepodobna [...]. Na tym właśnie polega życie artysty", mówi poeta niemal bez tchu. Stoi niepewnie na krawędzi życia, jak łabędź, „nim rzuci się przed siebie / na fale, które go łaskawie ukołyszą".

„Musisz życie swe odmienić", napisał Rilke w swym wierszu *Starożytny tors Apollina*. Czy można wyobrazić sobie bardziej upojną naukę?

Dopiero po śmierci Elisabeth, która zmarła, mając dziewięćdziesiąt dwa lata, zdałem sobie sprawę, jak ważną rolę odegrał w jej życiu Rilke. Mówiło się o jakichś listach, padało nazwisko poety, ale odbierałem to jako echo odległych zdarzeń. Dopiero gdy pewnego zimowego popołudnia, stanąwszy na dziedzińcu pałacu Ephrussich przed posągiem Apollina, próbowałem przywołać z pamięci wiersz Rilkego, a marmur zalśnił „jak skóra drapieżnika", zrozumiałem, że pora, by się nim bliżej zainteresować.

Na prośbę Elisabeth jej wuj Pips napisał do Rilkego list polecający. Pips przysłużył się poecie, gdy wojna zaskoczyła go w Niemczech. Teraz zaś zaprosił go do Kövecses: „Nasz dom stoi dla Ciebie zawsze otworem. Sprawiłbyś nam wielką radość, gdybyś się u nas zjawił *sans cérémonie*". Następnie Pips pyta, czy poeta zgodziłby się przeczytać wiersze jego ukochanej siostrzenicy. W lecie 1921 roku Elisabeth pełna przejęcia napisała do Rilkego, a do listu dołączyła wierszowany dramat *Michał Anioł*, z pytaniem, czy poeta zgodzi się, by mu go zadedykowała. Odpowiedź nadeszła dopiero na wiosnę. Zwłoka spowodowana była pracą poety nad *Elegiami duinejskimi*. Pięciostronicowy list zapoczątkował korespondencję między dwudziestojednoletnią studentką z Wiednia i mieszkającym w Szwajcarii pięćdziesięcioletnim poetą.

Wymiana listów zaczęła się od odmowy. Poeta nie zgodził się przyjąć dedykacji. Zachęcał jednak Elisabeth, by spróbowała opublikować swój utwór. Książka będzie „trwałym nawiązaniem do mojej poezji [...]. Miło mi będzie przyjąć Pani »*Erstling*«, pod warunkiem jednak, że nie padnie moje nazwisko". Dodał jeszcze, że jest żywo zainteresowany jej przyszłymi utworami. Korespondencja trwała pięć lat. Obejmuje dwanaście bardzo długich listów od Rilkego, sześćdziesiąt stron odpisów jego ostatnich wierszy i przekładów, a także wiele tomików wierszy opatrzonych serdecznymi dedykacjami.

Na bibliotecznej półce utwory zebrane Rilkego zajmują co najmniej metr bieżący. Większość tomów to korespondencja w znacznej mierze adresowana do „zawiedzionych utytułowanych dam" – by użyć trafnego określenia Johna Berrymana. Elisabeth, młoda baronówna i poetka, nie wyróżniała się w tym gronie. Jednak listy adresowane do niej są wyjątkowe: pełne słów zachęty, liryczne, dowcipne, zaangażowane – są wyrazem tego, co poeta nazwał „korespondencyjną przyjaźnią". Nigdy nie zostały opublikowane. Dopiero niedawno jeden z badaczy twórczości Rilkego przełożył je na angielski. Przesunąłem moje garnki na jedną stronę stołu, a na pozostałej części blatu rozłożyłem kserokopie listów. Przez kilka nadzwyczaj miłych tygodni z pomocą niemieckiego stypendysty próbowałem przełożyć te długie, rytmiczne zdania na angielski.

Doktor Elisabeth Ephrussi, poetka i prawniczka, 1922

Pracujący właśnie nad przekładem wierszy swojego przyjaciela Paula Valéry'ego Rilke pisze o „wielkiej ciszy", latach milczenia poety. Do listów dołącza świeżo ukończone przekłady. Pisze o Paryżu i o wrażeniu, jakie wywarła na nim śmierć Prousta, która przywołała lata, gdy był sekretarzem Rodina, i o tęsknocie za tamtym czasem. Czy Elisabeth czytała Prousta? Powinna natychmiast to zrobić.

Jest prawdziwie zainteresowany sytuacją Elisabeth w Wiedniu. Intryguje go rozdźwięk między studiami prawniczymi a jej twórczością poetycką:

> No cóż, droga przyjaciółko, nie martwię się o Pani zdolności artystyczne, o których mam wysokie mniemanie […]. Nie wiem, jaką drogę obierze Pani po napisaniu doktoratu z prawa […] niemniej rozdźwięk między tymi dwiema dziedzinami przyjmuję jako rzecz pozytywną. Im bardziej różnorodne życie umysłowe, tym większa szansa, że nie utraci Pani źródła inspiracji – inspiracji nieprzewidywalnej, której motywacja płynie z wnętrza.

Po przeczytaniu kolejnych wierszy Elisabeth – *Styczniowego wieczoru*, *Rzymskiej nocy* i *Króla Edypa* – Rilke napisał: „Wszystkie trzy są udane, lecz najwyżej stawiam Edypa". Wiersz opisuje króla ruszającego na wygnanie. „Inni są już w pałacu, gdzie gasną stopniowo światła", a on spowity w płaszcz zasłania sobie oczy. Elisabeth spędziła dość czasu ze swoim ojcem i z jego ukochaną *Eneidą*, by słowo „wygnanie" nie budziło w niej silnych emocji.

Elisabeth rozważa, czy nie rozszerzyć studiów o literaturę, ale Rilke radzi jej, by raczej „zatopiła się w błękicie hiacyntów. I wiosny!". Daje jej konkretne rady dotyczące jej wierszy i tłumaczeń, „nie wystarczy zachęta i dobra rada, trzeba ogrodnika zaopatrzonego w nożyce i szpadel – krytycznego spojrzenia!". Poza tym pisze o emocjach, jakich doświadcza, gdy kończy pisać: o niebezpiecznym poczuciu unoszenia się w przestworzach.

Często uderza w ton liryczny:

> Mam nadzieję, że – o ile na ulicach nie hula przenikający wiatr – w Wiedniu czuć już powiew wiosny. Miasto często przeczuwa nadchodzącą zmianę: jasnością światła, miękkością cieni, odblaskiem szyb – zawstydzeniem, że jest miastem [...]. Z mojego doświadczenia tylko Paryż i (dość naiwnie) Moskwa potrafią tak przeżywać wiosnę, jakby były organiczną częścią krajobrazu.

I na zakończenie: „Na razie żegnam. Cenię sobie ciepło i przyjazny ton Pani listu. Życzę Pani wszystkiego dobrego, oddany przyjaciel R.M. Rilke".

Próbuję wyobrazić sobie, co czuła, gdy w czasie śniadania, siedząc obok ojca studiującego przysłany z Berlina katalog książek, matki zatopionej w lekturze najnowszego felietonu i spierającego się o coś półgłosem rodzeństwa, brała do rąk kopertę opatrzoną szwajcarskim znaczkiem i zaadresowaną krągłym, nieco pochylonym pismem, po czym otwierała ją, by wyjąć z niej jeden z *Sonetów do Orfeusza* lub przekład wiersza Valéry'ego. „Czuję się, jakbym żyła w bajce. Nie mogę uwierzyć, że otrzymałam tak hojny dar", odpisywała jeszcze tego samego wieczoru, siedząc przy biurku przysuniętym do okna, z którego roztaczał się widok na Ring.

Planowali spotkanie. „Ale nie na godzinę, lecz na dłużej, by poczuć tę chwilę", pisał Rilke. Do spotkania jednak nie doszło – ani w Wiedniu, ani w Paryżu, gdyż Elisabeth pomyliła daty i musiała wyjechać przed przyjazdem poety. Potwierdzają to telegramy: Rilke depeszuje z Hôtel Lorius w Montreux o jedenastej piętnaście do mademoiselle Elisabeth Ephrussi, 3 rue Rabelais Paris (*réponse payée*), jej telegram zostaje wysłany czterdzieści minut później, a odpowiedź od niego przychodzi następnego dnia rano.

Potem Rilke zachorował i skończyły się podróże. Następuje cisza; poeta przebywa na kuracji w sanatorium. Wreszcie ostatni list, na dwa tygodnie przed śmiercią. Jakiś czas później przychodzi paczka z listami, które wdowa po Rilkem odesłała Elisabeth ze Szwajcarii – w ten sposób cała korespondencja trafiła do jednej koperty, podpisanej i schowanej do szuflady, a po długim życiu Elisabeth do jeszcze innej szuflady.

Wuj Pips ofiarował „swej ukochanej siostrzenicy Elisabeth" zamówiony specjalnie w Berlinie ręcznie wykaligrafowany egzemplarz jej poematu *Michał Anioł* – opatrzony ilustracjami na podobieństwo średniowiecznych mszałów i oprawiony w zielone płótno. Było to dyskretne nawiązanie do *Księgi godzin*, wczesnego tomu Rilkego, w którym każda zwrotka rozpoczynała się *in carmine*. Egzemplarz *Michała Anioła* znalazł się wśród książek przyniesionych przez mojego ojca. Leży teraz na moim biurku. Otwieram: wiersz Elisabeth poprzedzony jest mottem z poety. Utwór babki wydaje mi się całkiem udany; mówi o rzeźbiarzu i jego dziele. W stylu oczywiście nawiązuje do Rilkego.

Kiedy babcia miała lat osiemdziesiąt, a ja mniej więcej czternaście, zacząłem wysyłać jej moje próby poetyckie. Po kilku dniach otrzymywałem zawsze wnikliwy komentarz i sugestie dotyczące lektur. Poezja towarzyszyła mi od wczesnej młodości.

Tłumiłem w sobie wtedy namiętną tęsknotę do dziewczyny z księgarni, gdzie w każdą sobotę kupowałem za kieszonkowe kolejny cienki tomik poezji w wydaniu Fabera. Zawsze miałem jeden przy sobie.

W swoich komentarzach Elisabeth nie owijała niczego w bawełnę. Obce jej były wszelki sentymentalizm i „rozchwianie emocjonalne". Uważała, że wiersz nie ma większej wartości, jeśli pozbawiony jest rytmu. A więc moje sonety o ciemnowłosej dziewczynie z księgarni nie były dla niej poważną propozycją. Najbardziej jednak nie cierpiała mętniactwa i egzaltacji zastępującej to, co prawdziwie ważne.

Gdy umarła, odziedziczyłem po niej kolekcję starannie ponumerowanych tomów poezji. Według jej numeracji *Księga godzin* Rilkego opatrzona jest numerem 26, jego książka o Rodinie numerem 28, Stefan George – EE 36, a tomiki poetyckie babki Eveliny – numerami 63 i 64.

Poprosiłem ojca, by wybrał się do biblioteki uniwersyteckiej, dokąd trafiła część jej księgozbioru, i zorientował się, czy można ustalić, kiedy czytała poszczególne pozycje. Gdy w pewnej chwili przyłapuję się na tym, że w poszukiwaniu notatek na marginesach ślęczę nocami nad dwunastoma tomami Prousta, pełną edycją Rilkego i przepisanymi przez Elisabeth wierszami francuskich poetów, mówię stop. Zaczynam upodabniać się do bohatera powieści Saula Bellowa *Herzog*, który noce spędza na wytrząsaniu z książek banknotów włożonych tam kiedyś jako zakładki.

Kiedy już trafiam na jakiś ślad, prawie natychmiast zaczynam żałować, że go znalazłem. W starym kalendarzu na odwrocie kartki opatrzonej datą *Sonntag Juli 6* znajduję próbę przekładu wiersza Rilkego. Na jednej ze stron *Efemeryd* Rilkego odnajduję znaki zrobione kopiowym ołówkiem, w *Urokach* Valéry'ego – wiedeński adres niejakiego Herr Pannwitza, a we *W stronę Swanna* – zdjęcie salonu w Kövecses. Czuję się jak antykwariusz, który próbując ocenić wartość książki, szacuje jej spłowiałą okładkę i notatki na marginesach. Zarazem czuję, że jest to wtargnięcie na teren prywatnych lektur, co wydaje mi się niestosowne. Zamiast prawdziwych przeżyć – zbiór suszonych kwiatów.

Elisabeth nie przywiązywała nigdy wagi do świata przedmiotów – *netsuke* czy porcelana nie budziły jej emocji, podobnie jak garderoba, o którą nieszczególnie się troszczyła. W jej ostatnim mieszkaniu książki zajmowały całą ogromną ścianę. Jedyne ozdoby stały na wąskiej, białej półeczce: chiński piesek z terakoty i trzy naczynia z pokrywkami. Od kiedy zająłem się ceramiką, okazywała mi niezwykłe wsparcie (gdy zacząłem budować mój pierwszy piec, przysłała mi czek opiewający na wcale poważną sumę), bawiła ją jednak myśl, że moim podstawowym zajęciem, z którego zamierzam się utrzymać, będzie wytwarzanie przedmiotów. Prawdziwą jej miłością była poezja, świat rzeczy – prawdziwych i konkretnych, przekutych na lirykę. Sądzę, że byłaby oburzona tym, co wyrabiam z jej książkami.

W wiedeńskim pałacu Ephrussich sąsiadowały ze sobą trzy pokoje. Pierwszy to pokój Elisabeth – rodzaj biblioteki, gdzie pisała swoje wiersze, eseje i listy do Eveliny – babki poetki, do Fanny, do Rilkego. Skrajny pokój z drugiej strony to biblioteka Viktora. Pomiędzy nimi znajdowała się garderoba Emmy – z wielkim lustrem, toaletką ozdobioną kwiatami z Kövecses, i gablotką z *netsuke*, którą z czasem otwierało się coraz rzadziej.

Dla Emmy są to trudne lata. Jest czterdziestoletnią kobietą, matką dzieci, które wciąż jej potrzebują, lecz jednocześnie odwracają się od niej. Każde z nich martwi ją na inny sposób. Coraz rzadziej zaglądają do jej garderoby, by – podczas gdy się ubiera – spędzić z nią trochę czasu, porozmawiać i zwierzyć się ze swoich trosk. Mały chłopczyk w dziecięcym pokoju jeszcze bardziej komplikuje sprawy. Chodzi więc z nimi do opery – jako że jest to terytorium neutralne: 28 maja 1922 roku idzie z Iggiem na *Tannhäusera*, 21 września 1923 z Giselą na *Toscę*, a w grudniu z całą rodziną na *Zemstę nietoperza*.

W tych ciężkich czasach w Wiedniu coraz mniej jest okazji, by popisywać się strojami. Ale Anna i tak stale jest czymś zajęta – panna służąca zawsze ma pełne ręce roboty. Garderoba Emmy przestała być centrum rodzinnego życia. Nic się już tam nie dzieje.

Gdy myślę o tym pokoju, przychodzą mi na myśl słowa Rilkego: „wibrujący bezruch jak w szklanej witrynie”.

12. Eldorado 5-0050

Wreszcie cała trójka kolejno opuszcza dom.

Pierwsza wyjeżdża Elisabeth, poetka. W 1924 roku, uzyskawszy, jako jedna z pierwszych kobiet, stopień doktora na Wydziale Prawa Uniwersytetu Wiedeńskiego, otrzymuje stypendium Fundacji Rockefellera. Rusza więc do Ameryki. Moja dzielna babcia jest kobietą mądrą i skupioną na tym, co robi. Wysyła korespondencje do niemieckich czasopism: pisze o amerykańskiej architekturze i amerykańskim idealizmie, o tym, jak rozmach i dynamika drapaczy chmur wpisują się we współczesną filozofię. Po powrocie przeprowadza się do Paryża, by tam studiować nauki polityczne. Zakochuje się w poznanym w Wiedniu Holendrze, byłym mężu jednej z kuzynek, ojcu małego chłopca.

Jako następna opuszcza dom Gisela: wychodzi za mąż za Alfreda Bauera, uroczego hiszpańskiego bankiera pochodzącego z bogatej żydowskiej rodziny. Ślub odbywa się w wiedeńskiej synagodze, co budzi zakłopotanie niereligijnych Ephrussich – nikt nie jest pewny, jak należy się zachować: gdzie zająć miejsce, stać czy siedzieć. Z okazji ślubu otworzono salony na pierwszym piętrze pałacu. Przyjęcie odbywa się w sali balowej pod triumfalnym plafonem Ignaza. Gisela w długim żakiecie i wzorzystej spódnicy spiętej na biodrach srebrnym paskiem wygląda efektownie i bezpretensjonalnie. W podróż poślubną wyrusza w ciemnej, czarno-białej sukni ze sznurem ciemnych koralików na szyi. Na zdjęciu Gisela uśmiecha się promiennie do swego przystojnego, brodatego męża. Od 1925 roku młodzi mieszkają w Madrycie.

Tymczasem Elisabeth pisze kartkę do swego Holendra, Hendrika de Waala. Podobno wybiera się on do Paryża, miło byłoby się spotkać. Może w przyszły piątek. Jej telefon: Gobelius 12-85; ucieszy się, jeśli zadzwoni. Henk był wysokim mężczyzną, z nieco już przerzedzoną czupryną. Nosił znakomicie skrojone garnitury – szare w dyskretny grafitowy prążek – i monokl. Palił rosyjskie papierosy. Wychował się w Amsterdamie na Prinsengracht jako jedyny syn kupieckiej rodziny trudniącej się importem kawy i kakao. Dużo podróżował, grał na skrzypcach, był człowiekiem zabawnym i pełnym wdzięku. Pisał też wiersze. Nie wiem, czy moja babcia, która w wieku dwudziestu siedmiu lat wciąż nosiła włosy grzecznie związane z tyłu głowy i okrągłe okulary w czarnych oprawkach – w sam raz dla baronówny doktor Ephrussi – była kiedykolwiek wcześniej uwodzona przez takiego mężczyznę. Elisabeth go uwielbiała.

W archiwum wiedeńskiego Towarzystwa Adlera przypadkiem wyszperałem zawiadomienie o ich ślubie – bardzo wytworny druk. Czytamy w nim, że Elisabeth von Ephrussi poślubiła Hendrika de Waala. Niżej, w jednym rogu figurują imiona i nazwisko Viktora i Emmy, w drugim starszych państwa de Waalów. Moi dziadkowie – on, członek Holenderskiego Kościoła Reformowanego, ona, Żydówka – pobrali się w Paryżu w kościele anglikańskim.

Elisabeth i Henk zamieszkali w Paryżu na rue Spontini w XVI dzielnicy, w kupionym przez siebie mieszkaniu, które urządzili meblami w najmodniejszym wówczas stylu art déco – fotelami, dywanami zaprojektowanymi przez Ruhlmanna i efektownymi metalowymi lampami oraz niezwykłej lekkości szkłem z Wiener Werkstätte. Na ścianach zawisły reprodukcje van Gogha, a nawet – na krótko w salonie – pejzaż Schielego, który kupili w Wiedniu w galerii Fanny. Na kilku zachowanych fotografiach tego mieszkania widać, jaką frajdę musiało młodej parze sprawić stworzenie tego wnętrza. Zamiast umeblować się odziedziczonymi po przodkach przedmiotami, woleli kupić nowe. Żadnych złoceń, żadnych *Junge Frau*, żadnych holenderskich szaf. I żadnych rodzinnych portretów.

Póki interesy szły dobrze, mieszkali na rue Spontini razem z Robertem, synem Henka, i dwoma synkami, którzy urodzili się wkrótce po ślubie – moim ojcem Victorem, zwanym podobnie jak jego dziadek Viktor Taszą, i moim stryjem Constantem Hendrikiem. Codziennie szli na spacer do Lasku Bulońskiego, zatrudniali guwernantkę, kucharkę i pokojówkę, a nawet szofera. Elisabeth pisywała wiersze, publikowała artykuły w „Le Figaro" i uczyła się holenderskiego.

Czasami gdy padało, zabierała chłopców do galerii Jeu de Paume na obrzeżach ogrodu Tuileries. W podłużnych, jasnych salach oglądali płótna Maneta, Degasa i Moneta opatrzone tabliczką: *coll. C. Ephrussi*, które – by uczcić pamięć Charles'a – przekazali muzeum jego siostrzenica Fanny i jej mąż Théodore Reinach, wybitny hellenista. W Paryżu mieszkają jeszcze inni kuzyni, ale pokolenie Charles'a już odeszło. Chcąc wyrazić wdzięczność swej przybranej ojczyźnie, Reinachowie zostawili państwu francuskiemu willę Kerylos, wspaniały budynek będący próbą odtworzenia greckiej świątyni, zaś ciotka Beatrice Ephrussi-Rothschild zapisała Akademii różową willę na Cap Ferrat. Podobnie postąpiła rodzina Camondo ze swoją kolekcją sztuki i rodzina Cahen d'Anvers, która przekazała państwu należący do siebie zamek. Od czasu gdy te pierwsze żydowskie rody zaczęły stawiać swoje rezydencje na złotej rue de Monceau, minęło siedemdziesiąt lat. Przyszedł czas, by odwdzięczyć się Francji za jej szczodrość.

Z religijnego punktu widzenia małżeństwo Elisabeth i Henka niewątpliwie należało do interesujących związków. Henk wychował się w bardzo surowej rodzinie (w swoich ciemnych sukniach i garniturach jego przodkowie wyglądają jak potępieni za życia), lecz gdy dorósł, wstąpił do Kościoła mennonitów. Tymczasem Elisabeth, która zdawała się niezachwiana w swej żydowskości, zaczęła czytać chrześcijańskich mistyków i myśleć o konwersji. Bynajmniej nie chodziło jej o chrzest wymuszony małżeństwem lub względami towarzyskimi. Katolicyzm nie wchodził w grę – nie wyobrażam sobie, by jakakolwiek młoda Żydówka, która wychowała się w Wiedniu naprzeciwko Votivkirche, zdecydowała się na taki krok. W grę wchodził Kościół anglikański. Elisabeth i Henk zaczynają więc chodzić do kościoła anglikańskiego w Paryżu.

Gdy Anglo-Batawijskie Towarzystwo Handlowe popadło w kłopoty, Henk stracił nie tylko własne pieniądze, lecz również powierzone mu środki. Między innymi przepadła fortuna należąca do Piza, jego kuzyna i przyjaciela z dzieciństwa, wybijającego się malarza ekspresjonisty, który w tym czasie wiódł beztroskie cygańskie życie we Frankfurcie. Utrata pieniędzy stała się prawdziwym utrapieniem. Trzeba było zrezygnować ze służącej i z szofera oraz oddać meble na przechowanie. Bez końca trwały niezwykle zawiłe dyskusje.

U Henka brak kompetencji w sprawach finansowych był innej natury niż u jego teścia Viktora. Henk miał niezwykłą umiejętność operowania liczbami. Ojciec opowiadał mi, jak dziadek potrafił zsumować trzy kolumny, odjąć kolejną i z uśmiechem wyczarować prawidłowy wynik. Wierzył, że ten sam manewr można powtórzyć z pieniędzmi. Cały czas był przekonany, że wszystko skończy się pomyślnie, rynki ożyją, statki dopłyną do portów przeznaczenia, a sprawy finansowe domkną się równie łatwo jak jego cienka, szagrynowa papierośnica. Henk po prostu nazbyt zawierzył swoim zdolnościom.

Tymczasem Viktor – jak mi się wydaje – nigdy nie wierzył w swoje umiejętności. Myślę, że dopiero teraz Elisabeth zorientowała się, że człowiek, którego poślubiła, był w sprawach finansowych równie bezradny jak jej ojciec.

Jako ostatni dom opuścił Iggie. Zachowało się grupowe zdjęcie zrobione z okazji ukończenia Schottengymnasium. W pierwszej chwili nie mogę go na nim odnaleźć, nagle jednak rozpoznaję go w stojącym w ostatnim rzędzie dość korpulentnym młodzieńcu w dwurzędowym garniturze. Wygląda jak agent giełdowy: muszka i chusteczka w kieszonce marynarki. Oto młody człowiek, który uczy się, jak dobrze się prezentować i jak budzić zaufanie. Czy stojąc, dobrze jest trzymać jedną rękę w kieszeni? Może lepiej obie? A jakby zaryzykować i jedną rękę wsunąć do kieszonki kamizelki, upodobniając się w ten sposób do bywalca klubów?

Aby uczcić koniec nauki, Iggie wraz z młodymi Gutmannami, przyjaciółmi z dzieciństwa, odbył wycieczkę samochodową z Wiednia do Paryża. Podróżowali gigantyczną, niebywale luksusową limuzyną Hispano-Suiza. Droga, nieco okrężna, prowadziła przez północne Włochy i Riwierę. W zimny, lecz słoneczny dzień, na jakiejś górskiej przełęczy trzej młodzieńcy w nasuniętych na czapki goglach i w stosownych strojach siedzą rozparci na tylnym siedzeniu wspaniałej maszyny ze spuszczonym dachem. Przed nimi piętrzą się ich bagaże. Z boku kręci się szofer. Maska samochodu ginie po lewej stronie kadru, bagażnik po prawej. Maszyna zdaje się balansować w powietrzu, zawieszona między przepaścistymi urwiskami.

Gdyby Iggie miał ambicje naukowe, trudno byłoby mu konkurować ze starszą siostrą. Na szczęście w ogóle nie przejawiał takich inklinacji. Rodzinne finanse nie wyglądają najgorzej i Emmy, już czterdziestopięcioletnia, lecz wciąż niezwykle elegancka, może sobie pozwolić na kupowanie nowych kreacji. Natomiast Iggie, zamiast skoncentrować się na czymś poważnym, spędza popołudnia w kinie. Viktor i Emmy nie mają wątpliwości co do przyszłości syna: Iggie będzie pracował wraz z ojcem w banku. Każdego ranka po wyjściu z domu powinien skręcić w prawo, potem w lewo i zasiąść za biurkiem pod napisem *Quod honestum* i tarczą przedstawiającą mały żaglowiec walczący z falami, którego stery, począwszy od czasów Joachima, trafiały do przedstawicieli kolejnych pokoleń, najpierw Ignaza i Léona, następnie Viktora i Jules'a, a obecnie zostaną przekazane Iggiemu – jedynemu dziedzicowi tak rozgałęzionej niegdyś rodziny Ephrussich (Rudolf jest na razie uroczym siedmioletnim malcem).

Nikomu nie przeszkadzało, że Iggie nie był zbyt biegły w rachunkach. Postanowiono, że pojedzie studiować finanse na Uniwersytecie w Kolonii, gdzie dobroduszną kuratelę nad nim będzie sprawować Pips, mieszkający tam ze swoją drugą żoną, piękną gwiazdą filmową. Na odjezdnym Iggie dostał w prezencie mały samochodzik, który miał go zachęcić do samodzielnego życia. Trzeba przyznać, że prezentował się w nim znakomicie. Po trzech latach studiów mój wujeczny dziadek rozpoczął pracę we frankfurckim banku, gdzie miał „zapoznać się ze wszystkimi działami bankowości", jak zdawkowo skwitował to doświadczenie wiele lat później.

Nie chciał wracać do tych lat. Powiedział tylko, że w Niemczech w latach kryzysu podjęcie przez Żyda pracy w finansach było pomysłem co najmniej n i e r o z s ą d n y m. Były to lata, gdy naziści zaczęli dochodzić do władzy, gdy coraz więcej ludzi gotowych było oddać głos na Hitlera, gdy paramilitarne bojówki SA podwoiły swoją liczebność do czterystu tysięcy, a starcia uliczne w miastach stały się codziennością. 30 stycznia 1933 roku Hitler objął urząd kanclerza, a miesiąc później, po pożarze Reichstagu, „prewencyjnie" zaaresztowano tysiące ludzi. Jednym z największych obozów, dokąd przewożono zatrzymanych, było znajdujące się nieopodal Monachium Dachau.

W lipcu 1933 roku Iggie miał wrócić do Wiednia i rozpocząć pracę w banku.

Jeśli pobyt w Niemczech nie był rozsądną propozycją, powrót do Austrii również nie był szczęśliwym pomysłem. Czasy w Wiedniu były niespokojne. Pod presją nazistów austriacki kanclerz Engelbert Dollfuss zawiesił konstytucję. Coraz częściej dochodziło do konfrontacji między policją a demonstrantami. Bywały dni, że Viktor w ogóle nie szedł do banku, tylko przez cały dzień niecierpliwie czekał w domu na wieczorną prasę, którą dostarczano mu wprost do biblioteki.

Iggie nie wrócił do Wiednia. Po prostu uciekł. Jednym z głównych powodów, które skłoniły go do tego kroku, była perspektywa pracy w banku, a szczególnie ironiczny uśmieszek portiera. Naprawdę jednak chodziło o sam Wiedeń. Chodziło też o sprawy rodzinne: o ojca, o starą kucharkę Klarę i jej powitalną pieczeń cielęcą z sałatką z kartofli i Annę nadmiernie troszczącą się o jego koszule, o jego pokój znajdujący się za garderobą, na końcu długiego korytarza, o biedermeierowskie łóżko, które punktualnie o szóstej było ścielone, by mógł się położyć spać.

Iggie umknął do Paryża. Zatrudnił się w „trzeciorzędnym domu mody", gdzie jego pierwszym zajęciem było sporządzanie szkiców sukni koktajlowych. Zgłębiał nocami tajniki kroju tak długo, aż w końcu nauczył się, jak operować nożycami na pofalowanej zielonej płaszczyźnie jedwabiu. Cztery godziny snu na podłodze w mieszkaniu przyjaciół, kawa i z powrotem za deskę do rysowania. Piętnaście minut na obiad, kawa i z powrotem do pracy. Oto jak wyglądało jego życie.

Ledwie wiązał koniec z końcem. Szybko nauczył się, jak sobie radzić z własnym ubraniem, by prezentowało się zawsze elegancko i czysto. Jak pruć i reperować mankiety, żeby wyglądały jak nowe. Od rodziców dostawał wciąż, bez słowa komentarza, niewielkie kieszonkowe. Dla Viktora wyjaśnianie znajomym, dlaczego syn nie zamierza pracować w rodzinnej firmie, musiało być sprawą wyjątkowo krępującą, a jeszcze bardziej udzielanie odpowiedzi na pytanie, czym się właściwie w Paryżu zajmuje.

Zastanawiam się, czy Viktor potrafił zrozumieć decyzję syna. Musiał przecież mieć swoje przemyślenia na temat chęci ucieczki, a także rezygnacji z niej, podobnie jak Emmy mogła niejedno powiedzieć na temat tkwienia w tym samym miejscu.

Iggie miał już dwadzieścia osiem lat. Podobnie jak dla Emmy ubiór stał się dla niego powołaniem. Zaowocowały długie wieczorne godziny spędzone z matką i z Anną obok szafy z *netsuke*, godziny spędzone na wygładzaniu sukien, porównywaniu koronek na wykończeniu mankietów i szyi. A także na maskaradach z Giselą, grzebaniu w wielkim kufrze pełnym starej garderoby i studiowaniu egzemplarzy „Wiener Mode". Poza tym Iggie miał rozległą wiedzę na temat umundurowania; mógł precyzyjnie powiedzieć, czym różni się krój spodni poszczególnych cesarskich regimentów i jak kroić ze skosu *crêpe de Chine*. Teraz jednak zrozumiał, że pomimo owej wiedzy nie jest tak mocny w tej materii, jak mu się wydawało. Ale przynajmniej zrobił pierwszy krok.

Po dziewięciu miesiącach ciężkiej pracy zdecydował się na kolejną ucieczkę. Tym razem: do Nowego Jorku, do chłopców i do mody. Kadencja tych trzech wyrazów tak go bawiła, że nawet jako bardzo stary człowiek nie mógł powstrzymać uśmiechu, opisując swą podróż za ocean jako rodzaj inicjacji, przejścia z jednego życia do drugiego, w pewnym sensie podróży w głąb samego siebie.

Coś z tego zrozumiałem, gdy podczas mojego pierwszego pobytu w Tokio, ironizując, próbował skłonić mnie, bym bardziej zadbał o swoją garderobę. W ten upalny i wilgotny czerwiec, gdy dość rozmemłany po podróży, lecz pełen entuzjazmu zjawiłem się w jego mieszkaniu, zrozumiałem, że liczy się nie ubiór, ale p o d e j ś c i e do niego. Iggie i mieszkający za ścianą jego przyjaciel Jirō zabrali mnie do Mitsukoshi, wielkiego domu towarowego w sercu Ginzy, by sprawić mi jakieś przyzwoite ubranie – odpowiednie na lato lniane marynarki i porządne koszule z kołnierzykami. Moje dżinsy i pozbawione kołnierzyków koszule zostały powierzone sprzątaczce pani Nakano i po kilku dniach wróciły zaprasowane w kant, złożone i pospinane przy mankietach szpilkami, z kompletem guzików. Niektóre rzeczy przepadły.

Podczas którejś z późniejszych wizyt w Tokio Jirō ofiarował mi wygrzebany gdzieś niewielki kartonik z napisem: „Baron I. Leo Ephrussi zawiadamia o swojej współpracy z Dorothy Couteaur Inc., dawniej Molyneux, Paris". Adres: 695 Piąta Aleja, telefon Eldorado 5-0050. Wszystko się zgadza. Moda była dla Iggiego prawdziwym eldorado, w miejsce Ignaza pojawił się Leo, choć baron pozostał.

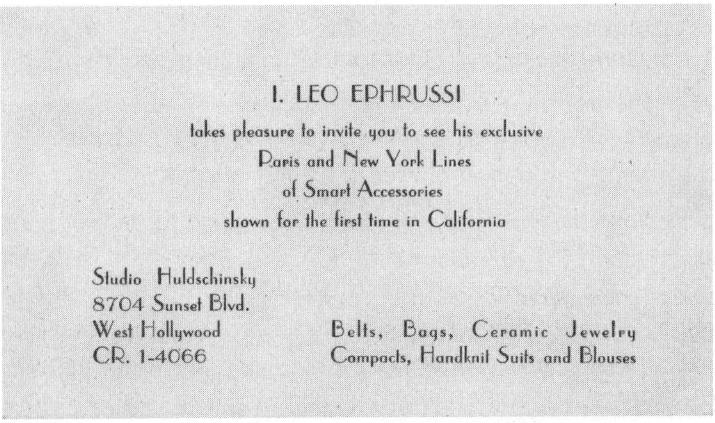
I. LEO EPHRUSSI

takes pleasure to invite you to see his exclusive

Paris and New York Lines

of Smart Accessories

shown for the first time in California

Studio Huldschinsky
8704 Sunset Blvd.
West Hollywood
CR. 1-4066

Belts, Bags, Ceramic Jewelry
Compacts, Handknit Suits and Blouses

Zaproszenie na pokaz mody Iggiego, 1936

Dla Dorothy Couteaur Inc. (nazwisko, drwiąco rozciągnięte słowo *couture*, godne samego Nabokova) Iggie zaprojektował „szykowny, luźny płaszcz", z najmodniejszej jedwabnej krepy we wzór z brązowo-beżowych jaskółek, narzucony z wdziękiem na beżową suknię ze stuprocentowej krepy. Iggie projektował najczęściej „wyrafinowane suknie dla eleganckich Amerykanek", choć trafiłem także na: „Eleganckie akcesoria po raz pierwszy w Kalifornii – paski, torby, ceramiczna biżuteria, puderniczki", co świadczy albo o finansowych tarapatach, albo o przenikliwości. W „Women's Wear Daily" z marca 1937 roku zwraca uwagę

„interesujący komplet wieczorowy olśniewający śmiałym zestawieniem tkanin: suknia z perłowego satynowego jerseyu nawiązująca do greckiej tuniki, a na to szyfonowy płaszcz w odcieniu najżywszej czerwieni ozdobiony plisowanymi aplikacjami. Całości dopełnia szal, który noszony jako pasek upodobnia płaszcz do redingotu". „Śmiałe zestawienie tkanin" – cóż za sformułowanie! Długo przyglądam się ilustracji, próbując się dopatrzyć redingotu.

Dopiero gdy trafiłem na projekt kolekcji przeznaczonej na wycieczkowe rejsy, której inspiracją były kody flagowe amerykańskiej marynarki wojennej, czuję, że Iggie musiał się tym wszystkim nieźle bawić. Rysunek przedstawia dziewczyny ubrane w szorty i krótkie spódniczki, bawiące się na olinowaniu ze strzaskanymi słońcem marynarzami. Według kodu sygnały na ubraniach układają się w hasła: „Potrzeba bezpośredniej komunikacji", „Nic ci nie grozi", „U mnie pożar", „Dłużej nie mogę".

W Nowym Jorku Iggie był jednym z wielu zubożałych Rosjan, Austriaków i Niemców, którzy uciekli z Europy. Marne pieniądze nadsyłane z Wiednia w końcu przestały przychodzić, a zarobki z projektowania były niewielkie, Iggie jednak był szczęśliwy. Poznał pierwszą miłość swojego życia – Robina Curtisa, szczupłego, jasnowłosego, nieco młodszego od siebie antykwariusza. Mam ich wspólne zdjęcie zrobione w mieszkaniu na Upper East Side, w którym mieszkali razem z siostrą Robina. Iggie w garniturze w drobny prążek przysiadł na poręczy fotela. Na innych zdjęciach widać ich na plaży w Meksyku, w Los Angeles – najwyraźniej jako parę.

Iggie rzeczywiście uciekł, i to daleko.

Elisabeth też wykluczała możliwość powrotu do Wiednia. Ponieważ jednak z pieniędzmi było krucho (klienci Henka zawiedli, obietnice nie zostały dotrzymane itd.), wyjechała z chłopcami na wieś do Oberbozen, przepięknej wsi we włoskim Tyrolu. Miasteczko chlubiło się swą własną dość hałaśliwą kapelą składającą się z samych bębniarzy, a wkoło rozciągały się łąki pełne kwitnących gencjan. Poza piękną okolicą i doskonałym powietrzem liczyło się to, że życie było tu tanie i można było uniknąć niepotrzebnych wydatków. Chłopcy przez jakiś czas chodzili do miejscowej szkoły, ale Elisabeth szybko postanowiła sama zająć się ich edukacją. Henk krążył między Paryżem a Londynem, próbując odzyskać pieniądze, które należały się jego Trading Company. „Gdy przyjeżdżał nas odwiedzić, mieliśmy przykazane, by nie hałasować, bo tata jest bardzo, ale to bardzo zmęczony".

Czasami Elisabeth jechała z chłopcami do Wiednia w odwiedziny do dziadków i wuja Rudolfa – obecnie już nastolatka. Viktor zabierał wtedy chłopców na przejażdżki czarną limuzyną z szoferem.

Tymczasem Emmy nie czuła się najlepiej. Miała kłopoty z sercem i musiała zażywać lekarstwa. Na nielicznych zdjęciach z tego okresu wygląda na starszą i jakby zaskoczoną nadejściem wieku średniego. Nadal jest jednak cudownie ubrana: w ciemnym płaszczu z białym kołnierzem i w kapeluszu przypiętym na bakier do szpakowatych włosów; jedną rękę trzyma na ramieniu mojego ojca, a drugą na ramieniu stryja. Anna wciąż stara się, by Emmy niczego nie brakowało, a Emmy wciąż się zakochuje.

Deklaruje, że nie dorosła jeszcze do roli babki, lecz jednocześnie wysyła mojemu ojcu serię pocztówek przedstawiających sceny z baśni Hansa Christiana Andersena *Świniopas* i *Księżniczka na ziarnku grochu*. Mnóstwo pocztówek, każda z krótką wiadomością, wysyłane co tydzień, kończące się nieodmiennie zdaniem: „Tysiące całusów od babci". Emmy w dalszym ciągu nie może powstrzymać się od opowiadania bajek.

Rudolf, wychowujący się w rodzinnym domu, pozbawiony towarzystwa rodzeństwa, z roku na rok robi się coraz wyższy i bardziej przystojny. Jedno ze zdjęć ukazuje go w kadrze drzwi prowadzących do pałacowego salonu, ubranego w spodnie do konnej jazdy i płaszcz o wojskowym kroju. Pasją Rudolfa jest gra na saksofonie. Wyobrażam sobie, jak cudownym echem rozbrzmiewał ten instrument w coraz bardziej opustoszałych pokojach pałacu.

W czerwcu 1934 roku Elisabeth razem z chłopcami spędziła w pałacu dwa tygodnie. Podczas ich pobytu doszło do nieudanej próby zamachu stanu i zamordowania kanclerza Austrii Dollfussa, co miało być sygnałem do nazistowskiego przewrotu. Zamieszki zostały krwawo stłumione, a nowy kanclerz Kurt Schuschnigg został zaprzysiężony w atmosferze groźby wojny domowej. Ojciec pamięta, jak obudzony podbiegł do okna i zobaczył pędzący po Ringu z wyciem syreny wóz strażacki. Próbowałem skłonić go, by przypomniał sobie coś więcej (nazistowskie demonstracje? uzbrojoną policję? kryzys?), ale mój tata nie jest człowiekiem podatnym na sugestie. Wóz strażacki to wszystko, co zostało z pobytu w Wiedniu w 1934 roku.

Viktor przestał już udawać, że jest bankierem. Być może z tego właśnie powodu oraz dzięki kompetencjom jego zastępcy Herr Steinhaussera bank prosperował całkiem dobrze. W dalszym ciągu mój pradziadek chodził więc do biura, lecz czas upływał mu na studiowaniu opasłych, drukowanych drobną czcionką katalogów z Lipska i Heidelbergu. Teraz kolekcjonował starodruki, a jego prawdziwą pasją (która wzmogła się po upadku Austro-Węgier) stała się historia Imperium Rzymskiego. Książki gromadzone były w bibliotece wychodzącej na Schottengasse w wysokiej szafie o drzwiach pokrytych metalową siatką i zamykanych na kluczyk, który Viktor zawsze nosił na łańcuszku od zegarka. Wczesne łacińskie książki historyczne to pozycje wysoce specjalistyczne (i kosztowne), ale traktowały o tym, co było pasją Viktora – o wielkich imperiach.

Viktor i Emmy spędzają wspólnie wakacje w Kövecses, ale od śmierci jej rodziców majątek jakby skarlał. Pozostało zaledwie kilka koni, ubyło gajowych, skończyły się wielkie polowania. Emmy tak jak dawniej przed kolacją idzie na spacer do zakola rzeki, a nawet dalej, aż za kępę wierzb, gdzie zawsze lekko wieje, i z powrotem. Tyle że teraz, z powodu serca, idzie wolnym, bardzo wolnym krokiem. O staw, miejsce dawnych kąpieli, nikt już nie dba. Brzegi całkowicie zarosły trzciną.

Dzieci Ephrussich rozpierzchły się po świecie. Elisabeth nadal przebywa w Alpach, tyle że teraz przeniosła się do Ascony w Szwajcarii. Ale kiedy tylko może, jedzie z chłopcami do Wiednia. Anna zawsze bardzo się o nich troszczy. Iggie dalej projektuje garderobę na wielkie rejsy – tym razem w Hollywood. Z powodu wojny domowej Gisela i jej rodzina opuścili Madryt i wyjechali do Meksyku.

W roku 1938 Emmy kończy pięćdziesiąt osiem lat. Wciąż jest piękna, wciąż też nosi na szyi sięgający do pasa sznur pereł. Wiedeń staje się miastem coraz bardziej chaotycznym, lecz życie w pałacu toczy się tym samym, monotonnym trybem. Aby w tej monotonii utrzymać porządek, trzeba jednak ośmiu osób służby. Niby nic się nie dzieje, ale i tak codziennie o pierwszej nakrywa się w jadalni, a potem wieczorem o ósmej; jedyną różnicą jest to, że obecnie domownikiem, który najczęściej opuszcza posiłki, jest Rudolf. Nigdy go nie ma, powtarza Emmy.

Viktor skończył siedemdziesiąt osiem lat i wygląda dokładnie jak jego ojciec. Przypomina też kuzyna Charles'a na podobiźnie dołączonej do nekrologu – szczególnie imponująco prezentuje się wydatny nos Ephrussich. (Nie sposób też nie pomyśleć o Swannie, gdy na starość zgrubiały mu rysy). Kiedy oglądam zdjęcie Viktora ze starannie przystrzyżoną brodą, dostrzegam podobieństwo do m o j e g o ojca dzisiaj i zastanawiam się, za ile lat również ja zacznę tak wyglądać.

Pradziadek jest tak zaniepokojony bieżącą sytuacją, że każdego dnia studiuje dokładnie kilka gazet. Jego niepokój nie powinien dziwić. Niemcy od lat finansują potajemnie austriackich narodowych socjalistów. Obecnie Hitler żąda, by austriacki kanclerz Schuschnigg zwolnił z więzienia członków partii nazistowskiej i włączył ich do prac rządu. Schuschnigg się ugina. Naciski są coraz silniejsze i w końcu nie jest w stanie dłużej stawiać im czoła. Decyduje się, by 13 marca 1938 roku przeprowadzić plebiscyt, który potwierdzi niezależność Austrii od nazistowskiej Rzeszy.

Gdy 10 marca Viktor w gronie żydowskich przyjaciół idzie do Wiener Klubu na Kärntner Ring (po wyjściu z bramy w lewo i po pięciuset metrach znów w lewo), popołudnie schodzi im na dyskutowaniu w kłębach papierosowego dymu o bieżącej sytuacji. Historia Viktorowi nie sprzyja.

CZĘŚĆ TRZECIA

WIEDEŃ, KÖVECSES, TUNBRIDGE WELLS, WIEDEŃ 1938–1947

1. Idealna przestrzeń

Jeszcze 10 marca 1938 roku liczono na pozytywny wynik plebiscytu. W przeddzień podczas wiecu w Innsbrucku kanclerz Austrii wygłosił płomienną mowę, w której nawiązał do słów tyrolskiego bohatera: „Obywatele, godzina wybiła!". Był piękny zimowy dzień – słoneczny i mroźny. Na rozrzucanych z ciężarówek ulotkach i na plakatach widniało dramatyczne „*Ja!*". „Schuschnigg to wolna Austria!". Wszędzie – na murach budynków i na chodnikach – namalowane były krzyże Frontu Ojczyźnianego. Na ulicach przewalały się tłumy, a grupy młodych ludzi skandowały: „*Heil Schuschnigg! Heil Liberty!*". I jeszcze: „Czerwono-Biało-Czerwona do śmierci!". W radiu nadawano bez przerwy wystąpienie kanclerza. Israelitische Kultusgemeinde ofiarowała ogromną sumę pięciuset tysięcy szylingów, równowartość osiemdziesięciu tysięcy dolarów, na cele kampanii wspierającej plebiscyt. Dla wiedeńskich Żydów plebiscyt był bastionem, którego należało bronić.

11 marca nad ranem dowódca wiedeńskiej policji obudził Schuschnigga wiadomością o ruchach niemieckich wojsk na granicy. Wstrzymano transport kolejowy. Wstał jasny, słoneczny dzień. Ostatni dzień Austrii, dzień ultimatum postawionego przez Berlin, dzień ostatnich desperackich prób, by Londyn, Paryż i Rzym sprzeciwiły się niemieckim żądaniom obsadzenia

stanowiska kanclerza przez sprzyjającego Hitlerowi Arthura Seyss-Inquarta.

Tego samego dnia IKG dołożyła jeszcze trzysta tysięcy szylingów na kampanię wspierającą Schuschnigga. Wciąż krążyły pogłoski o niemieckich oddziałach przekraczających granicę oraz o odwołaniu plebiscytu.

Radio – wielki, monumentalny, brązowy angielski odbiornik z podziałką, na której zaznaczone były nazwy europejskich miast, stało w bibliotece. Viktor i Emmy spędzili przy nim całe popołudnie. Nawet Rudolf przyłączył się do nich. O wpół do piątej Anna przyniosła Viktorowi szklankę herbaty z plasterkami cytryny na porcelanowym spodeczku, a dla Emmy angielską herbatę i puzderko z miśnieńskiej porcelany z pastylkami na serce. Dziewiętnastoletni Rudolf, który musi się we wszystkim różnić od rodziców, pije kawę. Anna stawia tacę na stole obok pulpitu do czytania. O siódmej Radio Wiedeń ogłasza odroczenie plebiscytu, a kilka minut później wiadomość o podaniu się do dymisji całego gabinetu z wyjątkiem sympatyzującego z nazistami Seyss-Inquarta, który pozostał na stanowisku ministra spraw wewnętrznych.

Za dziesięć ósma Schuschnigg wygłosił transmitowane przez radio orędzie: „Austriacy i Austriaczki! Dzisiejszy dzień postawił nas w obliczu sytuacji dramatycznej, decydującej o losie naszego kraju [...]. Rząd Rzeszy Niemieckiej przedstawił Prezydentowi ultimatum wzywające, by na urząd kanclerza wyznaczył kandydata wskazanego przez władze Rzeszy [...] w przeciwnym razie [...] oddziały niemieckie natychmiast przekroczą granicę [...]. Ponieważ nawet w tej godzinie próby jesteśmy przeciwni przelewowi niemieckiej krwi, wydałem armii rozkaz, by w razie inwazji wojsko nie stawiało oporu i oczekiwało na decyzje, które zapadną w ciągu najbliższych godzin [...]. W tej godzinie, rozstając się z narodem austriackim, powtarzam odwieczne niemieckie słowa, w nadziei, że zostaną wysłuchane: »Boże, chroń Austrię!«". *Gott, schütze Österreich*. Rozległa się orkiestra grająca niegdysiejszy austriacki hymn, *Gott erhalte*.

Nagle wszystko zmienia się, jakby ktoś przestawił zwrotnicę. Na ulicy słychać głosy, które odbijają się echem na Schottengasse. Krzyczą: „*Ein Volk, ein Reich, ein Führer*" i jeszcze: „*Heil Hitler, sieg heil*". A zaraz potem: „*Juden verrecken!*" – „Zdychajcie, Żydzi! Śmierć Żydom!".

Płynie rzeka brązowych koszul. Trąbią klaksony taksówek, na ulicach zaroiło się od uzbrojonych mężczyzn, dziwnym trafem policjanci mają opaski ze swastyką. Po Ringu pędzą ciężarówki, mijają pałac i uniwersytet i kierują się w stronę ratusza. Ciężarówki również udekorowane są swastykami, podobnie jak tramwaje, z których wysypują się rozgorączkowani, wznoszący okrzyki młodzi ludzie.

Ktoś gasi światło w bibliotece, jak gdyby liczył, że ciemność uczyni siedzących w niej ludzi niewidzialnymi; ale tumult z ulicy i tak wdziera się do wnętrza budynku, do pokoju, gdzie siedzą, przenika w głąb ciała. Na ulicy kogoś biją. Co teraz z nimi będzie? Jak długo można udawać, że nic się nie dzieje?

Niektórzy znajomi pakują walizki i wychodzą na ulicę, przedzierają się przez ten falujący, wzbierający tłum wiedeńczyków, by dostać się na Westbahnhof. Nocny pociąg do Pragi odjeżdża kwadrans po jedenastej wieczorem, ale o dziewiątej pęka już w szwach. Umundurowani mężczyźni przechodzą wzdłuż składu i wyciągają z niego ludzi.

O dwudziestej trzeciej piętnaście na budynkach rządowych wiszą już nazistowskie flagi. O wpół do pierwszej prezydent Miklas poddaje się i zatwierdza nowy gabinet. Osiem minut po pierwszej major Klausner ogłasza z balkonu, że „Austria odzyskała wolność i odtąd jest narodowosocjalistyczna".

Na granicy z Czechami tworzą się kolejki pieszych i samochodów. Radio nadaje *Badenweiler* i *Hohenfriedberger* – niemieckie marsze wojskowe, przerywane jedynie, aby odczytać kolejne slogany. Zaczyna się tłuczenie szyb w żydowskich sklepach.

Tej pierwszej nocy krzyki przenoszą się z ulicy na dziedziniec pałacu, odbijają się echem od ścian i dachu. Słychać tupot nóg na schodach prowadzących po trzydziestu trzech stopniach do mieszkania na drugim piętrze.

Rozlega się łomot do drzwi, ktoś opiera się o dzwonek. Jest ich ośmiu albo dziesięciu, ubranych w jakieś niby-mundury – niektórzy z opaskami ze swastyką. Kilka twarzy wydaje się znajomych. Zresztą to niemal chłopcy. Jest pierwsza w nocy, nikt nie śpi, wszyscy są ubrani. Viktor, Emmy i Rudolf zostają wepchnięci do biblioteki.

Przybysze rozbiegają się po mieszkaniu. Słychać okrzyki z drugiej strony dziedzińca – ktoś trafił do salonu z francuskimi meblami i porcelaną. Słychać śmiechy, gdy buszują w garderobie Emmy. Ktoś zaczyna walić w klawiaturę fortepianu. W gabinecie otwierają szuflady, grzebią w biurku, zrzucają na podłogę starodruki ustawione na półce w rogu pokoju. Wpadają do biblioteki, zrzucają globusy z podstawek. Ta niepohamowana chęć plądrowania, zajrzenia w każdy kąt nie jest rabunkiem, raczej pokazem siły, prężeniem muskułów, wygrażaniem pięścią, zwykłą zuchwałością. Ludzie na korytarzu rozglądają się, sprawdzają, dociekają, próbują zapamiętać zasoby domu.

Zabierają stojące w jadalni srebrne kandelabry trzymane przez podpite fauny, malachitowe zwierzątka z gzymsu nad kominkiem, srebrne pudełka na papierosy, leżące na biurku Viktora spięte spinaczem banknoty. Mały rosyjski zegar, zdobiony różowo-złotą emalią, który wydzwaniał godziny w salonie. I wielki zegar z biblioteki zwieńczony wspierającą się na kolumnach ozdobną kopułą.

Przez wszystkie te lata mijali ten dom, czasem w oknach migały im jakieś twarze, a jeśli się trafiło, że portier otworzył akurat bramę, by wpuścić powóz, udawało im się ogarnąć wzrokiem cały dziedziniec. Teraz nareszcie byli w środku. Oto jak żyją Żydzi, jak sobie używają za nasze pieniądze – cały dom, od góry do dołu, pełen rzeczy, pełen bogactwa. A te kilka przedmiotów – to tylko parę pamiątek, zadośćuczynienie. Na początek.

Ostatnie pomieszczenie, do którego docierają, to narożny pokój – garderoba Emmy, pokój, w którym stoi gablotka z *netsuke*. Zrzucają na podłogę wszystko, co znajduje się na biureczku służącym Emmy za toaletkę: małe lusterko, porcelanowe bibeloty, srebrne pudełeczka i kwiaty zebrane na łąkach w Kövecses, które Anna starannie ułożyła w wazonie. Na koniec wywlekają biurko na korytarz.

Trzech osiłków odpycha Emmy, Viktora i Rudolfa pod ścianę, po czym wynosi biurko, dźwiga je ponad balustradą i zrzuca na dziedziniec. Słychać trzask łamiącego się drewna, rozpada się intarsjowany blat, odpadają kawałki brązu.

Nim biurko – prezent ślubny od Fanny i Jules'a – roztrzaska się o płyty dziedzińca, mija kilka chwil. Łomot rozbijającego się mebla odbija się echem od szklanego dachu. Listy z rozbitych szuflad rozsypują się po całym dziedzińcu.

Wydaje się wam, że macie nas w kieszeni, pieprzeni Żydzi. Z wami też się rozprawimy, pierdolone przybłędy.

To, co się dzieje, to dzicz, samowolna aryzacja. Nikt nikogo nie pyta o pozwolenie.

Trzask rozbijanych mebli jest nagrodą za lata czekania. To noc zadośćuczynienia. Wściekłość wzbierała przez wiele lat. Ta noc to spełnienie historii opowiadanych wnukom przez dziadków, historii o tym, jak pewnej nocy rozliczy się Żydów za ich postępki, za to, co zrabowali biednym, historii o tym, jak oczyści się ulice i zajrzy w każdy kąt, bo przecież chodzi o brud, o zarazę, którą ze swoich cuchnących nor przywlekli do cesarskiego miasta, o to, że ośmielili się położyć łapy na tym, co nasze.

W całym Wiedniu była to noc gwałtu: dzieci chowających się za plecami rodziców, pod łóżkami, za komodami, byle dalej od tego krzyku towarzyszącego aresztowaniu ojców i braci, bicia ich i wpychania do ciężarówek, znieważania matek i sióstr. Tej nocy ludzie wyciągnęli ręce po to, co im się należało, do czego mieli prawo.

Nikt nie śpi. Nie dlatego, że sen nie chce przyjść. Dlatego, że strach się położyć. Kiedy ci ludzie już sobie poszli, kiedy ci mężczyźni, ci chłopcy wreszcie wychodzą, zapowiadają, że wrócą, i nie ma wątpliwości, że słowa dotrzymają. Zabrali perły, które Emmy miała na szyi. Zabrali też jej pierścionki. Ktoś się jeszcze zatrzymał i splunął jej pod nogi. A potem z hałasem i krzykiem zbiegli po schodach na dziedziniec. Nim taszcząc ogromny zegar, wybiegną na Ring, by wyładować złość, każdy jeszcze kopnie jakiś rozbity mebel.

Zbiera się na śnieżycę.

W niedzielę 13 marca, w dniu, kiedy miał się odbyć plebiscyt decydujący o przyszłości wolnej, niemieckiej, niezależnej, socjalistycznej, chrześcijańskiej i zjednoczonej Austrii, od samego świtu widać ludzi na kolanach szorujących ulice Wiednia – sąsiadów, młodych i starych, ortodoksów i liberałów, starców, którzy znają na pamięć całego Goethego i wierzą w *Bildung*, właściciela kiosku z gazetami na Ringu, nauczycielkę muzyki i jej matkę, otoczonych przez SS, Gestapo i członków NSDAP, przez policję i ludzi, w których sąsiedztwie żyli przez wszystkie te lata. Wyśmiewani, opluwani, znieważani, poszturchiwani i kopani czyszczą miasto z plebiscytowych ulotek i plakatów Schuschnigga, by Wiedeń znów był piękny i gotowy. Trzeba podziękować Führerowi. Znalazł zajęcie dla Żydów.

Na zdjęciu młody człowiek w błyszczącej skórzanej kurtce pilnuje czterdziestoletniej kobiety klęczącej w mydlinach. Mężczyzna podwinął nogawki, żeby ich nie zamoczyć. Zdjęcie to mówi wszystko o brudzie i czystości.

Dom został skalany. Tego ranka, podczas gdy prababka i pradziadek siedzą w milczeniu w bibliotece, Anna krząta się po mieszkaniu, podnosi z podłogi zdjęcia kuzynów, zbiera potłuczoną porcelanę, poprawia na ścianach obrazy, czyści dywan, próbuje zreperować otworzone na siłę drzwi.

Przez cały dzień nad Wiedniem przelatują nisko eskadry samolotów Luftwaffe. Viktor i Emmy nie wiedzą, co robić. Nie mają pojęcia, dokąd się udać. Tymczasem pierwsze niemieckie oddziały przekraczające granicę austriacką są witane przez tłumy rzucające im pod nogi kwiaty. Oficjalnie mówi się, że Hitler wraca do domu odwiedzić grób matki.

Trwają aresztowania. Łapie się każdego, kto wspierał będące wcześniej u władzy siły polityczne: znanych dziennikarzy, finansistów, urzędników, Żydów. Schuschnigg jest przetrzymywany w izolacji. Tego wieczoru przez miasto przeciąga procesja z pochodniami. Na jej czele kroczą członkowie NSDAP. Tłumy śpiewają *Deutschland, Deutschland über alles*. Ludzi jest tak dużo, że przejazd z Linzu do Wiednia trwa sześć godzin.

W poniedziałek 14 marca, „nim wieczorne cienie opadły na Wiedeń, gdy wiatr ucichł, a flagi zastygły uroczyste w swej odświętności, wielka godzina stała się faktem: Führer zjednoczonego narodu niemieckiego wjechał do stolicy Ostmark".

Kardynał Wiednia zarządził, by w całej Austrii uderzono w dzwony. Dźwięk dzwonów sąsiadującego z pałacem Ephrussich Votivkirche i dudnienie butów żołnierzy Wehrmachtu maszerujących wzdłuż Ringu sprawiły, że dom trząsł się w posadach. Wszędzie widać flagi: flagi ze swastyką oraz stare austriackie flagi z domalowanymi swastykami. Dzieci wdrapują się na lipy rosnące wzdłuż Ringu. W oknach księgarni wystawiono już mapy pokazujące nową Europę z ogromnym krajem niemieckim rozciągającym się od Alzacji i Lotaryngii po Sudetenland, Bałtyk i Tyrol. Niemcy zajmują połowę obszaru Europy.

We wtorek 15 marca od wczesnego rana tłumy idące przez Schottengasse mijają pałac Ephrussich i kierują się na Ring i dalej na Heldenplatz – plac Bohaterów – ogromną przestrzeń rozciągającą się przed Hofburgiem. Na placu i w okolicznych ulicach stłoczyło się dwieście tysięcy ludzi. Niektórzy wdrapali się na pomniki, na ogrodzenia, wspięli na drzewa. Na krawędziach dachów widać odcinające się od nieba ludzkie sylwetki. O jedenastej Hitler pojawia się na balkonie. Panuje taki zgiełk, że niemal nie słychać jego słów. Gdy dochodzi do końcowej partii swej tyrady, hałas jest tak wielki, że musi kilka razy przerywać. Odgłosy wiecu dobiegają aż na Schottengasse. Mówca kończy tak: „W tej oto godzinie chcę wszystkim Niemcom powiedzieć, że moim największym osiągnięciem jako Führera i kanclerza narodu niemieckiego i niemieckiej Rzeszy wobec historii jest przyłączenie się mojej ojczyzny do Rzeszy Niemieckiej". „Entuzjazm, z jakim przyjęto Hitlera, przeszedł wszelkie oczekiwania", napisała „Neue Basler Zeitung".

Po to właśnie stworzono Ring. Miał być miejscem zdolnym pomieścić nieprzebrane tłumy, miejscem, gdzie można było dać upust emocjom i pokazać mundury. W 1908 roku, jeszcze jako student, Hitler wymarzył sobie, by Heldenplatz zwieńczyć dwoma wielkimi łukami. Stworzona w ten sposób „przestrzeń idealnie nadawałaby się na masowe demonstracje". W przeszłości był świadkiem habsburskich parad. I oto za jego sprawą Ringstrasse znów upodabnia się do baśni tysiąca i jednej nocy, jednej z tych, w których nieopatrznie rzucone słowo sprawia, że na naszych oczach bohater przeistacza się w przerażające monstrum, wymykające się jakiejkolwiek kontroli.

O wpół do drugiej Hitler znów pojawia się na balkonie. Tym razem by przyjąć defiladę oddziałów pieszych i zmotoryzowanych, którym towarzyszy przelot czterystu samolotów. Ogłasza też kolejny plebiscyt, tym razem jak najbardziej uprawniony. „Czy akceptujesz Adolfa Hitlera jako wodza, a także przyłączenie Austrii do Rzeszy Niemieckiej, które dokonało się 13 marca 1938 roku?" Na jasnoróżowej karcie do głosowania widnieje duże koło, gdzie należy napisać „*Ja*", a obok małe kółeczko na „*Nein*". Aby zachęcić

Wiedeń, 14 marca 1938 roku. Widok Ringstrasse od strony parlamentu i opery w kierunku pałacu Ephrussich

wiedeńczyków do głosowania, tramwaje zostały udekorowane czerwonymi flagami, a katedra Świętego Szczepana Męczennika spowita wieloma metrami czerwonej tkaniny. Leopoldstadt, stara żydowska dzielnica, zostaje obwieszona nazistowskimi flagami. Tym razem plebiscyt jest prawomocny. Żydzi nie mają głosu.

Zaczyna się terror. Ludzie są zatrzymywani na ulicach i pakowani do ciężarówek. Kilka tysięcy działaczy, Żydów i ludzi niechętnych systemowi zostaje wysłanych do Dachau. W ciągu tych pierwszych dni zaczynają się odzywać przyjaciele, którzy zdecydowali się na wyjazd. Wciąż napływają wiadomości o aresztowaniach. Wyjechali już kuzyni Emmy: Frank i Mitzi Woosterowie. Gutmannowie, najbliżsi przyjaciele moich dziadków, wyjechali jeszcze trzynastego. Wyjechali Rothschildowie, a także Bernhardt Altmann, wspólnik Viktora, uczestnik niezliczonych kolacji. A jednak to trudna decyzja: wyjść z domu, zostawiając wszystko za sobą.

Czasami udaje się za łapówkę wydostać kogoś z komisariatu. Viktor pomaga kilku kuzynom, którzy decydują się uciekać do Czechosłowacji, ale on i Emmy nie potrafią podjąć decyzji. Przyjaciele namawiają ich na wyjazd. Viktor jest jednak jak sparaliżowany. Brak mu siły, by opuścić dom, dom ojca i dziadka. Nie może zostawić banku. Na pewno nie jest w stanie zostawić swojej biblioteki. Po prostu nie może się na to zdobyć.

Dom opustoszał. Ludzie nie chcą mieć do czynienia z Żydami. Pozostała trójka służących: kucharka; Anna, która wciąż dba, by dla barona i baronowej nie zabrakło kawy; i portier – Herr Kirchner, człowiek samotny, który urzęduje w maleńkim pokoiku w bramie.

Miasto zmienia się z godziny na godzinę, w miarę jak na ulicach przybywa niemieckiego wojska. Na każdym rogu widać ludzi w mundurach. Używaną obecnie walutą jest reichsmarka. Na sklepach należących do Żydów pojawiły się wielkie napisy „JUDE", a wchodzący lub wychodzący klienci są natychmiast zaczepiani. Funkcjonariusze SA na oczach gapiących się tłumów ogołacają z towarów ogromny dom handlowy Schiffmanna, należący do czterech żydowskich rodzin.

Znikają kolejni ludzie. Coraz trudniej się zorientować, co się z kim dzieje. W środę 16 marca pisarz Egon Friedell, stary przyjaciel Pipsa, na widok bojówkarzy wypytujących o coś portiera w jego kamienicy wyskakuje z okna swojego mieszkania. W samym tylko marcu i kwietniu samobójstwo popełnia stu sześćdziesięciu Żydów. Żydzi są masowo zwalniani z teatrów i orkiestr, wyrzucono wszystkich Żydów zatrudnionych w urzędach państwowych i miejskich. Pracę traci stu osiemdziesięciu trzech nauczycieli; żydowscy adwokaci nie mogą dłużej wykonywać swojego zawodu, prokuratorzy zostają usunięci ze stanowisk.

W tym czasie pierwotne rozbestwienie, bezkarne przywłaszczanie sobie żydowskiego mienia, staje się codziennością. Nie ulega wątpliwości, że ktoś to wszystko zaplanował, ktoś tym steruje.

W piątek 18 marca, dwa dni po swoim przybyciu do Wiednia, młody porucznik SS Adolf Eichmann przejmuje nadzór nad prześladowaniami, osobiście uczestnicząc w nalocie na znajdujący się na Seitenstettengasse lokal IKG i konfiskując wszystkie dokumenty świadczące o wsparciu społeczności żydowskiej dla kampanii propagującej plebiscyt Schuschnigga. Eichmannowi zależy, by dla planowanego Instytutu Badań nad Kwestią Żydowską zdobyć najlepsze judaika i hebraika.

To oczywiste, że rozprawa z wiedeńskimi Żydami została dokładnie zaplanowana. 31 marca organizacje żydowskie stają się nielegalne. Kapelan małego anglikańskiego kościoła chrzci Żydów. Wydaje się, że przechrztom łatwiej się będzie ratować. Przed prezbiterium stoi długa kolejka. Pastor ogranicza nauczanie o wierze w Chrystusa do dziesięciu minut, by pomóc jak największej liczbie zdesperowanych ludzi.

9 kwietnia Hitler wraca do Wiednia. Kolumna samochodów przejeżdża przez miasto i wjeżdża na Ring. W południe na balkonie Rathausu, miejskiego ratusza, stojącego przy Adolf Hitler Platz, pojawia się Goebbels i ogłasza wyniki plebiscytu. „Ogłaszam powstanie Wielkiej Rzeszy Niemieckiej”: 99,75 procent głosów oddano na uprawomocnienie Anschlussu.

23 kwietnia oficjalnie ogłoszono bojkot żydowskich sklepów. Tego samego dnia Gestapo zjawiło się w pałacu Ephrussich.

2. Jedyna taka okazja

Jak pisać o tych czasach? Czytam różne wspomnienia, dzienniki Musila, oglądam zdjęcia tłumów zrobione tego dnia, następnego i jeszcze kolejnego. Studiuję wiedeńskie gazety. We wtorek piekarnia Hermansky'ego piecze tylko aryjski chleb. W środę tracą pracę żydowscy prawnicy. W czwartek nie-Aryjczycy zostają wykluczeni z klubu piłkarskiego Schwartz-Rot. W piątek Goebbels rozdaje darmowe radioodbiorniki. Wszędzie można kupić aryjskie żyletki.

Leży przede mną paszport Viktora opatrzony stemplami i plik korespondencji między członkami rodziny. Rozkładam je na moim biurku. Czytam raz, drugi, mając nadzieję, że może opowiedzą mi coś o tych chwilach, o tym, co czuli Viktor i Emmy uwięzieni w swoim domu na Ringu. Mam notatki sporządzone podczas moich poszukiwań archiwalnych. Zdaję sobie jednak sprawę, że nie osiągnie się tego, siedząc w londyńskiej bibliotece. Wracam więc do Wiednia, do pałacu.

Staję na balkonie drugiego piętra. Mam przy sobie jedno *netsuke*: jeden z trzech kasztanów z gąsienicą. Niepokoję się, czy to noszenie go w kieszeni aby mu nie zaszkodzi. Trzymam się mocno poręczy balkonu, patrzę w dół na marmurowe płyty i w myślach widzę spadające biurko Emmy, a jednocześnie mam świadomość, że w chwili, gdy to się działo, *netsuke* spały niczym niezakłóconym snem w swojej gablotce.

Słyszę głosy biznesmenów, którzy weszli do budynku od strony Ringu i idą teraz na zebranie odbywające się w jednym z biur. Słyszę strzępy słów i śmiech, w tle pobrzmiewają echa ulicy. Przypominam sobie słowa Iggiego. Powiedział mi, że Herr Kirchner, stary portier – który kiedyś, by rozbawić dzieci, otwierając teatralnym gestem bramę, nisko im się kłaniał – tej pamiętnej nocy, gdy przyszli naziści, zniknął, zostawiając bramę szeroko otwartą. Sześciu nienagannie ubranych funkcjonariuszy Gestapo po prostu weszło do środka.

Zaczęli uprzejmie. Mają rozkaz przeszukać mieszkanie, gdyż są podejrzenia, że Żyd Ephrussi wspierał kampanię Schuschnigga.

Rozpoczyna się rewizja. Rewizja oznacza, że wyjęta zostaje każda szuflada, opróżniona każda komoda, każdy drobiazg jest dokładnie badany. Trudno sobie nawet wyobrazić, ile rzeczy zgromadzono w tym domu, ile było szuflad, w ilu pokojach. Gestapo działa metodycznie. Nikomu się nie spieszy. Tym razem to nie dzicz, to akcja starannie zaplanowana. Szuflady w małych stoliczkach w salonie zostają dokładnie przetrząśnięte, papiery rozrzucone. Ze szczególną uwagą przeszukują gabinet Viktora. Dowodów szukają w katalogu starodruków, dokładnie oglądają każdy list. W bibliotece każda książka zostaje poddana oględzinom, a następnie ciśnięta na podłogę. Szperają w komodach z bielizną. Zdejmują obrazy, dokładnie badają nawet podnóżki. W jadalni zrywają ze ścian gobeliny, za którymi dzieci tak lubiły się chować.

Po przeszukaniu dwudziestu czterech pokoi, kuchni i pokoi dla służby Gestapo zażądało kluczy od sejfu, od pokoju ze srebrem i kredensu z porcelaną, gdzie trzymano starannie posegregowane serwisy. Kazali też wydać klucz od schowka, gdzie trzymane są pudła na kapelusze, kufry, skrzynie ze starymi zabawkami, dziecięce książki, wśród nich bajki Andrew Langa. Wreszcie klucz od szafy w garderobie Viktora, gdzie przechowywał listy od Emmy, od swojego ojca i od Herr Wessela, nauczyciela i przykładnego Prusaka, który wpoił mu niemieckie wartości i zapoznał go z twórczością Schillera. Na sam koniec zabierają klucze od biurka w banku.

Wszystkie te przedmioty, cały świat przedmiotów wpisujących się w rodzinną geografię rozpościerającą się od Odessy po Petersburg, obejmującą Szwajcarię, południe Francji, Paryż, Kövecses i Londyn, wszystko to zostało dokładnie przejrzane i spisane. Każdy przedmiot, każde wydarzenie budzi podejrzenia. Podobnej lustracji zostają poddane wszystkie inne zamożne żydowskie rodziny w Wiedniu.

Po wielu długich godzinach odbywa się jeszcze krótkie przesłuchanie i w końcu Żydowi Viktorowi Ephrussiemu zostaje przedstawiony zarzut wpłacenia pięciuset szylingów na wsparcie kampanii Schuschnigga, co czyni z niego wroga niemieckiego państwa. Viktor i Rudolf zostają aresztowani i zabrani z domu.

Emmy wolno korzystać jedynie z dwóch pokoików na tyłach domu. Zwiedzam te pokoje. Są małe, wysokie i ciemne. Matowa szyba nad drzwiami wpuszcza do środka odrobinę światła z dziedzińca. Emmy nie wolno używać głównej klatki schodowej ani wchodzić do innych pokoi. Nie ma już służby. Od tej chwili jej jedynym majątkiem są jej ubrania.

Nie wiem, dokąd zabrano Viktora i Rudolfa. Nie znalazłem żadnych dokumentów, z których mógłbym się czegoś na ten temat dowiedzieć. Nie spytałem o to Elisabeth ani Iggiego.

Możliwe, że trafili do hotelu Metropol, który został zarekwirowany na główną kwaterę Gestapo. Były też jednak i inne miejsca, gdzie przetrzymywano tę ogromną liczbę Żydów. Oczywiście bito ich, ale również zakazano im się myć i golić, żeby wyglądali jak prawdziwi degeneraci. Chodziło o to, by rozprawić się z opinią, że Żyd może wyglądać jak nie-Żyd. A także o to, by obedrzeć ludzi z ich godności, zabierając im zegarek, buty i pasek – bo przecież trudno się poruszać z godnością, gdy jedną ręką trzeba podtrzymywać spodnie. To sposób, by sprowadziwszy Żyda do samej fizyczności, wrzucić go z powrotem do sztetla – powłóczącego nogami, nieogolonego, taszczącego swój dobytek na plecach. Ma wyglądać jak karykatura z „Die Stürmer", szmatławca wydawanego przez Streichera, sprzedawanego na ulicach Wiednia. Zabierają też okulary.

Przez trzy dni ojciec i syn są przetrzymywani w jednym z wiedeńskich więzień. Gestapo żąda podpisu na dokumentach. Odmowa podpisu oznacza wysłanie do Dachau. Viktor własnoręcznie potwierdza, że zrzeka się pałacu i całej jego zawartości, wszystkich innych wiedeńskich nieruchomości, tego wszystkiego, co przez ponad sto lat swą wytrwałą pracą zgromadzili jego przodkowie. Wtedy pozwalają im wrócić do pałacu, przejść przez szeroko otwartą bramę, przez dziedziniec i po wąskich kuchennych schodach w narożniku budynku wejść na drugie piętro do dwóch pokoików, które teraz są ich domem.

27 kwietnia w nieruchomości pod numerem 14 na Doktor Karl Lueger Ring, Wiedeń 1, w dawnym pałacu Ephrussich, zakończył się proces aryzacji. Była to jedna z pierwszych nieruchomości w mieście, którą w ten sposób wyróżniono.

Stoję przed tymi dwoma maleńkimi pokoikami, zdawać by się mogło na wyciągnięcie ręki od garderoby i biblioteki. Tu, myślę sobie, zaczęło się wygnanie, niby we własnym domu, w rzeczywistości jednak daleko, bardzo daleko.

Dom nie był już ich własnością. Kręciło się po nim mnóstwo ludzi: jedni w mundurach, inni po cywilnemu. Ludzie liczyli pokoje, spisywali znajdujące się w nich przedmioty i obrazy; niektóre rzeczy wynosili natychmiast. Gdzieś pośród tego rozgardiaszu jest też Anna. Rozkazano jej pomagać przy pakowaniu skrzyń, podkreślając, że powinna się wstydzić swej pracy u Żydów.

Zabierają nie tylko dzieła sztuki i bibeloty, pozłacane drobiazgi zdobiące stoły i gzymsy nad kominkiem. Zabierają też ubrania, zimowe płaszcze Emmy, skrzynię porcelanowych naczyń z kuchni, lampę, parasole i laski. Wszystko, co całymi latami spływało do tego domu, zapełniało szuflady, komody i szafy, kufry i gablotki – prezenty ślubne i urodzinowe, pamiątki – zostaje z nich wyjęte. Jest to parcelacja dobytku, który nagromadził się wokół domu, wokół rodziny. Następuje prawdziwe tąpnięcie: wszystko, co naprawdę wartościowe, zostaje zabrane, rzeczy codziennego użytku, dobrze znane i kochane, przemieniają się w zbiór bezużytecznych przedmiotów.

Aby oszacować wartość dzieł sztuki należących do Żydów, wyznaczono rzeczoznawców, którzy metodycznie zajęli się ogołacaniem żydowskich domów z obrazów, książek, mebli i drobiazgów. O ich wartości decydują muzealni eksperci. W pierwszych tygodniach Anschlussu w muzeach i galeriach wre praca: pisze się listy, sporządza kopie, tworzy spisy, robi kwerendy dotyczące pochodzenia lub atrybucji, ustala klasę obrazu, każdego mebla, każdego przedmiotu. Przy szacowaniu bierze się pod uwagę najróżniejsze kryteria.

Gdy przeglądam te dokumenty, machinalnie zaczynam myśleć o Charles'u, prawdziwym *amateur de l'art*, pełnym pasji, dokładnym w swych badaniach i zestawieniach; myślę o życiu spędzonym na poszerzaniu wiedzy, o podróżach służących bliższemu poznaniu ukochanych malarzy, o jego zbiorach przedmiotów z laki, o kolekcji *netsuke*.

Nigdy wcześniej historycy sztuki nie byli bardziej przydatni i uważniej słuchani niż w Wiedniu wiosną 1938 roku. Po usunięciu Żydów ze wszystkich oficjalnych instytucji przed nowo zatrudnionymi otworzyły się interesujące perspektywy. Dwa dni po Anschlussie Fritz Dworschak, kurator działu medali, zostaje dyrektorem Kunsthistorisches Museum (Muzeum Historii Sztuki). Rozdzielenie złupionych dzieł sztuki, oświadczył, to „wyjątkowa i niepowtarzalna szansa na ekspansję [...] na różnych polach".

Było tak, jak mówił. Większość dzieł sztuki miała zostać sprzedana bezpośrednio bądź na aukcji, a pieniądze zdobyte w ten sposób przeznaczone na wsparcie potrzeb Rzeszy. Przewidywano, że niektóre przedmioty zostaną wymienione u antykwariuszy na inne. Część eksponatów miał otrzymać Führer – do muzeum, które pragnął założyć w swym rodzinnym Linzu, pozostałe miały trafić do Muzeum Narodowego. Berlin uważnie przygląda się temu procesowi. „Führer zamierza osobiście podjąć decyzję, jak rozdzielić przejęte mienie. Część dzieł sztuki chce przeznaczyć dla lokalnych zbiorów w małych austriackich miastach". Reszta zarezerwowana jest do kolekcji przywódców Rzeszy.

W pałacu Ephrussich, w tym wielkim skarbcu, trwa szacowanie majątku. Każdy przedmiot zostaje osobno wyjęty i dokładnie zbadany. W szarym świetle sączącym się z przeszklonego dziedzińca wszystko, co należało do tej żydowskiej rodziny, poddawano skrupulatnym oględzinom.

W dokumentach Gestapo dość kwaśno komentowany jest gust tych, którzy stworzyli tę kolekcję, zarazem jednak trzydzieści obrazów „nadaje się do muzeów". Trzy obrazy pędzla starych mistrzów trafiają bezpośrednio do galerii malarstwa Kunsthistorisches Museum, sześć do Galerii Austriackiej, jeden zostaje sprzedany antykwariuszowi, dwie terakotowe figurki i trzy obrazy kupuje kolekcjoner, dziesięć zostaje sprzedanych za dziesięć tysięcy szylingów do antykwariatu na Michaelerplatz. I tak dalej, i tak dalej.

„Obiekty charakteryzujące się wysoką wartością artystyczną, nienadające się na potrzeby urzędowe" zostają odesłane do Kunsthistorisches Museum i do Naturhistorisches Museum (Muzeum Historii Naturalnej). Przedmioty „nienadające się" zostają wysłane do magazynu „ruchomości", ogromnego składu, z którego zasobów korzystać mogą inne organizacje.

Najwspanialsze obrazy z wiedeńskich zbiorów zostają sfotografowane, a zdjęcia umieszczone w dziesięciu oprawnych w skórę albumach, które wysłano do Berlina, aby Hitler mógł się z nimi osobiście zapoznać.

W piśmie od (inicjały nieczytelne), numer: RK 19694 B, wysłanym z Berlina 13 października 1938 roku, czytamy: „Reichs Führer i Przywódca Niemieckiego [*sic!*] potwierdza odebranie dnia 26 września 1938 listu z dnia 10 sierpnia 1938 roku wraz z 7 spisami dotyczącymi mienia i dzieł sztuki skonfiskowanych i przejętych w Austrii, a także 10 albumów z fotografiami i katalogu, które obecnie są do wglądu w urzędzie. Inwentaryzacja i certyfikaty w załączeniu". Poza „pałacem i majątkiem oraz lasami Żyda Rudolfa Gutmanna" i „7 rodzinnymi majątkami należącymi do rodziny Habsburgów Lotaryńskich oraz 4 willami i 1 pałacem Ottona v. Habsburga" wymienione są przejęte w Wiedniu dzieła sztuki należące do „Viktora v. Ephrussi, nr 57, 71, 81–87, 116–118 i 120–122 [...] skonfiskowane na rzecz licznych urzędów w Austrii, urzędu Reichs Führera SS, NSDAP, Sił Zbrojnych, Lebensborn i innych".

Podczas gdy Hitler przeglądał albumy i zastanawiał się, co wybrać, podczas gdy sprawy te wciąż były omawiane, gdy dyskutowano, czym różni się konfiskata mienia od sekwestracji, trwała likwidacja biblioteki Viktora. Z pałacu wywożono jego książki historyczne, grecką i łacińską poezję, Owidiusza i Wergiliusza, Tacyta, beletrystykę angielską, niemiecką i francuską, oprawne w marokin wydanie Dantego z ilustracjami Doré, które tak trwożyły dzieci, słowniki i atlasy, sprowadzone z Paryża książki Charles'a, starodruki. Książki kupione w Odessie i w Wiedniu, nadesłane przez antykwariuszy z Londynu i Zurychu, obejmujące lektury całego życia, zostają zdjęte z półek, posegregowane, włożone do drewnianych skrzyń, te zaś zabite gwoździami i zniesione na dziedziniec, załadowane do ciężarówek. Ktoś (inicjały nieczytelne) podpisuje się na dokumencie, rozlega się warkot motoru, silnik krztusi się i ciężarówka wyjeżdża przez dębową bramę na Ring i znika.

W tym czasie powstała specjalna komórka do zajmowania się żydowskimi bibliotekami. Gdy przeglądam listę członków Wiener

Klubu z 1935 roku, którego prezesem był Viktor, stwierdzam, że jego jedenastu przyjaciołom również zlikwidowano biblioteki.

Niektóre skrzynie trafiają do Biblioteki Narodowej, gdzie zespół bibliotekarzy i naukowców decyduje, dokąd je posłać. Dla bibliotekarzy i uczonych, podobnie jak dla historyków sztuki, nastały pracowite dni. Niektóre książki zostają w Wiedniu, inne jadą do Berlina. Jeszcze inne zostają przeznaczone do planowanej w Linzu „Führerbibliothek" lub do prywatnej biblioteki Hitlera. Niektóre są zarezerwowane dla Centrum Alfreda Rosenberga. Rosenberg, jeden z najwcześniejszych ideologów nazizmu, jest potęgą samą w sobie. „Istotą współczesnej rewolucji światowej będzie obudzenie świadomości rasowej – wykładał w swoich książkach napuszonym stylem. – Dla Niemiec kwestia żydowska zostanie rozwiązana dopiero wtedy, gdy ostatni Żyd opuści terytorium Wielkich Niemiec". Dławiące się retoryką książki Rosenberga rozchodziły się w kolosalnych nakładach, niewiele mniejszych od *Mein Kampf*. Jednym z zadań jego urzędu stała się konfiskata materiałów wchodzących w skład „mienia pożydowskiego" z Francji, Belgii i Holandii, które miały się okazać przydatne do badań.

Akcja ta prowadzona jest w całym mieście. Często Żydzi sami sprzedają swoje rzeczy za pół darmo, by zebrać pieniądze potrzebne na zapłacenie podatku za *Reichsflucht*, pozwalającego na opuszczenie kraju. Czasami ich rzeczy są im po prostu zabierane – przemocą lub nie, zawsze jednak z powołaniem się na odpowiednie paragrafy, z użyciem oficjalnego języka, ze świstkiem papieru, który trzeba podpisać, z przyznaniem się do winy – rzekomo w majestacie prawa, choć faktycznie czynności te sprzeczne są z przepisami Rzeszy. Zachowała się ogromna dokumentacja. Na przykład inwentaryzacja kolekcji Gutmannów. Gestapo zabiera również jedenaście *netsuke* należących do Marianny – bawiącego się chłopca, psa, małpę, żółwia, które w całkiem innym życiu pokazywała przyjaciółce.

Jak długo trwa to oddzielanie rzeczy od ludzi i miejsc, gdzie dotąd przebywały? W Dorotheum, wiedeńskim domu aukcyjnym, licytacje następują jedna po drugiej. Każdego dnia odbywa się wiele aukcji przejętego mienia. Każdego dnia rzeczy te znajdują chętnych, by je nabyć za niewielkie pieniądze, kolekcjonerów gotowych włączyć je do swoich zbiorów. Licytacja kolekcji Altmanna trwa pięć dni. Zaczyna się w piątek 17 czerwca o trzeciej po południu. Pierwszą licytowaną pozycją jest stojący zegar angielski z kurantem. Idzie za zaledwie trzydzieści reichsmarek. Każdy dzień jest zorganizowany tak, by sprzedać dwieście pięćdziesiąt sztuk.

Oto jak należy sobie z tym radzić. Jest oczywiste, że w *Ostmark*, wschodniej części Rzeszy, z każdym przedmiotem trzeba się obchodzić z należytą starannością. Każdy srebrny lichtarz musi zostać zważony, sztućce policzone, każda szafka otwarta. Należy spisać sygnatury z każdej porcelanowej figurki. Każdy rysunek starego mistrza musi zostać opatrzony stosownym komentarzem, wymiary obrazów precyzyjnie ustalone. Podczas tego procesu ważenia i mierzenia właścicielom łamie się żebra i wybija zęby.

W przeciwieństwie do ich własności – Żydami nikt się nie przejmuje. Liczą się przedmioty. Trzeba o nie należycie zadbać i umieścić je w odpowiednich niemieckich domach. Innym wyzwaniem jest zarządzanie społeczeństwem bez pomocy Żydów. Wiedeń znów stał się „stacją doświadczalną testującą koniec świata".

Trzy dni po wypuszczeniu Viktora i Rudolfa z więzienia Gestapo oddaje dawny apartament Ephrussich Urzędowi do spraw Powodzi i Lawin. Sypialnie zostają przerobione na biura. Apartamenty Ignaza na pierwszym piętrze, paradne pokoje dekorowane plafonami, złotem i marmurem, zostały przekazane Amt Rosenberg – Urzędowi Alfreda Rosenberga, pełnomocnika Führera do spraw nadzoru nad intelektualną i ideologiczną edukacją partii narodowosocjalistycznej.

Wyobrażam sobie Rosenberga – szczupłego, dobrze ubranego mężczyznę – w salonie Ignaza za zasłanym dokumentami wspaniałym biurkiem Boulle'a. Jego urząd odpowiada za całokształt intelektualnej działalności w Rzeszy, więc pracy nie ma końca. Wszyscy potrzebują jego imprimatur: archeolodzy, literaci, ludzie nauki. Jest kwiecień i na lipach pojawiły się właśnie pierwsze listki. Z okien znajdujących się naprzeciw jego biurka, ponad baldachimem świeżej zieleni, widać flagi ze swastyką łopoczące na budynku uniwersytetu oraz na nowym maszcie wzniesionym przed Votivkirche.

W swym nowym wiedeńskim biurze Rosenberg urzęduje pod plafonem, który Ignaz, głęboko przekonany o słuszności asymilacji, zamówił jako hymn na cześć Syjonu. Monumentalne, oprawne w złoto malowidło przedstawiające Esterę ukoronowaną na królową Izraela, a obok klęskę wrogów Syjonu. A przecież Zionstrasse miała zostać oczyszczona z Żydów.

25 kwietnia na nowo rozpoczynają się zajęcia na uniwersytecie. Podczas uroczystego otwarcia ustawieni w szpaler studenci witają gauleitera Josepha Bürckla. Wprowadzono system *numerus clausus*. Żydzi mogą obecnie stanowić jedynie dwa procent studentów i pracowników naukowych. Aby wejść na teren uczelni, żydowscy studenci potrzebują przepustki. Ze stu dziewięćdziesięciu siedmiu słuchaczy Wydziału Medycznego usunięto stu pięćdziesięciu trzech.

26 kwietnia Hermann Göring rozpoczyna „transfer majątku". Każdy Żyd posiadający więcej niż pięć tysięcy reichsmarek musi pod groźbą aresztu zgłosić je władzom.

Następnego dnia Gestapo zjawia się w banku Ephrussich. Funkcjonariusze przez trzy dni studiują dokumenty. W myśl nowych przepisów – przepisów obowiązujących od trzydziestu sześciu godzin – firma ma zostać przekazana aryjskim akcjonariuszom. Żydowskie udziały mają być sprzedane z rabatem. W praktyce oznacza to, że Herr Steinhausser, od dwudziestu ośmiu lat partner Viktora, ma możliwość kupna udziałów swych żydowskich kolegów.

Od plebiscytu minęło zaledwie sześć tygodni.

W udzielonym po wojnie wywiadzie na temat roli w banku Herr Steinhausser potwierdził kupno udziałów. Oczywiście, że to zrobił. „Potrzebowali pieniędzy na *Reichsfluchtsteuer*, opłatę pozwalającą na opuszczenie Rzeszy [...]. Chcieli, bym kupił ich akcje, gdyż tylko w ten sposób mogli szybko zdobyć gotówkę. Cena, którą Ephrussi i Wiener musieli zapłacić za wyjazd, była »stosowna do sytuacji« [...] pięćset osiem tysięcy reichsmarek [...] oraz dodatkowo czterdzieści tysięcy podatku od aryzacji".

Tak więc 12 sierpnia 1938 roku firma Ephrussi i s-ka zostaje usunięta z rejestru handlowego. W dokumentach pada jedno słowo: WYKREŚLONA. Po trzech miesiącach nazwa banku zostaje zmieniona na Bankhaus CA Steinhausser. Pod nową nazwą zostaje poddana rewaloryzacji, po której wartość banku, całkowicie już w rękach aryjskich, jest sześć razy wyższa niż za czasów żydowskich.

Nie ma już w Wiedniu pałacu Ephrussich, nie ma też banku Ephrussich. Ślady po rodzinie Ephrussich zostały starannie usunięte.

To właśnie wówczas, gdy poszukuję metryki ślubu Viktora i Emmy, trafiam do wiedeńskiego archiwum żydowskiego, które w czasach nazistowskich zostało przejęte przez Eichmanna. Gdy w rejestrze odnajduję wpis dotyczący Viktora, przy jego imieniu widnieje czerwona pieczęć z napisem „Israel". Ustawowo nakazano wszystkim Żydom zmienić imiona. Ktoś zadał sobie trud i w spisie wszystkich wiedeńskich Żydów przy każdym nazwisku postawił pieczęć: „Israel" w przypadku mężczyzn, „Sara" w przypadku kobiet.

Pomyliłem się. Moja rodzina nie została wykreślona, została wymazana. Dopiero teraz łzy napłynęły mi do oczu.

3. Ważny w jedną stronę

Co Viktor, Emmy i Rudolf muszą zrobić, by opuścić *Ostmark* Rzeszy Niemieckiej? Ustawianie się w kolejce przed którąkolwiek z ambasad czy konsulatów nie ma sensu. Wszędzie usłyszą to samo. Limity zostały już przekroczone. Liczba uchodźców, emigrantów i osób szukających pomocy w Anglii wyczerpała kwoty przewidziane na wiele lat. Poza tym ustawianie się w kolejkach nie jest bezpieczne, gdyż są one kontrolowane przez SS i policję; ludzie narażeni są na szykany ze strony każdego, kto chce okazać swoją niechęć. Istnieją obawy, że można zostać zgarniętym do policyjnej ciężarówki i wysłanym do Dachau.

Ephrussi przede wszystkim potrzebują gotówki, by opłacić wszystkie ostatnio wymyślone podatki, bez których nie otrzymają niezbędnych dokumentów pozwalających na wyjazd. Muszą wypełnić oświadczenie stwierdzające, ile wynosił ich majątek 27 kwietnia 1938 roku. Należy je złożyć w Biurze Deklaracji Mienia Żydowskiego, a także zadeklarować stan posiadania wszelkich dóbr – i w kraju, i za granicą, wszystkie nieruchomości, udziały w firmach, oszczędności, dochody, wynagrodzenia. Kosztowności i dzieła sztuki. Następnie z Ministerstwa Finansów trzeba uzyskać dokument stwierdzający, że nie zalega się z podatkami – od nieruchomości czy spadku, przedstawić zaświadczenie o dochodach, o obrocie handlowym i rencie.

I tak siedemdziesięcioośmioletni Viktor zaczyna obchód historycznego Wiednia. Od urzędu do urzędu, w jednym miejscu otrzymuje odmowę, do innego nie może się dostać, musi stać w kolejce, a dostawszy się do środka, stanąć w następnej. Kolejne biurka, za nimi warczący urzędnicy i leżąca na poduszce z czerwonym tuszem pieczęć, która pozwoli opuścić kraj. Potem jeszcze opłaty, dokumenty i protokoły, które musi zrozumieć. Od Anschlussu minęło zaledwie sześć tygodni, panuje coraz większy chaos, który potęgują nowe przepisy i siedzący za biurkami nowi ludzie, pragnący za wszelką cenę, by ich dostrzeżono i doceniono ich służbę dla *Ostmark*.

Aby przyspieszyć załatwianie spraw żydowskich, w dawnym pałacu Rothschildów na Prinz-Eugen Strasse (który również został poddany aryzacji) Eichmann otwiera Centralne Biuro do spraw Emigracji Żydów. Uczy się sprawnego zarządzania. Jego przełożeni są pod wrażeniem. Petent, który zjawia się w biurze jako zamożny obywatel, po kilku godzinach wychodzi pozbawiony całego swego mienia, lecz za to z pozwoleniem na wyjazd.

Ludzie stają się cieniami swoich dokumentów. Czekają, by ich papiery nabrały mocy urzędowej, czekają na zagraniczne promesy, czekają na gwarancje zatrudnienia. Ludzie, którym udało się wyjechać, są zasypywani błaganiami o pomoc, o pieniądze, dowody pokrewieństwa, udziały w fikcyjnych przedsięwzięciach, jakikolwiek dokument napisany na firmowym papierze.

1 maja dziewiętnastoletni Rudolf dostaje pozwolenie na emigrację do USA. Przyjaciel zapewnił mu pracę w firmie Bertig Cotton w Paragould w Arkansas. Viktor i Emmy zostają sami. Cała służba odeszła, została tylko Anna. Nie można powiedzieć, że sytuacja ich sparaliżowała, to raczej oni skamienieli. Viktor schodzi nieznaną mu klatką schodową na dziedziniec, unikając spojrzeń nowych urzędników i dawnych lokatorów, mija posąg Apollina i stojącego na warcie funkcjonariusza SA i wychodzi na Ring. Co dalej?

Nie może pójść do kawiarni ani do biura, ani do klubu czy w odwiedziny do kuzynów. Nie ma już kawiarni, biura, klubu, nie ma kuzynów. Nie wolno mu usiąść na ławce. Wszystkie ławki w parku przed Votivkirche są opatrzone napisem *„Juden verboten"*. Nie może pójść do Sachera ani do kawiarni Griensteidl, ani do Centralnej, ani na Prater. Nie może wstąpić do księgarni, do fryzjera ani do parku. Nie wolno mu wsiąść do tramwaju: Żydzi i ci, którzy wyglądają jak Żydzi, są wyrzucani z pojazdu. Podobnie z kinem i operą. Nawet gdyby było mu wolno, i tak nie usłyszałby muzyki skomponowanej przez Żyda, granej przez Żyda czy śpiewanej przez Żyda. Nie mógłby więc posłuchać ani Mahlera, ani Mendelssohna. Opera została całkowicie zaryzowana. Na ostatnim przystanku tramwajowym w Neuwaldegg stoją esesmani i nie wpuszczają Żydów do lasu.

Dokąd więc ma iść? Jak mają się stąd wydostać?

Gdy wszyscy myślą o wyjeździe, w Wiedniu zjawia się Elisabeth. Ma co prawda holenderski paszport, który powinien chronić ją – żydowską intelektualistkę i osobę niepożądaną – przed aresztowaniem, lecz i tak cały czas grozi jej niebezpieczeństwo. Jest niezmordowana: załatwia rodzicom niezbędne pozwolenia; by dotrzeć do jednego z wysokich urzędników, udaje, że jest z Gestapo, załatwia, co trzeba w urzędach; jakimś cudem udaje się jej uiścić wszystkie opłaty wymagane na poczet *Reichsflucht*. Nie daje się zwieść językowi nowych przepisów, jest prawniczką i wie, jak sobie z tym radzić. Skoro ma być zgodnie z literą prawa, będzie zgodnie z literą prawa.

W paszporcie Viktora udokumentowana jest jego mozolna droga prowadząca do wyjazdu. 13 maja zostaje wbita pieczęć *Passinhaber ist Auswanderer*, „Właściciel paszportu jest emigrantem", poniżej figuruje podpis doktora Raffegersta. Pięć dni później, 18 maja, następna pieczęć: *„Einmalige Ausreise nach* CSR", „ważny w jedną stronę do ČSR". Tej nocy rozchodzą się pogłoski o ruchach wojsk niemieckich na granicy i częściowej mobilizacji armii czechosłowackiej. 20 maja w Austrii zaczynają obowiązywać przepisy norymberskie. Są to przepisy prawa obowiązującego w Niemczech od trzech lat, określające, kto jest Żydem. Jest nim ten, którego troje spośród czworga dziadków było Żydami. Żydom nie wolno żenić się z Aryjczykami ani mieć z nimi stosunków seksualnych, nie wolno im też wywieszać flagi Rzeszy. Nie mogą zatrudnić służącego Aryjczyka, chyba że ma powyżej czterdziestu pięciu lat.

Anna, Aryjka, obecnie już w średnim wieku, która pracowała dla Żydów – Viktora i Emmy oraz ich czworga dzieci – odkąd miała czternaście lat, musi zostać w Wiedniu i znaleźć sobie nowych chlebodawców.

20 maja Grenzpolizeikommissariat w Wiedniu, urząd odpowiedzialny za kontrolę graniczną, wydaje Emmy i Viktorowi ostateczne zezwolenie na wyjazd.

21 maja Elisabeth i jej rodzice po raz ostatni przechodzą przez dębową bramę i skręcają w lewo. Idą na dworzec piechotą. Każde z nich niesie walizkę. Z „Die Neue Freie Presse" dowiadujemy się, że pogoda tego dnia była łagodna – czternaście stopni Celsjusza. Idą przez Ring, trasą, którą pokonywali tysiące razy. Elisabeth zostawia rodziców na stacji; sama musi wracać do Szwajcarii do dzieci.

Gdy Viktor i Emmy docierają w końcu na granicę, okazuje się, że dostanie się do Czechosłowacji jest niemal niemożliwe, gdyż istnieje obawa wkroczenia wojsk niemieckich. Zostają więc zatrzymani. „Zatrzymanie" oznacza, że muszą opuścić pociąg i długie godziny czekać na stojąco w poczekalni, aż po wielu telefonach ich dokumenty zostaną potwierdzone. W tym czasie tracą sto pięćdziesiąt franków szwajcarskich i jedną z walizek. Wreszcie wolno im przekroczyć granicę. Po kilku godzinach docierają do Kövecses.

Położenie majątku w bezpośredniej bliskości kilku granic stanowiło o jego atrakcyjności. Kövecses było dogodnym miejscem spotkań dla rozsianych po Europie kuzynów i przyjaciół, domem otwartym goszczącym pisarzy i muzyków, miejscem polowań.

W lecie 1938 roku Kövecses pozornie wygląda jak dawniej, łącząc splendory wiejskiej rezydencji z niewymuszoną atmosferą. Tak jak kiedyś widać przechodzące w oddali burzowe chmury i dalekie kępy wierzb zepchniętych przez wiatry na brzeg rzeki. Tylko klomby z różami są mniej zadbane. Na zdjęciu zrobionym podczas tego pobytu Emmy opiera się o Viktora. Jest to jedyne znane mi zdjęcie, na którym się dotykają.

Viktor i Emmy w Kövecses,
18 sierpnia 1938 roku

Ale dom świeci pustkami. Dzieci rozpierzchły się po świecie: Elisabeth jest w Szwajcarii, Gisela w Meksyku, Iggie i Rudolf w Ameryce. Pozostaje czekać: na pocztę i na gazety. Czekać.

Następuje korekta granic; Czechosłowacji grozi rozpad. Kövecses przestało być bezpiecznym miejscem. Tego lata dochodzi do kryzysu w Sudetach: Hitler żąda, by tereny zamieszkałe przez Niemców przyłączono do Rzeszy. Rośnie napięcie i zagrożenie wojną. W Londynie Chamberlain próbuje zachowywać się ugodowo, daje Hitlerowi nadzieję, że uda się zaspokoić jego żądania.

W lipcu w Evian zwołano międzynarodową konferencję mającą na celu rozwiązanie problemu uchodźców. Przedstawiciele trzydziestu dwu krajów, w tym również Stanów Zjednoczonych, po dziewięciu dniach obrad nie zdołali przegłosować rezolucji potępiającej Niemcy. Szwajcarska policja, pragnąc ograniczyć przypływ uchodźców z Austrii, zwróciła się do władz niemieckich, by opatrzyli dokumenty swych obywateli symbolem, który pomoże na granicy zidentyfikować Żydów. Niemcy oczywiście przychylili się do tej prośby. Żydom kazano przedstawić paszporty na komisariatach, gdzie ostemplowano je literą J.

Rankiem 30 września Chamberlain, Mussolini i francuski premier Édouard Daladier podpisują w Monachium układ z Hitlerem: groźba wojny została zażegnana. Obszary zaznaczone na mapie Czechosłowacji jasnym kolorem zostaną przekazane Niemcom do 1 października 1938 roku, na obszarach zaznaczonych kolorem ciemniejszym odbędzie się plebiscyt. Wśród polityków, którzy zadecydowali o rozbiorze Czechosłowacji, nie było przedstawiciela władz tego państwa. Tego dnia funkcjonariusze czechosłowackiego wojska opuścili posterunki graniczne, a uciekinierom z Niemiec i Austrii nakazano opuszczenie kraju. Pięć dni później konstytuuje się sprzyjający Hitlerowi rząd słowacki. Nowa granica przebiega zaledwie dwadzieścia dwa kilometry od Kövecses. 10 października Niemcy anektują Czechy.

Minęły zaledwie cztery miesiące od dnia, kiedy wyszli ze swojego domu w Wiedniu, by udać się na stację i na zawsze opuścić Austrię. Teraz na wszystkich otaczających ich granicach stoją niemieccy żołnierze.

12 października umiera Emmy.

Ani Elisabeth, ani Iggie nigdy nie użyli słowa „samobójstwo", ale oboje powtarzali, że nie mogła dłużej opierać się rzeczywistości, zabrakło jej sił, by kontynuować ucieczkę. Emmy umarła w nocy. Zażyła za dużo pastylek na serce, które zazwyczaj trzymała w pudełeczku z niebieskiej laki, niebieskiej jak jajko gila.

W teczce z dokumentami znalazłem złożony na czworo akt jej zgonu, opatrzony ostemplowanym brązowym znaczkiem za pięć koron ze wspinającym się na tylne łapy lwem i napisem Republika Czechosłowacji, chociaż w dniu gdy został wystawiony, Czechosłowacja już nie istniała. „Dnia 12 października – napisano po słowacku – Emmy Ephrussi von Schey, żona Viktora Ephrussiego, córka Paula Scheya i Eveliny Landauer, zmarła w wieku pięćdziesięciu dziewięciu lat. Przyczyną zgonu była niewydolność serca". Podpisano: „Frederik Skipsa, *matrikar*". W lewym dolnym rogu figuruje jeszcze ręczny dopisek: „Zmarła była obywatelką Rzeszy; dokument ten sporządzony jest zgodnie z prawem Rzeszy".

Myślę o tym samobójstwie. Wydaje mi się, że nie chciała być obywatelką Rzeszy i w niej mieszkać. Zapewne było to ponad siły tej zabawnej, pięknej i dumnej kobiety; jedyne miejsce, gdzie zawsze czuła się wolna, okazało się pułapką.

Elisabeth dowiedziała się o śmierci matki telegraficznie dwa dni później. Iggie i Rudolf – trzy. Emmy została pochowana na przykościelnym cmentarzyku w sąsiedniej wiosce. Mój pradziadek Viktor został sam.

Na długim stole w pracowni rozłożyłem niebieską wstążkę listów z 1938 roku. Jest ich osiemnaście; to trop, który prowadzi mnie przez zimowe miesiące. Większość została napisana przez Elisabeth do wuja Pipsa i do paryskich kuzynów. Próbuje ustalić miejsce pobytu poszczególnych krewnych, dowiedzieć się, jak zdobyć pozwolenia na wyjazd, czy istnieje szansa zdobycia pieniędzy na poręczenia. Jak ze Słowacji wydostać Viktora, który utknął tam wyposażony jedynie w austriacki paszport ważny do roku 1940, lecz obecnie, gdy Austria już nie istnieje, pozbawiony jakiejkolwiek mocy prawnej. Jako usunięty z kraju nie mógł się ubiegać o paszport niemiecki. Zaczął się starać o obywatelstwo czechosłowackie, lecz ten kraj również zniknął z mapy. Ma jeszcze dokument stwierdzający, że jest obywatelem Wiednia, i drugi dotyczący rezygnacji z obywatelstwa rosyjskiego i nabycia obywatelstwa austriackiego w roku 1914. Były to wszakże czasy Habsburgów.

7 listopada w niemieckiej ambasadzie w Paryżu młody Żyd postrzelił niemieckiego dyplomatę Ernsta von Ratha. W odpowiedzi nazajutrz ogłoszono zbiorową karę: zakaz wydawania żydowskiej prasy, a dla żydowskich dzieci zakaz uczęszczania do aryjskich szkół. Von Rath umiera w paryskim szpitalu 9 listopada. Hitler postanawia nie powstrzymywać spontanicznych demonstracji i wycofuje policję z ulic.

Kristallnacht to noc grozy. W Wiedniu sześciuset osiemdziesięciu Żydów popełniło samobójstwo, dwudziestu siedmiu zostało zamordowanych. Na całym obszarze Austrii i Niemiec płonęły synagogi, rabowano sklepy, Żydów bito i masowo wysyłano do więzień i obozów.

Listy, pisane na lichym papierze, stają się coraz bardziej zdesperowane. Pips pisze ze Szwajcarii: „Stałem się skrzynką kontaktową dla krewnych i przyjaciół, którzy nie mogą porozumiewać się bezpośrednio między sobą [...]. Potwornie się o nich martwię, tym bardziej iż krążą pogłoski, że wcześniej czy później wszyscy mężczyźni żydowskiego pochodzenia zostaną wysłani do tak zwanego rezerwatu w Polsce". Dalej błaga przyjaciół, by interweniowali w sprawie Viktora i postarali się uzyskać zgodę na jego przyjazd do Anglii. Również Elisabeth pisze do brytyjskich władz:

> Na skutek radykalnych zmian politycznych, jakie zaszły w Czechosłowacji, a szczególnie na Słowacji, która jest obecnie miejscem zamieszkania mego ojca, jego dalszy tam pobyt stał się niebezpieczny. Władze tego kraju przedsięwzięły przeciwko Żydom – zarówno własnym obywatelom, jak i imigrantom – arbitralne działania. Zważywszy, jak bardzo kraj ten jest uzależniony od Niemiec, można domniemywać, że w najbliższym czasie podejmą one „legalne" kroki skierowane przeciwko Żydom.

1 marca 1939 roku Viktor dostaje od brytyjskiej służby paszportowej w Pradze wizę „na jednorazowy wjazd". Tego samego dnia Elisabeth razem z chłopcami opuszczają Szwajcarię. Jadą prosto do Calais, a dalej promem do Dover. 4 marca Viktor ląduje na lotnisku w Croydon na południe od Londynu, gdzie czeka już na niego córka. Jadą do hotelu Saint Ermin w Madeira Park nieopodal Tunbridge Wells, gdzie Henk zarezerwował dla wszystkich pokoje.

Viktor ma tylko jedną walizkę. Ma na sobie to samo ubranie, w którym Elisabeth widziała go na wiedeńskim dworcu. Na łańcuszku od zegarka wciąż jeszcze wisi kluczyk od pałacowej szafy ze starodrukami.

Jest teraz emigrantem. Jego kraj, kraj poetów i myślicieli, *Dichter und Denker*, stał się krajem *Richter und Henker* – sędziów i katów.

4. Nawet rzeczy płaczą

Viktor razem z moimi dziadkami, ojcem i stryjami zamieszkali w wynajętym podmiejskim domku, który nazywał się Saint David. Od drewnianej furtki do ganku prowadziła obsadzona żywopłotem dróżka wybrukowana ułożonym w jodełkę klinkierem. Dom był solidny, z dwuspadowym dachem, różanym klombem i warzywnymi grządkami w ogródku. Zwykły dom w zwykłym miasteczku w hrabstwie Kent, pięćdziesiąt kilometrów na południe od Londynu, bezpieczny i spokojny.

W niedzielę chodzili na nabożeństwo do kościoła Króla Karola Męczennika. Chłopcy – w tym momencie ośmio-, dziesięcio- i czternastoletni – zostali posłani do szkoły, gdzie dyrektor zadbał o to, by nikt nie wyśmiewał się z ich obcego akcentu. Zbierali szrapnele i wojskowe guziki, a poza tym robili z tektury wymyślne budowle i statki. Weekendy spędzali na spacerach w bukowych lasach.

Elisabeth, która nigdy nie miała do czynienia z kuchnią, uczyła się gotować. Jej była kucharka, mieszkająca w tym czasie również w Anglii, przysyłała jej przepisy na *Salzburger Nockerln* i sznycle z bardzo szczegółowymi wskazówkami: „w tym momencie Wielmożna Pani raczy bardzo ostrożnie przechylić patelnię".

Poza tym, aby zdobyć nieco pieniędzy na utrzymanie domu, uczyła dzieci z sąsiedztwa łaciny, a żeby kupić chłopcom rowery (każdy po osiem funtów) – robiła tłumaczenia. Próbowała wrócić do poezji, ale stwierdziła, że to niemożliwe. W roku 1940 napisała pełen furii trzystronicowy esej o Sokratesie i nazizmie, który wysłała do Ameryki, do swojego przyjaciela, filozofa Erica Voegelina. W dalszym ciągu korespondowała z rozproszonymi po świecie członkami rodziny. Gisela i Alfredo wraz z synami mieszkali w Meksyku. Rudolf wciąż przebywał w Arkansas; przesłał Elisabeth wycinek z „Paragould Soliphone": „Rudolf Ephrussi, baron Ephrussi – jak tytułowano by go w starym kraju – wysoki, przystojny chłopak, wyczarowuje ze swojego saksofonu najnowsze szlagiery". Pips i Olga trafili do Szwajcarii, ciotce Gerty udało się uciec z Czechosłowacji do Londynu. Nie było jednak wiadomo, co się dzieje z jej siostrą Evą i szwagrem Jenő, których ostatnio widziano w Kövecses.

Henk, mój dziadek, codziennie o ósmej osiemnaście odjeżdżał pociągiem do Londynu, gdzie próbował ustalić, co się dzieje z holenderską flotą handlową. Viktor zaś spędzał dnie w kuchni przy piecu, jedynym ciepłym miejscu w całym domu. Codziennie czytał „Timesa", by jak najwięcej dowiedzieć się o działaniach wojennych, w czwartki kupował dodatkowo miejscową „Kentish Gazette". Czytał Owidiusza, szczególnie pisane na wygnaniu *Tristia*. Podczas lektury zasłaniał twarz ręką, by dzieci nie widziały na twarzy grymasu bólu. Poza krótkim spacerem tam i z powrotem po Blatchingdon Road i krótką drzemką dzień schodził mu nad książką. Od czasu do czasu wybierał się aż do centrum miasteczka, by odwiedzić antykwariat Halla. Gawędząc ze sprzedawcą, panem Pratleyem, odruchowo gładził stojące na półkach grzbiety książek Galsworthy'ego, Sinclaira Lewisa i Herberta George'a Wellsa.

Czasem kiedy chłopcy wracali ze szkoły, opowiadał im historię Eneasza i jego pobytu w Kartaginie. O tym jak Eneasz, ujrzawszy na ścianach widoki Troi, zapłakał. „*Sunt lacrimae rerum*", powiada Eneasz. Nawet rzeczy płaczą, czyta Viktor, siedząc przy kuchennym stole, podczas gdy chłopcy rozwiązują zadania z algebry, piszą wypracowanie pod tytułem „Dzień w życiu ołówka" lub odrabiają historię: „Kasata klasztorów: triumf czy tragedia?".

Viktorowi brakowało płaskich wiedeńskich zapałek, które mieściły się w kieszonce kamizelki. Brakowało mu cygaretek. Herbatę pił zawsze na modłę rosyjską – w szklance, mocno słodzoną. Kiedyś na oczach oniemiałej rodziny wsypał do szklanki porcję cukru, która była ich tygodniową racją, i spokojnie zamieszał.

W lutym 1944 roku ku ogólnej radości w Tunbridge Wells pojawia się Iggie w amerykańskim mundurze. Służy w dowództwie VII Korpusu jako oficer wywiadu. Biegłość językowa, którą zdobył w dzieciństwie, umiejętność przerzucania się z angielskiego na francuski i niemiecki, okazała się nieoceniona. Aby wstąpić do amerykańskiego wojska, obaj bracia Ephrussi przyjęli amerykańskie obywatelstwo – Rudolf w Wirginii w 1941 roku, Iggie w Kalifornii w styczniu 1942, miesiąc po Pearl Harbor.

Iggie podczas operacji w Normandii, 1944

Następna informacja o Iggiem pochodzi z 27 czerwca 1944 roku. Trzy tygodnie po desancie wojsk alianckich we Francji na pierwszej stronie „Timesa" ukazuje się zrobione w Cherbourgu zdjęcie przedstawiające kapitulację niemieckich oficerów: admirała i generała. Obaj dowódcy w przemoczonych płaszczach stoją przed nieco już łysiejącym kapitanem Ignace'em Léonem Ephrussim i nieskazitelnie wyglądającym amerykańskim generałem Josephem Lawtonem Collinsem. Na ścianie wisi mapa Normandii, biurko utrzymane w idealnym porządku. Wszyscy obecni lekko pochylają się do przodu, by dokładnie usłyszeć Iggiego tłumaczącego wypowiedziane przez generała Collinsa warunki kapitulacji.

Viktor zmarł 12 marca 1945 roku, miesiąc przed wyzwoleniem Wiednia przez Rosjan, dwa miesiące przed bezwarunkowym poddaniem się całego niemieckiego dowództwa. Miał osiemdziesiąt cztery lata. „Urodzony w Odessie, zmarł w Tunbridge Wells", czytamy w akcie zgonu. Chciałbym dodać: żył w Wiedniu, w środku Europy. Został pochowany na miejskim cmentarzu w Charing, daleko od grobu matki w Vichy i jeszcze dalej od doryckiego mauzoleum, zbudowanego w Wiedniu na chwałę dynastii Ephrussich, która po wsze czasy miała być związana ze swą nową austro-węgierską ojczyzną. Z Charing najdalej jest jednak do Kövecses.

Wkrótce po zakończeniu wojny Elisabeth otrzymała wiadomość od wuja Tibora. Dotarła do niej ze Szwajcarii za pośrednictwem Pipsa. Długi list, napisany po niemiecku na maszynie na papierze cienkim jak bibułka, zawierał okropne wiadomości.

> Nie chcę się powtarzać, ale muszę raz jeszcze napisać o Evie i Jenő. Okropna jest myśl, w jak strasznych okolicznościach przyszło im zakończyć życie. Tuż przed deportacją z Komárom do Rzeszy Jenő otrzymał zaświadczenie zezwalające mu na powrót do domu. Nie zdecydował się jednak opuścić Evy, sądząc, że pozwolą im być razem. Na niemieckiej granicy zostali rozłączeni. Zabrano im wszystko, co było w lepszym gatunku. Oboje zmarli w styczniu.

Eva, Żydówka, została wysłana do obozu koncentracyjnego w Terezinie, gdzie zmarła na tyfus; Jenő, Aryjczyk, trafił do obozu pracy – zmarł z wycieńczenia.

Dalej Tibor pisze o losie sąsiadów z Kövecses. Wymienia nazwiska krewnych i znajomych, które nic mi nie mówią: Samu, Herr Siebert, cała rodzina Erwina Strassera, wdowa po Jánosu Thuróczym, „jego drugi syn, o którym od tej pory nic nie wiadomo", deportowany lub zesłany do obozu. Pisze o spustoszeniu, spalonych miastach, głodzie i inflacji. Zniknęły jelenie. Tavarnok, majątek sąsiadujący z Kövecses, „spalony i opuszczony. Wszyscy wyjechali, jedynie starsza pani zdecydowała się zostać w Tapolcsánach. Cały mój majątek to to, co mam na sobie".

Tibor był w Wiedniu i odwiedził pałac Ephrussich: „Uratowało się kilka rzeczy [...] portret Anny Herz (Makart), portret Emmy (Angeli), kilka sztuk mebli, wazony itd. Książki, zarówno waszego ojca, jak i moje, zniknęły. Znaleźliśmy zaledwie kilka, niektóre z dedykacjami Wassermana". Kilka rodzinnych portretów, kilka książek z notatkami, trochę mebli. Ani słowa o tym, kogo tam zastał.

W grudniu 1945 roku Elisabeth decyduje się na wyprawę do Wiednia, by przekonać się, co przetrwało i kto. Chce też odzyskać portret matki i zabrać go do domu.

Po powrocie do Anglii moja babka napisała powieść, której tematem była ta podróż. Książka nigdy nie została wydana, bo też chyba nie nadaje się do publikacji. Takie przynajmniej odniosłem wrażenie po przeczytaniu upstrzonych licznymi poprawkami dwustu sześćdziesięciu jeden stron maszynopisu. Trauma, jaką przeżyła autorka, szok, którego nie przetrawiła, nie sprzyjają lekturze. *Alter ego* Elisabeth to profesor Kuno Adler, Żyd, który po latach spędzonych w Ameryce wraca do Wiednia, skąd wyjechał w czasach Anschlussu.

Jest to książka o spotkaniach. Elisabeth opisuje traumatyczne przeżycia bohatera, gdy na granicy urzędnik prosi go o paszport:

Ten głos, ton głosu przyprawił Kuno Adlera o skurcz w gardle; nie, nie w gardle, gdzieś niżej, gdzie powietrze i pożywienie znika w czeluści ciała; podświadomy, niekontrolowany skurcz, pewnie w okolicy splotu słonecznego. Ten głos, ten ton, akcent, uprzejmy, a jednak ostry, przymilny, a zarazem wulgarny, stanowiący dla uszu doznanie podobne do tego, jakie odczuwa dłoń w kontakcie z niektórymi minerałami, gruboziarnistym, porowatym, jakby lekko tłustym steatytem – głos Austriaka. „Austriacka kontrola graniczna".

Profesor emigrant wysiada na zbombardowanym dworcu i błąka się po mieście, próbując odnaleźć się wśród wynędzniałych i zdziczałych ludzi zamieszkujących dobrze mu znane miejsca – obecnie w ruinie. „Opera, giełda, Akademia Sztuk Pięknych – zburzone. Święty Stefan – wypalona skorupa".

Profesor zatrzymuje się przed pałacem Ephrussich:

Wreszcie dotarł na Ring: na prawo masywna bryła Muzeum Historii Naturalnej, na lewo wzniesienie parlamentu, w głębi wieża ratuszowa, a przed nim ogrodzenie Volksgarten i Burgplatz. A więc wrócił, znów jest tutaj, a wokół niego miasto – pozornie wszystko na swoim miejscu, gdyby nie to, że tonące niegdyś w zieleni ulice zostały ogołocone z drzew, bo trudno do nich zaliczyć tych kilka martwych kikutów. Nagle złudzenia i zwidy, które dawały poczucie przeniesienia się w czasie, prysły. Wszystko było prawdziwe, on też był prawdziwy, niezaprzeczalnie prawdziwy. Brakowało jedynie drzew. Ten stosunkowo trywialny ubytek, którego się nie spodziewał, napełnił go bezbrzeżnym smutkiem. Pospiesznie przeszedł przez jezdnię, minął bramę parku, w opustoszałej alei usiadł na ławce i zapłakał.

Dzieciństwo Elisabeth upłynęło w cieniu wspaniałych lip rosnących przed ich domem. W maju jej pokój wypełniał się zapachem kwitnących kwiatów.

8 grudnia 1945 roku, po sześciu i pół roku Elisabeth znów wchodzi do swego starego domu. Olbrzymia brama zwisa na zawiasach. Pałac jest obecnie siedzibą amerykańskich władz okupacyjnych. Mieści się tu główna kwatera Amerykanów i wydział

prawny urzędu zajmującego się nieruchomościami. Na dziedzińcu zaparkowane są motorowery i wojskowe jeepy. Niemal wszystkie tafle szklanego dachu są roztrzaskane: bomba, która trafiła w sąsiedni budynek, burząc niemal całą jego fasadę, zniszczyła również kariatydy, za którymi dzieci tak lubiły się chować. Choć dziedziniec jest cały w kałużach, nadal góruje nad nim Apollo z uniesioną do góry lirą.

Elisabeth wspina się po trzydziestu trzech stopniach rodzinnej klatki schodowej do apartamentu rodziców. Puka i zostaje przyjęta przez uroczego porucznika z Wirginii.

Mieszkanie zostało podzielone na szereg gabinetów – każdy z biurkiem i szafami katalogowymi, kartoteką i stenotypistką. Na ścianach wiszą notatki i komunikaty. W bibliotece nad kominkiem zawisła ogromna mapa okupowanego Wiednia z zaznaczonymi w różnych kolorach strefami okupacyjnymi: radziecką, amerykańską, brytyjską i francuską. Słychać nieustanny klekot maszyn do pisania, a nad tym wszystkim unoszą się kłęby dymu papierosowego. Elisabeth zostaje oprowadzona po biurze. Wszyscy okazują jej zainteresowanie i współczucie, lecz również zdumienie, że cała ta przestrzeń należała do jednej rodziny. Amerykański urząd zajął po prostu lokum po nazistowskim biurze.

Na ścianach wciąż jeszcze wisi kilka obrazów: *Junge Frau* w ciężkiej złotej ramie, kilka szkiców przedstawiających zamglone austriackie pejzaże i trzy portrety: Emmy, jej babki oraz cioteczniej babki. Zachowały się też najcięższe meble: stół w jadalnym z kompletem krzeseł, sekretera, szafy, kilka łóżek i ogromne fotele. Również kilka ozdobnych wazonów. Zostały rzeczy zupełnie przypadkowe. W bibliotece stoi jeszcze biurko ojca, ostało się kilka dywanów, ale poza tym dom jest pusty, a może raczej ogołocony.

Pusty jest składzik, zniknęły drobiazgi zdobiące gzymsy nad kominkami, pusty pokój ze srebrem, pusty sejf. Zniknęły fortepian i renesansowa skrzynia. Nie ma też już maleńkich inkrustowanych stoliczków. W bibliotece pozostały puste półki. Zabrano globusy, zegary i francuskie krzesła. Garderoba matki tonie w kurzu. Meblem, który rzuca się w oczy, jest kartoteka.

Nie ma biureczka i lustra, ale wciąż stoi czarna lakierowana witryna. Również pusta.

Sympatyczny porucznik jest pełen dobrych chęci i skory do rozmowy, szczególnie gdy dowiaduje się, że Elisabeth studiowała w Nowym Jorku.

– Proszę się nie spieszyć – powiada. – Niech się pani rozejrzy i zorientuje, co zostało. Nie jestem pewny, co możemy dla pani zrobić.

Jest bardzo zimno, oficer częstuje ją papierosem i przy okazji wspomina, że w pałacu mieszka pewna staruszka, tu robi nieznaczny ruch ręką, która może będzie wiedzieć coś więcej. Wysyła kaprala na poszukiwanie staruszki.

Na imię jej Anna.

5. Kieszeń Anny

Dwie kobiety: jedna starsza, druga młodsza, lecz też już niemłoda, szpakowata.

Spotykają się po wojnie. Ostatni raz widziały się osiem lat wcześniej.

Spotykają się w znanym sobie wnętrzu, przerobionym na pełne hałasu i zgiełku biuro. A może do spotkania dochodzi na mokrym dziedzińcu? Liczą się tylko te dwie kobiety – każda ze swoją historią.

27 kwietnia. Sześć tygodni po Anschlussie, dzień, w którym Otto Kirchner nie zamknął bramy i Gestapo dostało się do środka. Początek aryzacji. Anna dowiaduje się, że nie wolno jej dłużej pracować dla Żydów i że odtąd ma służyć swej ojczyźnie. Zostanie, żeby pomagać przy segregowaniu rzeczy należących do jej dawnych chlebodawców i pakowaniu ich w drewniane skrzynie. Ogrom pracy. Miała zacząć od sreber.

Cały dom zastawiony był skrzyniami. Sporządzano szczegółowe listy pakowanych przedmiotów, a na gotowych skrzyniach rysowano kredą krzyżyk. Po srebrach przyszła kolej na porcelanę. Wokół Anny kręciło się mnóstwo ludzi demontujących, sztuka po sztuce, cały dom. Był to dzień, gdy aresztowano Viktora i Rudolfa, a Emmy zakazano wstępu do jej własnego mieszkania i wysłano do pokoików po drugiej stronie dziedzińca.

Wynoszono srebra.

– I biżuterię pani baronowej, i porcelanę, i jej suknie.

Wynoszono zegary, które Anna nakręcała (raz w tygodniu w bibliotece, westybulu, salonie i ubieralni pana barona), książki z biblioteki i śliczne figurynki klownów z salonu. Wszystko. Anna zaczęła się zastanawiać, czy jest coś, co mogłaby ocalić dla Emmy i jej dzieci.

– Nie mogłam uratować niczego cennego. Jedyne, co mogłam zrobić, to wynosić pojedyncze figurki z garderoby pani baronowej, te zabaweczki, którymi dzieci tak lubiły się bawić, pamięta panienka. Ilekroć tamtędy przechodziłam, wsuwałam dwie lub trzy do kieszeni fartucha. U siebie w pokoju chowałam je do siennika. Zajęło mi to dwa tygodnie. Sama panienka wie, ile tego było!

A oni nic nie zauważyli. Tak byli zajęci tymi skarbami – obrazami pana barona i złotym serwisem z sejfu, szafami w salonie, statuetkami i biżuterią pani baronowej. I jeszcze tymi starymi książkami, które pan baron tak lubił. Na te małe figurki nikt nie zwracał uwagi.

Więc je po prostu wzięłam, schowałam do siennika i na nich spałam. I teraz mam panience co oddać.

W grudniu 1945 roku Anna oddała Elisabeth dwieście sześćdziesiąt cztery *netsuke*.

Jej skromny pokoik był trzecim domem japońskich figurek. Po paryskim żółtym pokoju pełnym blasku i obrazów impresjonistów, po garderobie Emmy z jej strojami, bajkami i dziecinnymi zabawami przyszła kolej na to dziwne legowisko w pokoju Anny.

Japońskie figurki zawsze były dotykane i przekładane z miejsca na miejsce. Od czasu ich przybycia z Japonii do Europy stale poddawano je oględzinom: podnoszono do oczu, ważono w dłoni, odkładano na miejsce. Tak postępowali z nimi handlarze. Tak samo postępują kolekcjonerzy, jak również dzieci. Ale kiedy myślę o *netsuke* spoczywających w kieszeni Anny razem ze szmatką do wycierania kurzu i szpulką nici, wydaje mi się, że nikt nie okazał im tyle troski co ona. Jest kwiecień 1938 roku, ledwo miesiąc po Anschlussie, władze zachłystują się nowymi dyrektywami, historycy sztuki w pośpiechu opisują przejęte dobra, których zdjęcia trafiają do folderów wysyłanych przez Gestapo do Berlina, a bibliotekarze z równym zapałem katalogują książki. Trwa akcja przywracania krajowi dzieł sztuki. Rosenberg kompletuje dla swojego instytutu kolekcję judaików, by udowodnić teorie dotyczące zwierzęcości Żydów. Z całej tej rzeszy ciężko pracujących ludzi nikt nie był tak skrupulatny jak Anna, nikt nie pracował z takim jak ona oddaniem. Nigdy wcześniej zresztą nikt nie okazał tym maleńkim figurkom tyle uczucia i troski co ona, która każdego wieczoru układała się na nich do snu. Anna przetrwała głód i grabież, pożary i inwazję Rosjan.

Netsuke są małe i twarde. Trudno je zniszczyć czy uszkodzić; zrobiono je tak, by uchronić je przed ewentualnym niebezpieczeństwem. „*Netsuke* są tak zaprojektowane, by nie sprawiały swemu właścicielowi kłopotu", czytamy w książce dla kolekcjonerów. Są zwrócone ku swemu wnętrzu: jeleń podwija nogi, bednarz siedzi skulony w na pół wykończonej beczce, szczury turlają się, objąwszy łapkami orzech. Mój ulubiony mnich śpiący nad miseczką na jałmużnę – to jedna nieprzerwana linia wygiętego w kabłąk kręgosłupa. Potrafią też jednak sprawić ból: czubek strączka fasoli jest ostry jak nóż. I w tym wszystkim materac Anny, dziwny materac, gdzie kość słoniowa i japoński bukszpan stykają się bezpośrednio z austriackim końskim włosiem.

Dotyk działa nie tylko przez opuszki palców, lecz też przez całą powierzchnię ciała.

Każde *netsuke* pomaga Annie walczyć ze słabnącą pamięcią. Każda wyniesiona figurka jest aktem oporu przeciwko niepomyślnym wiadomościom, jest uratowaną opowieścią, nadzieją na lepszą przyszłość. I oto wiedeński kult *Gemütlichkeit* – rzewnych opowiastek stłumionych dużą ilością ciasta i bitej śmietany, łzawego szczęścia przenikniętego melancholią, przesłodzonych obrazków przedstawiających pannę służącą w ramionach ukochanego – zderza się z czymś niewypowiedzianie twardym. Przychodzą mi na myśl Herr Brockhaus i jego wyrzekania na lekkomyślność służących. Jak bardzo się mylił.

W tej historii nie ma ani sentymentalizmu, ani tęsknoty. Jest za to coś twardego, prawdziwie twardego. Coś na kształt wiary.

Historię Anny usłyszałem po raz pierwszy wiele lat temu w Tokio. Wtedy również po raz pierwszy zobaczyłem *netsuke* – starannie ułożone we wciśniętej między dwa regały oświetlonej witrynie. Iggie zrobił mi gin z tonikiem, sobie przygotował whisky z wodą sodową i – mimochodem – wspomniał, że historia figurek ma drugie dno. Dziś rozumiem, że nie chodziło mu o to, iż jest w tej historii coś wstydliwego. Chciał raczej podkreślić, że jest to historia o tym, czego nie widać.

Historia była mi więc znana, lecz w pełni p o j ą ł e m ją dopiero podczas mojej trzeciej wizyty w Wiedniu, gdy na dziedzińcu pałacu jeden z pracowników Casino Austria spytał mnie, czy chciałbym zobaczyć ukrytą kondygnację.

Ruszyliśmy ku paradnym schodom. Nie dochodząc do ich szczytu, mój przewodnik nacisnął panel boazerii i przez szczelinę, która się przed nami otworzyła, weszliśmy do pomieszczeń zajmujących pełną kondygnację. Gdy stojąc na Ringu, ogląda się elewację budynku, wzrok przesuwa się bezpośrednio z poziomu ulicy na wysokość paradnego pierwszego piętra. Oko ogarnia wspaniałości elewacji, ledwie rejestrując, że to, co widzi, nie odpowiada prawdziwej wysokości wnętrz. Od strony dziedzińca pokoje ukrytej kondygnacji mają niewielkie kwadratowe okna, jednak matowe szyby powodują, że oglądane z zewnątrz sprawiają wrażenie ozdoby. Na owo ukryte piętro dostać się można albo z paradnej klatki schodowej przez zamaskowane drzwi udające marmurowy panel albo ze schodów kuchennych znajdujących się w kącie dziedzińca. Było to piętro, gdzie mieszkała służba.

W dawnym pokoju Anny mieści się obecnie biurowa kafeteria. Gdy wszedłem tam w godzinie obiadowej krzątaniny, ogarnęło mnie uczucie, że coś jest nie tak. Poczułem się jak czytelnik, który przewróciwszy kartkę, łapie się na tym, że nie rozumie, co czyta. Cofa się, próbuje jeszcze raz, a tymczasem słowa wydają się jeszcze bardziej obce, a ich brzmienie do niczego niepodobne.

– Czy zwrócił pan uwagę – spytał mój przewodnik, zapalając się do tego tematu – w jaki sposób budynek jest doświetlony? Skąd bierze się światło na wielkich schodach?

Wspinamy się spiralnymi schodami kuchennymi i przez małe drzwiczki dostajemy się na skonstruowany na dachu las drabin, mostków i rusztowań. Przechylamy się przez mur ponad kariatydami i patrzymy w dół. Rzeczywiście, widać ukryte szyby doświetlające. Mój przewodnik pokazuje mi plany, na których widać, w jaki sposób pałac Ephrussich jest połączony z sąsiednimi budynkami. Widać też podziemne przejścia w piwnicach pozwalające dostarczać paszę i słomę dla koni bez korzystania z pałacowej bramy.

Cały ten wielki, przebogato zdobiony solidny budynek, pełen stiuków, malowideł, marmurów i złoceń, miał lekką konstrukcję teatrzyku dla lalek, kryjącą za fasadami ogromne połacie pustych przestrzeni. *Potemkinsche*. Marmur na ścianach to *scagliola*, maskowane listwy i gips.

Pałac Ephrussich stał się budynkiem porzuconych dziecięcych zabawek, zakazanych wypraw na dach, zabawy w chowanego w tunelach i piwnicach, mebli z ukrytymi szufladami, gdzie Emmy trzymała pisane do niej listy miłosne. To również budynek pełen ludzi, których nie widać, i miejsce skrywające przeróżne ludzkie historie; jedzenia przygotowywanego w ukrytej kuchni, pościeli wędrującej do ukrytej pralni, ludzi śpiących w dusznych pokojach ukrytych między piętrami.

Było to miejsce służące do ukrycia swego pochodzenia, miejsce, gdzie skutecznie udawało się niejedno zamaskować.

Wyruszając w podróż, zaopatrzyłem się w rodzinne listy, różne mapy i szkice. Po roku wciąż natykam się na coś nowego i nie są to bynajmniej rzeczy porzucone czy zapomniane: spisy sporządzone przez Gestapo, dzienniki, wspomnienia, powieści, wiersze, wycinki z gazet. Testamenty i wykazy handlowe. Czasem jakieś słowa usłyszane przelotnie na przykład w Paryżu, próbki materiałów z przełomu wieków na suknie dla wiedeńskich kuzynek. Obrazy i meble. Trafiają się listy gości uczestniczących sto lat temu w proszonej kolacji.

Moja pławiąca się w złocie rodzina zostawiła po sobie aż nazbyt wiele tropów, tymczasem o Annie nie mogę się dowiedzieć niczego.

Nikt o niej nie pisał, nie jest też bohaterką żadnej zachowanej anegdoty. Emmy nie napomyka o niej w swym testamencie – nie zostawiła bowiem testamentu. Również w rejestrach dostawców czy domów mody nie pada jej nazwisko.

Nie poddaję się i szukam dalej.

Buszując w bibliotekach, często natrafiam na informacje, które poszerzają obraz, lecz tylko na obrzeżach, jakby poza kadrem. Sprawdzając jakiś szczegół – datę powstania złocistego kobierca z czterema wiatrami w salonie Charles'a albo informacje o malarzu, który namalował plafon w pałacu Ephrussich – znajduję odnośniki odsyłające mnie do dalszych odnośników. W ten sposób dowiaduję się, że zbudowany ze złocistego kamienia, bogato zdobiony dom Louise na rue Bassano, sąsiadujący z rezydencją Fanny i Jules'a, a także z ostatnim domem Charles'a, był podczas wojny jednym z budynków, gdzie przetrzymywano Żydów, administracyjnie podlegał obozowi w Drancy, w którym żydowscy więźniowie sortowali, czyścili i reperowali przedmioty zrabowane przez organizację Rosenberga dla funkcjonariuszy Rzeszy.

Inna marginesowa, tragiczna historia dotyczy jednej z dziewczynek z podwójnego portretu, córek Louise Cahen d'Anvers namalowanych przez Renoira (to w sprawie jego honorarium tak bardzo zaangażował się Charles). Dziewczynka w niebieskiej sukni została wysłana do Oświęcimia, gdzie zmarła. Dowiaduję się też o deportacji Léona, syna Fanny i Théodore'a Reinachów, oraz jego żony Beatrice Camondo i ich dwojga dzieci. Cała rodzina zginęła w Oświęcimiu w 1944 roku.

Tak oto po latach ponurym echem wróciły oszczerstwa, pełne jadu diatryby kierowane przeciwko Żydom mieszkającym na złotym wzgórzu.

Tymczasem w wiedeńskim domu kawałki historii nie układają się w spójną całość. To, że dzięki kieszeniom Anny i jej materacowi udało się uratować *netsuke*, wydaje mi się czymś dziwnie absurdalnym. Nie zamierzam interpretować tego faktu w kategoriach symbolicznych, nie mogę się jednak pogodzić z myślą, że w czasach, gdy przepadło tyle ludzkich istnień, tym maleńkim przedmiotom udało się przetrwać w bezpiecznej kryjówce. Nie umiem połączyć historii ludzi, miejsc i przedmiotów. Czuję, że mnie to przerasta.

Są też sprawy, które nie dawały mi spokoju, od kiedy usłyszałem o nich po raz pierwszy. Tak też było z historią Anny, którą Iggie opowiedział mi podczas mojej pierwszej wizyty w Japonii. Wokół Anny, jak to się często dzieje z postaciami przedstawionymi na freskach, rozpościera się pusta przestrzeń. „Zawsze była z nami", powtarzał mój wujeczny dziadek.

Anna oddała *netsuke* Elisabeth w 1945 roku. Babka wrzuciła persymonę i jelenia z kości słoniowej, wszystkie szczury i szczurołapa, i maski, które tak lubiła, gdy miała sześć lat, cały ten kosmos do niewielkiej skórzanej teczki i wróciła z nią do Anglii.

Netsuke potrafią rozrosnąć się do takich rozmiarów, że aby je pomieścić, potrzebna jest obszerna witryna – tak jak w paryskim salonie albo w wiedeńskiej ubieralni; jednak gdy trzeba, wystarczy im zupełnie znikoma ilość miejsca.

Nie znam nazwiska Anny, nie wiem też, jakie były jej dalsze losy. Gdy było jeszcze kogo o to pytać, nie zadałem tych pytań. Wiadomo tylko, że istniała osoba o imieniu Anna.

6. „Otwarcie, publicznie i całkowicie legalnie"

Elisabeth wzięła teczkę wraz z wrzuconymi do niej byle jak *netsuke* i wróciła do domu. Teraz jej domem była Anglia. Powrót z rodziną do Wiednia w ogóle nie wchodził w grę. Podobnie czuł Iggie, który po zwolnieniu z amerykańskiego wojska rozglądał się za jakimś zajęciem. Bardzo niewielu Żydów decydowało się na powrót do Wiednia. W momencie Anschlussu w Austrii mieszkało sto osiemdziesiąt pięć tysięcy Żydów. Wróciło zaledwie cztery i pół tysiąca; 65 459 austriackich Żydów zginęło.

Nikt nie został pociągnięty do odpowiedzialności. Ustanowiona po wojnie nowa Republika Austriacka w roku 1948 amnestionowała dziewięćdziesiąt procent członków partii nazistowskiej, a do roku 1957 również funkcjonariuszy SS i Gestapo.

Powrót emigrantów odbierano jako niepokojenie tych, którzy zostali. Lektura powieści mojej babki, w której opisuje swą podróż do Wiednia, pozwala mi wczuć się w jej emocje. Szczególnie dużo do myślenia dała mi scena konfrontacji. Żydowskiemu profesorowi wprost postawione zostało pytanie: dlaczego wrócił i czego oczekuje od Austrii. „Wyjechał pan bardzo wcześnie. Zrezygnował pan ze swojej posady, opuścił kraj, nim ktokolwiek wyraził zamiar zwolnienia pana ze stanowiska". Oto kluczowa, mocna kwestia: „Czego się pan spodziewa? Czy wrócił pan po to, żeby coś od nas dostać? Jako oskarżyciel? Żeby nas upokorzyć?".

Za tymi wszystkimi pytaniami gdzieś głęboko kryło się jeszcze inne pytanie: czy to, co przeżyliście, było gorsze od tego, czego myśmy tu doświadczyli?

Dla tych, co przetrwali, odzyskanie majątku było rzeczą trudną. W jednej z najdziwniejszych scen w powieści Elisabeth opisuje moment, gdy kolekcjoner Kanakis dostrzega „na ścianie naprzeciwko krzesła, na którym siedzi, dwa ciemne obrazy oprawne w bogate ramy. Zmarszczki w kącikach oczu pogłębiły się w słabym uśmiechu".

– Jest pan pewien, że poznaje pan te obrazy? – spytał nowy właściciel. – Należały do barona E. Zdaje się, że był to dobry znajomy pana rodziny. Może zostały mu oddane na przechowanie. Niestety baron nie żyje, umarł za granicą, zdaje się, że w Anglii. Jego spadkobiercy, kiedy już odzyskali, co się udało, z jego majątku, sprzedali wszystko na aukcji. Pewnie uważali, że te staroświeckie rzeczy nie nadają się do nowoczesnych domów. Kupiłem je na licytacji, podobnie jak inne przedmioty, które widzi pan w tym pokoju. Oczywiście otwarcie, publicznie i całkowicie legalnie. Rzeczy z tego okresu nie są teraz szczególnie poszukiwane.

– Nie ma powodu, żeby się pan usprawiedliwiał, Herr Doktor – odparł Kanakis. – Mogę tylko pogratulować panu udanego zakupu.

„Otwarcie, publicznie i całkowicie legalnie" – to słowa, które Elisabeth słyszała wiele razy. Szybko przekonała się, że w tym rozbitym społeczeństwie zwrot zagrabionego mienia znajdował się na szarym końcu listy priorytetów. Wielu z tych, którzy przejęli żydowskie mienie, było teraz powszechnie szanowanymi obywatelami Republiki Austriackiej. Rząd austriacki odrzucał roszczenia, argumentując, że między 1938 a 1945 rokiem Austria sama była krajem okupowanym; była „pierwszą ofiarą", nie zaś najeźdźcą.

Jako „pierwsza ofiara" Austria musiała się bronić przed tymi, którzy chcieli ją skrzywdzić. Doktor Karl Renner, prawnik i pierwszy powojenny prezydent Austrii, wyraził to całkiem jasno. W kwietniu 1945 roku pisał:

> Zagrabione mienie żydowskie [...] [nie powinno] być zwracane indywidualnym ofiarom wojny, lecz stworzonemu specjalnie w tym celu kolektywnemu funduszowi. Stworzenie takiego funduszu i ustalenie procedur jest niezbędne, by zapobiec masowemu powrotowi emigrantów [...]. Sytuacja powinna być bacznie śledzona [...]. Nie może być tak, że cały naród odpowiada za krzywdy wyrządzone Żydom.

Gdy 15 maja 1946 roku w Republice Austriackiej ustanowiono prawo mówiące, że wszystkie transakcje zawarte w oparciu o wytyczne dyskryminującej ideologii nazistowskiej zostają anulowane, wydawało się, że sprawa została rozwiązana. Szybko jednak okazało się, że przepisów tych nie da się w żaden sposób wyegzekwować. Ludzie, których majątek został sprzedany na mocy zarządzeń związanych z aryzacją, mogą go odzyskać w drodze kupna. Jeśli zwrócone dzieło sztuki jest uznane za znaczące dla kultury austriackiej, nie może być wywiezione za granicę. Jeśli jednak ofiaruje się takie dzieła któremuś z muzeów, można otrzymać pozwolenie na wywóz innych mniej wartościowych prac.

Stosowne urzędy państwowe, których zadaniem było ustalenie, co należy zwrócić, a czego nie, wydawały decyzje, opierając się na najbardziej wiarygodnych ekspertyzach. Były to dokumenty sporządzone przez Gestapo, które słynęło ze swojej skrupulatności.

Dokumenty dotyczące przejęcia kolekcji książek należącej do Viktora stwierdzały tylko, że Gestapo przejęło bibliotekę, lecz „brak zapisów świadczących o jej zawartości. Można założyć jednak, że nie była ona obszerna, gdyż dokumenty przejęcia biblioteki mówią o dwóch dużych i dwóch małych skrzyniach oraz o obrotowym regale".

31 marca 1948 roku Biblioteka Narodowa zwróciła spadkobiercom Viktora Ephrussiego jego książki – sto dziewięćdziesiąt

jeden pozycji, kilka metrów bieżących książek z kilkuset metrów półek w jego bibliotece.

I tak dalej. Gdzie przechowywane są dokumenty dotyczące Herr Ephrussiego? Viktor jest wciąż winny, nawet po śmierci. Książki, to, co było istotą jego życia, przepadają z powodu nieczytelnych podpisów na stosownym dokumencie.

Zupełnie inne dokumenty dotyczą przejęcia kolekcji sztuki. Pośród nich znajduje się korespondencja między dyrektorami dwóch muzeów. Dołączone są do niej sporządzona przez Gestapo inwentaryzacja oraz próby wyjaśnienia, co się stało z obrazami należącymi do „bankiera Ephrussiego, Wien 1, Lügering 14. Spis nie obejmuje szczególnie cennych dzieł sztuki poza dekoracjami ściennymi typowymi dla rezydencji bogaczy. Ich styl wskazuje, że zostały wykonane zgodnie z gustem panującym w latach siedemdziesiątych XIX wieku".

Brak jakichkolwiek pokwitowań. Mowa jedynie o „obrazach, które nie zostały sprzedane, ponieważ nikt by ich nie kupił". Oznacza to, że niewiele można było zdziałać.

Podczas lektury tych listów ogarnia mnie wściekłość. Nie chodzi o to, że tym historykom sztuki nie odpowiadają gust „bankiera Ephrussiego" i jego malowidła ścienne, choć ten zwrot zbyt kojarzy mi się z „Żydem Ephrussim" z dokumentów Gestapo. Chodzi raczej o to, w jaki sposób dokumenty przechowywane w archiwach służą odcięciu się od przeszłości: brak pokwitowania, nieczytelny podpis. Minęło zaledwie osiem lat, uświadamiam sobie. Transakcje te przeprowadzali ludzie, których każdy zna. Wiedeń nie jest dużym miastem. Ile telefonów trzeba wykonać, by to wszystko wyjaśnić?

Elisabeth nie ustawała w pisaniu listów. Dzieciństwo mojego ojca naznaczone było widokiem matki piszącej listy, a także stopniową utratą złudzeń, że uda się odzyskać coś z rodzinnej fortuny. Motorem prowadzenia tej korespondencji był również wzbierający gniew na rzekomo prawnicze środki, które miały zniechęcić petentów. Nie na darmo była prawnikiem. A poza tym choć cała czwórka rodzeństwa miała trudną sytuację finansową, to ona jedna mieszkała w Europie.

Ilekroć udało się jej odzyskać jakiś obraz, sprzedawano go, a pieniądze dzielono. Środki z odzyskanych w 1949 roku gobelinów zostały przeznaczone na edukację młodego pokolenia. Pięć lat po wojnie Elisabeth zwrócono pałac Ephrussich. W mieście, gdzie wciąż stacjonowały cztery armie, niełatwo było sprzedać zniszczony gmach. Elisabeth dostała za niego trzydzieści tysięcy dolarów – i poddała się.

Gdy w 1952 roku, na rok przed setną rocznicą otwarcia banku Ephrussich w Wiedniu, zwrócono się do Herr Steinhaussera, dawnego wspólnika Viktora, w owym czasie prezesa Zjednoczenia Austriackich Banków, z pytaniem, co może powiedzieć na temat historii banku, odparł: „Nie mam w tej sprawie nic do powiedzenia. Nie planujemy żadnych obchodów".

Spadkobiercy Ephrussich dostali pięćdziesiąt tysięcy szylingów za zgodę na odstąpienie od dalszych roszczeń. W tamtych czasach była to równowartość pięciu tysięcy dolarów.

Z niechęcią wracam do prób odzyskania majątku. Można było strawić całe życie na odnalezienie poszczególnych przedmiotów, stracić energię na zmaganie się z przepisami, korespondencję i formalności prawne. Człowiek dowiadywał się nagle, że w jakimś domu nad kominkiem tyka zegar z salonu – ten z figurami syren u podstawy. Dwa statki zmagające się z burzą w katalogu domu aukcyjnego przywoływały odległe wspomnienia: oto znów stoi w drzwiach obok schodów, a niania owija mu szyję szalikiem. W mgnieniu oka wracają migawki tamtego świata, okruchy czegoś, co było, co tworzyło codzienność rodziny żyjącej w diasporze.

Rodzeństwo rozproszyło się. Elisabeth stworzyła w Tunbridge Wells rodzaj rodzinnego centrum, komunikując się ze wszystkimi, informując, rozsyłając zdjęcia siostrzenic i siostrzeńców. Po wojnie Henk dostał w Londynie pracę w agencji pomocowej ONZ i od tej pory żyło im się łatwiej. Gisela wciąż mieszkała w Meksyku. Było jej bardzo ciężko i czasem, aby utrzymać rodzinę, musiała zatrudniać się jako sprzątaczka. Rudolf po zwolnieniu z wojska zamieszkał w Wirginii. A Iggie – cóż, jak sam powiadał, „świat mody dał sobie z nim spokój". Po wojennych przejściach nie był już w stanie wrócić do ciuchów. Podczas służby w wojsku we Francji 1944 roku nitka łącząca go z Wiedniem i Paryżem, prowadząca aż do Nowego Jorku, zerwała się.

Teraz pracował dla Bunge, międzynarodowej firmy zajmującej się handlem zbożem, co było mimowolnym powrotem do rodzinnych korzeni w Odessie. Pierwszą placówką, na którą go wysłano, było Léopoldville w belgijskim Kongu, którego nie znosił z powodu upału i brutalności życia.

W październiku 1947 roku w oczekiwaniu na przeniesienie na nową placówkę Iggie odwiedził Anglię. Oferowano mu pracę w Kongu lub w Japonii, jednak żaden z tych krajów specjalnie go nie pociągał. Postanowił wstrzymać się z decyzją, a tymczasem pojechał do Tunbridge Wells, by spotkać się z Elisabeth, Henkiem i ich dziećmi i po raz pierwszy odwiedzić grób ojca.

Pewnego wieczoru po kolacji, gdy chłopcy odrobili już lekcje i położyli się spać, Elisabeth otworzyła starą teczkę i pokazała Iggiemu *netsuke*.

Splątane szczury, lis z intarsjowanymi oczami, małpa owinięta wokół tykwy, jego ukochany pręgowany wilk. Wyjęli kilka figurek i ustawili na stole tego małego podmiejskiego domku.

– Żadne z nas nie wypowiedziało ani słowa – relacjonował mi później Iggie. – Ostatni raz oglądaliśmy je trzydzieści lat wcześniej, siedząc na żółtym dywanie w garderobie matki.

„W takim razie Japonia – zadecydował. – Zabiorę je ze sobą".

CZĘŚĆ CZWARTA

TOKIO 1947–1991

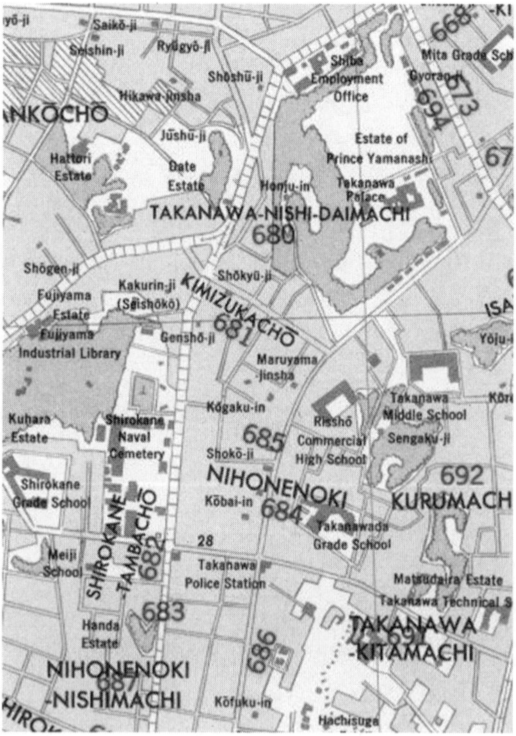

1. *Takenoko*

1 grudnia 1947 roku Iggie otrzymał przepustkę wojskową numer 4351 zezwalającą na wjazd do Japonii: G1 GHQ, FEC, Tokio. Sześć dni później znalazł się w okupowanym mieście.

W drodze z lotniska Haneda taksówka lawirowała, wymijając dziury, dzieci, rowerzystów i zmierzające do miasta kobiety w luźnych wzorzystych spodniach. Tokio przedstawiało dziwny widok. Pierwszą rzeczą, która rzucała się w oczy, były układające się w kaligraficzne zawijasy kable telefoniczne i elektryczne, ciągnące się we wszystkich kierunkach ponad pokrytymi czerwoną rdzą blaszanymi dachami ruder. W drugiej kolejności ukazywała się wyrastająca na południowym wschodzie góra Fudżi oświetlona promieniami zimowego słońca.

Amerykańskie naloty na Tokio trwały trzy lata, lecz prawdziwym kataklizmem okazało się bombardowanie z 10 marca 1945 roku. Morze ognia od bomb zapalających, „niebo w płomieniach", strawiło ponad czterdzieści kilometrów kwadratowych miasta. Zginęło sto tysięcy ludzi.

Tylko nieliczne budynki nie zostały spalone albo zrównane z ziemią. Ocalały schowany za fosą i szarymi murami obronnymi Pałac Cesarski i trochę domów zbudowanych z kamienia i betonu, niektóre *kura* – magazyny, w których kupieckie rodziny przechowywały swe skarby, i wzniesiony w 1923 roku przez

Franka Lloyda Wrighta hotel Imperial, składający się z zaprojektowanych na podobieństwo świątyń kilku betonowych pawilonów otoczonych sadzawkami – aztecka wariacja na temat japonizmu. Hotel, który w 1923 roku przetrwał trzęsienie ziemi, również z wojennego kataklizmu wyszedł niemal nienaruszony. Podobnie jak budynki japońskiego parlamentu, gmachy rządowe, ambasada amerykańska i biurowce w dzielnicy Marunouchi, usytuowane naprzeciwko pałacu.

Teraz wszystkie te budowle zostały zarekwirowane przez władze okupacyjne. Dziennikarz James Morris, później znany jako Jan Morris, opisał te dziwne miejsca w 1949 roku w swoim dzienniku z podróży *The Phoenix Cup*. „Marunouchi to niewielka amerykańska wyspa otoczona morzem japońskich popiołów, ruin i zardzewiałej blachy. Podczas przechadzki między budynkami uszy atakuje jazgot muzyki nadawanej przez Radiowęzeł Sił Zbrojnych; niemal każdą ścianę podpierają szeregowcy, którzy akurat mają wolne […] mogłoby się wydawać, że to Denver".

To właśnie tu, w najwspanialszym budynku Dai-Ichi (numerze jeden), znajdowała się kwatera generała MacArthura, Najwyższego Dowódcy Mocarstw Sprzymierzonych. Jankeskiego *daimyō*.

Iggie zjawił się w Tokio dwa lata po tym, jak cesarz swoim charakterystycznym głosem, przechodzącym niemal w falset, ogłosił przez radio kapitulację Japonii. Zwracając się do swoich poddanych, używał składni i słownictwa obowiązujących w środowisku dworskim, uprzedzał, że „trudy i cierpienia, które spadną na ich naród, będą dotkliwe". Tymczasem Tokio oswoiło się z wojskową okupacją. Amerykanie zapowiedzieli, że dołożą wszelkich starań, aby ich rządy nie były dla ludności uciążliwe.

Pamiątkowa fotografia generała i cesarza, którą można zobaczyć w Ambasadzie Amerykańskiej w Tokio, nie pozostawia wątpliwości, jak kształtowały się ich stosunki. MacArthur ma na sobie rozpięty pod szyją mundur w kolorze khaki i wysokie buty. Ręce trzyma na biodrach, według „Life'a" – „potężny amerykański wojskowy w polowym stroju". Stojący obok drobny cesarz jest nienagannie ubrany w czarny żakiet, a na szyi ma prążkowany krawat. Wrażliwość i maniery – zdaje się mówić fotografia – są teraz tematem negocjacji. Japońska prasa nie chciała opublikować tego zdjęcia, ale uległa żądaniom amerykańskiego zwierzchnictwa wojskowego. Następnego dnia cesarz wysłał żonie generała bukiet kwiatów z pałacowego ogrodu. A kilka dni później pudełko z laki ozdobione cesarskim herbem. Ostrożny, pełen rezerwy dialog zaczyna się od prezentów.

Taksówka zawiozła Iggiego do znajdującego się naprzeciwko cesarskiego pałacu hotelu Teitō. Pierwszą trudnością było przełożenie wszystkich stosownych dokumentów na japoński i zdobycie pozwolenia na pobyt. Następną – znalezienie odpowiedniego lokum; poza Teitō w Tokio funkcjonował tylko jeszcze jeden hotel. Cudzoziemców cywilów była zaledwie garstka. Z wyjątkiem członków korpusu dyplomatycznego i dziennikarzy w Tokio mieszkało kilku biznesmenów takich jak Iggie i jeszcze mniej naukowców. Gdy Iggie przyjechał do Japonii, przed Międzynarodowym Trybunałem Wojskowym do spraw Dalekiego Wschodu rozpoczynały się pierwsze procesy zbrodniarzy wojennych, takich jak Hideki Tōjō czy Ryūkichi Tanaka, szef tajnej policji. Jeśli wierzyć zachodniej prasie, Tōjō odznaczał się „niesłychaną wprost pewnością siebie godną samuraja".

Najwyższe Dowództwo wydawało coraz to nowe dekrety obejmujące wszelkie dziedziny życia – od codziennej egzystencji po rządzenie Japonią. Wyrażały one amerykański sposób myślenia i amerykańską wrażliwość. Jedną z pierwszych decyzji MacArthura było rozdzielenie państwa od religii shintō, która miała swój udział w narodzinach japońskiego nacjonalizmu. Doprowadził też do rozbicia wielkich koncernów przemysłowych i handlowych:

> Cesarz jest głową państwa [...] jego obowiązki oraz zakres jego władzy zostaną określone w nowej konstytucji, która będzie wyrazem woli narodu [...]. Niedopuszczalna jest wojna jako wyraz aspiracji narodu [...]. Nastąpi koniec systemu feudalnego [...]. Od tej pory świadectwo szlachectwa nie będzie uprawniało do sprawowania władzy politycznej ani cywilnej.

MacArthur dał również kobietom prawo głosu i zadekretował zastąpienie dwunastogodzinnego dnia pracy ośmiogodzinnym. Odtąd w Japonii miał obowiązywać system demokratyczny. Prasa miejscowa i zagraniczna była cenzurowana.

Amerykańscy wojskowi stacjonujący w Tokio mieli własne gazety codzienne i czasopisma oraz radio, które ryczało z odbiorników zainstalowanych na wszystkich wartowniach. Mieli swoje domy publiczne (RAA – Recreation and Amusement Association – Stowarzyszenie Rekreacji i Rozrywki) i nocne kluby (Oaza w Ginzie, według słów jednego z amerykańskich komentatorów, z dziewczętami ubranymi w „pseudowytworne długie, koktajlowe suknie"). W pociągach żołnierze Armii Okupacyjnej mieli do dyspozycji specjalne wagony. W zarekwirowanym na potrzeby armii teatrze Amerykanie oglądali filmy i rewie, mogli pójść do biblioteki lub do jednej z wielu ogromnych kantyn. Korzystali z własnych sklepów OSS (Overseas Supply Store) i PX, zaopatrzonych w amerykańskie i europejskie artykuły spożywcze, papierosy, przybory gospodarstwa domowego i alkohole. Przyjmowano w nich wyłącznie dolary albo specjalne bony wydawane tylko wojskowym.

Ponieważ był to kraj okupowany, wszędzie posługiwano się akronimami – nieczytelnymi zarówno dla pokonanych, jak i nowo przybyłych.

W tym dziwnym, pokonanym mieście usunięto tabliczki z nazwami ulic, tak że aleja A krzyżowała się na przykład z Dziesiątą Ulicą. Poza wojskowymi samochodami terenowymi i czarnym cadillakiem, rocznik '41, który w eskorcie białych jeepów woził generała MacArthura, na ulicach widać było tylko niemiłosiernie kopcące japońskie furgonetki, ciężarówki rozwożące węgiel i drewno na opał oraz trzykołowe taksówki, *bata-bata*, utykające co rusz w głębokich dziurach w jezdni. Przed Dworcem Ueno ludzie wciąż wywieszali kartki z nazwiskami zaginionych krewnych lub żołnierzy, którzy nie wrócili z wojny.

Były to lata wyjątkowej biedy. Zburzenie sześćdziesięciu procent miasta oznaczało przeludnienie odbudowanych byle jak domów. W ciągu pierwszych osiemnastu miesięcy władze wojskowe rekwirowały większość materiałów budowlanych. W praktyce oznaczało to, że ogromna liczba pracowników, tracąc mnóstwo czasu, musiała w okropnych warunkach dojeżdżać do miasta pociągiem. Nowe ubrania były niemal nieosiągalne. Jeszcze wiele lat po wojnie często spotykało się zdemobilizowanych mężczyzn w mundurach z oderwanymi dystynkcjami i kobiety w *mompe*, workowatych spodniach, których używano do pracy w polu.

Brakowało paliwa. Wszyscy marzli. W łaźniach płaciło się majątek za pierwszą godzinę kąpieli, nim woda zdążyła ostygnąć. Biura były ledwo ogrzane, ale pracownicy „nie spieszyli się do domu, gdyż i tak niewiele mieli tam do roboty. Większość biur jest w zimie w jakiś sposób ogrzewana i pracownikom jest tam ciepło". Doszło do tego, że pewnej wyjątkowo ostrej zimy, by oszczędzać węgiel, władze kolejowe zakazały lokomotywom gwizdać.

Przede wszystkim jednak brakowało żywności. Aby zdobyć coś do jedzenia, ludzie wyruszali przed świtem zatłoczonymi pociągami na wieś, licząc, że uda im się coś wymienić na odrobinę ryżu. Krążyły pogłoski o chłopach gromadzących w domach stosy pieniędzy. Innym miejscem, gdzie można było coś dostać, były bazary pod gołym niebem, które wyrosły w okolicach tokijskich dworców. Tam pod obojętnym wzrokiem okupanta można było po czarnorynkowych cenach sprzedać, kupić lub wymienić praktycznie wszystko. Na targowisku znajdującym się w pobliżu Dworca Ueno w alejce amerykańskiej handlowano towarami pochodzącymi od sił okupacyjnych – zdobytymi w drodze wymiany lub po prostu ukradzionymi: szczególnie poszukiwane były amerykańskie koce wojskowe. „Gdy z drzew zaczynały spadać liście, Japończycy zrzucali swoje kimona i sprzedawali je, by zdobyć pieniądze na jedzenie. O swojej ciężkiej egzystencji mówili ironicznie, że jest jak *takenoko* – pęd bambusa, który obiera się warstwa po warstwie". W tych ciężkich czasach najczęściej używaną frazą było „*Shikata ga nai*", co oznacza „tak musi być", z dopowiedzianym po cichu: „tylko nie narzekać".

Wiele amerykańskich towarów – mielonka, herbatniki Ritz i lucky striki – trafiało na czarny rynek za pośrednictwem *panpan*, „okropnych dziwek [...] młodych kobiet, które zadają się z żołnierzami za jedzenie [...]. Za dnia wałęsają się po ulicach w tanich, efektownych sukniach z PX-ów, głośno rozmawiając, śmiejąc się i żując gumę. Obnosząc się ze swą niezbyt uczciwie zdobytą zasobnością, siały zgorszenie wśród podróżujących z nimi w pociągach i autobusach wygłodniałych współobywateli".

Dużo mówiło się o tych dziewczętach i o roli, jaką odgrywały. Ludność tak bardzo obawiała się amerykańskiej armii, że prowadzenie się *panpan* przyjmowano jako ofiarę pozwalającą większości japońskich kobiet zachować przyzwoitość. Oznaką ich niechlubnego prowadzenia się były stroje, jaskrawa szminka i publiczne całowanie się. To ono stało się symbolem przyniesionego przez okupanta wyzwolenia się z konwenansów.

W Tokio nie brakowało też gejowskich barów, które Yukio Mishima w swojej książce *Kinjiki* [Zakazane kolory] nazywał *gei pati*. Słowo *gei* było pisane łacińskim alfabetem, co mogło świadczyć o jego powszechnym użyciu. Park Hibiya był tradycyjnym miejscem spotkań. Jedynym, niezbyt rzetelnym przewodnikiem pozostaje Mishima:

Gdy tylko wszedł do słabo oświetlonej mętnym światłem toalety, zorientował się, że jest w miejscu, które wtajemniczeni nazywają urzędem. (Miejsc takich w Tokio jest zaledwie kilka). Ostrożne procedury urzędu nakazywały, by zamiast dokumentami wymieniać się spojrzeniami, ledwie dostrzegalne ruchy zastępowały druki, a system gestów telefony.

Kraj potrzebował ludzi przedsiębiorczych. Młode pokolenie nazywano kolokwialnie *apure*, czyli *après-guerre*. Typowy *apure* to „student, który chodzi na tańce, egzaminy zdaje przez podstawioną osobę, a dla zarobku wdaje się w niezbyt czyste interesy". Określały ich niekonwencjonalny sposób zarabiania oraz aspiracje, by osiągnąć amerykański standard życia. Udało im się też zmienić zasady dotyczące pracy. „Normą stała się wojenna opieszałość" – pisał o *apure* jeden z japońskich komentatorów. Nagminnie spóźniali się do pracy, oszukiwali na egzaminach, a jednak dzięki swemu cwaniactwu robili pieniądze z niczego. Dzięki tej postawie mogli sobie pozwolić na wzorzyste koszule, nylonowe paski, a nawet buty na „słoninie" – „trzy święte insygnia" – ironiczne odniesienie do świętych insygniów, symboli władzy cesarskiej. W ciągu kilku lat po kapitulacji zaroiło się od nowych czasopism skierowanych do młodych mężczyzn, wabiących ich tytułami: „Jak zaoszczędzić sto tysięcy jenów?" albo „Jak zrobić milion z niczego?".

W lecie 1948 roku największym szlagierem w Tokio było *Tokijskie boogie-woogie*. Jego dźwięki nieustannie płynęły z głośników rozwieszonych na ulicach i przed klubami, próbującymi w ten sposób zwabić klientów. „Tokijskie boogie-woogie / Rythm ookie-ookie / Kokoro zookie-zookie / Waku-waku". Oto początek nowej epoki, ogłasza prasa, epoki *kasutori*, kultury masowej – wulgarnej i zuchwałej, hedonistycznej, nieograniczającej się.

Handel wylewa się na ulice. Wszędzie pełno żebraków. Ubrani na biało weterani rozkładają przed sobą protezy i tabliczki ze spisem kampanii, w których brali udział. Poza tym mnóstwo dzieci, sierot wojennych, każde z historią o rodzicach zmarłych w Mandżurii na tyfus – żebrzących, kradnących, zdziczałych. Do tego uczniowie domagający się *chocorēto* lub papierosów, powtarzający zwroty z pierwszej strony rozmówek japońsko-angielskich:

Thank you

Thank you, awfully!

How do you do?

Wyuczonych w formie fonetycznej: *San kyu! San kyu ofuri! Hau dei dou?*

I jeszcze odgłosy z salonów gry, kakofoniczny stukot małych metalowych kulek spadających w głąb maszyny. Za równowartość szylinga można było kupić dwadzieścia pięć kulek. Zręczny gracz mógł spędzić wiele godzin w świetle jarzeniówek, karmiąc kulkami maszyny. Nagrody – papierosy, żyletki, mydło i puszki z żywnością – można było po wygraniu odsprzedać właścicielowi salonu w zamian za kilka kolejnych pojemników kulek – gwarancję dodatkowych godzin zapomnienia.

Życie ulicy: wylegający z barów podpici urzędnicy w lichych czarnych garniturach, wełnianych kamizelkach i cienkich krawatach. Zasikane, pokryte plwocinami chodniki. Komentarze dotyczące przechodniów – ich wzrostu czy koloru włosów. Codzienna litania dziecięcych głosów wykrzykujących: „*gai-jin, gai-jin*" – „zagranicznik, zagranicznik". Ale życie uliczne toczy się też innym torem: ślepe masażystki, wytwórcy mat tatami, sprzedawcy pikli, stare kalekie kobiety i mnisi. I jeszcze sprzedawcy szaszłyków z mięsa wieprzowego przekładanego papryką, żółtawej herbaty, wyprodukowanych z kasztanów słodyczy, przekąsek z solonej ryby i wodorostów; a ponad tym wszystkim zapach ryb grillowanych na węglu drzewnym. Na ulicy przechodzień był nieustannie nagabywany: przez pucybuta, sprzedawcę kwiatów, wędrownego artystę, wszelkiej maści naganiaczy; nieustannie musiał się zmagać z zapachami i hałasem.

Przybysze z zagranicy mieli zakaz spoufalania się z tubylcami. Nie wolno im było bywać w japońskich domach ani stołować się w japońskich restauracjach. Na ulicy jednak każdy z nich stawał się częścią tego hałaśliwego, rozpychającego się świata.

Choć w bagażu Iggiego znajdowała się niewielka teczka wypełniona mnichami, rzemieślnikami i żebrakami z kości słoniowej, jego znajomość Japonii była równa zeru.

2. Kodachrome

Iggie opowiadał mi, że przed przyjazdem do Japonii cała jego wiedza o tym kraju pochodziła z lektury *Chryzantemy i miecza. Wzorów japońskiej kultury*, książki, którą kupił w Honolulu w drodze do Tokio. Autorka, antropolożka Ruth Benedict, napisała ją na zlecenie Amerykańskiego Biura Informacji Wojskowej, wykorzystując doniesienia prasowe, przekłady literatury i wywiady z internowanymi żołnierzami. Klarowność tej publikacji spowodowana była być może tym, że Benedict nigdy wcześniej nie miała do czynienia z Japonią. Książka przedstawia zapewne uproszczony, ale dla czytelnika łatwo przyswajalny obraz, który sprowadza się do dwóch symboli: miecza (samoograniczająca się kultura samurajów) oraz chryzantemy – kwiatu, który rozpięty wraz z innymi na niewidzialnych drutach tworzy niezwykłe formy estetyczne. Postawiona przez autorkę teza, iż kultura japońska wyrasta raczej z poczucia wstydu niż winy, odcisnęła silne piętno na amerykańskich wojskowych pracujących w Tokio nad przebudową japońskiego społeczeństwa, nad nadaniem nowego kształtu edukacji, prawodawstwu i życiu politycznemu. W roku 1948 książka Benedict została przełożona na japoński i odniosła natychmiastowy sukces. Każdy Japończyk był ciekaw, jak Japonię widzi Amerykanin, a zwłaszcza Amerykanka.

Gdy piszę te słowa, kupiony przez Iggiego egzemplarz książki Benedict leży przede mną na biurku. Staranne, sporządzone ołówkiem notatki – w większości wykrzykniki – urywają się siedemdziesiąt stron przed końcem książki, jakby dwa ostatnie rozdziały – o samodyscyplinie i dzieciństwie – pozostały nietknięte (zapewne w tym momencie samolot zaczął podchodzić do lądowania w Tokio).

Pierwsze biuro Iggiego znajdowało się w Marunouchi, nudnej dzielnicy szerokich ulic. Lato tamtego roku było niemożliwie gorące, ale znacznie gorzej Iggie wspominał lodowatą zimę, która przyszła w 1947 roku. W każdym biurze zainstalowano *hibachi*, piecyk na węgiel drzewny, który dawał jednak tylko złudzenie ciepła. Dawał złudzenie, ale nie grzał. Żeby poczuć cokolwiek, trzeba by chyba włożyć go pod połę marynarki.

Po zapadnięciu zmroku w biurach wciąż jest jasno. W środku na obrotowych krzesłach, pochyleni nad maszynami do pisania, siedzą młodzi ludzie w białych koszulach z podwiniętymi rękawami. To twórcy japońskiego cudu gospodarczego. Między papierami poniewierają się pudełka papierosów i liczydła. Iggie, schowany za stosami dokumentów, urzęduje za matową szybą w pokoju wyposażonym w telefon (wielka rzadkość).

Praca kończy się przed samą piątą. Iggie wychodzi na korytarz, lecz nim opuści biuro, goli się. Aby to zrobić, potrzebna jest ciepła woda. Wodę grzeje na biurowym *hibachi*.

Iggie tak nie lubił hotelowego życia i dzielnicy przypominającej Denver, że już po kilku tygodniach przeprowadził się do swego pierwszego domu. Dzielnica Senzoku, gdzie zamieszkał, znajdowała się w południowo-wschodniej części miasta, na brzegu jeziora. Był to raczej staw, wyjaśnił mi – ale duży, nie taki jak w Anglii, raczej w stylu Thoreau, uściślił. Wprowadził się tam w zimie. Zwrócono mu co prawda uwagę na rosnące w ogrodzie tuż nad wodą drzewa wiśniowe, nic jednak nie przygotowało go na to, co zobaczył wiosną. Przyroda przez kilka tygodni rozpędzała się, by wreszcie wybuchnąć istną orgią kwiatów. Według Iggiego cała okolica wyglądała jak oślepiająco biały obłok. Człowiek, porażony tą bielą, tracił poczucie miejsca i odległości, wydawało mu się, że unosi się w przestworzach.

Tak więc po wielu latach życia na walizkach Iggie nareszcie doczekał się własnego lokum. W ciągu czterdziestu dwu lat, które spędził w Wiedniu, Frankfurcie, Paryżu, Nowym Jorku, Hollywood i bazach wojskowych we Francji i w Niemczech, no i w Léopoldville, nigdy nie miał okazji zamknąć za sobą drzwi własnego domu. Stało się to możliwe dopiero tu, podczas tej pierwszej prawdziwie wyzwalającej i upajającej tokijskiej wiosny.

Letnie przyjęcie w Senzoku, Tokio, 1951

Dom, w którym zamieszkał, powstał w latach dwudziestych; miał ośmioboczny pokój jadalny i wychodzący na jezioro, wprost stworzony dla gości taras. Z salonu wychodziło się na wielki, płaski głaz, a dalej prosto do ogrodu z uformowanymi sosnami i azaliami, tarasem ozdobionym specjalnie zaaranżowanymi kamieniami i kompozycją mchów. Młody japoński dyplomata Ichirō Kawasaki tak pisał: „Przed wojną na taki dom mogli sobie pozwolić profesorowie uniwersytetu lub wysocy oficerowie. Dziś jego utrzymanie stało się tak kosztowne, że trzeba go albo sprzedać, albo wynająć cudzoziemcowi".

Mam w ręku kilka maleńkich odbitek fotograficznych Kodachrome z zaokrąglonymi rogami, przedstawiających pierwszy tokijski dom Iggiego. „Japońscy urbaniści nie przywiązywali wagi do podziału na strefy. Sprawiało to, że niezwykle często w bezpośrednim sąsiedztwie niemal pałacowych rezydencji milionerów ciągnęły się osiedla drewnianych bud zamieszkałych przez robotników". Tak było i tutaj, tyle że gdy Iggie się tu wprowadził, drewno i papier zostały zastąpione przez beton. Wkrótce najbliższa okolica zaczęła wracać do życia: zbudowano świątynie i kaplice, powstały targowisko, serwis rowerowy, a na końcu ulicy – czy może raczej drogi – kilka sklepów, gdzie na razie poza białymi, pękatymi rzodkwiami i kapustą niewiele można było dostać.

Rozpoczynamy zwiedzanie od frontowych drzwi – na progu wita nas Iggie, obecnie postawny mężczyzna, z jedną ręką w kieszeni; zielony, jedwabny krawat zdobi lśniąca spinka, z kieszonki marynarki wystaje chusteczka. Biurowa młodzież naśladuje jego styl, a szczególnie combo: krawat i chusteczka w ten sam deseń. Dziś ma na sobie klasyczne skórzane półbuty ozdobione dziurkowanym wzorem. Wygląda trochę jak wiejski dziedzic. Gdyby nie widok starannie przyciętych sosen i zielonych dachówek, można by pomyśleć, że to jakiś właściciel ziemski z Cotswolds. Ruszamy w głąb długiego korytarza. Skręciwszy w lewo, spotykamy pana Hanedę, kucharza, który – cały w bieli, z kucharską czapką zawadiacko zsuniętą na tył głowy – mruży oczy oślepiony fleszem. Stoi oparty o nową kuchenkę. Jedynym produktem spożywczym, który widać w kuchni, jest butelka keczupu Heinza: na zdjęciu – czerwona plama odbijająca się od olśniewająco sterylnego chromu. Wróciwszy na korytarz, posuwamy się ku otwartym drzwiom, nad którymi wisi maska *nō*, i wchodzimy przez nie do salonu o suficie wyłożonym drewnem. Palą się wszystkie lampy. Na pochodzących z Chin i Korei ciemnych, bardzo prostych meblach ustawiono kilka pięknych przedmiotów, poza tym jest parę niskich, wygodnych kanap, są stoliczki, lampy, popielniczki i pudełka na papierosy. Na koreańskiej komodzie siedzi drewniany Budda z Kioto z dłonią podniesioną w geście błogosławieństwa.

W barku z bambusowego drewna stoi imponująca kolekcja alkoholi, których nie potrafię zidentyfikować. Jest to dom stworzony do przyjmowania gości: dzieci i ich ubranych w kimona mam, mężczyzn w ciemnych garniturach, którzy nad małymi stoliczkami sączą whisky. Przyjęć z okazji Nowego Roku i wiosennych spotkań, zorganizowanych w porze kwitnienia wiśni. Kiedyś odbył się nawet niemal poetycki wieczór, którego celem było podziwianie robaczków świętojańskich.

Jest to miejsce nawiązywania przyjaźni – między Japończykami, Amerykanami i Europejczykami. Pani Kaneko, służąca ubrana w stosowny strój, podaje sushi i piwo. Znów mamy dom otwarty.

Iggie prowadził swój dom z rozmachem. Zadbał o to, by w niczym nie przypominał zagraconego pałacu z jego dzieciństwa. To teatralne wnętrze pełne złotych parawanów i zwojów, malowideł i chińskiej ceramiki stało się nowym miejscem dla *netsuke*.

Kolekcja *netsuke* staje się centralnym punktem tego domu i zarazem centrum życia Iggiego. Iggie projektuje dla niej specjalną szklaną gablotę, której tylną ścianę wykłada jasnobłękitnym papierem z motywem chryzantem. Dwieście sześćdziesiąt cztery *netsuke* wróciły do Japonii, ponownie stały się ozdobą salonu. Iggie umieścił je na trzech długich szklanych półkach. Ukryte źródło światła sprawia, że o zmroku witryna rozświetla się wszystkimi odcieniami beżu, *écru* i kości słoniowej. W nocy mebel rozjaśnia cały pokój.

Netsuke odzyskują swoją japońskość.

Zostają też odczarowane. Okazuje się, że maleńkie rzeźby przedstawiają to, co stanowi podstawę tutejszej diety: małże, ośmiornice, brzoskwinie, persymonę, pędy bambusa. Wiązka chrustu, która leży w kuchni przy drzwiach, jest związana dokładnie jak gałązki wyrzeźbione przez Soto. Ociężałe żółwie gramolące się na siebie na brzegu basenu w pobliskiej świątyni wyglądają tak samo jak zwierzęta wyrzeźbione przez Tomokazu. Co prawda, w drodze do biura, które znajduje się w Marunouchi, Iggie nie mija mnichów, handlarzy i rybaków, nie natknie się też na tygrysa, ale mężczyzna sprzedający kluski na peronie dworca wykrzywia twarz w tym samym grymasie co zawiedziony szczurołap.

Świat, który przedstawiają te maleńkie rzeźby, odpowiada światu zobrazowanemu na japońskich zwojach i złoconych parawanach. Nareszcie *netsuke* mają się do kogo odezwać – ich towarzyszami nie są już obrazy Moreau i Renoira ani stojące na toaletce kryształowe i srebrne flakony z perfumami. *Netsuke* to przedmioty przeznaczone do dotykania i obracania w rękach. Znalazły się w świecie podobnych do nich rzeczy. Łączą je nie tylko materiały, z których je wykonano (kości słoniowej i drewna bukszpanowego dotyka się codziennie, chociażby używając pałeczek do jedzenia), lecz również ich głęboko zakorzeniona w kulturze Japonii forma. Pewien typ *netsuke*, *netsuke manjū*, został tak nazwany z powodu podobieństwa do podawanych do herbaty małych okrągłych ciasteczek z fasoli, obowiązkowego *o-miyagi* – tradycyjnego podarunku, który w Japonii wręcza się podczas wizyty. Ciasteczka *manjū*, choć zbite i ciężkie, zaskakująco miło układają się w dłoni. Podobnie z *netsuke manjū* – palce spodziewają się tego samego doznania.

Wielu japońskich znajomych Iggiego nigdy wcześniej nie miało *netsuke* w ręku, a nawet ich nie widziało. Jirō pamiętał swego dziadka, przedsiębiorcę w ciemnym kimonie zdobionym przy szyi, mankietach i rękawach z pięcioma heraldycznymi motywami, które wkładał na śluby i pogrzeby, białych skarpetkach przypominających rękawiczki z jednym palcem i drewnianych sandałach *geta*. Stroju dopełniały szeroki pas zawiązany w sztywny węzeł i zwisające na końcu sznura *netsuke*, przedstawiające jakieś zwierzątko. Może szczura? *Netsuke* wyszły z użycia mniej więcej osiemdziesiąt lat wcześniej, na początku epoki Meiji, gdy zniechęcano mężczyzn do noszenia kimon. Podczas spotkań towarzyskich u Iggiego, gdy goście popijali whisky, zagryzając *edamame* – chrupiącymi strąkami młodej soi, otwierano drzwiczki do gabloty, a *netsuke* trafiały do rąk zaproszonych. Obracano je w palcach, komentowano, pokazywano innym, cieszono się nimi. Przyjaciele wymieniali uwagi. Ponieważ rok 1951 był Rokiem Zająca, wybór padał często na figurkę wyrzeźbioną z niezwykle jasnej kości słoniowej – najjaśniejszą w całej kolekcji. Jej niezwykłą jasność tłumaczono tym, że przedstawia ona zająca księżycowego pędzącego ponad falami oświetlonymi światłem księżyca.

Ostatni raz tymi miniaturkami bawili się tak Edmond de Goncourt, Degas czy Renoir goszczący w salonie Charles'a Ephrussiego, w miejscu, gdzie kształtował się dobry smak, a rozerotyzowana inność dialogowała z nową sztuką.

Teraz, z powrotem w Japonii, *netsuke* przywołują wspomnienia związane z pokoleniem dziadków. Kaligrafia, poezja, *samisen* to dla japońskich gości Iggiego część utraconego świata, zmieciónego przez szarość powojennego życia. Pamiętajcie o bogactwie tamtego świata, przypominają *netsuke*.

Netsuke wpisują się w nurt nowej wersji japonizmu. Aranżacja domu Iggiego znajduje odbicie w wychodzących w latach pięćdziesiątych międzynarodowych pismach wnętrzarskich, postulujących wprowadzenie do współczesnego domu elementów stylu japońskiego. O Japonii przypomina posążek Buddy, parawan, prosta wiejska ceramika reprezentująca nowoczesny styl ludowy. W „Architectural Digest" roi się od zdjęć amerykańskich rezydencji wypełnionych takimi właśnie przedmiotami eksponowanymi na tle ścian pokrytych płatkami złota, lustrami lub surowym jedwabiem i ogromnymi oknami zderzonymi z abstrakcyjnym malarstwem.

W tym tokijskim domu należącym do Amerykanina z wyboru nie zabrakło też *tokonoma*, alkowy charakterystycznej dla tradycyjnego japońskiego domu – przestrzeni oddzielonej od reszty domu słupem nieobrobionego drewna. Obok zwojów i japońskiej misy stoi tu kosz ze starannie zaaranżowanym bukietem wiejskich traw. Na ścianach wiszą współczesne japońskie obrazy malowane przez Fukuiego, ulubionego malarza Iggiego – wyblakłe postaci ludzi i koni. Półki uginają się od książek traktujących o japońskiej sztuce, Proust sąsiaduje tu z Jamesem Thurberem i niezliczonymi amerykańskimi kryminałami.

Wśród tych japońskich przedmiotów i dzieł sztuki znalazło się też kilka obrazów z pałacu Ephrussich w Wiedniu, zakupionych przez dziadka Iggiego w latach siedemdziesiątych XIX wieku, gdy rodzinna fortuna była u swego szczytu. Wizerunek arabskiego chłopca, kupiony przez Ignaza podczas podróży po Bliskim Wschodzie. Kilka pejzaży z Austrii. Małe holenderskie płótno przedstawiające zadowolone ze swojego losu krowy, które kiedyś wisiało w jakimś bocznym korytarzu. Ścianę w jadalni nad kredensem zdobił utrzymany w melancholijnym tonie obraz przedstawiający żołnierza z muszkietem pośrodku mrocznego lasu, pierwotnie wiszący w znajdującej się na końcu długiego korytarza ubieralni ojca, gdzie sąsiadował z *Ledą z łabędziem* i z popiersiem Herr Wessela.

W ten sposób okruchy dziedzictwa wyrwane przez Elisabeth z Wiednia znalazły się w bezpośrednim sąsiedztwie japońskich malowideł zwojowych… Nastąpiło zbratanie *Ringstrassenstil* z żywiołem japońskim.

Zdjęcia, które oglądam, są bardzo wyraziste i wesołe. Iggie, bez względu na okoliczności, łatwo nawiązywał kontakty. Widać to nawet na fotografiach z lat wojny; na jednej razem z kolegami żołnierzami bawią się w zrujnowanym bunkrze z małym pieskiem. W Japonii, w tym eklektycznym otoczeniu, zagarnia nowych przyjaciół – ludzi Zachodu i Japończyków.

Ta szczęśliwa passa trwała po przeprowadzce do kolejnego pięknego domu z ogrodem, tym razem w bardziej konwencjonalnej dzielnicy Azabu. Samo otoczenie nie przypadło Iggiemu do gustu – typowa dyplomatyczna kolonia zamieszkała przez *gaijin*, dom jednak miał znakomity rozkład, a poza tym położony był wysoko, ze schodzącym w dół ogrodem pełnym białych kamelii.

Był też wystarczająco duży, by wewnątrz wydzielić osobne mieszkanie dla jego młodego przyjaciela Jirō Sugiyamy, którego poznał w lipcu 1952 roku.

„Przed biurowcem w Marunouchi wpadłem na szkolnego kolegę, który przedstawił mnie swojemu szefowi, Leo Ephrussiemu [...]. Po jakichś dwóch tygodniach Leo zadzwonił (zawsze nazywałem go Leo) i zaprosił na kolację. W restauracji na dachu hotelu Kaikan zjedliśmy homara thermidor [...]. Dzięki Leo dostałem pracę w Sumitomo, starej firmie Mitsui". Iggie i Jirō spędzili ze sobą kolejne czterdzieści jeden lat.

Jirō miał wtedy lat dwadzieścia sześć, mówił płynnie po angielsku, uwielbiał Brahmsa i Fatsa Wallera. Gdy się poznali, Jirō właśnie wrócił do Japonii po trzyletnim stypendium w Stanach. Jego paszport wydany przez Urząd Administracji Sił Okupacyjnych został opatrzony numerem 19. Pamiętał, że bardzo niepokoiło go, jak zostanie przyjęty w Ameryce oraz, jak to komentuje prasa: „młody Japończyk w szarym flanelowym garniturze i białej koszuli typu Oxford wyrusza do Ameryki".

Jirō wychował się w Shizuoce, mieście położonym między Tokio a Nagoją, jako środkowy z piątki rodzeństwa w kupieckiej rodzinie trudniącej się produkcją chodaków z laki. „Wytwarzaliśmy najwyższej jakości malowane *geta*, pokryte laką *urushi*. Na tych chodakach mój dziadek Tokujirō zbił majątek [...]. Zajmowaliśmy duży tradycyjny dom [...] ponadto mieszkało z nami dziesięć osób, które pracowały w warsztacie – każdy w osobnym lokum". Była to rodzina zamożna i przedsiębiorcza. W 1944 roku osiemnastoletni Jirō został wysłany do szkoły przygotowującej do studiów na Uniwersytecie Waseda w Tokio, a potem na sam uniwersytet. Zbyt młody, aby służyć w wojsku, wystarczająco dorosły, by pamiętać spustoszone miasto.

Jirō, mój japoński wuj, był częścią mojego życia równie długo jak Iggie. Podczas wizyt w jego gabinecie opowiadał mi o początku ich znajomości.

– W piątki wieczorem wyjeżdżaliśmy na weekendy w okolice Tokio: do Hakone, Ise, Kioto, Nikko, albo zatrzymywaliśmy się w *ryokan* lub *onsen* i raczyliśmy się różnymi smakołykami. Leo miał żółty kabriolet DeSoto z czarnym dachem. Po zostawieniu bagaży w *ryokan* Leo zawsze ruszał do antykwariatów w poszukiwaniu chińskich i japońskich naczyń i mebli.

W ciągu tygodnia spotykali się po pracy.

– Zarządzał: „Idziemy do Shiseido na ryż z wołowiną curry albo paszteciki z kraba". Innym ulubionym miejscem był bar w hotelu Imperial. Poza tym odbywały się przyjęcia w domu. Późno w nocy, gdy wszyscy już wyszli, sączyliśmy jeszcze whisky i słuchaliśmy nagrań operowych.

Ich wspólne życie zostało utrwalone na kliszach Kodachrome – żółto-czarny samochodzik błyszczy jak żółto-czarny szerszeń na zakurzonych górskich drogach, a różowy pasztecik odcina się od bieli talerza.

Razem zwiedzali Japonię: w jeden weekend jechali do gospody słynnej ze swojego pstrąga, w kolejny do nadmorskiego kurortu na jesienne *matsuri* – pełną zgiełku paradę czerwono-złotych łodzi. Kiedy indziej oglądali zbiory sztuki japońskiej w parku Ueno, razem też wybrali się na pierwszą wystawę impresjonistów z europejskich zbiorów, na którą ustawiały się gigantyczne kolejki. Gdy po obejrzeniu wystawy Pissarra opuścili muzeum, uzmysłowili sobie, że Tokio w deszczu przypomina Paryż.

Iggie i Jirō podczas rejsu po Morzu Wewnętrznym, Japonia, 1954

Lecz najbliższa ich sercu była muzyka. W czasie wojny niezwykłą popularność zyskała IX symfonia. Dziewiąta – zwana *Dai-ku* – a szczególnie *Oda do radości* stała się obowiązkowym punktem świętowania końca roku. Za czasów okupacji amerykańskie władze częściowo sponsorowały Tokijską Orkiestrę Symfoniczną, oczekując w zamian repertuaru dla wojska. Na początku lat pięćdziesiątych w Japonii było już mnóstwo lokalnych orkiestr. Powszechny stał się widok dzieci niosących do szkoły poza tornistrem futerał na skrzypce. Zaczęły też przyjeżdżać zagraniczne orkiestry. Jirō i Iggie chodzili na wszystkie koncerty: Rossini, Wagner, Brahms. Na spektaklu *Rigoletta* Iggie przypomniał sobie, że była to pierwsza opera, na którą matka zaprowadziła go do rodzinnej loży w wiedeńskiej operze. Pamiętał też, że podczas ostatniej sceny Emmy się rozpłakała.

W ten sposób w powojennym Tokio *netsuke* znalazły sobie czwarty dom – szklaną gablotkę w salonie, z którego roztaczał się widok na obsadzony kameliami wypielęgnowany klomb, a wieczorami rozlegały się dźwięki granego na cały regulator *Fausta* Gounoda.

3. Skąd pan to ma?

Przybycie Amerykanów sprawiło, że Japonia znów stała się krajem łatwych grabieży, pełnym atrakcyjnych okazji. Bez trudu można było zdobyć wazy Satsuma, kimona, miecze pokryte laką i złotem, parawany malowane w kwiaty piwonii, szafki z okuciami z brązu. Wszystko to można było dostać w dużej ilości i za małe pieniądze. Pierwszy reportaż z okupowanej Japonii zamieszczony w „Newsweeku" 24 września 1945 roku został opatrzony nagłówkiem: „Jankesi polują na kimona i uczą się, czego nie oczekiwać od gejszy". Ten bezceremonialny i zagadkowy nagłówek łączący pogoń za suwenirami z upodobaniem do japońskich dziewcząt trafnie podsumowuje lata okupacji. Kilka miesięcy później „The New York Times" pisał o „szaleństwie zakupów" – po wydaniu żołdu na piwo, papierosy i dziewczyny zwykłego szeregowca nie było stać na wiele.

Symbolem powojennej przedsiębiorczości Japończyków była budka-kantor na molo w Jokohamie, gdzie amerykańscy żołnierze wymieniali dolary na jeny. Właściciele kantorów skupywali też amerykańskie papierosy, które następnie z zyskiem odsprzedawali. Budki oferowały również „tanie japońskie bibeloty: wykonane z brązu posążki Buddy, wygrzebane z ruin mosiężne świeczniki i podstawki na kadzidło. Oryginalność tych przedmiotów sprawiała, że sprzedawały się jak świeże bułeczki".

Skąd było wiadomo, co kupować? Wszyscy żołnierze „musieli przecierpieć godzinne szkolenie ogniowe dotyczące tematów takich jak aranżacje kwietne, użycie kadzidła, ceremonie ślubne, ubiór, parzenie herbaty, połów ryb z kormoranami", ironizował John LaCerda w opublikowanej w 1946 roku książce *The Conqueror Comes to Tea. Japan under MacArthur* [Zdobywca wpada na herbatę. Japonia pod rządami MacArthura]. Ludzie bardziej wymagający mieli do dyspozycji nowe przewodniki po japońskiej sztuce i kulturze, wydrukowane na cienkim jak bibułka szarym papierze. Japońska Agencja Turystyczna wydała serię takich publikacji z myślą, by „przejezdnym turystom i cudzoziemcom zainteresowanym Japonią zapewnić podstawową wiedzę związaną z różnymi aspektami japońskiej kultury". Wśród publikacji znalazły się: *Japońskie kompozycje kwiatowe*; *Hiroshige*; *Kimono, japoński ubiór*; *Japoński kult herbaty*; *Bonsai – miniaturowe drzewka w doniczkach* i oczywiście *Netsuke – japońska sztuka miniatury*.

Wszyscy wyprzedawali swe dziedzictwo; trudnił się tym zarówno człowiek oferujący bibeloty na molo w Jokohamie, jak i ludzie, którzy przed świątyniami na kawałku białego płótna rozkładali drobiazgi z laki. Wszystko było stare albo przynajmniej za takie uchodziło. Poza tym można było sobie sprawić popielniczkę, zapalniczkę czy płócienny ręcznik z podobizną gejszy, górą Fudżi czy kwiatami wisterii. Dla przyjezdnych Japonia sprowadzała się do serii obrazów, kolorowych widokówek, na których kwiaty wiśni wyglądały jak różowa wata cukrowa. Butterfly i Pinkerton – spiętrzenie stereotypów. Można jednak było zdobyć „autentyczne przedmioty z czasów *daimyō*". „Time" w artykule *Yen for Art* [Sztuka za jena] opisał przypadek braci Hauge, którym udało się zebrać zupełnie wyjątkową kolekcję japońskiej sztuki:

> Prawie nikt z tysięcy żołnierzy, którym przyszło spędzić służbę w Japonii, nie powrócił do domu bez pamiątek. Jednak tylko nieliczni Amerykanie zdali sobie sprawę, że trafili do raju dla kolekcjonerów [...]. Dobra passa braci Hauge rozpoczęła się wraz z szalejącą

inflacją, która od piętnastu jenów za dolara doszła do 360. Podczas gdy przybysze zbierali papierowe żniwo, życie Japończyków umęczonych powojennymi podatkami upodobniło się do cebuli – by utrzymać się na powierzchni, trzeba było pozbywać się kolejnych warstw, na które składały się gromadzone latami zabytki.

Cebula i pędy bambusa – oto symbole bezbronności, kruchości i łez. To również symbol stopniowej utraty. Przypominają się historie, które w latach rozkwitu japonizmu chętnie opowiadali Philippe Sichel i de Goncourtowie – o tym, jak wszystko i wszyscy byli na sprzedaż.

Iggie, choć emigrant, był przede wszystkim Ephrussim i nie potrafił oprzeć się pokusie kolekcjonowania. Podczas wypadów z Jirō kupował chińską ceramikę – w ten sposób wszedł w posiadanie pary koni z wygiętymi grzbietami z dynastii Tang, kobaltowego naczynia z namalowanymi rybami, piętnastowiecznej porcelany w bieli i błękicie. Kupił też złote japońskie parawany ze wzorem w purpurowe piwonie, zwoje z mglistymi krajobrazami, wczesne posążki Buddy.

– Coś takiego można było dostać za karton lucky strike'ów – powiedział nieco speszony, pokazując naczynie z dynastii Ming z deseniem z błękitnych piwonii pokrytym mlecznym szkliwem.

Uderzone lekko palcem, wydaje wysoki wibrujący dźwięk. Chciałbym wiedzieć, kim był człowiek, który zmuszony był je sprzedać.

W latach amerykańskiej okupacji *netsuke* znów stały się obiektem zainteresowania kolekcjonerów. Autor wydanej przez Japońskie Biuro Podróży publikacji poświęconej *netsuke* dziękuje za „cenną pomoc kontradmirałowi Bentonowi W. Dekkerowi, byłemu dowódcy amerykańskiej floty w Yokosuce, wielkiemu znawcy *netsuke*". Książka, która pozostawała w sprzedaży przez trzydzieści lat, zawierała podstawowe informacje o *netsuke* wyłożone w możliwie najprostszy sposób:

> Mieszkańcy Japonii z natury obdarzeni są zręcznymi palcami. Ta zwinność, wypływająca z ich zamiłowania do drobnych przedmiotów, wiąże się ze sposobem życia tego małego wyspiarskiego narodu, pozbawionego jakichkolwiek skłonności kontynentalnych. Obyczaj jedzenia pałeczkami, do którego Japończycy wdrażani są od wczesnego dzieciństwa, też zapewne przyczynia się do wyrobienia zręczności rąk. Gdy mówimy o zaletach i ułomnościach japońskiej sztuki, musimy wziąć tę szczególną skłonność pod uwagę. Japończycy są całkowicie pozbawieni zdolności tworzenia dzieł monumentalnych, które miałyby stosowną głębię i znaczenie. Ich natura przejawia się w niezwykłej subtelności i dokładności, z jaką wykańczają swoje prace.

Okazuje się, że w ciągu osiemdziesięciu lat, które minęły od czasu, gdy Charles dokonywał w Paryżu swych japońskich zakupów, sposób myślenia o japońskiej sztuce w ogóle się nie zmienił. Tym, co miało stanowić o szczególnej wartości *netsuke*, były cechy, które nagradza się u pilnych uczniów: wytrwałość i skrupulatność.

Nie jest przyjemnie być porównywanym do dziecka, szczególnie gdy odbywa się to publicznie. 16 kwietnia 1951 roku generał MacArthur, zwolniony przez prezydenta Trumana za niesubordynację w sprawie wojny w Korei, opuścił Tokio. W drodze na lotnisko Haneda „eskortowała go kawalkada policyjnych motocyklistów [...] żegnały stojące wzdłuż trasy przejazdu jednostki wojsk amerykańskich, japońska policja i zwykli obywatele, a także uczniowie, zwolnieni na tę okazję ze szkoły, i urzędnicy pracujący w urzędach pocztowych, szpitalach i administracji. Tokijska policja oszacowała, że w pożegnaniu MacArthura wzięło udział dwieście trzydzieści tysięcy osób. Tłum zachowywał się spokojnie – pisał »The New York Times« – nie dawał wyrazu swoim uczuciom". Po powrocie do Stanów podczas przesłuchania w senacie MacArthur, mówiąc o Japończykach, porównał ich do dwunastoletniego dziecka, którego partnerem jest czterdziestopięcioletni przedstawiciel Zachodu: „Japończycy podatni są na nowe idee. Ich niewyrobienie i elastyczność sprawiają, że bez oporów gotowi są przyjąć wszelkie nowości".

Dla kraju, który po siedmiu latach okupacji dopiero odzyskał wolność, było to jak publiczny policzek. Od czasów wojny Japonia stopniowo stawała na nogi – w znacznej mierze dzięki amerykańskiej pomocy, lecz przede wszystkim dzięki przedsiębiorczości swych obywateli. Najlepszym przykładem japońskiej zaradności jest firma Sony, która w 1945 roku rozpoczęła działalność w zrujnowanym domu towarowym w Nihonbashi jako warsztat naprawy radioodbiorników. Konsekwentnie zatrudniając młodych naukowców i wykupując na czarnym rynku niezbędne surowce, stopniowo wprowadzała na rynek nowe produkty: w 1946 poduszkę elektryczną, a w kolejnym roku pierwszy japoński magnetofon szpulowy.

Latem 1951 roku Ginza – główna arteria handlowa Tokio – oferowała nieskończoną mnogość dobrze zaopatrzonych sklepów: Japonia najwyraźniej dołączała do nowoczesnego świata. Jednym ze sklepów był mieszczący się w podłużnym wnętrzu Takumi. Na półkach piętrzyły się tu ciemne miski i czarki, a obok leżały utkane przez rzemieślników bele płótna w kolorze indygo. W roku 1950 rząd japoński wylansował Żywy Skarb Kultury Narodowej – mianem tym wyróżniano osoby, zazwyczaj starsze, których umiejętności w dziedzinie kładzenia laki, farbiarstwa lub ceramiki były nagradzane specjalną rentą i rozgłosem.

Podobało się to, co pozawerbalne, co wiązało się z językiem ciała, co intuicyjne i niewypowiedziane. Wszelkie rękodzieło pochodzące z odległych wsi było sprzedawane jako tradycyjny, rdzennie japoński produkt. Były to też początki japońskiego przemysłu turystycznego. Japoński Departament Kolejnictwa opublikował *Wskazówki dla poszukiwaczy pamiątek*. „Żadna podróż nie jest w pełni udana, jeśli nie przywiezie się do domu jakiejś pamiątki". Trzeba wrócić do domu z odpowiednim *o-miyagi*, czyli podarunkiem. Może to być cokolwiek: słodycze, produkowane w danym regionie ciastka lub inne wypieki, paczka herbaty czy marynowana ryba. Lecz również rękodzieło: arkusz papieru, wypalona u miejscowego garncarza czarka do herbaty lub haft. Najważniejsze jednak, by prezent był opatrzony znakiem szczególnym dla regionu, jego kaligraficznym symbolem. Powstała cała kartografia Japonii – miejsc, gdzie można zaopatrzyć się w stosowne prezenty. Powrót bez *o-miyagi* jest afrontem dla samej idei podróży.

Netsuke było reliktem epoki Meiji i czasów otwarcia się Japonii na Zachód. Obecnie uważano je za zbyt wyrafinowane, poza tym kojarzyły się z nieco już staromodnym piętnem japonizmu – sprzedawania Japonii na Zachodzie. Zniechęcała ich doskonałość.

Gablota z *netsuke* w domu Iggiego w Azabu, dzielnicy Tokio, 1961

Kaligrafia to wyładowanie energii – kilka ruchów pędzla, cztery sekundy, w których zawiera się kilkadziesiąt lat życia jakiegoś mnicha. Natomiast *netsuke* to wyczarowana z kości słoniowej miniatura, jak choćby zachwycająca figurka Kiyohimi przemienionej w węża owiniętego wokół dzwonu, w którym ukrył się mnich Anchin. Zachwyca nie tyle pomysł czy kompozycja, ile koncentracja, której wymagało zrobienie czegoś tak małego, i sposób, w jaki korzystając z jednego maleńkiego otworu, Tanaka Minkō zdołał wyrzeźbić mnicha ukrytego w czaszy dzwonu. To zapewne sprawiało, że największym powodzeniem *netsuke* cieszyły się wśród Amerykanów.

W „Nihon Keizai Shimbun", tokijskim odpowiedniku „The Wall Street Journal", Iggie opublikował po japońsku artykuł o swojej kolekcji *netsuke*. Opisał wiążące się z nimi wspomnienia z dzieciństwa i historię ich ocalenia. Była też mowa o ich powrocie do Japonii, dokąd po kilkudziesięciu latach w Europie sprowadził je dobry los. O ich obejrzenie poprosił pana Yūzuru Okadę z Tokijskiego Narodowego Muzeum w Ueno, autora licznych publikacji dotyczących *netsuke*. Biedny pan Okada bez entuzjazmu powlókł się do domu *gaijin*, spodziewając się, że po raz nie wiadomo który będzie znów musiał uprzejmie kiwać głową nad bibelotami zebranymi przez przybysza z Zachodu. „Umówił się ze mną bardzo niechętnie. Na widok niemal trzystu *netsuke* rozłożonych na blacie stołu skrzywił się, jakby mu się robiło niedobrze. Ku mojemu zdziwieniu z wyraźnym niesmakiem spojrzał na rozłożone na stole figurki [...]. Wreszcie wziął do ręki pierwsze z brzegu *netsuke*. Po chwili za pomocą szkła powiększającego, zaczął bardzo dokładnie oglądać kolejne. Wreszcie, po bardzo starannych i długich oględzinach trzeciej figurki, wyprostował się nagle i spytał, skąd je mam".

Były to okazy najwspanialszego japońskiego rękodzieła. Być może *netsuke* wyszły z mody i w Tokijskim Narodowym Muzeum Sztuki Japońskiej zajmowały tylko jedną gablotkę, ale leżące przed nim figurki były arcydziełami swego gatunku.

Dziewięćdziesiąt lat po tym jak *netsuke* opuściły Jokohamę, znalazł się ktoś, kto po pobieżnych oględzinach potrafił powiedzieć, spod czyjej wyszły ręki.

4. Prawdziwa Japonia

Na początku lat sześćdziesiątych Iggie był „mieszkańcem Tokio z prawem pobytu". Jego amerykańscy i europejscy przyjaciele spędzali na kontrakcie trzy lata, po czym wracali do siebie. Iggie przetrwał okres amerykańskiej okupacji i nadal mieszkał w Tokio.

Z pomocą nauczyciela nauczył się japońskiego i teraz posługiwał się nim zupełnie biegle, a nawet z pewnym wyrafinowaniem. Każdy cudzoziemiec, który wyduka w języku japońskim kilka frazesów, jest obsypywany pochwałami. „*Jōzu desu ne!*". Zbyt często byłem chwalony za mój bardzo nieporadny język – nieprecyzyjny, pełen nietrafionych akcentów – by traktować te komplementy serio. Jednakże wiele razy słyszałem Iggiego w poważnej rozmowie i wiem, że jego znajomość tego języka była znakomita.

Uwielbiał Tokio. Uwielbiał widok zmieniającego się konturu miasta, rdzawoczerwoną sylwetkę naśladującej wieżę Eiffla Tokyo Tower, którą wzniesiono pod koniec lat pięćdziesiątych, i nowe wieżowce sąsiadujące z zakopconymi budkami *yakitori*. Identyfikował się z siłą, która pozwoliła miastu z takim impetem podnieść się z gruzów. Dostrzegał dziwne podobieństwo między Wiedniem z 1919 roku i Tokio z 1947. Powtarzał, że tylko ci, którzy upadli prawdziwie nisko, wiedzą, co to znaczy tworzyć od podstaw. Zdają sobie sprawę, że to, co osiągnęli, zawdzięczają przede wszystkim własnemu wysiłkowi.

– Jak pan tu wytrzymuje – pytali go inni cudzoziemcy. – Nie nudzi się tu pan?

Iggie wyjaśnił mi, że życie cudzoziemców sprowadzało się do ośmiu godzin zawierających się między porannymi dyspozycjami wydanymi służbie a pierwszym koktajlem, który piło się o wpół do szóstej. Zachodni biznesmen spędzał czas w biurze, a po pracy oddawał się życiu towarzyskiemu. Czasami uczestniczono w wieczorach z gejszami. Imprezy te ciągnęły się jednak w nieskończoność i były tak męczące i kosztowne, że Iggie w takich chwilach przeklinał, że opuścił Léopoldville. Każdego wieczoru, świeżo ogolony, udawał się na drinka ze swoimi klientami. Zaczynali od Imperialu – ciemny mahoń, aksamit, *whisky sours* i pianista. Potem drinki w American Club, Press Club lub International House. Potem najprawdopodobniej jeszcze inne bary. Dennis Joseph Enright, angielski poeta, który pracował w Tokio, wymienia swoje ulubione: Bar Renoir, Bar Rimbaud, La Vie en Rose, Sous les Toits de Tokyo i bijący wszystkie na głowę: La Peste.

Jeśli ktoś nie pracował, musiał w jakiś sposób zapełnić te osiem godzin. Jak można było je spędzić? Pójść do Kinokuniyi w Ginzie, żeby dowiedzieć się, czy nie nadeszły zachodnie nowości książkowe lub bieżąca prasa, albo do księgarni Maruzen, gdzie od trzydziestu lat na półkach pokutowały wciąż te same biografie misjonarzy. Albo do którejś z kawiarni urządzonych na dachach domów towarowych.

Poza tym przyjeżdżali goście. Ale ile razy można było z nimi oglądać wielkiego Buddę w Kamakurze albo wzniesione na wzgórzach świątynie poświęcone szogunom z rodu Tokugawa – całe w złocie i czerwonej lace? Poza świątyniami w Kioto, świątynią w Nikko i schodami prowadzącymi do Buddy w Kamakurze są jeszcze kioski z pamiątkami, naganiacze namawiający do kupna drobiazgów i *o-miyagi*, jak również urzędujący pod czerwonymi parasolami fotografowie gotowi uwiecznić gościa na tle mostku z laki, złotej pagody lub w towarzystwie mizdrzącej się dziewczyny ubranej w pseudonarodowy strój, o upudrowanej na biało twarzy i z wetkniętym we włosy grzebieniem.

Ile razy można przetrwać spektakl *kabuki*? Albo, jeszcze gorzej, trzygodzinne przedstawienie teatru *nō*? Ile razy można się wybrać do *onsen*, gorących źródeł, nim kategorycznie odmówi się kolejnej kąpieli w basenie, gdzie woda sięga ledwie piersi?

Pozostawały jeszcze wieczory poetyckie w British Council, wystawy ceramiki organizowane w domach towarowych i kursy ikebany. W tym międzynarodowym środowisku szczególnie trudno było się odnaleźć kobietom. Mogły najwyżej uczestniczyć w tym, co Enright określił jako „zawstydzająco uproszczony kult pseudosztuki" – jak przywracana na powrót ceremonia parzenia herbaty.

A przecież każdemu przyjezdnemu chodziło o to, by dotrzeć do Prawdziwej Japonii. „Zrobię wszystko, by zobaczyć to, co jest autentyczne i niezepsute", pisał w 1955 roku pewien zdesperowany podróżnik po miesiącu pobytu w Tokio. By zobaczyć coś autentycznego i niezepsutego, trzeba było wyjechać ze stolicy. Japonia zaczynała się tam, gdzie nie docierał zgiełk miasta, gdzie nie zawitali jeszcze przybysze z Zachodu. W ten sposób rozpoczął się wyścig w poszukiwaniu autentyczności, próba kulturalnego wyprzedzenia innych. Piszesz haiku? Malujesz? Lepisz garnki? Medytujesz? Dobrowolnie pijesz zieloną herbatę?

To, ile prawdziwej Japonii udało się zobaczyć, zależało od czasu, jakim się dysponowało. Dwa tygodnie oznaczało: Kioto i jednodniową wyprawę na połów ryb z kormoranami, również jeden dzień w jakimś centrum ceramiki i nieograniczoną czasem ceremonię parzenia herbaty. Miesiąc – wyjazd na Kiusiu na południu kraju. Po rocznym pobycie śmiało można już było pisać książkę.

Wielu tak robiło. Japonia – mój Boże, co za przedziwny kraj! Gigantyczne transformacje. Ginące tradycje. Odwieczne tradycje. I odwieczne prawdy. Pory roku. Krótkowzroczność Japończyków. Umiłowanie detalu. Zręczność. Samowystarczalność. Infantylizm. Nieprzeniknioność.

Amerykanka Elizabeth Gray Vining, która przez cztery lata była nauczycielką następcy tronu, autorka *Windows for Crown Prince* [Okna następcy tronu], wspomina o „wielkiej liczbie książek o Japonii napisanych przez Amerykanów, którzy stracili serce dla swego dawnego wroga". Relacje z podróży pozostawili również po sobie Anglicy: William Empson, Sacheverell Sitwell, Bernard Leach czy William Plomer. *It's Better with Your Shoes off* [Lepiej bez butów] – komiks uzmysławiający, co to naprawdę znaczy żyć w Japonii, *The Japanese Are Like That* [Japończycy są tacy], *An Introduction to Japan* [Wstęp do Japonii], *The Scorching Earth* [Paląca ziemia], *A Potter in Japan* [Garncarz w Japonii], *Four Gentlemen of Japan* [Czterech japońskich dżentelmenów]. Wysyp książek tytułowanych wymiennie: *Behind the Fan* [Za wachlarzem], *Behind the Screen* [Za ruchomym ekranem], *Behind the Mask* [Za maską], *Bridge of the Brocade Sash* [Most Brokatowej Wstęgi]. Jest też napisane przez Honor Tracy *Kakemono. A Sketch Book of Post-War Japan* [Kakemono. Szkice z powojennej Japonii], wyrażające niechęć do „młodych ludzi z wypomadowanymi włosami i jaskrawo wymalowanych dziewcząt krążących po parkiecie z wyrazem niemal całkowitego ogłupienia na twarzy". Enright w swojej książce *The World of Dew* [Świat rosy] oświadczył tylko, że nie spełniły się jego wieloletnie nadzieje, iż dołączy do niewielkiej i dobranej grupki osób, które po pobycie w Japonii oparły się pokusie opisania swych przeżyć.

Większość tych relacji niemal zawsze sprowadza się do wyrażenia głębokiej niechęci do (zachodniej) szminki rozmazanej na pięknym (orientalnym) policzku oraz do modernizacji niszczącej kulturę tego kraju. Czasem proces ten przedstawiano z przymrużeniem oka, jak choćby w poświęconym Japonii numerze „Life'a" z 11 września 1964 roku z okładką przedstawiającą gejszę grającą w kręgle. Świeżo zamerykanizowane państwo smakuje jak *pan*, płaski chlebek (który zaczęto wypiekać w Japonii pod koniec XIX wieku) zagryzany produkowanym przemysłowo i zupełnie pozbawionym smaku żółtym serem w kolorze nagietków. Nie sposób było nie napisać o pikantnych piklach, rzodkwi czy jedzonym z sushi *wasabi*. Autorzy, koncentrując się na tych szczegółach, szli w ślady podróżnych, którzy odwiedzili ten kraj osiemdziesiąt lat wcześniej. Wszyscy włączyli się w ten sposób do lirycznego lamentu Lafcadia Hearna.

Tu właśnie Iggie różnił się od innych. W porze obiadu otwierał *bentō* – czarne pudełko z laki, w którym na warstwie makaronu leżały starannie ułożone marynowane śliwki z rybą i ryżem, wieczorem jednak szedł z Jirō i innymi japońskimi przyjaciółmi zjeść chateaubrianda. Zazwyczaj szli do którejś z nowych restauracji w Ginzie rozświetlonej neonami reklamującymi Toshibę, Sony czy Hondę. A potem na film Hiroshiego Teshigahary, by w domu przed snem wypić jeszcze whisky i resztę wieczoru spędzić w towarzystwie *netsuke* i Stana Getza. Życie Iggiego i Jirō toczyło się w innej Japonii, ale równie prawdziwej.

Gdy Iggie trafił do Tokio, miał za sobą dwadzieścia lat falstartów i niełatwego życia w Paryżu, Nowym Jorku, Hollywood i w wojsku. Teraz mieszkał tu dłużej niż w Wiedniu. Nareszcie zaczął mieć poczucie przynależności. Znalazł swoje miejsce w świecie, wyrobił sobie pozycję, zarabiał wystarczająco dużo, by utrzymać siebie i swoich bliskich. Pomagał rodzeństwu i ich dzieciom.

W połowie lat sześćdziesiątych Rudolf był już ojcem piątki dzieci, Gisela urządziła się w Meksyku, a Elisabeth w Tunbridge Wells. Gdy w każdą niedzielę o dziewiątej trzydzieści ubrana w skromny, praktyczny płaszcz szła na nabożeństwo do kościoła parafialnego, wydawała się kwintesencją angielskości. Henk był na emeryturze i oddawał się głównie czytaniu „Financial Timesa". Ich dwaj synowie byli już samodzielni. Mój ojciec został wyświęcony na duchownego Kościoła anglikańskiego, ożenił się z absolwentką historii, również córką duchownego, i został kapelanem uniwersyteckim. Urodziło im się czterech synów, wśród nich ja. Mój stryj Constant Hendrik (Henry), prawnik, rozpoczął pracę w parlamentarnym biurze prawnym, ożenił się i urodziło mu się dwóch synów. Wielebny Victor de Waal i jego brat Henry są typowymi przedstawicielami angielskiej inteligencji. W domu mówią po angielsku, ich wymowę wyróżnia tylko nieco inaczej artykułowana głoska „r".

Iggie stał się biznesmenem. Kiedyś zauważył z sarkazmem, że ojciec byłby z niego dumny. W moich oczach upodobnił się do Viktora, człowieka prowadzącego wielkie interesy, który na swoim biurku wstydliwie chował tomik poezji i z utęsknieniem czekał na koniec urzędowania. Iggie jednak, w przeciwieństwie do ojca, który w swej karierze doświadczył kilku spektakularnych krachów, wykazał się niezwykłą zręcznością w sprawach finansowych. „Dość powiedzieć – napisał w 1964 roku w liście skierowanym do Generalnego Dyrektora Swiss Bank Corp. w Zurychu, którego kopię znalazłem w egzemplarzu *Naszego człowieka w Hawanie* – że zacząwszy w Japonii od zera, stworzyłem przedsiębiorstwo, którego roczny obrót przekracza sto milionów jenów. W tej chwili mamy w Japonii dwa biura: w Tokio i w Osace. Łącznie zatrudniamy w nich czterdzieści pięć osób. Pełnię funkcję wiceprezesa i przedstawiciela na Japonię". Sto milionów jenów było niemałą kwotą.

Sto lat po tym jak jego dziadek Ignaz otworzył w Wiedniu na Schottengasse bank, Iggie sam został bankierem. Na przekór losowi. Został tokijskim przedstawicielem Swiss Banku – *nec plus ultra* wśród banków, jak mi wyjaśnił. Wraz ze stanowiskiem dostał ogromny gabinet z sekretarką oraz wyrafinowaną ikebaną z gałęzi sosny i irysów. Z okien jego mieszczącego się na szóstym piętrze biura w kierunku zachodu rozciągał się widok na nowo zbudowane wieżowce, dźwigi i las anten; w kierunku wschodnim na sosny otaczające Pałac Cesarski. W dole ulicą Otemachi płynęła rzeka żółtych taksówek. W roku 1964 skończył pięćdziesiąt osiem lat. Wreszcie stał się sobą – mężczyzną w ciemnoszarym garniturze, z porządnie zawiązanym krawatem i jedną ręką w kieszeni, zupełnie jak na zrobionym w Wiedniu maturalnym zdjęciu. Powoli zaczynały mu rzednąć włosy, ale miał dość rozumu, by nie czesać się z pożyczką.

Jirō, przystojny trzydziestoośmiolatek, pracował dla CBS i zajmował się sprowadzaniem do Japonii amerykańskich programów telewizyjnych.

– Byłem odpowiedzialny za pierwszą transmisję wiedeńskiego koncertu noworocznego w NHK. Wtedy nikt nie był do tego przekonany! A potem rewelacja! Sam wiesz, jak Japończycy teraz wielbią wiedeńską muzykę, szczególnie Straussa. Kiedy taksówkarze pytali Iggiego, skąd pochodzi, a on mówił, że z Wiednia, od razu zaczynali nucić *Nad modrym Dunajem*.

W 1970 Iggie i Jirō kupili działkę na półwyspie Itō, sto dziesięć kilometrów na południe od Tokio. Wystarczająco dużą, żeby zbudować mały domek. Na zdjęciu widać werandę – w sam raz na wieczorne sączenie drinków. Teren schodzi łagodnie w dół, a poprzez bambusowe zarośla prześwituje morze.

Kupili też kwaterę na przyświątynnym cmentarzu, gdzie miał rodzinny grób ktoś z najbliższych przyjaciół. Iggie został tu na stałe.

Wreszcie w 1972 roku przeprowadzili się do Takanawy, do mieszkania w nowym, świetnie usytuowanym budynku. „Higashi-Ginza, Shimbashi, Daimon, Mita", z głośnika w metrze płyną nazwy stacji. Gdy wreszcie padnie nazwa „Senkakuji", należy wysiąść, a po wyjściu ze stacji skierować się w górę na cichą ulicę sąsiadującą z pałacem księcia Takamatsu. Bo, wbrew pozorom,

Tokio potrafi być ciche. Podczas godziny, którą spędziłem kiedyś na zielonym murku, czekając na Iggiego i Jirō, minęły mnie tylko dwie staruszki i jedna wesoła żółta taksówka.

Mieszkania nie były duże, ale miały dobry rozkład: Iggie i Jirō wybiegali myślą ku przyszłości. Miały co prawda dwa osobne wejścia, ale łączyła je wspólna garderoba. U Iggiego w hallu jedna ze ścian pokryta była ogromnym lustrem, druga kwadratami z płatków złota. Stał tam też mały stołeczek, na którym można było przysiąść, żeby zdjąć buty, i opiekuńczy Budda kupiony podczas którejś z dawno już zapomnianych wypraw do Kioto. Niektóre z obrazów przeniosły się na stronę Jirō, a należąca do Japończyka porcelana wylądowała na regałach Iggiego. Przed małym ołtarzykiem fotografia Emmy stała obok zdjęcia matki Jirō.

Z garderoby Iggiego, królestwa marynarek, roztaczał się widok na książęce ogrody. Z salonu, gdzie stała gablotka, można było podziwiać Zatokę Tokijską.

Podczas wspólnych wakacji Iggie i Jirō odwiedzili Wenecję, Florencję, Paryż, Londyn, Honolulu. Wreszcie w 1973 roku przyszła pora na Wiedeń. Była to pierwsza wizyta Iggiego w tym mieście od roku 1936.

Iggie prowadzi Jirō przed pałac, w którym przyszedł na świat. Idą do Burgtheater i do Sachera, ulubionej kawiarni ojca. Gdy ich pobyt dobiega końca, Iggie podejmuje dwie decyzje. Drogi ich życia złączyły się na zawsze. Pierwsza decyzja to usynowienie przyjaciela. Jirō nazywa się odtąd Jirō Ephrussi Sugiyama. Druga decyzja to zrzeczenie się amerykańskiego obywatelstwa. Spytałem Iggiego o powrót do Wiednia i ponowne przyjęcie obywatelstwa austriackiego, mając w pamięci opowieść Elisabeth o jej spacerze po Ringu i o ściętych lipach.

– Nie mogłem strawić Nixona – powiedział tylko i wymienił z Jirō znaczące spojrzenie.

Zastanawiam się, czym jest przynależność do miejsca. Charles umarł w Paryżu jako Rosjanin. Viktor przez pięćdziesiąt lat żył jako Rosjanin w Wiedniu, potem Austriak, następnie obywatel Rzeszy, wreszcie jako bezpaństwowiec. Elisabeth, mieszkając w Anglii ponad pięćdziesiąt lat, zachowała obywatelstwo holenderskie. Iggie zaś był Austriakiem, następnie Amerykaninem, po czym znów Austriakiem mieszkającym w Japonii.

Człowiek się asymiluje, ale nie przestaje szukać swego miejsca. Paszport jest dla urzędów. To, co naprawdę ważne, zachowuje się dla siebie.

5. O patynie

Zapewne w latach siedemdziesiątych Iggie sporządził spis swych *netsuke* ze szczegółowym opisem każdej sztuki, a wszystkie figurki opatrzył karteczkami z numerem porządkowym. Kolekcja została też wyceniona – wuj dowiedział się, że jest warta majątek. Tygrys zaś stał się jej prawdziwą gwiazdą.

Nadszedł moment, kiedy twórcy *netsuke* odzyskali swoje imiona, zostali ojcami rodzin, rzemieślnikami związanymi z konkretnym krajobrazem. Okazało się, że są bohaterami licznych anegdot:

> Na początku XIX wieku w Gifu żył rzemieślnik, który nie miał sobie równych w rzeźbieniu *netsuke* przedstawiających zwierzęta. Pewnego dnia wyszedł z domu ubrany lekko, jak gdyby udawał się do publicznej łaźni. Przez trzy czy cztery dni nie dawał znaku życiu. Rodzina i sąsiedzi byli już bardzo zaniepokojeni, gdy nagle, jak gdyby nic, zjawił się ponownie w domu i wytłumaczył powód swego zniknięcia. Ponieważ zamierzał wyrzeźbić jelenia, udał się w górskie ostępy, gdzie nic nie jedząc, obserwował życie tych zwierząt. Owocem jego górskiej wyprawy była nowa figurka [...]. Wykonanie jednego *netsuke* zajmowało nierzadko miesiąc lub nawet dwa.

Gdy zaglądam do mojej gablotki, trafiam na cztery gramolące się na siebie żółwie. Sprawdziwszy numer, dowiaduję się, że twórcą figurki jest Tomokazu. Rzeźba została wykonana z drewna bukszpanowego i ma kolor *caffè macchiato*. Jest wyjątkowo mała. Gdy obraca się ją w palcach, czuć siłę napierających na siebie żółwi. Trzymam *netsuke* w dłoni i wiem, że dla człowieka, który je wyrzeźbił, życie żółwi nie miało żadnych tajemnic.

Iggie sporządził notatki w oparciu o opracowania naukowe oraz opinie jednego antykwariusza czy dwóch, którym pokazał kolekcję. Dlaczego utarło się myśleć, że obecność podpisu upraszcza sprawę? Podpis otwiera pole do licznych pytań o iście bizantyjskiej zawiłości. Czy poszczególne ruchy zostały wykonane pewną ręką; a może wyraża się w nich wahanie? Z ilu pociągnięć ręki składa się znak? Czy mieści się w swoim polu? Jeśli tak, to jaki jest jego kształt? Czy znak ten można inaczej odczytać? I moje ulubione pytanie o scholastycznej niemal głębi: jaki jest związek między świetnym rzeźbiarzem a słabym podpisem?

Nie umiem sobie z tym poradzić, więc przyglądam się patynie. Potem staram się czegoś o niej dowiedzieć:

> Dla ludzi Zachodu różnice w połysku to sprawa materiału lub jego aplikacji. Tymczasem przy tworzeniu *netsuke* uzyskanie odpowiedniego połysku jest czymś bardzo istotnym [...]. Aby go uzyskać, figurka była wielokrotnie gotowana, suszona i nacierana różnymi substancjami, których skład i sposób nanoszenia trzymane były w tajemnicy. Piękny połysk wymagał trzech albo czterech dni wytężonej pracy i uwagi. Gęsta, brązowa politura młodszego Toyokazu, choć bardzo piękna, nie osiąga już takiego olśniewającego efektu doskonałości.

Wyjmuję więc tygrysa z oczami z żółtawego rogu wykonanego przez młodszego Toyokazu ze szkoły Tamba. Snycerz ten lubił pracować w twardym bukszpanie, a wykonane przez niego zwierzęta są przedstawione niezwykle dynamicznie. Tygrys ma pasiasty ogon, który układa się na jego grzbiecie jak bicz. Często noszę go ze sobą przez kilka dni, a raz nawet, w bibliotece, gdy poszedłem napić się kawy, lekkomyślnie zostawiłem go na stercie notatek. Na szczęście gdy wróciłem, tygrys wciąż był na miejscu – mój tygrys o błyszczących oczach i brązowym pysku wykrzywionym w grymasie gniewu.

Nie ma z nim żartów. Szczęśliwie odstraszył innych czytelników.

KODA

TOKIO, ODESSA, LONDYN 2001–2009

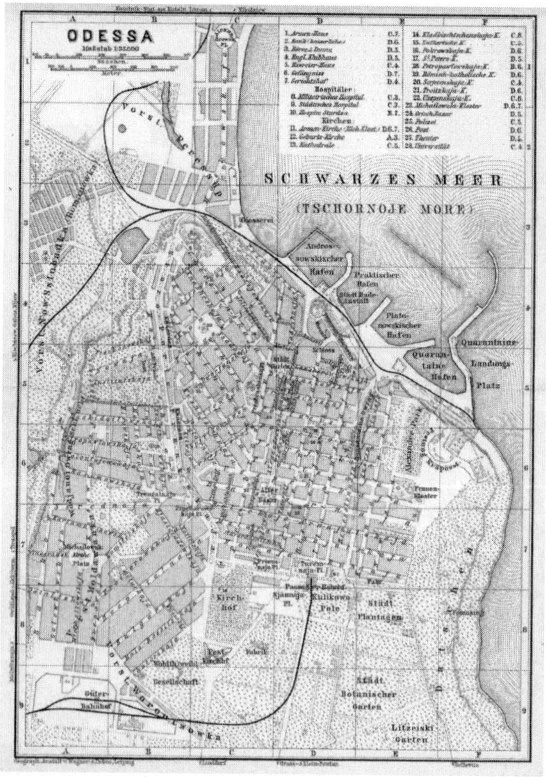

1. Jirō

Znowu jestem w Tokio. Jest wrzesień. Znów wychodzę ze znanej mi dobrze stacji metra i przechodzę obok automatów z płynami izotonicznymi. Nie było mnie tu kilka lat. Maszyny są nowe, ale poza tym niewiele się zmieniło. Obok nowych błyszczących bloków wciąż stoją stare, koślawe domki z powiewającym na sznurku praniem. Pan x, właściciel restauracji sushi, poleruje schodki prowadzące do swego lokalu.

Jak zwykle zatrzymuję się u Jirō. Skończył już siedemdziesiąt lat, ale wciąż jest pełen werwy. Oczywiście chodzi do opery i do teatru. Przez kilka lat uczęszczał na kurs garncarstwa i nauczył się robić czarki do herbaty i małe naczynka na sos sojowy. Mieszkanie Iggiego pozostało nietknięte. Pióra wciąż tkwią na swoim miejscu, a arkusz bibuły leży jak zawsze na środku biurka. Tu mieszkam.

Tym razem przywiozłem ze sobą magnetofon. Trochę się nim bawimy, ale szybko dajemy sobie z tym spokój, oglądamy wiadomości, pijemy coś, jemy grzanki z pasztetem. Przyjechałem na trzy dni, by porozmawiać z Jirō o jego życiu z Iggiem i upewnić się, czy relacjonując historię *netsuke*, czegoś nie przekręciłem. Chcę też mieć pewność, że dobrze opisałem ich pierwsze spotkanie, że zapamiętałem adres ich pierwszego wspólnego domu. To jedna z tych rozmów, które trzeba odbyć, ale nie chcę, by była zbyt formalna.

Nie mogę przestawić się na tutejszy czas i budzę się o wpół do trzeciej. Parzę sobie kawę. W poszukiwaniu lektury przesuwam dłonią po grzbietach książek w bibliotece Iggiego: obok Prousta dziecięce książki z Wiednia i komplet Lena Deightona. Wreszcie sięgam po stare numery „Architectural Digest", pisma, które lubię z powodu fantastycznych reklam Chryslera i whisky Chivas Regal. Między numerami z czerwca i lipca 1966 roku znajduję kopertę ze starymi, oficjalnie wyglądającymi dokumentami w języku rosyjskim. Krążę po mieszkaniu, niepewny, ile podobnie zdumiewających kopert jestem w stanie jeszcze przetrawić.

Przyglądam się obrazom odzyskanym z pałacu, które kiedyś wisiały w gabinecie Viktora, i złotemu parawanowi zdobionemu kwiatami irysów, który Iggie kupił w Kioto w latach pięćdziesiątych. Biorę do rąk starą chińską wazę ozdobioną głęboko wyrytymi płatkami kwiatów. W nacięciach zastygło zielone szkliwo. Choć w ciągu ostatnich trzydziestu lat widziałem ją wiele razy, wciąż budzi mój podziw.

Pokój, w którym się znajduję, jest częścią mojego życia od tak dawna, że nie potrafię nabrać dystansu i spojrzeć na niego bezstronnie. Nie umiałbym opisać go tak jak pokoju Charles'a na rue de Monceau i na avenue d'Iéna czy garderoby Emmy w Wiedniu.

Zasypiam dopiero o świcie.

Jirō szykuje śniadanie. Pijemy wyśmienitą kawę, jemy *paw paw* i maleńkie *pains au chocolat* z piekarni w Ginzie. Potem bierzemy głęboki oddech i Jirō po raz pierwszy zaczyna opowiadać o dniu, w którym skończyła się wojna. Tego dnia, 15 sierpnia 1945 roku, dochodził do siebie po zapaleniu opłucnej i strasznie się nudził. Przyjechał do Tokio spotkać się z przyjacielem i po południu wracali na Izu.

– Zdobycie biletu kolejowego nie było sprawą łatwą. Gdy siedzieliśmy już w pociągu, zobaczyliśmy nagle bardzo kolorowo ubraną kobietę. Było to coś niezwykłego. Przez ostatnie lata w ogóle nie widywało się niczego barwnego. Zaraz po tym dowiedzieliśmy się, że kilka godzin wcześniej ogłoszono akt kapitulacji.

Rozmawiamy o miejscach, które odwiedziłem, próbując odtworzyć historię *netsuke*, o wszystkich moich wędrówkach. Oglądamy zdjęcia z Paryża i Wiednia, w końcu pokazuję mu zeszłotygodniowy wycinek z gazety. Na zdjęciu zamówione przez Beatrice Ephrussi-Rothschild, stryjeczną babkę Iggiego, różowo-złote jajko Fabergé z wysadzanym diamentami kogucikiem w środku. Na aukcji osiągnęło tak zawrotną cenę, że stało się najdroższym rosyjskim cackiem, które kiedykolwiek wystawiono na licytację. Ponieważ siedzimy w starym mieszkaniu Iggiego, Jirō otwiera witrynę i sięga po *netsuke*.

Potem proponuje, żeby wieczór spędzić poza domem. Polecają nową restaurację; można by też pójść do kina.

2. Astrolabium, menzula, globus

Nadszedł listopad, a ja wybieram się do Odessy. Minęły już niemal dwa lata od początku mojej podróży. Byłem wszędzie oprócz miasta, w którym zaczęła się historia Ephrussich. Chcę zobaczyć Morze Czarne i wyobrazić sobie, jak wyglądały ich spichlerze. Mamię się też, że jeśli stanę przed domem, w którym urodzili się Charles i mój pradziadek Viktor, zrozumiem coś więcej. Tylko co? Dlaczego wyjechali? Jak narodziła się ta decyzja? Chyba chciałbym się po prostu dowiedzieć, jak to się zaczęło.

Spotykam się z Thomasem, moim najmłodszym, a zarazem najwyższym bratem, który przyjeżdża do Odessy taksówką z Mołdawii. Zawodowo zajmuje się sprawami Kaukazu. Jego podróż trwała pięć godzin, bo zatrzymano go na granicy. Na Thomasie, który mówi płynnie po rosyjsku i od wielu lat bada historię rodziny Efrussich z Odessy, takie sprawy nie robią wrażenia. Śmieje się, że jedynym problemem jest, czy dać łapówkę, czy nie. Ja martwię się wizami, on – wcale. Ostatni raz podróżowaliśmy razem dwadzieścia pięć lat temu. Byliśmy studentami i wędrowaliśmy po greckich wyspach. Andrei, nasz mołdawski taksówkarz, zapuszcza silnik.

Nim dotrzemy na szerokie odeskie bulwary, błądzimy po obrzeżach zdewastowanych osiedli mieszkaniowych, mijamy zrujnowane zakłady przemysłowe. Wyprzedzają nas kolosalne czarne samochody z ciemnymi szybami i napędem na cztery koła oraz stare fiaty. Dziwię się, że nikt mnie nie uprzedził, iż jest tu tak pięknie: ulice obsadzone są drzewami surmii, na podwórkach, na które można zajrzeć przez otwarte bramy, widać balkony i dębowe ganki. Niektóre dzielnice Odessy próbuje się restaurować – wymieniane są tynki, uzupełniane stiuki. Reszta budynków w swym ubóstwie przypomina widoki Piranesiego: domostwa oplecione siecią luźno wiszących kabli, walące się dachy, powyrywane z zawiasów drzwi, kolumny pozbawione kapiteli.

Zatrzymujemy się przed Hotelem Londyńskim, pałacem z okresu *belle époque* na bulwarze Nadmorskim – całym w marmurze i złocie. W hallu rozbrzmiewa piosenka zespołu The Queen. Bulwar jest szeroką promenadą, ciągiem klasycznych budynków utrzymanych w żółciach i bladych błękitach. Rozciąga się po obu stronach Schodów Potiomkinowskich, które rozsławił Siergiej Eisenstein w filmie *Pancernik Potiomkin*. Schody zbudowane ze stu dziewięćdziesięciu dwóch stopni podzielone są na dziesięć odcinków, a całość tak skonstruowana, że gdy patrzy się z góry, widać tylko podesty, gdy z dołu – same stopnie. Wspinać należy się wolno, a gdy już dotrze się na górę – unikać nachalnych sprzedawców handlujących radzieckimi czapkami marynarskimi, żebrzącego marynarza z zawieszonym na szyi wierszem i człowieka przebranego za Piotra Wielkiego, który chce, żeby mu zapłacić za wspólne zdjęcie. Na szczycie schodów stoi pomnik ubranego w togę księcia de Richelieu, pierwszego gubernatora Odessy, z urodzenia Francuza, któremu na początku XIX wieku powierzono pieczę nad rozwojem miasta. Przechodzimy między dwoma złotymi budynkami, okalającymi plac niczym dwa okrągłe nawiasy, i trafiamy na pomnik Katarzyny Wielkiej otoczonej faworytami. Za czasów radzieckich przez pięćdziesiąt lat stał tu pomnik marynarzy, ale teraz, dzięki hojności miejscowego oligarchy, caryca powróciła na dawne miejsce. Wokół, u jej stóp, kończą właśnie układać granitową kostkę brukową.

Skręciwszy w prawo, dochodzimy do bulwaru Nadmorskiego, alei obsadzonej dwoma rzędami kasztanowców i ozdobionej zakurzonymi klombami, która prowadzi do Pałacu Gubernatora, miejsca słynnych przyjęć. Surowy budynek zbudowany jest w stylu doryckim.

Wszystkie perspektywy utrzymane są w odpowiedniej skali. Idzie się od obiektu do obiektu: pomnik Puszkina upamiętniający jego pobyt nad Morzem Czarnym, działo zdobyte podczas wojny krymskiej. To tu odbywa się wieczorna *passeggiata*, „spacery o zmierzchu tam i z powrotem, plotki, a nawet [...] flirty". Jeszcze wyżej wznosi się opera wzorowana na wiedeńskiej, gdzie żydowscy i greccy wielbiciele operowych gwiazd stowarzyszali się pod ich nazwiskami – Montechellisti i Carraristi – i toczyli ze sobą prawdziwe wojny. Odessa nie jest miastem, które rozwijało się wokół fortecy lub katedry. To hellenistyczne miasto kupców i poetów, a opera to jego burżuazyjna agora.

W sklepiku ze starzyzną kupuję kilka sowieckich medali dla moich dzieci, a dla siebie dziewiętnastowieczne widokówki. Jedna przedstawia zdjęcie zrobione u schyłku wieku w pełni lata, być może w lipcu. Jest środek dnia, gdyż cienie rzucane przez kasztanowce są krótkie. Promenada – jak mówi poeta – „dawała wytchnienie nawet w południe, w skwarny letni dzień". Od strony pomnika Puszkina zbliża się kobieta z parasolką. Nieopodal niańka pcha przed sobą ogromny wózek dziecięcy. W głębi widać zarys kopuły stacji kolejki, którą można przejechać się do portu.

Jeśli u szczytu schodów skierujemy się w lewo, zobaczymy w perspektywie budynek giełdy, skąd niegdyś prowadzono interesy, obecnie siedzibę władz miasta. Przed wejściem wisi transparent witający delegację z Belgii. Choć jest początek listopada, pogoda jest wyjątkowo łagodna i chodzimy po ulicy w samych koszulach. Mijamy różne pałacyki i ratusz. Trzy budynki dalej

Kartka pocztowa przedstawiająca odeską promenadę w 1880 roku. Drugi i trzeci budynek po lewej stronie to bank Efrussich i ich dom

trafiamy na dawny bank Efrussich, a obok – ich rodzinny dom. Tu przyszli na świat Jules, Ignace i Charles. Tu też urodził się Viktor. Idziemy zobaczyć, jak dom prezentuje się z drugiej strony.

Oczom naszym odsłania się dość przykry widok: łuszczące się tynki, odpadające balkony, poobijane *putti*. Z bliższej odległości widać, że elewacja została przebudowana – upstrzona jest łatami tynku, okna z pewnością nie są oryginalne. A jednak ze ściany po prawej wystaje pojedynczy balkon ozdobiony podwójnym „E" Ephrussich.

Waham się. Mój brat nie ma takich skrupułów, nurkuje w głąb sklepionej bramy i dostaje się na dziedziniec. Tu znajdowały się stajnie z podłogą wyłożoną czarnym kamieniem.

– To sycylijski kamień wulkaniczny przywieziony do Odessy przez statki wożące zboże – rzuca mi przez ramię Thomas. Zboże wyjeżdża. Wraca kamień. Na nasz widok faceci raczący się herbatą milkną; na kilku cegłach stoi citroën 2 CV, obok ujada uwiązany do budy owczarek alzacki. Podwórze tonie w pyle. Na środku stoją trzy kontenery pełne zbitego tynku, gruzu i drewna z rozbiórki. Thomas znajduje majstra ubranego w błyszczącą białą kurtkę. Tak, można wejść. Mamy szczęście. Trwa remont, za chwilę wszystko będzie jak nowe, robota na tempo.

– Właśnie zainstalowaliśmy w piwnicy laboratorium, drzwi przeciwpożarowe i system zraszaczy. Teraz bierzemy się za biura. Grunt że pozbyliśmy się całego tego badziewia. Szkoda, żeście nie widzieli, jak to wyglądało jeszcze miesiąc temu.

No cóż, spóźniliśmy się. W tej wybebeszonej skorupie nie ma już czego dotknąć. Znikły nawet sufity; ze ścian sterczą tylko stalowe belki, zwisają kable elektryczne. Nie ma podłogi, tylko betonowa wylewka. Ściany są świeżo otynkowane, okna na nowo przeszklone. Ostatnie elementy żelazne przygotowane do wymiany. Robotnicy usunęli już wszystkie drzwi; jeszcze tylko jedne, dębowe, czekają na wywiezienie. Została sama przestrzeń. Pozwala oszacować rozmiar tych pokoi. Niemal pięć metrów wysokości.

Poza tym nic.

Thomas wraz z facetem w skórze, trajkocząc coś po rosyjsku, pędzą przodem.

– Po rewolucji ten dom był siedzibą towarzystwa okrętowego. Przedtem? Bóg jeden wie! Teraz? Naczelny Inspektorat Higieny Morskiej. To dlatego budujemy te laboratoria.

Idą bardzo szybko. Ledwie za nimi nadążam.

Doszliśmy już do drzwi i właśnie mieliśmy wrócić na podwórko, gdy nagle cofnąłem się. Jednak nie miałem racji. Wracam na schody i kładę rękę na żeliwnej balustradzie. Na każdym słupku widnieje czarny pszeniczny kłos Efrussich – kłos pszenicy, zebranej na żyznych ziemiach Ukrainy i zgromadzonej w spichlerzach, która przyniosła im fortunę. Nie bacząc na okrzyki brata, podchodzę do okna i patrzę na prowadzący do Morza Czarnego bulwar, na pokryte pyłem kasztanowe alejki i stojące przy nich ławki.

Młodzi Efrussi wciąż tu są, choć nie jest łatwo trafić na ich ślad.

Rodzina Efrussich przetrwała w opowieściach Izaaka Babla, żydowskiego kronikarza tego miasta i jego przedmieść. Któryś z Efrussich dostaje się do gimnazjum dzięki łapówce, pokonując w ten sposób zdolniejszego, ale ubogiego kandydata. Są też obecni w pisanych w jidysz opowiadaniach Szolema Alejchema. Biedak ze sztetla wędruje do Odessy, aby błagać o pomoc bankiera Efrussiego. Bankier odmawia. Istnieje powiedzenie w jidysz: „*Lebn wi Got in Odes*" – żyć jak sam Pan Bóg w Odessie. Tak właśnie żyją Efrussi na swojej Zionstrasse. Nieopodal na tej ulicy, wśród drzew surmii, zamieszkał wraz z żoną, byłą kochanką ojca, biedniejący z każdym dniem, wydziedziczony i wygnany z Wiednia Stefan.

Są też ślady bardziej wyraziste. Po jednym z pogromów bracia ufundowali przytułek dla dzieci imienia Efrussich. Jest też szkoła Efrussich dla żydowskich dzieci, którą założył Ignaz, by uczcić pamięć swego ojca, patriarchy rodu. Charles, Jules i Viktor łożyli na jej utrzymanie przez blisko trzydzieści lat. Zabudowania przetrwały do dzisiaj na skraju zapylonego parku pełnego bezpańskich psów i połamanych ławek. Są to dwa niskie budynki stojące wzdłuż linii tramwajowej. W 1892 roku szkoła kwituje wpływ tysiąca dwustu rubli ofiarowanych przez braci Efrussich. Za tę kwotę władze szkoły kupiły w Petersburgu astrolabium, menzulę, globus, stalowy nóż do cięcia szkła, szkielet i rozkładany model gałki ocznej. Poza tym w jednej z odeskich księgarni wydano pięćset trzydzieści trzy ruble i sześćdziesiąt cztery kopiejki na zakup dwustu osiemdziesięciu książek, między innymi powieści Beecher Stowe, Swifta, Tołstoja, Cowpera, Thackeraya i Scotta. Za pozostałe pieniądze kupiono płaszcze, bluzy i spodnie dla dwudziestu pięciu ubogich żydowskich chłopców, by mogli czytać *Ivanhoe* czy *Targowisko próżności* osłonięci przed odeskim pyłem, nie trzęsąc się z zimna.

Odeskiego pyłu nie da się porównać z niczym: ani z paryskim kurzem z rue de Monceau, ani wiedeńskim z czasów budowy Ringstrasse. „Pył niczym całun okrywał absolutnie wszystko równą trzycalową warstwą", pisała w 1854 roku Shirley Brooks w *The Russians of the South* [Rosjanie z południa]. „Byle powiew wiatru unosi nad miastem chmurę pyłu, każdy krok – nawet najlżejszy – wzbija w powietrze gęsty tuman. Jeśli jeszcze dodam, że po ulicach przemieszczają się w szybkim tempie setki powozów, a na bulwarach hula wiejący od morza wicher, stwierdzenie, że Odessę spowijają chmury, nie jest powiedzeniem metaforycznym". Według Marka Twaina było to miasto w budowie: „Wszystko świadczy o prężności i handlowym wigorze: szybki krok przechodniów, jakże nam bliska »młodość« zabudowy. No i tumany kurzu". Staje się dla mnie oczywiste, że mali Efrussi wzrastali we wszechogarniającym kurzu.

Thomas i ja spotykamy się z Saszą, drobnym, eleganckim siedemdziesięciolatkiem, wykładowcą uniwersyteckim. Na ulicy wpadamy na jego starego kolegę, profesora literatury porównawczej, dalej idziemy więc we czwórkę. Tom i Sasza rozmawiają po rosyjsku, a ja z profesorem po angielsku o Międzynarodowym Instytucie Szekspirowskim. Gdy dochodzimy do jego uczelni, profesor idzie swoją drogą, a my – bacznie obserwowani przez siedzące w barze prostytutki – zasiadamy w parku i pijemy słodką kawę. Wyjaśniam Saszy powód naszego przyjazdu, mówię, że piszę książkę na temat... i tu nie bardzo wiem, jak dokończyć. Bo nie wiem, czy jest to książka o mojej rodzinie, o pamięci, o mnie samym, czy o tych maleńkich japońskich przedmiotach.

Sasza uprzejmie informuje mnie, że *netsuke* zbierał również Gorki. Zamawiamy kolejne kawy. Mam ze sobą kopertę z dokumentami, którą znalazłem w tokijskim mieszkaniu Iggiego między starymi numerami „Architectural Digest". Sasza jest zbulwersowany, że przywiozłem ze sobą oryginały, a nie kopie. Gdy zaczyna je studiować, wygląda jak pianista grający na arkuszach papieru.

Są to dokumenty związane z Ignazem: budowniczym pałacu, lecz również szwedzkim i norweskim konsulem honorowym w Odessie; jest carskie zezwolenie na noszenie besarabskich odznaczeń, są papiery z rabinatu. Ten dokument jest najstarszy, mówi Sasza, po roku 1870 były już inne. Tu jest znaczek świadczący o wniesieniu opłaty. Tu widnieje podpis gubernatora, zamaszysty i zdecydowany – patrzcie, niemal przebił się na drugą stronę arkusza. A tu, patrzcie! Adres: róg x i y! Typowe dla Odessy. To tylko kopia, niezbyt wyraźna.

W rękach Saszy wysuszone kartki papieru ożywają. Dopiero teraz po raz pierwszy przyglądam się kopercie. Zaadresowana jest ręką Viktora i wysłana do Elisabeth z Kövecses we wrześniu 1938 roku. Dokumenty te były dla Viktora, a później dla Iggiego czymś ważnym. Było to rodzinne archiwum. Ostrożnie wkładam je z powrotem do koperty.

W drodze powrotnej do hotelu zaglądamy do synagogi. Mówiło się, że odescy Żydzi są tak mało religijni, iż zdarza im się gasić papierosy na ścianach świątyni. Czeka na nich osobny krąg w piekle. W dniu naszej wizyty w synagodze panuje ruch. Trwa właśnie lekcja religii prowadzona przez młodego człowieka z Tel Awiwu. Część budynku jest w remoncie. Jeden z uczniów podchodzi i odzywa się do nas po angielsku. Nieśmiało zaglądamy do środka, nie chcemy przeszkadzać. Z przodu sali, po lewej stronie stoi żółty fotel. Jest to krzesło sederowe, krzesło dla wybrańca, krzesło wyjątkowe.

Żółty fotel Charles'a był dla oka niemal niewidoczny. Był czymś tak oczywistym, że ustawiony pośrodku salonu obok obrazów Degasa i Moreau, w sąsiedztwie serwantki z *netsuke*, po prostu znikał. Był kalamburem, żydowskim dowcipem.

Stojąc przed budynkiem muzeum i posągiem walczącego Laokoona, tego samego, którego Charles rysował małemu Viktorowi, uświadamiam sobie, jak bardzo mylne było moje wyobrażenie o tym miejscu. Byłem przekonany, że Charles ruszył w młodzieńczą podróż do Włoch, by poszerzyć swoje horyzonty, zapomnieć o prowincji i dowiedzieć się czegoś o starożytności. Tymczasem trudno o miasto bardziej reprezentujące ducha antyku niż górująca nad portem Odessa. Niecałe sto metrów od domu Efrussich znajdowało się muzeum pełne greckich dzieł sztuki, wykopanych podczas rozbudowywania miasta. W każdym dziesięcioleciu liczba eksponatów podwajała się. Odessa miała swoich uczonych i kolekcjonerów. Owszem, dławił ją wszechobecny pył, na ulicach roiło się od dokerów i marynarzy, palaczy, rybaków, nurków, a wśród jej mieszkańców nie brakowało przemytników, wszelkiej maści awanturników, oszustów i kombinatorów, jak choćby dziadek Joachim, a jednak było to miasto pisarzy i artystów.

A zatem być może wszystko zaczęło się nad brzegiem Morza Czarnego. Może duch przedsiębiorczości, który przejawiał się w poszukiwaniu starych książek i rysunków Dürera, miłosnych awanturach i spektakularnych transakcjach, narodził się właśnie tu. Odessa to wymarzone miejsce na rozpoczęcie podróży. Można stąd ruszyć na wschód lub na zachód. To miasto ironiczne, pazerne, rozbrzmiewające wieloma językami.

To również znakomite miejsce, by zmienić imię czy nazwisko. „Żydowskie nazwiska kaleczą ucho". W Odessie babka Balbina stała się Bellą, a dziadek Chaim Joachimem, Izaak stał się Ignacym, Lejb Léonem, a Efrussi zaczęli się pisać Ephrussi. To również tutaj pamięć o Berdyczowie, sztetlu na północy Ukrainy, niedaleko Polski, skąd pochodził Chaim, została zatrzaśnięta w murach ich pierwszego bladożółtego pałacu.

Tu stali się rodziną Ephrussich z Odessy.

To dobre miejsce, by włożywszy coś do kieszeni, ruszyć w podróż. Chciałbym zobaczyć, jak wygląda niebo nad Berdyczowem, ale wcześniej muszę pojechać do domu. Rozglądam się, czy przed siedzibą Ephrussich nie znajdę kasztana, który mógłbym włożyć do kieszeni. Dwa razy przechodzę bulwar, ale na próżno – tu również spóźniłem się o dobry miesiąc. Nie ma już kasztanów. Pewnie zebrały je dzieci.

3. Żółty / złoty / czerwony

W drodze z Odessy do domu wychodzi ze mnie zmęczenie minionym rokiem. Szybko się poprawiam: dwoma latami, które minęły mi na odcyfrowywaniu notatek nagryzmolonych na marginesach książek, odnajdywaniu starych listów lub choćby kopert, których ktoś użył kiedyś jako zakładek, przyglądaniu się fotografiom dziewiętnastowiecznych krewnych, studiowaniu odeskich pozwoleń na to i owo. Dwoma latami spędzonymi na oglądaniu starych map i szukaniu w obcych miastach zagubionych śladów.

Palce lepią mi się od tych papierów i kurzu. Tymczasem ojciec zasypuje mnie nowymi dokumentami. Jak to możliwe, że w swym małym mieszkanku, w domu dla emerytowanych duchownych, wciąż znajduje coś nowego? Właśnie odnalazł napisany niezrozumiałą niemczyzną dziennik z lat siedemdziesiątych XIX wieku. Trzeba go dać do przetłumaczenia. Jeszcze jeden tydzień spędzony w archiwum zaowocuje spisem kolejnych tytułów prasowych do przejrzenia i notatką, by zapoznać się z czyjąś korespondencją. A co począć z Berlinem? Moja pracownia pełna jest studiów i powieści na temat japonizmu. Stęskniłem się za dziećmi, od miesięcy nie zrobiłem żadnego naczynia. Boję się, co będzie, gdy w końcu z bryłą gliny zasiądę za kołem garncarskim.

Kilka dni w Odessie przyniosło kolejne pytania. Skąd Gorki miał *netsuke*? Jak w latach siedemdziesiątych XIX wieku wyglądała biblioteka w Odessie? Berdyczów został zniszczony podczas wojny. Ale może należałoby się tam wybrać i przekonać się, jak wygląda dziś? Z Berdyczowa pochodził też Joseph Conrad: warto by przypomnieć sobie jego powieści. Ciekawe, czy wspominał coś o kurzu.

Mój tygrys został zrobiony w Tambie, miasteczku położonym w górach na zachód od Kioto. Zapamiętałem niekończącą się podróż autobusem, którą odbyłem trzydzieści lat temu, by odwiedzić pewnego starego garncarza mieszkającego na zakurzonej uliczce pnącej się po zboczu wzgórza. Czy nie powinienem odszukać miejsca, skąd pochodzi tygrys? Czy nikt nie pisał o kurzu w kontekście kultury?

Notes pęka od notatek. Żółty / złoty / czerwony? Żółty fotel / żółta okładka „Gazette" / żółty pałac / złote pudełko z laki / złote włosy Louise i obraz Tycjana / Renoir: *La Bohémienne* / *Widok Delft* Vermeera.

Tkwię na lotnisku w Pradze, gdzie mam trzygodzinną przerwę między lotami. Siedzę z butelką piwa nad notatkami i głowię się, co począć z Berdyczowem. Przypominam sobie, że Charles, świetny tancerz, nazywany był zarówno przez swych braci, jak i przez przyjaźniącego się z Proustem dandysa Roberta de Montesquiou *Le Polonais* – Polakiem. Biograf Prousta Painter podchwycił to i opisał Charles'a jako człowieka nieokrzesanego i grubiańskiego. Myślę, że się mylił. Może, dumam nad kolejnym kuflem piwa, chciał podkreślić, gdzie są korzenie: w Polsce, a nie w Rosji. Uświadamiam sobie, że źle oceniłem reputację Odessy jako miasta pogromów, miasta, z którego chce się uciec.

Jednocześnie zaczyna mi też ciążyć dwuznaczność biografii jako gatunku, poczucie wtargnięcia bez zezwolenia na obrzeża czyjegoś życia. Może trzeba dać sobie z tym spokój? Co było, to było. Dość tego myszkowania i drążenia, uporczywie powtarza wewnętrzny głos. Wracaj do domu i przestań grzebać w tych historiach.

Trudno je jednak ot tak zostawić. Pamiętam moje wahania, gdy rozmawiałem z bardzo już starym Iggiem. Wahania, które przekształcały się w milczenie, milczenie, które było jednoznaczne z utratą. Myślę też o Charles'u i jego chorobie, o śmierci Swanna, który przed końcem życia otworzył swe serce jak witrynę i sięgając coraz głębiej, wydobywał kolejne wspomnienia. Są miejsca w pamięci, do których nie chce się wracać. W latach sześćdziesiątych moja babka Elisabeth, tak wytrwale pisząca listy, tak zawzięcie nas do tego namawiająca („napisz znowu, pisz jak najwięcej"), spaliła setki listów i notatek, które dostała od swojej babki poetessy, Eveliny.

Nie chodziło zapewne o „Kogo to zainteresuje?". Raczej: „Nie wolno. To sprawy czysto prywatne".

Gdy była już bardzo stara, w ogóle przestała wspominać swoją matkę. Mówiła o polityce albo o poezji francuskiej. Dopiero fotografia, która wypadła z książeczki do nabożeństwa, skłoniła ją kiedyś do kilku słów zwierzeń. Gdy ojciec podniósł zdjęcie, babcia mimochodem oświadczyła, że to zdjęcie jednego z kochanków jej matki, po czym dodała, że nie umiała sobie z romansami matki poradzić i czuła się nimi upokorzona. Potem znów zamilkła. Zniszczenie całej tej korespondencji daje do myślenia: Dlaczego wszystko ma być oczywiste i wydobyte na światło dzienne? Skąd imperatyw, by wszystko zachowywać i archiwizować swoje najintymniejsze doznania? Czemu puszczenie z dymem trzydziestu lat wymiany myśli miałoby być czymś nagannym? To, że się coś ma, nie oznacza wcale, że trzeba przekazać to innym. Pozbycie się przedmiotów otwiera przestrzeń do życia. „W ogóle nie brak mi Wiednia – powtarzała Elisabeth lekko. – Był klaustrofobiczny. Ciemny".

Dopiero po dziewięćdziesiątce przyznała, że jako dziecko była uczona religii mojżeszowej. „Poprosiłam ojca, żeby się zgodził. Był bardzo zdziwiony". Mówiła o tym, jak gdyby było to dla mnie oczywiste.

Gdy dwa lata później umarła, mój ojciec, urodzony w Amsterdamie i wychowany w różnych krajach Europy duchowny Kościoła anglikańskiego w czarnej, benedyktyńsko-rabinicznej sutannie odmówił w parafialnym kościele kadysz w intencji swojej matki.

Wiek, w którym przyszedłem na świat, nie sprzyja paleniu czegokolwiek. Moje pokolenie nie kwapi się do takich rzeczy. W wyobraźni widzę archiwum pełne pudeł. Myślę o paleniu rzeczy – systematycznym wymazywaniu ludzkich historii przypieczętowujących rozstania ludzi z ich dobytkiem, rodziną, bliskimi, sąsiadami. Ze swoim krajem.

Myślę też o ludziach, którzy przed ostemplowaniem aktu urodzenia pieczęcią „Sara" albo „Israel" musieli sprawdzić w rejestrach, czy dany człowiek jeszcze żyje i mieszka w Wiedniu. Nie mogę też nie myśleć o sporządzaniu spisów rodzin przeznaczonych do deportacji.

Jeśli inni przykładają taką wagę do przedmiotów, które są dla nich znaczące, ja też powinienem wykazać się równą dokładnością w sprawie przedmiotów i ich historii. Muszę wszystko dokładnie zbadać, upewnić się, czy było tak, jak mi się wydaje, cofnąć się, wszystko sprawdzić i osobiście przemierzyć ich drogę.

– Nie uważa pan, że te *netsuke* powinny jednak zostać w Japonii? – zagadnęła mnie surowo moja londyńska sąsiadka. Kwestia ta jest dla mnie tak istotna, że odpowiadając, czułem, że cały się trzęsę.

– Przede wszystkim – powiedziałem – na świecie pełno jest *netsuke*; można je obejrzeć na wyłożonych aksamitem tackach w antykwariatach na Bond Street czy Madison Avenue, na Keizersgracht i w Ginzie.

Tu popadłem w dygresje dotyczące Jedwabnego Szlaku i monet z czasów Aleksandra Wielkiego, które jeszcze w XIX wieku były w użyciu w górach Hindukuszu. Opowiedziałem jej o mojej podróży z Sue, moją dziewczyną, do Etiopii i o znalezionym przez nas na targowisku zakurzonym starym chińskim naczyniu i naszych dociekaniach, skąd się tam wzięło.

– Nie – odpowiedziałem jej w końcu. – Przedmioty zawsze gdzieś się wiezie, sprzedaje, wymienia, kradnie, odzyskuje i traci na zawsze. Ludzie zawsze się obdarowują. Liczy się, jak się o nich opowiada.

Czasem pada analogiczne pytanie: „Czy nie jest panu przykro, gdy stworzone przez pana przedmioty opuszczają pracownię?". Otóż nie. Wcale nie odczuwam żalu. Żyję z tego, że wyprawiam je w świat. Człowiek, który tak jak ja produkuje przedmioty, może mieć tylko nadzieję, że zostaną zauważone i że czeka je długowieczność.

Przedmiot to zawsze jakaś opowieść. Opowieści jednak nabierają nieraz cech przedmiotu. Jedne i drugie mają coś wspólnego – patynę. Dwa lata temu, nim rozpocząłem moją wędrówkę, wydawało mi się to oczywiste, ale dziś nie widzę tego tak jednoznacznie. Bo patynowanie to proces, który redukuje przedmiot do jego esencji; tak jest z obracanym przez nurt rzeki kamieniem czy przedstawiającym lisa *netsuke* sprowadzonym do wspomnienia nosa i ogona. A przecież często bywa inaczej i proces ten coś dodaje: dębowe meble zyskują dzięki latom polerowania, podobnie jak błyszczące listki mojej nieszpułki.

Wyjmujesz przedmiot z kieszeni, kładziesz przed sobą i jesteś gotów. Zaczynasz snuć opowieść.

Gdy biorę *netsuke* do ręki, łapię się na tym, że szukam śladów zużycia, choćby drobnych pęknięć, które pokrywają pewne gatunki kości słoniowej. Rzecz nie w tym, że byłbym usatysfakcjonowany, gdyby uszkodzenie figurki przedstawiającej splecionych w walce zapaśników – plątanina rąk i nóg z kości słoniowej – powstało w trakcie ożywionej findesieclowej dyskusji, kiedy ktoś słynny (poeta, malarz, Proust) upuścił *netsuke* na złoty dywan leżący na podłodze. Lub gdyby kurz, który wżarł się głęboko pod skrzydła cykady siedzącej na łupinie orzecha, pochodził z pewnego wiedeńskiego materaca. To nie o to chodzi.

Obecnie domem kolekcji jest Londyn. Gdy Muzeum Wiktorii i Alberta pozbywało się starych gablot, by zrobić miejsce dla nowej aranżacji, zdecydowałem się na kupno jednej z nich.

Ponieważ moje wyroby ceramiczne – ustawione w rzędy niebieskoszare porcelanowe naczynia – zaklasyfikowano jako sztukę minimalistyczną, ludzie wyobrażają sobie, że wraz z żoną i trojgiem dzieci mieszkamy w minimalistycznej świątyni z betonową podłogą i szklanymi ścianami, umeblowanej duńskimi meblami. Otóż nie. Mieszkamy w edwardiańskim domu na miłej londyńskiej ulicy. Przed domem rosną platany, a w hallu stoją – w każdym razie stały dziś rano – wiolonczela, róg angielski, kilka par kaloszy, drewniana forteca, którą chłopcy przestali się bawić i tkwi tu już trzeci miesiąc, czekając, aż w końcu trafi do kogoś potrzebującego, stos płaszczy i butów. I jeszcze Ella, nasz stary, kochany pies myśliwski. Dalej zaczyna się prawdziwy bałagan. Zależy mi jednak, by nasi synowie, podobnie jak trójka dzieci sprzed stu lat, mieli szansę zaprzyjaźnić się z wszystkimi figurkami.

Z największym trudem wciągamy gablotkę do domu. Mierzy ponad dwa metry, podstawa zrobiona jest z brązu, reszta z mahoniu. Ma trzy szklane półki. W trakcie przymocowywania jej do ściany przypominam sobie moje kolekcje z dzieciństwa. Składały się na nie jakieś kości, mysia skórka, muszle, tygrysi pazur, zrzucona skóra węża, gliniane fajki, muszle ostrygi i wiktoriańskie jednopensówki z wykopaliska archeologicznego, które czterdzieści lat temu wraz z bratem zorganizowaliśmy sobie pod Lincoln (sporządziliśmy nawet własną siatkę pomiarową). Mój ojciec był kanclerzem katedry i okna naszego domu, średniowiecznego budynku ze spiralnymi schodami i kaplicą na końcu długiego korytarza, wychodziły na jej wspaniałe gotyckie okno. Jeden z archidiakonów przekazał nam swoją kolekcję skamielin, wykopaną w czasach edwardiańskich, gdy jako dziecko mieszkał w Norfolk. Niektóre z nich opatrzone były adnotacją z datą i miejscem wydobycia. Gdy miałem siedem lat, katedralna biblioteka pozbywała się mahoniowych szaf, więc połowę pokoju zajęła moja pierwsza gablota, w której mogłem układać i przekładać swoje skarby. Zamykałem ją na klucz, a gdy ktoś poprosił, otwierałem. Była to moja *Wunderkammer*, mój świat składający się z przedmiotów, moja prywatna historia dotyku.

Ostatnio kupiona szafa – wydaje mi się – jest odpowiednim miejscem dla *netsuke*. Stoi obok fortepianu i nikt jej nie zamyka, by dzieci mogły do niej sięgnąć, gdy tylko zechcą.

Układam na półkach niektóre figurki: wilka, nieszpułkę, zająca o bursztynowych oczach i jeszcze kilka innych. Po jakimś czasie widzę, że zostały przestawione. Zwinięty w kłębek śpiący szczur został przesunięty bardziej do przodu. Otwieram drzwi i biorę go do ręki. Wsuwam go do kieszeni, wołam psa, zakładam mu smycz i ruszam do pracy. Czekają na mnie moje garnki.

Netsuke dalej wędrują.

Podziękowania

Książka ta dojrzewała długo. Po raz pierwszy historię w niej zawartą opowiedziałem w roku 2005. Chciałbym teraz podziękować trzem osobom: Michaelowi Goldfarbowi, Joe Earle'owi i Christopherowi Benfeyowi, którzy wtedy przekonali mnie, bym przestał gadać i wziął się do pisania.

Przede wszystkim chcę wyrazić wdzięczność mojemu bratu Thomasowi za praktyczną pomoc i towarzystwo. Również mojemu stryjowi i ciotce, Constantowi i Julii de Waalom, którzy wspierali mnie w mojej pracy. Dziękuję też wszystkim tym, którzy pomogli mi w szukaniu materiałów oraz służyli radą w sprawach translatorskich: Georginie Wilson, Hannah James, Tomowi Otterowi, Susannah Otter, Chantal Riekel i Aurogeecie Das. Doktor Jo Catling z Uniwersytetu Anglii Wschodniej okazała mi nieocenioną pomoc w pracy nad dokumentami Rilke – Ephrussi, a Mark Hinton z domu aukcyjnego Christies dopomógł odcyfrować podpisy na *netsuke*. Carys Davies, mój asystent, dbał, by nie odrywano mnie od pracy, a jednocześnie służył każdego dnia towarzystwem i rozmową.

Chciałbym też podziękować Gisele de Bogarde Scantlebury, Marie-Louise von Motesiczky, której nie ma już wśród nas, Francisowi Spuffordowi, Jenny Turner, Madeleine Bessborough, Anthony'emu Sinclairowi, Brianowi Dillonowi, Jamesowi Hardingowi,

Lydii Syson, Markowi Jonesowi, A.S. Byatt, Charlesowi Saumarezowi-Smithowi, Ruth Saunders, Amandzie Renshaw, Timowi Barringerowi, Jorunn Veiteberg, Rosie Thomas, Vikramowi Sethowi i Joramowi ten Brinkowi. Słowa szczególnej wdzięczności kieruję do Martiny Margetts, Philipa Watsona i Fiony MacCarthy za wiarę w powodzenie mego przedsięwzięcia.

Dziękuję pracownikom London Library, The National Art Library w Muzeum Wiktorii i Alberta, British Library, Cambridge University Library, Courtauld Institute, Instytutu Goethego, Musée d'Orsay, Luwru, Bibliothèque Nationale, National Library Tokyo, Israelitische Kultusgemeinde, Towarzystwu Adlera w Wiedniu. Pragnę wyrazić wdzięczność Sophie Lillie za jej pionierską pracę dotyczącą zwrotu majątku oraz Annie Staudacher i Wolfowi-Erichowi Ecksteinowi z Israelitische Kultusgemeinde, a także Georgowi Gauguschowi i Christopherowi Wentworth-Stanleyowi za pomoc w opracowaniu genealogii. Chciałbym też wyrazić wdzięczność Martinowi Drschce z Casinos Austria za serdeczne przyjęcie mnie w pałacu Ephrussich oraz Markowi Naidorfowi, Annie Misiuk i Aleksandrowi (Saszy) Rozenboimowi za pomoc w poznaniu pewnego etapu historii rodu Ephrussich.

Felicity Bryan okazała się nie tylko wspaniałą agentką, ale jak nikt potrafiła mnie zdopingować do pracy. Chcę tu wyrazić moją wdzięczność dla niej i dla jej współpracowników z Agencji Felicity Bryan, a także dla Zoe Pagnamenty i zespołu z Andrew Nurnberg Associates. Dziękuję też Juliet Brooke, Stephenowi Parkerowi i Kate Bland z wydawnictwa Chatto and Windus oraz Jonathanowi Galassiemu z wydawnictwa Farrar, Straus and Giroux, który od samego początku był orędownikiem mojej książki.

Nie mam słów dla troski, oddania i wyobraźni moich dwóch redaktorek. Clara Farmer z Chatto wciąż upewniała się, czy książka jest gotowa. Wraz z Courtney Hodell z FSG sprawiły, że książka powstała. Jestem im za to bardzo wdzięczny.

Ale przede wszystkim chcę tu wyrazić miłość i wdzięczność dla moich najbliższych: nieżyjących już babki Elisabeth i wujecznego dziadka Iggiego; dla mojej matki Esther de Waal, ojca Victora de Waala i Jirō Sugiyamy.

Książka ta nigdy by nie powstała bez oddania i wsparcia mojej żony Sue Chandler. Dedykuję ją naszym dzieciom: Benowi, Matthew i Annie.

Wykorzystano cytaty z polskich przekładów książek:

Walter Benjamin, *Pasaże*, przeł. Ireneusz Kania, Kraków 2006.

Edmund i Juliusz de Goncourt, *Dziennik. Pamiętniki z życia literackiego*, wybór i przekład Joanna Guze, Warszawa 1988.

Joris-Karl Huysmans, *Na wspak*, przeł. Julian Rogoziński, Warszawa 1976.

Robert Musil, *Człowiek bez właściwości*, przeł. Krzysztof Radziwiłł, Kazimierz Truchanowski, Janina Zeltzer, Warszawa 2002, t. 1 i 3.

Marceli Proust, *Jan Santeuil*, przeł. Paweł Hertz, Bydgoszcz 1993.

Marcel Proust, *W poszukiwaniu straconego czasu*, przeł. Tadeusz Boy-Żeleński, cz. 1: *W stronę Swanna*, cz. 2: *W cieniu zakwitających dziewcząt*, cz. 3: *Strona Guermantes*, cz. 4: *Sodoma i Gomora*, Warszawa 1956.

Rainer Maria Rilke, *Sonety do Orfeusza i inne wiersze*, przeł. Adam Pomorski, Kraków 2001.

Joseph Roth, *Marsz Radetzky'ego*, przeł. Wanda Kragen, Kraków 1995.

Mark Twain, *Prostaczkowie za granicą*, przekł., posł., przypisy Andrzej Keyha, Katowice 1992.

Stefan Zweig, *Dziewczyna z poczty*, przeł. Karolina Niedenthal, Warszawa 2012.

Wyrafinowany opis poszukiwania utraconej rodziny i straconego czasu. De Waal przenosi nas do starej Europy, którą odmalowuje w całym jej bogactwie.

Colm Tóibín, „The Irish Times"

W waszych rękach znajduje się arcydzieło. [...] Tak pięknie i elegancko opowiedziana historia to rzadka przyjemność.

Frances Wilson, „The Sunday Times"

Wyjątkowa opowieść de Waala to podróż w poszukiwaniu minionego czasu, ale także refleksja nad jego upływem. [...] Niewielu prozaików potrafiło opisać historię rodziny z większą wnikliwością, zachwytem i powściągliwością.

Eileen Battersby „The Irish Times"

De Waal jest ceramikiem; potrafi przepięknie przywoływać doznania płynące z dotyku drobnych japońskich figurek, które w jego kieszeniach z Paryża przez Wiedeń i Odessę zawędrowały z powrotem do Japonii.

Ed Hollis, „The Scotsman"

To zaskakujące połączenie mikroprzedmiotu z makrohistorią daje wspaniały efekt.

Julian Barnes, „The Guardian"

To znacznie więcej niż tylko historia rodziny – to przepięknie odmalowany obraz dawnego świata. De Waal, uznany ceramik, bez wątpienia będzie także cenionym pisarzem.

Antonia Fraser „The Mail on Sunday"

EDMUND DE WAAL (ur. 1964) – oficer Orderu Imperium Brytyjskiego, członek Królewskiego Towarzystwa Wspierania Sztuki, Przedsiębiorczości i Handlu. Jest uznanym na świecie artystą ceramikiem, krytykiem i historykiem sztuki, wykładowcą na Uniwersytecie Westminster. Uczył się garncarstwa w Szkole Królewskiej w Canterbury, studiował anglistykę na Uniwersytecie w Cambridge, a także japonistykę na Uniwersytecie Sheffield. W 2010 roku została opublikowana jego książka *Zając o bursztynowych oczach*, w której opisał dzieje swoich przodków, żydowskiej rodziny Ephrussich. Za swoją pracę artystyczną (w tym literacką) otrzymał wiele wyróżnień i nagród.

WYDAWNICTWO CZARNE sp. z o.o.
czarne.com.pl

Sekretariat: ul. Kołłątaja 14, III p., 38-300 Gorlice
tel. +48 18 353 58 93, fax +48 18 352 04 75
mateusz@czarne.com.pl, tomasz@czarne.com.pl
dominik@czarne.com.pl, ewa@czarne.com.pl
edyta@czarne.com.pl

Redakcja: Wołowiec 11, 38-307 Sękowa
redakcja@czarne.com.pl

Sekretarz redakcji: malgorzata@czarne.com.pl

Dział promocji: ul. Marszałkowska 43/1, 00-648 Warszawa
tel./fax +48 22 621 10 48
agnieszka@czarne.com.pl, dorota@czarne.com.pl
zofia@czarne.com.pl, marcjanna@czarne.com.pl
magda.jobko@czarne.com.pl

Dział marketingu: lukasz.sobolewski@czarne.com.pl

Dział sprzedaży: piotr.baginski@czarne.com.pl
agnieszka.wilczak@czarne.com.pl, honorata@czarne.com.pl

Audiobooki i e-booki: anna@czarne.com.pl

Skład: d2d.pl
ul. Sienkiewicza 9/14, 30-033 Kraków
tel. +48 12 432 08 52, info@d2d.pl

Druk i oprawa: Drukarnia POZKAL
ul. Cegielna 10/12, 88-100 Inowrocław
tel. +48 52 354 27 00

Wołowiec 2018
Wydanie III
Ark. wyd. 15,2; ark. druk. 24,5